गृहदाह
तथा
अन्य कहानियाँ

मानसरोवर ... छः

गृहदाह तथा अन्य कहानियाँ

मुंशी प्रेमचंद

स्टार पब्लिकेशंस प्रा. लि.

संस्करण : 2017 (पुनर्मुद्रण)

ISBN: 978-81-7650-188-0

प्रकाशक:
स्टार पब्लिकेशंस प्रा. लि.
4/5-बी, आसफ अली रोड
नई दिल्ली - 110 002

मूल्य : रु. 199/-

लेज़र कम्पोज़िंग :
आर. एस. प्रिंट्स, नई दिल्ली

Munsi Premchand
Grahdah Tatha Anya Kahaniyan
Stories
SPPL

अनुक्रमणिका

प्रकाशकीय वक्तव्य!

प्रेमचंद की कहानियों का रचना संसार

कहानी, साहित्य की सबलतम विधा है। यह एक ऐसा दर्पण है जिसमें व्यक्ति और समाज के परस्पर संबंधों, क्रिया-विधियों, उसके सुख-दुःख के क्षणों की सजीव, हृदयग्राही तथा मार्मिक तस्वीरें देखी जा सकती हैं। इसके उन्नयन और विकास में विश्व के अनेक कथाकारों ने जो योगदान दिया, वह भाषा-शैली, रूप-विधान, कला-सौष्ठव तथा तकनीक की दृष्टि से अत्यंत महत्वपूर्ण है। यह हिंदी कहानी की उपलब्धि है कि इसे अपने विकास के आदिकाल में मुंशी प्रेमचंद जैसे मानवमन के कुशल चितेरे मिले जिनके कहानी-साहित्य ने न सिर्फ हिन्दी-उर्दू में एक नये युग का सूत्रपात किया, बल्कि अपने वैचारिक अभियान द्वारा समाज की खोखली मान्यताओं पर तीव्र प्रहार करते हुए एक नयी और कल्याणकारी परम्परा की बुनियाद भी रखी। यह हिंदी कहानी की शक्तिमत्ता का एक प्रखर उदाहरण है कि जीवन के अनेक घात-प्रतिघात सहते हुए भी उसने मुंशीजी के महान् उद्देश्य और जीवन-परम्परा से अपने को कटने नहीं दिया।

प्रेमचंदजी की कहानियों का फलक व्यापक है और विषय-विविधता की दृष्टि से वे आकाश के विस्तार को अपने दामन में समेटे हैं। हिंदी के प्रख्यात समीक्षक डॉ. गौतम सचदेव ने मुंशीजी की कहानियों का मूल्यांकन करते हुए बड़ा ही सटीक और सारगर्भित वक्तव्य दिया है। उनका मत है: "विचार तत्व उनकी कहानियों का निर्देशक है। विचार को बिछाकर उस पर कार्य-व्यापार को होते हुए दिखाना प्रेमचंद की कहानी-कला का महत्वपूर्ण अंग है। यहां यह पूछा जा सकता है कि किसी विचार को लेकर प्रेमचंद कहानी कैसे गढ़ते हैं? क्या वे विचार के अनुकूल पात्रों, घटनाओं एवं परिस्थितियों की कल्पना कर लेते हैं या इन सबको सामने रखकर विचार का संदर्भ प्रदान करते हैं? लाहौर के मासिक-पत्र 'नौरंगे ख़याल' के सम्पादक के यह पूछने पर कि आप कहानी कैसे लिखते हैं? प्रेमचंदजी ने उत्तर दिया था: "मेरी कहानियां प्रायः किसी-न-किसी प्रेरणा या अनुभव पर आधारित होती हैं। इसमें मैं ड्रामाई रंग पैदा करने की कोशिश करता हूँ। केवल घटना वर्णन के लिए या 'मनोरजंक घटना' को लेकर मैं कहानियां नहीं लिखता। मैं कहानी में किसी दार्शनिक या भावात्मक लक्ष्य को दिखाना चाहता हूँ। जब

तक इस प्रकार का कोई आधार नहीं मिलता, मेरी कलम नहीं उठती।" प्रेमचंद जी का उक्त वक्तव्य आज भी प्रासंगिक है।

प्रेमचंदजी की प्रत्येक कहानी मानव मन के अनेक दृश्यों, चेतना के अनेक छोरों, सामाजिक कुरीतियों तथा आर्थिक उत्पीड़न के विविध आयामों को अपनी सम्पूर्ण कलात्मकता के साथ अनावृत करती हैं। कफ़न, नमक का दरोगा, शतरंज के खिलाड़ी, नरक का मार्ग, पूस की रात, पंच परमेश्वर, दो बैलों की कथा, वासना की कड़ियां, दुनिया का सबसे अनमोल रतन आदि, सैकड़ों रचनाएं ऐसी हैं जो विचार और अनुभूति दोनों स्तरों पर पाठक को आज भी आंदोलित करती हैं। वे एक कालजयी रचनाकार की मानवीय गरिमा के पक्ष में दी गई उद्घोषणाएं हैं। समाज के दलित वर्गों, आर्थिक और सामाजिक यंत्रणा के शिकार मनुष्यों के अधिकारों के लिए जूझती मुंशीजी की कहानियां हमारे साहित्य की सबलतम निधि हैं।

शैल्पिक विशेषताओं की दृष्टि से भी प्रेमचंद की कहानियां अत्यंत महत्वपूर्ण हैं। अपने समकालीन कथा-साहित्य और परवर्ती पीढ़ी को उनकी कहानियों ने यथेष्ट रूप से प्रभावित किया है। कहानी की बुनावट में वे चैतन्य पूर्ण शैल्पिक तैयारी करते हैं। स्वाभाविक पात्रों, विश्वसनीय घटनाओं और सहज स्थितियों के माध्यम से उनकी कहानियों का जन्म और विकास होता है। कहानी की आंतरिक प्रकृति और वाह्य रूप-विधान अपनी संपूर्ण विशेषताओं को उकेरता हुआ पाठक-मन को आंदोलित करता है। इन्हीं विशेषताओं के कारण प्रेमचंदजी आज भी उतने ही प्रासंगिक हैं, जितने पांच दशक पहले थे। उनकी कहानियों का कथा संसार चिरनवीन है।

हमारी इच्छा थी कि प्रेमचंदजी के अमर कहानी साहित्य को नयनाभिराम ढंग से डायमंड के सुधी पाठकों के समक्ष कम मूल्य में प्रस्तुत किया जाए। प्रस्तुत संकलन इसी दिशा में एक प्रयास हैं।

— नरेन्द्र कुमार

यह मेरी मातृभूमि है

आज पूरे 60 वर्ष के बाद मुझे मातृ-भूमि प्यारी मातृ-भूमि के दर्शन प्राप्त हुए हैं। जिस समय मैं अपने प्यारे देश से विदा हुआ था और भाग्य मुझे पश्चिम की ओर ले चला था, उस समय मैं पूर्ण युवा था। मेरी नसों में नवीन रक्त संचालित हो रहा था। हृदय उमंगों और बड़ी-बड़ी आशाओं से भरा हुआ था। मुझे अपने प्यारे भारतवर्ष से किसी अत्याचारी के अत्याचार या न्याय के बलवान हाथों ने नहीं जुदा किया था। अत्याचारी के अत्याचार और कानून की कठोरताएं मुझसे जो चाहे सो करा सकती है, मगर मेरी प्यारी मातृ-भूमि मुझसे नहीं छुड़ा सकतीं। वे मेरी उच्च अभिलाषाएं और बड़े-बड़े ऊंचे विचार ही थे, जिन्होंने मुझे देश-निकाला दिया था।

मैंने अमेरिका जाकर वहां खूब व्यापार किया और व्यापार से धन भी खूब पैदा किया तथा धन से आनंद भी खूब मनमाने लूटे। सौभाग्य से पत्नी भी ऐसी मिली, जो सौंदर्य में अपना सानी आप ही थी। उसकी लावण्यता और सुन्दरता की ख्याति तमाम अमेरिका में फैली। उसके हृदय में ऐसे विचार की गुंजाइश भी न थी, जिसका संबंध मुझसे न हो, मैं उस पर तन-मन से आशक्त था और वह मेरी सर्वस्व थी। मेरे पांच पुत्र थे, जो सुन्दर हृष्ट-पुष्ट और ईमानदार थे। उन्होंने व्यापार को और भी चमका दिया था। मेरे भोले-भाले नन्हें-नन्हें पौत्र गोद में बैठे हुए थे, जब कि मैंने प्यारी मातृ-भूमि के अन्तिम दर्शन करने को अपने पैर उठाये। मैंने अनन्त धन, प्रियतमा पत्नी, सपूत बेटे और प्यारे-प्यारे जिगर के टुकड़े नन्हें-नन्हें बच्चे आदि अमूल्य पदार्थ केवल इसीलिए परित्याग कर दिया कि मैं प्यारी भारत-जननी का अन्तिम दर्शन कर लूं। मैं बहुत बूढ़ा हो गया हूं; दस वर्ष के बाद पूरे सौ वर्ष का हो जाऊंगा। अब मेरे हृदय में केवल एक ही अभिलाषा बाकी है कि मैं अपनी मातृ-भूमि का रजकण बनूं।

यह अभिलाषा कुछ आज ही मेरे मन में उत्पन्न नहीं हुई, बल्कि उस समय भी थी जब मेरी प्यारी पत्नी अपनी मधुर बातों और कोमल कटाक्षों से मेरे हृदय को प्रफुल्लित किया करती थी और जब कि मेरे युवा पुत्र प्रातःकाल आकर अपने वृद्ध पिता को सभक्ति प्रणाम करते, उस समय भी मेरे हृदय में एक कांटा-सा खटकता रहता था कि मैं अपनी मातृ-भूमि से अलग

हूं। यह देश मेरा देश नहीं है और मैं इस देश का नहीं हूं!

मेरे पास धन था, पत्नी थी, लड़के थे, और जायदाद थी; मगर न मालूम क्यों मुझे रह-रहकर मातृभूमि के टूटे झोंपड़े चार-छः बीघा मौरूसी ज़मीन और बालपन के लंगोटिया यारों की याद अक्सर सता जाया करती। प्रायः अपार प्रसन्नता और आनंदोत्सवों के अवसर पर भी यह विचार हृदय में चुटकी लिया करता था कि यदि मैं अपने देश में होता...

2

जिस समय मैं बम्बई में ज़हाज़ से उतरा, मैंने पहिले काले कोट-पतलून पहने टूटी-फूटी अंग्रेजी बोलते हुए मल्लाह देखे। फिर अंग्रेजी दूकान, ट्राम और मोटर गाड़िया दीख पड़ीं। इसके बाद रबर-टायरवाली गाड़ियों की ओर मुंह में चुरुट दाबे हुए आदमियों से मुठभेड़ हुई। फिर रेल का विक्टोरिया टर्मिनस स्टेशन देखा। बाद में मैं रेल में सवार होकर हरी-हरी पहाड़ियों के मध्य में स्थित अपने गांव को चल दिया। उस समय मेरी आंखों में आंसू भर आये और मैं खूब रोया, क्योंकि यह मेरा देश न था। यह वह देश न था, जिसके दर्शनों की इच्छा सदा मेरे हृदय में लहराया करती थी। यह तो कोई और देश था। यह अमेरिका या इंग्लैंड था; मगर प्यारा भारत नहीं था।

रेलगाड़ी जंगलों, पहाड़ों, नदियों और मैदानों को पार करती हुई मेरे प्यारे गांव के निकट पहुंची, जो किसी समय में फूल, पत्तों की बहुतायत तथा नदी-नालों की अधिकता से स्वर्ग की होड़ कर रहा था। मैं जब गाड़ी से उतरा, तो मेरा हृदय बांसों उछल रहा था — अब अपना प्यारा घर देखूंगा, अपने बालपन के प्यारे साथियों से मिलूगा। मैं इस समय बिल्कुल भूल गया था कि मैं 90 वर्ष का बूढ़ा हूं! ज्यों-ज्यों मैं गांव के निकट आता था, मेरे पग शीघ्र-शीघ्र उठते थे और हृदय में अकथनीय आनंद का स्रोत उमड़ रहा था। प्रत्येक वस्तु पर आंखे फाड़-फाड़कर दृष्टि डालता। अहा! यह वही नाला है, जिसमें हम रोज घोड़े नहलाते थे और स्वयं भी डुबकियां लगाते थे, किन्तु अब उसके दोनों ओर कांटेदार तार लगे हुए थे। सामने एक बंगला था, जिसमें दो अंग्रेज बंदूके, लिये इधर-उधर ताक रहे थे। नाले में नहाने की सख्त मनाही थी।

गांव में गया और निगाहें बालपन के साथियों को खोजने लगीं, किन्तु शोक! वे सब-के-सब मृत्यु के ग्रास हो चुके थे। मेरा घर मेरा टूटा-फूटा झोपड़ा — जिसकी गोद में मैं बरसों खेला था, जहां बचपन और बेफ़िक्री के आनंद लूटे थे और जिनका चित्र अभी तक मेरी आंखों में फिर रहा था, वही मेरा प्यारा घर अब मिट्टी का ढेर हो गया था।

यह स्थान गैर-आबाद न था। सैकड़ों आदमी चलते-फिरते दृष्टि आते थे, जो अदालत-कचहरी और थाना-पुलिस की बातें कर रहे थे, उनके मुखों से चिन्ता, निर्जीवता और उदासी प्रदर्शित होती थी और वे सब सांसारिक चिंताओं से व्यथित मालूम होते थे। मेरे साथियों

के समान हृष्ट-पुष्ट, बलवान, लाल चेहरे वाले नवयुवक कहीं न दीख पड़ते थे। उस अखाड़े के स्थान पर जिसकी जड़ मेरे हाथों ने डाली थी, अब एक टूटा-फूटा स्कूल था। उसमें दुर्बल तथा कांतिहीन, रोगियों की-सी सूरत वाले बालक फटे कपड़े पहिने बैठे ऊंघ रहे थे। उनको देखकर सहसा मेरे मुख से निकल पड़ा कि नहीं-नहीं, यह मेरा प्यारा देश नहीं है। यह देश देखने में इतनी दूर से नहीं आया हूँ — यह मेरा प्यारा भारत वर्ष नहीं है।

बरगद के पेड़ की ओर मैं दौड़ा, जिसकी सुहावनी छाया में मैंने बचपन के आंनद उड़ाये थे, जो हमारे छुटपन का क्रीड़ा-स्थल और युवावस्था का सुखप्रद वास-स्थान था। आह! इस प्यारे बरगद को देखते ही हृदय पर एक बड़ा आघात पहुंचा और दिल में महान् शोक उत्पन्न हुआ। उसे देखकर ऐसी-ऐसी दुःखदायक तथा हृदयविदारक स्मृतियां ताज़ी हो गयी कि घंटो पृथ्वी पर बैठे-बैठे मैं आंसू बहाता रहा। हां! यही बरगद है, जिसकी डालों पर चढ़कर मैं फुनगियों तक पहुंचता था, जिसकी जटाएं हमारी झूला थीं और जिसके फल हमें सारे संसार की मिठाइयों से अधिक स्वादिष्ट मालूम होते थे, मेरे गले में बांहें डालकर खेलने वाले लंगोटियां यार, जो कभी रूठते थे, कभी मानते थे, कहां गये? हाय, बिना घर-बार का मुसाफिर अब क्या अकेला ही हूं? क्या मेरा कोई भी साथी नहीं? इस बरगद के निकट अब थाना था और बरगद के नीचे कोई लाल साफा बांध बैठा था। उसके आस-पास दस बीस लाल पगड़ी वाले करबद्ध खड़े थे वहां फटे-पुराने कपड़े-पहने, दुर्भिक्षग्रस्त पुरुष, जिस पर अभी चाबुकों की बौछार हुई थी, पड़ा सिसक रहा था। मुझे ध्यान आया कि यह मेरा प्यारा देश नहीं है, कोई और देश है। यह यूरोप है, अमेरिका है, मगर मेरी प्यारी मातृ-भूमि नहीं है — कदापि नहीं है।

3

इधर से निराश होकर मैं उस चौपाल की ओर चला, जहां शाम के वक्त पिताजी गांव के अन्य बुजुर्गों के साथ हुक्का पीते और हंसी-कहकहे उड़ाते थे। हम भी उस टाट के बिछौने पर कलाबाज़ियां खाया करते थे। कभी-कभी वहां पंचायत भी बैठती थी, जिसके सरपंच सदा पिताजी ही हुआ करते थे। इसी चौपाल के पास एक गोशाला थी, जहां गांव भर की गायें रखी जाती थीं और बछड़ों के साथ हम यहीं किलोलें किया करते थे। शोक! कि अब उस चौपाल का पता तक न था। वहां अब गांवों में टीका लगाने की चौकी और डाकखाना था।

उस समय इसी चौपाल से लगा एक कोल्हवाड़ा था, जहां जाड़े के दिनों में हम और हमारे साथी वहां गंडरियों के लिए बैठे रहते और गंडरियां करने वाले मज़दूरों के हस्तलाघव को देखकर आश्चर्य किया करते थे। वहां हज़ारों बार मैंने कच्चा रस और पक्का दूध मिलाकर पिया था और वहां आस-पास के घरों की स्त्रियां और बालक अपने-अपने घड़े लेकर आते थे और उनमें रस भरकर ले जाते थे। शोक है कि वे कोल्हू अब तक ज्यों-के-त्यों खड़े थे; किन्तु कोल्हवाड़े की जगह पर अब एक सन लपेटने वाली मशीन लगी थी। और उसने सामने एक तम्बोली

और सिगरेट वाले की दूकान थी। इन हृदय-विदारक दृश्यों को देखकर मैंने दुखित हृदय से एक परेदशी आदमी से, जो देखने में सभ्य मालूम होता था, पूछा महाशय, मैं एक परदेशी यात्री हूँ। रात भर लेटे रहने की मुझे आज्ञा दीजिएगा? इस आदमी ने मुझे सिर से पैर तक गहरी दृष्टि से देखा और कहने लगा कि आगे जाओ, यहां जगह नहीं है। मैं आगे गया और वहां से भी यही उत्तर मिला, पांचवी बार एक सज्जन से स्थान मांगने पर उन्होंने एक मुट्ठी चने मेरे हाथ पर रख दिये। चने मेरे हाथ से छूट पड़े और नेत्रों से अविरल अश्रु-धारा बहने लगी। मुख से सहसा निकल पड़ा कि हाय! यह मेरा देश नहीं, यह कोई और देश है। यह मेरा देश नहीं, यह कोई और देश है। यह हमारा अतिथि-सत्कारी प्यारा भारत नहीं है — कदापि नहीं।

मैंने एक सिगरेट की डिबिया खरीदी और एक सुनसान जगह पर बैठकर सिगरेट पीते हुए पूर्व समय की याद करने लगा कि अचानक मुझे धर्मशाला का स्मरण हो आया, जो मेरे विदेश जाते समय बन रही थी; मैं उस ओर लपका कि रात किसी प्रकार वहीं काट लूं, मगर शोक! शोक!! महान शोक!!! धर्मशाला ज्यों-की-त्यों खड़ी थी, किन्तु उसमें ग़रीब यात्रियों के लिए टिकने को स्थान न था। मदिरा, दुराचार और द्यूत ने उसे अपना घर बना रखा था। यह दशा देखकर विवशतः मेरे हृदय में एक सर्द आह निकल पड़ी और मैं ज़ोर से चिल्ला उठा कि नहीं, नहीं और हज़ार बार नहीं है — यह मेरा प्यारा भारत नहीं है। यह कोई और देश है। यह यूरोप है, अमेरिका है; मगर भारत कदापि नहीं है।

4

अंधेरी रात थी गीदड़ और कुत्ते अपने-अपने कर्कश स्वर में उच्चारण कर रहे थे। मैं अपना दुखित हृदय लेकर उसी नाले के किनारे जाकर बैठ गया और सोचने लगा — अब क्या करूं! फिर अपने पुत्रों के पास लौट जाऊं और अपना यह शरीर अमेरिका की मिट्टी में मिलाऊं। अब तक मेरी मातृ-भूमि थी, मैं विदेश में ज़रूर था किंतु मुझे अपने प्यारे देश की याद बनी थी, पर अब मैं देशविहीन हूं। मेरा कोई देश नहीं है। इसी सोच-विचार में मैं बहुत देर तक घुटनों पर सिर रखे मौन रहा। रात्रि नेत्रों में ही व्यतीत की। घंटेवालें ने तीन बजाये और किसी के गाने का शब्द कानों में आया। हृदय गद्‌गद् हो गया कि यह तो देश का ही राग है, यह तो मातृ-भूमि का ही स्वर है। मैं तुरंत उठ खड़ा हुआ और क्या देखता हूं कि 15-20 वृद्धा स्त्रियां सफेद धोतियां पहिने, हाथों में लोटे लिए स्नान को जा रही है और गाती जाती है।

हमारे प्रभु, अवगुन चित न धरो...

मैं इस गीत को सुनकर तन्मय हो ही रहा था कि इतने में मुझे बहुत से आदमियों की बोलचाल सुन पड़ी। उनमें से कुछ लोग हाथों में पीतल के कमंडल लिये हुए शिव-शिव, हर-हर गंगे, नारायण-नारायण आदि शब्द बोलते हुए चले जाते थे। आनंददायक औरं प्रभवोत्पादक राग से मेरे हृदय पर जो प्रभाव हुआ, उसका वर्णन करना कठिन है।

मैंने अमेरिका की चंचल-से-चंचल और प्रसन्न-सें-प्रसन्न चितवाली लावण्यवती स्त्रियों का आलाप सुना था, सहस्रों बार उनकी जिव्हा से प्रेम और प्यार के शब्द सुने थे, हृदयाकर्षक वचनों का आनंद उठाया था, मैंने सुरीले पक्षियों का चहचहाना भी सुना था, किंतु जो आनंद, जो मज़ा और जो सुख मुझे इस राग में आया, वह मुझे जीवन में कभी प्राप्त नहीं हुआ था। मैंने खुद गुनगुना कर गायाः

हमारे प्रभु, अगवुन चित्त न धरो —

मेरे हृदय में फिर उत्साह आया कि ये तो मेरे प्यारे देश की ही बातें हैं। आनंदातिरेक से मेरा हृदय आनंदमय हो गया। मैं भी इन आदमियों के साथ हो लिया और 4 मील तक पहाड़ी मार्ग पार करके के उसी नदी के किनारे पहुंचा, जिसका नाम पतित-पावनी है, जिसकी लहरों में डुबकी लगाना और जिसकी गोद में मरना प्रत्येक हिन्दू अपना परम सौभाग्य समझता है। पतित-पावनी भागीरथी गंगा मेरे प्यारे गांव से छः-सात मील पर बहती थी। गंगा माता के दर्शनों की लालसा मेरे हृदय में सदा रहती थी। यहां मैंने हज़ारों मनुष्यों को इस ठंडे पानी में डुबकी लगाते हुए देखा। कुछ लोग बालू पर बैठे गायत्री-मंत्र जप रहे थे। कुछ लोग हवन करने में संलग्न थे। कुछ माथे पर तिलक लगा रहे थे और कुछ लोग सस्वर वेदमंत्र पढ़ रहे थे। मेरा हृदय फिर उत्साहित हुआ और मैं ज़ोर से कह उठा — "हां, हां यही मेरा प्यारा देश है, यही मेरी पवित्र मातृ-भूमि है, यही मेरा सर्वश्रेष्ठ भारत है और इसी के दर्शनों की मेरी उत्कट इच्छा थी तथा इसी की पवित्र धूलि का कण बनने की मेरी प्रबल अभिलाषा है।"

5

मैं विशेष आनंद में मग्न था। मैंने अपना पुराना कोट और पतलून उतारकर फेंक दिया और गंगा माता की गोद में जा गिरा, जैसे कोई भोला-भाला बालक दिन भर निर्दय लोगों के साथ रहने के बाद संध्या को अपनी प्यारी माता की गोद में दौड़कर चला आये और उसकी छाती से चिपट जाये। हां, अब मैं अपने देश में हूं। यही मेरी प्यारी मातृ-भूमि है। ये लोग मेरे भाई है और गंगा मेरी माता है।

मैंने ठीक गंगा के किनारे एक छोटी-सी कुटी बनवा ली है। अब मुझे, सिवा राम-नाम जपने के और कोई काम नहीं है। मैं नित्य प्रातः सांय गंगा-स्नान करता हूं और मेरी प्रबल इच्छा

है कि इसी स्थान पर मेरे प्राण निकलें और मेरी अस्थियां गंगा माता की लहरों की भेंट हो।

मेरी स्त्री और मेरे पुत्र बार-बार बुलाते है; मगर अब मैं यह गंगा माता का तट और अपना देश छोड़कर वहां नहीं जा सकता। अपनी मिट्टी गंगाजी को ही सौपूंगा। अब संसार की कोई आकांक्षा मुझे इस स्थान से नहीं हटा सकती क्योंकि यह मेरा प्यारा देश औऱ यही प्यारी मातृ-भूमि है। बस, मेरी उत्कट इच्छा यही है कि मैं मैं अपनी प्यारी मातृ-भूमि में ही अपने प्राण विसर्जन करूं।

❖❖❖

राजा हरदौल

बुंदेलखंड में ओरछ पुराना राज्य है। इसके राजा बुन्देले हैं। इन बुंदेलों ने पहाड़ो की घाटियों में अपना जीवन बिताया है। एक समय ओरछे के राजा जुझारसिंह थे। ये बड़े साहसी और बुद्धिमान थे। शाहजहां उस समय दिल्ली के बादशाह थे। जब लोदी ने बलवा किया और वह शाही मुल्क को लूटता-पाटता ओरछे की ओर आ निकला, तब राजा जुझार सिंह ने उससे मोरचा लिया। राजा के इस काम से गुणग्राही शाहजहां बहुत प्रसन्न हुए। उन्होंने तुरन्त ही राजा को दक्खिन का शासन-भार सौंपा। उस दिन ओरछे में बड़ा आनन्द मनाया गया। शाही दूत ख़िलअत और सनद लेकर राजा के पास आया। जुझारसिंह को बड़े-बड़े काम करने का अवसर मिला। सफ़र की तैयारियां होने लगी। तब राजा ने अपने छोटे भाई हरदौलसिंह को बुलाकर कहा, भैया, मैं तो जाता हूं। अब यह राज-पाट तुम्हरे सुपुर्द है। तुम भी इसे जी से प्यार करना! न्याय ही राजा का सबसे बड़ा सहायक हैं। न्याय की गढ़ी में कोई शत्रु नहीं घुस सकता, चाहे वह रावण की सेना या इन्द्र का बल लेकर आये; पर न्याय वहीं सच्चा है, जिसे प्रजा भी न्याय समझे। तुम्हारा काम केवल न्याय ही करना न होगा, बल्कि प्रजा को अपने न्याय का विश्वास भी दिलाना होगा और मैं तुम्हें क्या समझाऊं, तुम स्वयं समझदार हो।

यह कहकर उन्होंने अपनी पगड़ी उतारी और हरदौलसिंह के सिर पर रख दी। हरदौल रोता हुआ उनके पैरों से लिपट गया। इसके बाद राजा अपनी रानी से बिदा होने के लिए रनिवास आये। रानी दरवाज़े पर खड़ी रो रही थी। उन्हें देखते ही पैरों पर गिर पड़ी। जुझारसिंह ने उठाकर उसे छाती से लगाया और कहा, प्यारी, यह रोने का समय नहीं है। बुंदेलों की स्त्रियां ऐसे अवसर पर रोया नहीं करतीं। ईश्वर ने चाहा, तो हम-तुम जल्द मिलेंगे। मुझ पर ऐसी ही प्रीति रखना। मैंने राज-पाट हरदौल को सौंपा है, वह अभी लड़का है। उसने अभी दुनिया नहीं देखी है। अपनी सलाहों से उसकी मदद करती रहना।

रानी की जबान बंद हो गयी। वह अपने मन में कहने लगीं, हाय! यह कहते हैं, बुंदेलों की स्त्रियां ऐसे अवसरों पर रोया नहीं करती। शायद उनके हृदय नहीं होता, या अगर होता है तो उससे प्रेम नहीं होता है रानी कलेजे पर पत्थर रखकर आंसू पी गयी और हाथ जोड़कर

राजा की ओर मुस्कुराती हुई देखने लगी; पर क्या वह मुस्कुराहट थी! जिस तरह अंधेरे मैदान में मशाल की रोशनी अंधेर को और भी अथाह कर देती है, उसी तरह रानी की मुस्कुराहट उसके मन के अथाह दुःख को और भी प्रकट कर रही थी।

जुझार सिंह के चले जाने के बाद हरदौलसिंह राज करने लगा। थोड़े ही दिनों में उसके न्याय और प्रजावात्सल्य ने प्रजा का मन हर लिया। लोग जुझारसिंह को भूल गए। जुझारसिंह के शत्रु भी थे और मित्र भी; पर हरदौलसिंह का कोई शत्रु न था, सब मित्र ही थे। वह ऐसा हंसमुख और मधुरभाषी था कि उससे जो बातें कर लेता, यही जीवन भर उसका भक्त बना रहता। राज भर में ऐसा कोई न था जो उसके पास तक न पहुंच सकता हो। रात-दिन उसके दरबार का फाटक खुला रहता था। ओरछे को कभी ऐसा सर्वप्रिय राजा नसीब न हुआ था। वह उदार था, न्यायी था, विद्या और गुण का ग्राहक था; पर सबसे बड़ा गुण जो उसमें था, वह उसकी वीरता थी। उसका वह गुण हद दर्जे को पहुंच गया था। जिस जाति के जीवन का अवलम्ब तलवार पर है, वह अपने राजा के किसी गुण पर इतना नहीं रीझती जितना उसकी वीरता पर। हरदौल अपने गुणों से अपनी प्रजा के मन का भी राजा हो गया, जो मुल्क और माल परराज करने से भी कठिन है। इस प्रकार एक वर्ष बीत गया। उधर दक्खिन में जुझारसिंह ने अपने प्रबंध से चारों ओर शाही दबदबा जमा दिया, इधर ओरछे में हरदौल ने प्रजा पर मोहन-मंत्र फूंक दिया।

2

फाल्गुन का महीना था। अबीर और गुलाल से जमीन लाल हो रही थी। कामदेव का प्रभाव लोगों को भड़का रहा था। रबी ने खेतों में सुनहला फर्श बिछा रखा था और खलिहानों में सुनहले महल उठा दिये थे। संतोष इस सुनहले फ़र्श पर इठलाता फिरता था और निश्चिंतता इस सुनहले महल में तानें अलाप रही थीं। इन्हीं दिनों दिल्ली का नामवर फेकैत, कादिरखां, ओरछे आया। बड़े.बड़े पहलवान उसका लोहा मान गये थे। दिल्ली से ओरछे तक सैंकड़ों मर्दानगी के मद से मतवाले उसके सामने आये; पर कोई उससे जीत न सका। उससे लड़ना भाग्य से नहीं, बल्कि मौत से लड़ना था। वह किसी ईनाम का भूखा न था। जैसा ही दिल का दिलेर था, वैसा ही मन का राजा था। ठीक होली के दिन उसने धूमधाम से ओरछे में सूचना दी कि 'खुदा का शेर दिल्ली का कादिरखां आरेछे आ पहुंचा है। जिसे अपनी जान भारी हो, आकर अपने भाग्य का निपटारा कर ले।' ओरछे के बड़े-बड़े बुंदेले सूरमा वह घंमड-भरी वाणी सुनकर गरम हो उठें। फाग और डफ की तान के बदले ढोल की वीर ध्वनि सुनायी देनी लगी। हरदौल का अखाड़ा ओरछे के पहलवानों और फेकैतो का सबसे बड़ा अड्डा था। संध्या को यहां सारे शहर के सूरमा जमा हुए। कालदेव और भालदेव बुंदेलों की नाक थे, सैंकड़ों मैदान मारे हुए। ये ही दोनों पहलवान कादिरखांन का घंमड चूर करने के लिए गये।

दूसरे दिन क़िले के सामने तालाब के किनारे बड़े मैदान में ओरछे के छोटे-बड़े सभी ज़मा हुए। कैसे-कैसे सजीले, अलबेले जवान थे — सिर पर खुशरंग बाकी पगड़ी, माथे पर चंदन का तिलक, आंखों में मर्दानगी का सरूर, कमर में तलवार। और कैसे-कैसे बूढ़े थे तनी हुई मूंछे, सादी पर तिरछी पगड़ी, कानों में बंधी हुई दाढ़ियां देखने में तो बूढ़े, पर काम में जवान, किसी को कुछ न समझने वाले। उनकी मर्दाना चाल-ढाल नौजवानों को लजाती थी। हर एक के मुंह से वीरता की बातें निकल रही थीं। नौजवान कहते थे — देखें, आज ओरछे की लाज रहती है या नहीं। पर बूढ़े कहते — ओरछे की हार कभी नहीं हुई, न होगी। वीरों का यह जोश देखकर राजा हरदौल ने बड़े ज़ोर से कह दिया — 'ख़बरदार, बुंदेलों की लाज रहे या न रहे; पर उनकी प्रतिष्ठा में बल न पड़ने पाये। यदि किसी नें औरों को यह कहने का अवसर दिया कि ओरछे वाले तलवार से न जीत सके तो धांधली कर बैठे, वह अपने को जाति का शत्रु समझे।'

सूर्य निकल आया था। एकाएक नगाड़े पर चोट पड़ी और आशा तथा भय ने लोगों के मन को उछालकर मुंह तक पहुंचा दिया। कालदेव और कादिरखां दोनों लंगोट कसे शेरों की तरह अखाड़े में उतरे और गले मिल गये। तब दोनों तरफ़ से तलवारें निकली और दोनों के बगलों में चली गयी। फिर बादल के दो टुकड़ों से बिजलियां निकलने लगीं। पूरे तीन घंटे तक यही मालूम होता रहा कि दो अंगारे हैं। हज़ारों आदमी खड़े तमाशा देख रहे थे और मैदान में आधी रात का सा सन्नाटा छाया था। हां, जब कभी कालदेव गिरहदार हाथ चलाता या कोई पेंचदार वार बचा जाता, तो लोगों की गर्दन आप-ही-आप उठ जाती; पर किसी के मुंह से एक शब्द भी नहीं निकलता था। अखाड़े के अंदर तलवारों की खींच तान थी; पर देखने वालों के लिए अखाड़े से बाहर मैदान में इसमें भी बढ़कर तमाशा था। बार-बार जातीय प्रतिष्ठा के विचार से मन के भावों को रोकना और प्रसन्नता या दुःख का शब्द मुंह से बाहर न निकलने देना तलवारों के वार बचाने से अधिक कठिन काम था। एकाएक कादिरखां अल्लाही-अकबर चिल्लाया, मानो बादल गरज़ उठा और उसके गरज़ते ही कालदेव के सिर पर बिजली गिर पड़ी।

कालदेव के गिरते ही बुंदेलो को सब्र न रहा। हर एक के चेहरे पर निर्बल क्रोध और कुचले हुए घमंड की तस्वीर खिंच गयी। हज़ारों आदमी जोश में आकर अखाड़े पर दौड़े, पर हरदौल ने कहा — ख़बरदार! अब कोई आगे न बढ़े। इस आवाज़ ने पैरों के साथ जंज़ीर का काम किया। दर्शकों को रोक कर जब वे अखाड़े में गये और कालदेव को देखा, तो आंखों में आंसू भर आये। जख़्मी शेर ज़मीन पर पड़ा तड़प रहा था। उसके जीवन की तरह उसकी तलवार के दो टुकड़ें हो गए थे।

आज का दिन बीता, रात आयी; पर बुंदेलों की आंखों में नीद कहां। लोगों ने करवटें। बदलकर रात काटी जैसे दुःखित मनुष्य विकलता से सुबह की बाट जोहता है, उसी तरह बुंदेले रह-रहकर आकाश की तरफ़ देखते और उसकी धीमी चाल पर झुंझलाते थे। उनके जातीय घमंड पर गहरा घाव लगा था। दूसरे दिन ज्यों ही सूर्य निकला, तीन लाख बुंदेले तालाब के किनारे

पहुंचे। जिस समय भालदेव शेर की तरह अखाड़े की तरफ़ चला, दिलों में धड़कन-सी होने लगी। कल जब कालदेव अखाड़े में उतरा था, बुंदेलों के हौसले बढ़े हुए थे; पर आज वह बात न थी। हृदय में आशा की जगह डर घुसा हुआ था। कादिरखां कोई चुटीला वार करता तो लोगों के दिल उछलकर होंठों तक आ जाते। सूर्य सिर पर चढ़ा जाता था और लोगों के दिल बैठे जाते थे। इसमें कोई संदेह नहीं कि भालदेव अपने भाई से फुर्तीला और तेज़ था। उसने कई बार कादिरखां को नीचा दिखलाया; पर दिल्ली का निपुण पहलवान हर बार संभल जाता था। पूरे तीन घंटे तक दोनों बहादुरों में तलवारें चलती रहीं। एकाएक खटाक की आवाज़ हुई और भालदेव की तलवार के दो टुकड़े हो गए। राजा हरदौल अखाड़े के सामने खड़े थे। उन्होंने भालदेव की तरफ़ तेज़ी से अपनी तलवार फेंकी। भालदेव तलवार लेने के लिए झुका ही था कि कादिरखां की तलवार उसकी गर्दन पर आ पड़ी। घाव गहरा न था, केवल एक चरका था; पर उसने लड़ाई का फैसला कर दिया।

हताश बुंदेले अपने-अपने घरों को लौटे। यद्यपि भालदेव अब भी लड़ने को तैयार था; पर हरदौल ने समझाकर कहा कि 'भाइयों, हमारी हार उसी समय हो गयी जब हमारी तलवार ने ज़वाब दे दिया। यदि हम कादिरखां की जगह होते तो निहत्थे आदमी पर वार न करते और जब तक हमारे शत्रु के हाथ में तलवार न आ जाती, हम उसपर हाथ न उठाते; पर कादिरखां में यह उदारता कहां? बलवान शत्रु का सामना करने में उदारता को ताक पर रख देना पड़ता है। तो भी हमने दिखा दिया है कि तलवार की लड़ाई में हम उसके बराबर हैं और अब हमको यह दिखाना है कि हमारी तलवार में भी वैसा ही जौहर है!' इसी तरह लोगों को तसल्ली देकर राजा हरदौल रनिवास को गये।

कुलीना ने पूछा — लाला, आज दंगल का क्या रंग रहा?

हरदौल ने सिर झुकाकर ज़वाब दिया — आज भी वही कल-का-सा हाल रहा।

कुलीना — क्या भालदेव मारा गया?

हरदौल — नहीं, जान से तो नहीं पर हार हो गयी।

कुलीना — तो अब क्या करना होगा?

हरदौल — मैं स्वयं इसी सोच में हूं। आज तक ओरछे को कभी नीचा न देखना पड़ा था। हमारे पास धन न था, पर अपनी वीरता के सामने हम राज और धन कोई चीज़ न समझते थे। अब हम किस मुंह से अपनी वीरता का घमंड करेंगे। ओरछे की और बुंदेलों की लाज अब जाती है।

कुलीना — क्या अब कोई आस नहीं है?

हरदौल — हमारे पहलवानों में वैसा कोई नहीं है जो उससे बाजी ले जाये। भालदेव की हार ने बुंदेलों की हिम्मत तोड़ दी है। आज सारे शहर में शोक छाया हुआ है। सैकड़ों घरों में आग नहीं जली। चिराग़ रोशन नहीं हुआ। हमारे देश और जाति की वह चीज़ जिससे हमारा मान था, अब अन्तिम सांस ले रही है। भालदेव हमारा उस्ताद था। उसके हार चुकने के बाद मेरा मैदान में आना धृष्टता है; पर बुंदेलों की साख जाती है, तो मेरा सिर भी उसके साथ

जाएगा। कादिरखां बेशक अपने हुनर में एक ही है, पर हमारा भालदेव कभी उससे कम नहीं। उसकी तलवार यदि भालदेव के हाथ में होती तो मैदान ज़रूर उसके हाथ रहता। ओरछे में केवल एक तलवार है जो कादिरखां की तलवार का मुंह मोड़ सकती है। बह भैया की तलवार हैं। अगर तुम ओरछे की नाक रखना चाहती हो तो उसे मुझे दे दो। यह हमारी अन्तिम चेष्टा होगी। यदि इस बार भी हार हुई तो ओरछे का नाम सदैव के लिए डूब जाएगा!

कुलीना सोचने लगी, तलवार इनको दूं, या न दूं। राजा रोक गये हैं। उनकी आज्ञा थी कि किसी दूसरे की परछाई भी उस पर न पड़ने पाये। क्या ऐसी दशा में मैं उनकी आज्ञा का उल्लधंन करूं तो वे नाराज होंगे? कभी नहीं। जब वे सुनेंगे कि मैंने कैसे कठिन समय में तलवार निकाली है, तो उन्हें सच्ची प्रसन्नता होगी। बुंदेलों की आन किसको इतनी प्यारी नहीं है? उससे ज्यादा ओरछे की भलाई चाहने वाला कौन होगा? इस समय उनकी आज्ञा का उल्लंघन करना ही आज्ञा मानना है। यह सोचकर कुलीना ने तलवार हरदौल को दे दी।

सवेरा होते ही यह ख़बर फैल गयी कि राजा हरदौल कादिरखां से लड़ने के लिए जा रहे है। इतना सुनते ही लोगों में सनसनी-सी फैल गयी और चौंक उठे। पागलों की तरह लोग अखाड़े की ओर दौड़े! हर एक आदमी कहता था कि जब तक हम जीतें हैं, महाराज को लड़ने नहीं देंगे; पर जब लोग अखाड़े के पास पहुंचे तो देखा कि अखाड़े में बिजलियां-सी चमक रही हैं। बुंदेलों के दिलो पर उस समय जैसी बीत रही थी, उनका अनुमान करना कठिन है। उस समय उस लम्बें चौड़े मैदान में जहां तक निग़ाह जाती थी, आदमी-ही-आदमी नज़र आते थे; पर चारों तरफ सन्नाटा था। हर एक आंख अखाड़े की तरफ लगी हुई थी और हर एक का दिल हरदौल की मंगल-कामना के लिए ईश्वर का प्रार्थी था। कादिरखां का एक-एक वार हज़ारों दिलों के टुकड़े कर देता था और हरदौल की एक-एक काट से मनों में आनन्द की लहरें उठती थीं। अखाड़ों में दो पहलवानों का सामना था और अखाड़े के बाहर आशा और निराशा का। आखिर घड़ियाल ने पहला पहर बजाया और हरदौल की तलवार बिजली बनकर कादिर के सिर पर गिरी। यह देखते ही बुन्देले मारे आनन्द के उन्मत्त हो गए। किसी को, किसी की सुधि न रही। कोई किसी से गले मिलता, कोई उछलता और कोई छलांगे मारता था। हज़ारों आदमियों पर वीरता का नशा छा गया। तलवारें स्वयं म्यान से निकल पड़ीं, भाले चमकने लगे। जीत की खुशी में सैंकड़ों जानें भेट हो गयीं। पर जब हरदौल अखाड़े से बाहर आए और उन्होंने बुन्देलों की ओर तेज़ निग़ाहों से देखा तो आन की आन में लोग संभल गये। तलवारें म्यान में जा छिपी। ख्याल आ गया। यह खुशी क्यों, यह उमंग क्यों और यह पागलपन किस लिए? बुन्देलों के लिए यह कोई नयी बात नहीं हुई। इस विचार ने लोगों का दिल ठंडा कर दिया। हरदौल की इस वीरता ने उसे हर एक बुन्देले के दिल में मान-प्रतिष्ठा की ऊंची जगह पर बिठाया, जहां न्याय और उदारता भी उसे न पहुंचा सकती थी। वह पहले ही से सर्वप्रिय था और अब वह अपनी जाति का वीरवर और बुन्देला दिलवारी का सिरमौर बन गया।

3

राजा जुझारसिंह ने भी दक्षिण में, अपनी योग्यता का परिचय दिया। वे केवल लड़ाई में ही वीर न थे, बल्कि राज्य शासन में भी अद्वितीय थे। उन्होंने अपने सुप्रबन्ध से दक्षिण प्रान्तों को बलवान राज्य बना दिया और वर्ष भर के बाद बादशाह से आज्ञा लेकर वह ओरछे की तरफ चले। ओरछे की याद उन्हें सदैव बेचैन करती रही। आह ओरछा! वह दिन कब आयेगा कि फिर तेरे दर्शन होंगे! राजा मंजिलें मारते चले आते थे, न भूख थी, न प्यास। ओरछे वालों की मुहब्बत खींचे लिये आती थी। यहां तक कि ओरछे के जंगलों में आ पहुंचे। साथ के आदमी पीछे छूट गए। दोपहर का समय था। धूप तेज़ थी। वे घोड़े से उतरे और एक पेड़ की छांह में जा बैठे। भाग्यवश आज हरदौल भी जीत की खुशी में शिकार खेलने निकले थे। सैकड़ों बु ा सरदार उनके साथ थे। सब अभिमान के नशे में चूर थे। उन्होंने जुझारसिंह को अकेले बैठ देखा; पर वे अपने घमंड में इतने डूबे हुए थे कि इनके पास न आये। समझा, कोई यात्री होगा। हरदौल की आंखों ने भी धोखा खाया। वे घोड़े पर सवार अकड़ते हुए जुझारसिंह के सामने आए और पूछना चाहते थे कि तुम कौन हो कि भाई से आंख मिल गयी। पहचानते ही घोड़े से कूद पड़े। राजा ने भी हरदौल को छाती से लगा लिया; पर उस छाती में अब भाई की मुहब्बत न थी। मुहब्बत की जगह ईर्ष्या ने घेर ली थी और वह केवल इसीलिए कि हरदौल दूर से नंगे पैर उनकी तरफ न दौड़ा, उसके सवारों ने दूर ही से उनकी अभ्यर्थना न की। संध्या होते-होते दोनों भाई ओरछे पहुंचे। राजा के लौटने का समाचार पाते ही नगर में प्रसन्नता की दुंदुभी बजने लगी। हर जगह आनंदोत्सव होने लगा और तुरता-फुरती शहर जगमगा उठा।

आज रानी कुलीना ने अपने हाथों भोजन बनाया। नौ बजे होंगे। लौंड़ी ने आकर कहा — महाराज, भोजन तैयार है। दोनों भाई भोजन करने गये। सोने के थाल में राजा के लिए भोजन परोसा गया और चांदी के थाल में हरदौल के लिए। कुलीना ने स्वयं भोजन बनाया था, स्वयं थाल परोसे थे और स्वयं ही सामने लायी थी; पर दिनों का चक्र कहो, या भाग्य के दुर्दिन, उसने भूल से सोने का थाल हरदौल के आगे रख दिया और चांदी का राजा के सामने। हरदौल ने कुछ ध्यान न दिया। वह वर्ष भर से सोने के थाल में खाते-खाते उसका आदी हो गया था पर जुझारसिंह तिलमिला गये। जबान से कुछ न बोले; पर तेवर बदल गये और मुंह लाल हो गया। रानी की तरफ घूरकर देखा और भोजन करने लगे। पर ग्रास विष मालूम होता था। दो-चार ग्रास खाकर उठ आए। रानी उनके तेवर देखकर डर गयी। आज कैसे प्रेम से उसने भोजन बनाया था, कितनी प्रतीक्षा के बाद वह शुभ दिन आया था, उसके उल्लास का कोई पारावार न था; पर राजा के तेवर देखकर उसके प्राण सूख गये। जब राजा उठ गये और उसने थाल को देखा, तो कलेजा धक् से हो गया और पैरों तले से मिट्टी निकल

गयी। उसने सिर पीट लिया — ईश्वर! आज रात कुशलपूर्वक कटे, मुझे शकुन अच्छे दिखाई नहीं देते।

राजा जुझारसिंह शीश महल में लेटे। चतुर नाइन ने रानी का श्रृंगार किया और वह मुस्कुराकर बोली — कल महाराज से इसका इनाम लूंगी। यह कह कर वह चली गयी; परंतु कुलीना वहां से न उठी। वह गहरे सोच में पड़ी हुई थी। उनके सामने कौन-सा मुंह लेकर जाऊं? नाइन ने नाहक मेरा श्रृंगार कर दिया, मेरा श्रृंगार देखकर वे खुश भी होंगे? मुझसे इस समय अपराध हुआ है, मैं अपराधिनी हूं, मेरा उनके पास इस समय बनाव, श्रृंगार करके जाना उचित नहीं। नहीं; आज मुझे उनके पास भिखारिनी के भेष में जाना चाहिए। मैं उनसे क्षमा मांगूगी। इस समय मेरे लिय यही उचित है। यह सोचकर रानी बड़े शीशे के सामने खड़ी हो गयी। वह अप्सरा-सी मालूम होती थी। सुन्दरता की कितनी ही तस्वीरें उसने देखी थी; पर उसे इस समय शीशे की तस्वीर सबसे ज़्यादा खूबसूरत मालूम होती थी।

सुन्दरता और आत्मरूचि का साथ है। हल्दी बिना रंग के नहीं रह सकती। थोड़ी देर के लिए कुलीना सुन्दरता के मद से फूल उठी। वह तनकर खड़ी हो गयी। लोग कहते है कि सुन्दरता में जादू है, और वह जादू, जिसका कोई उतार नहीं। धर्म और कर्म, तन और मन सब सुन्दरता पर न्यौछावर है। मैं सुन्दर न सही, ऐसी कुरूपा भी नहीं हूं। क्या मेरी सुन्दरता में इतनी भी शक्ति नहीं है कि महाराज से मेरा अपराध क्षमा करा सके? ये बाहु-लताएं जिस समय उनके गले का हार होंगी, ये आंखें जिस समय प्रेम के मद से लाल होकर देखेंगी, तब क्या मेरे सौन्दर्य की शीतलता उनकी क्रोधाग्नि को ठंडा न कर देगी? पर थोड़ी देर में रानी को ज्ञात हुआ। आह! यह मैं क्या स्वप्न देख रही हूं! मेरे मन में ऐसी बातें क्यों आती हैं! मैं अच्छी हूं या बुरी हूं उनकी चेरी हूं। मुझसे अपराध हुआ है, मुझे उनसे क्षमा मांगनी चाहिए। यह श्रृंगार और बनाव इस समय उपयुक्त नहीं है। यह सोचकर रानी ने सब गहने उतार दिये। इतर में बसी हुई रेशम की साड़ी अलग कर कर दी। मोतियों से भरी मांग खोल दी और वह खूब फूट-फूट कर रोयी। हाय! यह मिलाप की रात वियोग की रात से भी विशेष दुःखदायिनी है। भिखारिनी का भेष बनाकर रानी शीश महल की ओर चली। पैर आगे बढ़ते थे, पर मन पीछे हटा जाता था। दरवाज़े तक आयीं, पर भीतर पैर न रख सकीं। दिल धड़कने लगा। ऐसा जान पड़ा मानों उसके पैर थर्रा रहे हैं। राजा जुझारसिंह बोले, "कौन है? — कुलीना, भीतर क्यों नहीं आ जाती?"

कुलीना ने जी कड़ा करके कहा — महाराज, कैसे आऊं? मैं अपनी जगह क्रोध को बैठा पाती हूं।

राजा — यह क्यों नहीं कहती कि मन दोषी है, इसलिए आंखें नहीं मिलने देता।

कुलीना — निस्संदेह मुझसे अपराध हुआ है, पर एक अबला आपसे क्षमा का दान मांगती है।

राजा — इसका प्रायश्चित्त करना होगा।

कुलीना — क्योंकर?

राजा — हरदौल के खून से।

कुलीना सिर से पैर तक कांप गयी। बोली — क्या इसलिए कि आज मेरी भूल से ज्योनार के थालों में उलट-फेर हो गया?

राजा — नहीं, इसलिए कि तुम्हारे प्रेम में हरदौल ने उलट-फेर कर दिया!

जैसे आग की आंच से लोहा लाल हो जाता है, वैसे ही रानी का मुंह लाल हो गया। क्रोध की अग्नि सदभावों को भस्म कर देती है, प्रेम और प्रतिष्ठा, दया और न्याय सब जल के राख हो जाते हैं। एक मिनट तक रानी को ऐसा मालूम हुआ, मानो दिल और दिमाग़, दोनों खौल रहे हैं, पर उसने आत्मदमन की अन्तिम चेष्टा से अपने को संभला, केवल इतना बोली — हरदौल को अपना लड़का और भाई समझती हूं।

राजा उठ बैठे और नर्म स्वर से बोले — नहीं, हरदौल लड़का नहीं है, लड़का मैं हूं, जिसने तुम्हारे ऊपर विश्वास किया। कुलीना, मुझे तुमसे ऐसी आशा न थी। मुझे तुम्हारे ऊपर घमंड था। मैं समझता था, चांद-सूर्य टल सकते हैं, पर तुम्हारा दिल नहीं टल सकता, पर आज मुझे मालूम हुआ कि वह मेरा लड़कपन था। बड़ो ने सच कहा है कि स्त्री का प्रेम पानी की धार है, जिस ओर ढाल पाता है, उधर ही बह जाता है। सोना ज्यादा गरम होकर पिघल जाता है।

कुलीना रोने लगी। क्रोध की आग पानी बनकर आंखों से निकल पड़ी। जब आवाज़ वश में हुई, तो बोली — आपके इस सन्देह को कैसे दूर करूं?

राजा — हरदौल के खून से।

रानी — मेरे खून से दाग़ न मिटेगा?

राजा — तुम्हारे खून से और पक्का हो जायेगा।

रानी — और कोई उपाय नहीं है?

राजा — नहीं

रानी — यह आपका अन्तिम विचार है?

राजा — हां, यह मेरा अन्तिम विचार है। देखो, इस पानदान में पान का बीड़ा रखा है। तुम्हारे सतीत्व की परीक्षा यही है कि तुम हरदौल को इसे अपने हाथों खिला दो। मेरे मन का भ्रम उसी समय निकलेगा जब इस घर से हरदौल की लाश निकलेगी।

रानी ने घृणा की दृष्टि से पान के बीड़े की ओर देखा और वह उलटे पैर लौट आयी।

रानी सोचने लगी — क्या हरदौल के प्राण लूं? निर्दोष, सच्चरित्र वीर हरदौल की जान से अपने सतीत्व की परीक्षा दूं? उस हरदौल के खून से अपना हाथ काला करूं जो मुझे बहन समझता है? यह पाप किसके सिर पड़ेगा? क्या एक निर्दोष का खून रंग न लायेगा? आह! अभागी कुलीना! तुझे आज अपने सतीत्व की परीक्षा देने की आवश्यकता पड़ी है और वह ऐसी कठिन है? नहीं, यह पाप मुझसे न होगा। यदि राजा मुझे कुलटा समझते हैं, तो समझें; उन्हें मुझ पर संदेह है, तो हो। मुझसे यह पाप न होगा। राजा को ऐसा संदेह क्यों हुआ? क्या केवल थालों के बदल जाने से? नहीं, अवश्य कोई और बात है। आज हरदौल उन्हें जंगल में

मिल गया। राजा ने उसकी कमर में तलवार देखी होगी। क्या आश्चर्य है, हरदौल से कोई अपमान भी हो गया हो। मेरा अपराध क्या है? मुझ पर इतना बड़ा दोष क्यो लगाया जाता है? केवल थालों के बदल जाने से? हे ईश्वर! मैं किससे अपना दुःख कहूं? तू ही मेरा साक्षी है। जो चाहे सो हो; पर मुझसे यह पाप न होगा।

रानी ने फिर सोचा — राजा, क्या तुम्हारा हृदय ऐसा ओछा और नीच है? तुम मुझसे हरदौल की जान लेने को कहते हो? यदि तुमसे उसका अधिकार और मान नहीं देखा जाता, तो साफ़-साफ़ ऐसा नहीं कहते? क्यों मरदों की लड़ाई नहीं लड़ते? क्यों स्वयं अपने हाथों से उसका सिर नहीं काटते और मुझसे वह काम करने को कहते हो? तुम खूब जानते हो, मैं यह नहीं कर सकती। यदि मुझसे तुम्हारा जी उकता गया है, यदि मैं तुम्हारी जान की जंजाल हो गई हूं, तो मुझे काशी या मथुरा भेज दो। मैं बेखटके चली जाऊंगी पर ईश्वर के लिए मेरे सिर पर इतना बड़ा कलंक न लगने दो। पर मैं जीवित ही क्यों रहूं, मेरे लिए अब जीवन में कोई सुख नहीं है। अब मेरा मरना ही अच्छा है। मैं स्वयं प्राण दे दूंगी, पर यह महापाप मुझसे न होगा। विचारों ने फिर पलटा खाया। तुमको पाप करना ही होगा। इससे बड़ा पाप शायद आज तक संसार में न हुआ हो, पर यह पाप तुमको करना होगा। तुम्हारे पतिव्रत पर संदेह किया जा रहा है और तुम्हें इस संदेह को मिटाना होगा। यदि तुम्हारी जान जोखिम में होती, तो कुछ हर्ज़ न था। अपनी जान देकर हरदौल को बचा लेती; पर इस समय तुम्हारे पतिव्रत पर आंच आ रही है इसलिए तुम्हें यह पाप करना ही होगा, और पाप करने के बाद हंसना और प्रसन्न रहना होगा। यदि तुम्हारा चित्त तनिक भी विचलित हुआ, यदि तुम्हारा मुखड़ा ज़रा भी मद्धिम हुआ, तो इतना बड़ा पाप करने पर भी तुम संदेह मिटाने में सफल न होगी। तुम्हारे जी पर चाहे जो बीते, पर तुम्हें यह पाप करना ही पड़ेगा परन्तु कैसे होगा? क्या मैं हरदौल का सिर उतारूंगी? यह सोचकर रानी के शरीर में कंपकंपी आ गयी। नहीं, मेरा हाथ उस पर कभी नहीं उठ सकता। प्यारे हरदौल, मैं तुम्हें खिला सकती हूं। मैं जानती हूं, तुम मेरे लिए आंनद से विष का बीड़ा खा लोगे। हां, मैं जानती हूं, तुम 'नहीं' न करोगे, पर मुझसे यह महापाप नहीं हो सकता। एक बार नहीं, हज़ार बार नहीं हो सकता।

4

हरदौल को इन बातों की कुछ भी ख़बर न थी। आधी रात को एक दासी रोती हुई उसके पास गयी और उसने सब समाचार अक्षर-अक्षर कह सुनाया। वह दासी पान-दान लेकर रानी के पीछे-पीछे राजमहल के दरवाज़े पर गयी थी और सब बातें सुनकर आई थी। हरदौल राजा का ढंग देखकर पहले ही ताड़ गया था कि राजा के मन में कोई-न-कोई कांटा अवश्य खटक रहा है। दासी की बातों ने उसके संदेह को और भी पक्का कर दिया। उसने दासी से कड़ी मनाही कर दी कि सावधान! किसी दूसरे के कानों में इन बातों की भनक न पडे और वह

स्वयं मरने को तैयार हो गया।

हरदौल बुंदेलों की वीरता का सूरज था। उसकी भौंहों के तनिक इशारे से तीन लाख बुंदेले मरने और मारने के लिए इकट्ठे हो सकते थे, ओरछा उस पर न्योछावर था। यदि जुझारसिंह खुले मैदान उसका सामना करते तो अवश्य मुंह की खाते, क्योंकि हरदौल भी बुंदेला था और बुंदेला अपने शत्रु के साथ किसी प्रकार की मुंह देखी नहीं करते, मारना-मरना उनके जीवन का एक अच्छा दिल-बहलाव है। उन्हें सदा इसकी लालसा रही है कि कोई हमें चुनौती दे, कोई हमें छेड़े। उन्हें सदा खून की प्यास रहती है और वह प्यास कभी नहीं बुझती। परन्तु उस समय एक स्त्री को उसके खून की ज़रूरत थी और उसका साहस उसके कानों में कहता था कि एक निर्दोष और सती अबला के लिए अपने शरीर का खून देने में मुंह न मोड़ो। यदि भैया को यह संदेह होता कि मैं उनके खून का प्यासा हूं और उन्हें मारकर राज-अधिकार करना चाहता हूं, तो कुछ हर्ज न था। राज्य के लिए क़त्ल और खून, दग़ा और फ़रेब सब उचित समझा गया है परन्तु उनके इस संदेह का निपटारा मेरे मरने के सिवा और किसी तरह नहीं हो सकता। इस समय मेरा धर्म है कि अपना प्राण देकर उनके इस सन्देह को दूर कर दूं। उनके मन में यह दुखाने वाला संदेह उत्पन्न करके भी यदि मैं जीता ही रहूं और अपने मन की पवित्रता जनाऊं, तो मेरी ढिठाई है। नहीं, इस भले काम में अधिक आगा-पीछा करना अच्छा नहीं। मैं खुशी से विष का बीड़ा खाऊंगा। इससे बढ़कर शूर-वीर की मृत्यु और क्या हो सकती है?

क्रोध में आकर मारू के भय बढ़ाने वाले शब्द सुनकर रणक्षेत्र में अपनी जान को तुच्छ समझना इतना कठिन नहीं है। आज सच्चा वीर हरदौल अपने हृदय के बड़प्पन पर अपनी सारी वीरता और प्राण न्यौछावर करने को उद्यत है।

दूसरे दिन हरदौल ने खूब तड़के स्नान किया। बदन पर अस्त्र-शस्त्र सजा मुस्कुराता हुआ राजा के पास गया। राजा भी सोकर तुरन्त ही उठे थे, उनकी अलसायी हुई आंखें हरदौल की मूर्ति की ओर लगी हुई थी। सामने संगमरमर की चौकी पर विष मिला पान सोने की तश्तरी में रखा हुआ था। राजा कभी पान की ओर ताकते और कभी मूर्ति की ओर, शायद उनके विचार ने इस विष की गांठ और उस मूर्ति में एक संबंध पैदा कर दिया था। उस समय जो हरदौल एकाएक घर में पहुंचे तो राजा चौंक पड़े। उन्होंने संभल कर पूछा, 'इस समय कहां चले?

हरदौल का मुखड़ा प्रफुल्लित था। वह हंसकर बोला, 'कल आप यहां पधारे हैं, इसी खुशी में मैं आज शिकार खेलने जाता हूं। आपको ईश्वर ने अजित बनाया है, मुझे अपने हाथ से विजय का बीड़ा दीजिए।'

यह कह हरदौल ने चौकी पर से पान-दान उठा लिया और उसे राजा के सामने रखकर बीड़ा लेने के लिए हाथ बढ़ाया। हरदौल का खिला हुआ मुखड़ा देखकर राजा की ईर्ष्या की आग और भी भड़क उठी। — दुष्ट, मेरे घाव पर नमक छिड़कने आया हैं। मेरे मान और विश्वास को मिट्टी में मिलाने पर भी तेरा जी न भरा! मुझसे विजय का बीड़ा मांगता है। हां,

यह विजय का बीड़ा है; पर तेरी विजय का नहीं, मेरी विजय का।

इतना मन में कहकर जुझारसिंह ने बीड़े को हाथ में उठाया। वे एक क्षण तक कुछ सोचते रहे, फिर मुस्कुराकार हरदौल को बीड़ा दें दिया। हरदौल ने सिर झुकाकर बीड़ा लिया, उसे माथे पर चढ़ाया, एक बार बड़ी ही करुणा के साथ चारों ओर देखा और फिर बीड़े को मुंह में रख लिया। एक सच्चे राजपूत ने अपना पुरुषत्व दिखा दिया। विष हलाहल था, कंठ के नीचे उतरते ही हरदौल के मुखड़े पर मुर्दनी छा गयी और आंखें बुझ गयीं। उसने एक ठंडी सांस ली, दोनों हाथ जोड़कर जुझारसिंह को प्रणाम किया और ज़मीन पर बैठ गया। उसके ललाट पर पसीने की ठंडी-ठंडी बूंदे दिखायी दे रही थीं और सांस तेज़ी से चलने लगी थी; पर चेहरे पर प्रसन्नता और संतोष की झलक दिखायी देती थी।

जुझारसिंह अपनी जगह से ज़रा भी न हिले। उनके चेहरे पर ईर्ष्या से भरी हुई मुस्कराहट छायी हुई थी; पर आंखों में आंसू भर आये थे। उजाले और अंधेरे का मिलाप हो गया था।

❖❖❖

त्यागी का प्रेम

लाला गोपीनाथ को युवावस्था में ही दर्शन से प्रेम हो गया था। अभी वह इंटरमीडिएट क्लास में थे, कि मिल और वर्कले के वैज्ञानिक विचार उनको कंठस्थ हो गये थे। उन्हें किसी प्रकार के विनोद-प्रमोद से रुचि न थी। यहां तक कि कॉलेज के क्रिकेट-मैचों से भी उनको उत्साह न होता था। हास-परिहास से कोसों भागते और उनसे प्रेम की चर्चा करना तो मानो बच्चे को जू-जू से डराना था। प्रातःकाल घर से निकल जाते और शहर से बाहर किसी सघन वृक्ष की छांह में बैठकर दर्शन का अध्ययन करने में निरत हो जाते। काव्य-अलंकार, उपन्यास सभी को त्याज्य समझते थे। शायद ही अपने जीवन में उन्होंने कोई किस्से-कहानी की किताब पढ़ी हो। इसे केवल समय का दुरूपयोग ही नहीं, वरन मन और बुद्धि विकार के लिए घातक ख्याल कहते थे। इसके साथ ही वह उत्साहहीन न थे। सेवा-समितियों में बड़े उत्साह से भाग लेते। स्वदेशवासियों की सेवा के किसी अवसर को हाथ से न जाने देते। बहुधा मुहल्ले के छोटे-छोटे दूकानदारों की दुकान पर जा बैठते और उनके घाटे-टोटे, मंदे-तेजे की राम कहानी सुनते।

शनैः-शनैः कॉलेज से उन्हें घृणा हो गयी। उन्हें अब अगर किसी विषय से प्रेम था, तो वह दर्शन था। कॉलेज की बहुविषयक शिक्षा उनके दर्शनानुराग में बाधक होती। अतएव उन्होंने कॉलेज छोड़ दिया और एकाग्रचित होकर विज्ञानोपार्जन करने लगे। किन्तु दर्शनानुराग के साथ-ही-साथ उनका देशानुराग भी बढ़ता गया और कॉलेज छोड़ने के पश्चात वह अनिवार्यतः जाति-सेवकों के दल में सम्मिलित हो गये। दर्शन में भ्रम था, अविश्वास था, अंधकार था, जाति-सेवा में सम्मान था, यश था, और दोनों ही सदिच्छाएं थीं। उनका वह सदनुराग जो बरसों से वैज्ञानिक वादों के नीचे दबा हुआ था, वायु के प्रचंड वेग के साथ निकल पड़ा। नगर के सार्वजनिक क्षेत्र में कूद पड़े। देखा, तो मैदान खाली था, जिधर आंख उठाते, सन्नाटा दिखाई देता। ध्वजाधारियों की कमी न थी; पर सच्चे हृदय कहीं नज़र न आते थे। चारों ओर से उनकी खींच होने लगी। किसी संस्था के मंत्री बने, किसी के कुछ। इसके आवेश में दर्शनानुराग भी विदा हुआ। पिंजरे में गानेवाली चिड़िया विस्तृत पर्वत-राशियों में आकर अपना राग भूल गयी।

अब भी वह समय निकालकर दर्शनग्रंथों के पन्ने उलट-पुलट लिया करते थे, पर विचार और अनुशीलन का अवकाश कहां! नित्य मन में यह संग्राम होता रहता कि किधर जाऊं? इधर या उधर? विज्ञान अपनी ओर खींचता, देश अपनी ओर खींचता।

एक दिन वह उलझन में नदी के तट पर बैठे हुए थे। जलधारा तट के दृश्यों और वायु के प्रतिकूल झोंको की परवाह न करते हुए बड़े वेग के साथ अपने लक्ष्य की ओर बढ़ी चली जाती थी; पर लाला गोपीनाथ का ध्यान इस तरफ न था। वह अपने स्मृति-भंडार से किसी ऐसे तत्त्वज्ञानी पुरुष को खोज निकालना चाहते थे, जिसने जाति-सेवा के साथ विज्ञान-सागर में गोते लगाये हों। सहसा उनके कॉलेज के एक अध्यापक पंडित अमरनाथ अग्निहोत्री आकर समीप बैठ गये और बोले — कहिए लाला गोपीनाथ, क्या ख़बरें हैं?

गोपीनाथ ने अन्यमनस्क होकर उत्तर दिया — कोई नयी बात तो नहीं हुई। पृथ्वी अपनी गति से चली जा रही है।

अमरनाथ — म्युनिसिपल वोर्ड नम्बर 21 की जगह खाली है, उनके लिए किसे चुनना निश्चित किया है?

गोपी — देखिए, कौन होता है। आप भी खड़े हुए हैं?

अमर —अजी मुझे तो लोगों ने जबरदस्ती घसीट लिया। नहीं तो मुझे इतनी फुर्सत कहां।

गोपी — मेरा भी यही विचार है। अध्यापकों का क्रियात्मक राजनीति में फंसना बहुत अच्छी बात नहीं।

अमरनाथ इस व्यंग्य से बहुत लज्जित हुए। एक क्षण के बाद प्रतिकार के भाव से बोले — तुम आजकल दर्शन का अभ्यास करते हो या नहीं।

गोपी — बहुत कम। दुविधा में पड़ा हुआ हूं कि राष्ट्रीय-सेवा का मार्ग ग्रहण करूं या सत्य की खोज में जीवन व्यतीत करूं?

अमर — राष्ट्रीय संस्थाओं में सम्मिलित होने का समय अभी तुम्हारे लिए नहीं आया। अभी तुम्हारी उम्र ही क्या है? जब तक विचारों में गाम्भीर्य और सिद्धांतों पर दृढ़ विश्वास न हो जाये, उस समय तक केवल क्षणिक आवेशों के वशवर्ती होकर किसी काम में कूद पड़ना अच्छी बात नहीं। राष्ट्रीय-सेवा बड़े उत्तरदायित्व का काम है।

2

गोपीनाथ ने निश्चय कर लिया कि मैं जाति-सेवा से जीवनक्षेप करूंगा। अमरनाथ ने भी यहीं फैसला किया कि मैं म्युनिसिपैलिटी में अवश्य जाऊंगा। दोनों का परस्पर विरोध उन्हें कर्म-क्षेत्र की ओर खींच ले गया। गोपीनाथ की साख पहले ही से जम गयी थी। घर के धनी थे। शक्कर और सोने-चांदी की दलाली होती थी। व्यापारियों में उनके पिता का बड़ा मान था। गोपीनाथ के दो बड़े भाई थे। वह भी दलाली करते थे। परस्पर मेल था, धन था, संताने थीं।

अगर ज थी तो शिक्षा और शिक्षित समुदाय में गणना। वह बात गोपीनाथ की बदौलत प्राप्त हो गयी। इसलिए उनकी स्वछंदता पर किसी ने आपत्ति नहीं की, किसी ने उन्हें धनोपार्जन के लिए मज़बूर नहीं किया। अतएव गोपीनाथ निंश्चित और निर्द्वन्द्व होकर राष्ट्र-सेवा में कही किसी अनाथालय के लिए चंदे ज़मा करते, कहीं किसी कन्या-पाठशाला के लिए भिक्षा मांगते फिरते। नगर की कांग्रेस कमेटी ने उन्हें अपना मंत्री नियुक्त किया। उस समय तक कांग्रेस ने कर्मक्षेत्र में पदार्पण नहीं किया था। उनकी कार्यशीलता ने इस जीर्ण संस्था का मानो पुनरुद्धार कर दिया। वह प्रातः से संध्या और बहुधा पहर रात तक इन्हीं कामों में लिप्त रहते थे। चंदे का रजिस्टर हाथ में लिये उन्हें नित्यप्रति सांझ सवेरे अमीरों और रईसों के द्वार पर खड़े देखना एक साधारण दृश्य था। धीरे-धीरे कितने ही युवक उनके भक्त हो गये। लोग कहते, कितना निःस्वार्थ, कितना आदर्शवादी, त्यागी, जाति-सेवक है। कौन सुबह से शाम तक निःस्वार्थ भाव से केवल जनता का उपकार करने के लिए यों दौड़-धूप करेगा? उनका आत्मोत्सर्ग प्रायः द्वेषियों को भी अनुरक्त कर देता था। उन्हें बहुधा रईसों की अभद्रता, असज्जनता, यहां तक कि उनके कटु शब्द भी सहने पड़ते थे। उन्हें अब विदित हो जाता था कि जाति-सेवा बड़े अंशों तक केवल चंदे मांगना है। इसके लिए धनिकों की दरबारदारी या दूसरे शब्दों में ख़ुशामद भी करनी पड़ती थी, दर्शन के उस गौरवयुक्त अध्ययन और इस दानलोलुपता में कितना अंतर था! कहां मिल और कैंट; स्पेन्सर और किड के साथ एकांत में बैठे हुए जीव और प्रकृति के गहन-गूढ़ विषय पर वार्तालाप और कहां इन अभिमानी, असभ्य, मूर्ख व्यापारियों के सामने सिर झुकाना। वह अंतःकरण में उनसे घृणा करते थे। वह धनी थे और केवल धन कमाना चाहते थे। इसके अतिरिक्त उनमें और कोई विशेष गुण न था। उनमें अधिकांश ऐसे थे जिन्होंने कपट-व्यापार से धनोपार्जन किया था पर गोपीनाथ के लिए वह सभी पूज्य थे। क्योंकि उन्हीं की कृपादृष्टि पर उनकी राष्ट्र-सेवा अवलम्बित थी।

इस प्रकार कई वर्ष व्यतीत हो गये। गोपीनाथ नगर में मान्य पुरुषों में गिने जाने लगे। वह दीनजनों के आधार और दुखियारों के मददगार थे। अब वह बहुत कुछ निर्भीक हो गये थे और कभी-कभी रईसों को भी कुमार्ग पर चलते देखकर फटकार दिया करते थे। उनकी तीव्र आलोचना भी अब चंदे ज़मा करने में उनकी सहायक हो जाती थी।

अभी तक उनका विवाह न हुआ था। वह पहले ही से ब्रह्मचर्य-व्रत धारण कर चुके हैं। विवाह करने से साफ़ इन्कार किया। मगर जब पिता और अन्य बंधुजनों ने बहुत आग्रह किया, और उन्होंने स्वयं कई विज्ञान-ग्रन्थों में देखा कि इन्द्रिय-दामन स्वास्थ्य के लिए हानिकारक है, तो असमंजस में पड़े। कई हफ़्ते सोचते हो गये और वह मन में कोई बात पक्की न कर सके। स्वार्थ और परमार्थ में संघर्ष हो रहा था। विवाह का अर्थ था अपनी उदारता की हत्या करना, अपने विस्तृत हृदय को संकुचित करना, न कि राष्ट्र के लिए जीना। वह अब इतने ऊंचे आदर्श का त्याग करना निंद्य और उपहास्यजनक समझते थे। इसके अतिरिक्त अब वह अनेक कारणो से अपने को पारिवारिक ज़ीवन के अयोग्य पाते थे। जीविका के लिए उद्योगशीलता, जिस अनवरत परिश्रम और जिस मनोवृत्ति की आवश्यकता है, वह उनमें न रही

थी। जाति-सेवा में भी उद्योगशीलता और अध्यवसाय की कम ज़रूरत न थी; लेकिन उसमें आत्म-गौरव का हनन न होता था। परोपकार के लिए भिक्षा मांगना दान है, अपने लिए पान का एक बीड़ा भी भिक्षा है। स्वभाव में एक प्रकार की स्वच्छंदता आ गयी थी। इन त्रुटियों पर परदा डालने के लिए जाति-सेवा का बहाना बहुत अच्छा था।

एक दिन वह सैर करने जा रहे थे, कि रास्ते में अध्यापक अमरनाथ से मुलाकात हो गयी। यह महाशय अब म्युनिसिपल बोर्ड के मंत्री हो गये थे और आज-कल इस दुविधा में पड़े हुए थे कि शहर में मादक वस्तुओं के बेचने का ठेका लूं या न लूं। लाभ बहुत था, पर बदनामी भी कम न थी। अभी तक कुछ निश्चय न कर सके थे। इन्हें देखकर बोले — कहिए लाला जी, मिज़ाज अच्छा है न? आपके विवाह के विषय में क्या हुआ।

गोपीनाथ ने दृढ़ता से कहा — मेरा इरादा विवाह करने का नहीं है।

अमरनाथ — ऐसी भूल न करना। तुम अभी नवयुवक हो, तुम्हें संसार का कुछ अनुभव नहीं है। मैंने ऐसी कितनी मिसालें देखी हैं, जहां अविवाहित रहने के लाभ के बदले हानि ही हुई है। विवाह मनुष्य को सुमार्ग पर रखने का सबसे उत्तम साधन है, जिसे अब तक मनुष्य ने आविष्कृत किया है। उस व्रत से क्या फायदा जिसका परिणाम छिछोरापन हो।

गोपीनाथ ने प्रत्युत्तर दिया — आपने मादक वस्तुओं के ठीके के विषय में क्या निश्चय किया?

अमर — अभी तक कुछ नहीं। जी हिचकता है। कुछ-न-कुछ बदनामी तो होगी ही।

गोपी — एक अध्यापक के लिए मैं इस पेशे को अपमान समझता हूं।

अमर — कोई पेशा ख़राब नहीं है, अगर ईमानदारी से किया जाये।

गोपी — यहां मेरा आपसे मतभेद है। कितने ही ऐसे व्यवसाय है जिन्हे एक सुशिक्षित व्यक्ति कभी स्वीकार नहीं कर सकता। मादक वस्तुओं का ठीका उनमें एक है।

गोपीनाथ ने आकर अपने पिता से कहा — मैं कदापि विवाह न करूंगा। आप लोग मुझे विवश न करें, वरना पछ्ताइएगा।

अमरनाथ ने उसी दिन ठीके के लिए प्रार्थनापत्र भेज दिया और वह स्वीकृत भी हो गया।

3

दो साल हो गये हैं। लाला गोपीनाथ ने एक कन्या-पाठशाला खोली है और उसके प्रबंधक हैं। शिक्षा की विभिन्न पद्धतियों का उन्होंने खूब अध्ययन किया है और इस पाठशाला में वह उनका व्यवहार कर रहे हैं। शहर में यह पाठशाला बहुत ही सर्वप्रिय है। उसने बहुत अंशों में उस उदासीनता का परिशोध कर दिया है जो माता-पिता की पुत्रियों की शिक्षा की ओर होती है। शहर के गणमान्य पुरुष अपनी लड़कियों को सहर्ष पढ़ने भेजते हैं। वहां की शिक्षा-शैली

कुछ ऐसी मनोरंजक है कि बालिकाएं एक बार जाकर मानों मंत्रमुग्ध हो जाती हैं। फिर उन्हें घर पर चैन नहीं मिलता। ऐसी व्यवस्था की गयी है कि तीन चार वर्षों में ही कन्याओं का गृहस्थी के मुख्य कामों से परिचय हो जाय। सबसे बड़ी बात यह है कि यहां धर्म-शिक्षा का भी समुचित प्रबंध किया गया है। अब की साल में प्रबंधक महोदय ने अंग्रेजी की कक्षाएं भी खोल दी हैं। एक सुशिक्षित गुज़राती महिला को बम्बई से बुलाकर पाठशाला उनके हाथ में दे दी है। इन महिला का नाम है आनंदी बाई। विधवा हैं। हिंदी भाषा से भली-भांति परिचित नहीं है; किंतु गुज़राती में कई पुस्तकें लिख चुकी हैं। कई कन्या-पाठशालाओं में काम कर चुकी हैं। शिक्षा-संबंधी विषयों में अच्छी गति है। उनके आने से मदरसे में और भी रौनक आ गयी है। कई प्रतिष्ठित सज्जनों ने, जो अपनी बालिकाओं को मंसूरी और नैनीताल भेजना चाहते थे, अब उन्हें यहीं भरती करा दिया है। आनंदी रइसों के घरों में जाती है और स्त्रियों में शिक्षा का प्रचार करती हैं। उनके वस्त्राभूषणों से सुरूचि का बोध होता है। हैं भी उच्चकुल की, इसलिए शहर में उनका बड़ा सम्मान होता है। लड़कियां उन पर जान देती हैं, उन्हें मां कहकर पुकारती हैं। गोपीनाथ पाठशाला की उन्नति देख-देखकर फूले नहीं समाते। जिससे मिलते हैं, आनंदी बाई का ही गुणगान करते हैं। बाहर से कोई सुविख्यात पुरुष आता है, तो उससे पाठशाला का निरीक्षण अवश्य कराते हैं। आनंदी की प्रशंसा से उन्हें वहीं आनंद प्राप्त होता है, जो स्वयं अपनी प्रशंसा से होता है। बाईजी का भी दर्शन से प्रेम है, और सबसे बड़ी बात यह है कि उन्हें गोपीनाथ पर असीम श्रद्धा है। वह हृदय से उनका सम्मान करती है। वह मुंह पर तो उनकी बड़ाई नहीं करती; पर रईसों के घरों में बड़े प्रेम से उनका यशोगान करती है। ऐसे सच्चे सेवक आजकल कहां? लोग कीर्ति पर जान देते हैं। जो थोड़ी-बहुत सेवा करते हैं, दिखावे के लिए। सच्ची लग्न किसी में नहीं है। मैं लालाजी को पुरुष देवता समझती हूं। कितना सरल, संतोषमय जीवन है। न कोई व्यसन, न विलास। भोर से सांयकाल तक दौड़ते रहते हैं, न खाने का कोई समय न सोने का समय। उस पर कोई ऐसा नहीं, जो उनके आराम का ध्यान रखे। बिचारे घर गये, जो कुछ किसी के सामने रख दिया, चुपके से खा लिया, फिर छड़ी उठायी और किसी तरफ़ चल दिये। दूसरी औरत कदापि अपनी पत्नी की भांति सेवा-सत्कार नहीं कर सकती।

दशहरे के दिन थे। कन्या-पाठशाला में उत्सव मनाने की तैयारियां हो रही थी। एक नाटक खेलने का निश्चय किया गया था। भवन खूब सजाया गया था। शहर के रईसों को निमत्रंण दिये गये थे। यह कहना कठिन है कि किसका उत्साह बढ़ा हुआ था, बाईजी का या लाला गोपीनाथ का। गोपीनाथ सामग्रियां एकत्र कर रहे थे। उन्हें अच्छे ढंग से सजाने का भार आनंदी ने लिया था, नाटक इन्हीं ने रचा था। नित्य प्रति उसका अभ्यास करती थी और स्वयं एक पार्ट ले रखा था।

विजयदशमी आ गयी। दोपहर तक गोपीनाथ फ़र्श और कुर्सियों का इंतजाम करते रहे। जब एक बज गया और अब भी वह वहां से न टले तो आनंदी न कहा — लालाजी, आपको भोजन करने को देर हों रही है। अब सब काम हो गया है। जो कुछ बच रहा है, मुझ पर

छोड़ दीजिए।

गोपीनाथ ने कहा — खा लूंगा। मैं ठीक समय पर भोजन करने का पाबंद नहीं हूं। फिर घर तक कौन जाये। घंटों लग जायेंगे। भोजन के उपरांत आराम करने को जी चाहेगा। शाम हो जायेगी।

आनंदी — भोजन तो मेरे यहां तैयार है, ब्राह्मणी ने बनाया है। चलकर खा लीजिए और यहीं ज़रा देर आराम भी कर लीजिए।

गोपीनाथ — यहां क्या खा लूं! एक वक़्त न खाऊंगा तो ऐसी कौन-सी हानि हो जायेगी?

आनंदी — जब भोजन तैयार है, तो उपवास क्यों कीजिएगा।

गोपीनाथ — आप जायें। आपको अवश्य देर हो रही है। मैं काम में ऐसा भूला कि आपकी सुधि ही न रही।

आनंदी — मैं भी एक जून उपवास कर लूंगी तो क्या हानि होगी?

गोपीनाथ — नहीं-नहीं, इसकी क्या जरूरत है? मैं आपसे सच कहता हूं, बहुधा एक ही जून खाता हूं।

आनंदी — अच्छा, मैं आपके इन्कार का माने समझ गयी। इतनी मोटी बात अब तक मुझे न सूझी।

गोपीनाथ — क्या समझ गयीं? मैं छूतछात नहीं मानता। यह तो आपको मालूम ही है।

आनंदी — इतना जानती हूं किंतु जिस कारण से आप मेरे यहां भोजन करने से इन्कार कर रहे हैं, उसके विषय में केवल इतना निवेदन है कि मुझे आपसे केवल स्वामी और सेवक का संबंध नहीं है। मुझे आपसे आत्मीयता का संबंध है। आपका मेरे पान-फूल को अस्वीकार करना अपने एक सच्चे भक्त के मर्म को आघात पहुंचाना है। मैं आपको इसी दृष्टि से देखती हूं।

गोपीनाथ को अब कोई आपत्ति न हो सकी। जाकर भोजन कर लिया। वह जब तक आसन पर बैठे रहे, आनंदी बैठी पंखा झलती रही।

इस घटना की लाला गोपीनाथ के मित्रों ने यों आलोचना की, 'महाशय जी अब तो वहीं ('वहीं' पर खूब ज़ोर देकर) भोजन भी करते हैं।'

4

शनैः-शनैः परदा हटने लगा। लाला गोपीनाथ को अब परवशता ने साहित्य-सेवी बना दिया था। घर से उन्हें आवश्यक सहायता मिल जाती थी; किन्तु पत्रों और पत्रिकाओं तथा अन्य अनेक कामों के लिए उन्हें घरवालों से कुछ मांगते हुए बहुत संकोच होता था। उनका आत्म-सम्मान ज़रा-ज़रा सी बातों के लिए भाइयों के सामने हाथ फैलाना अनुचित समझता था। वह अपनी

ज़रूरतें आप पूरी करना चाहते थे। घर पर भाइयों के लड़के इतना कोलाहल मचाते थे कि उनका जी कुछ लिखने में न लगता था। इसलिए जब उनकी कुछ लिखने की इच्छा होती, तो वे खटके पाठशाला में चले जाते। आनंदी बाई वहीं रहती थी। वहां न कोई शोर न था, न गुल। एकांत में काम करने में जी लगता। भोजन का समय आ जाता तो वहीं भोजन भी कर लेते। कुछ दिनों के बाद उन्हें बैठकर लिखने में कुछ असुविधा होने लगी (आंखें कमज़ोर हो गयी थीं) तो आनंदी लिखती थी। गोपीनाथ की प्रेरणा से उन्होंने हिन्दी सीखी और थोड़े ही दिनों में इतनी अभ्यस्त हो गयी थीं कि लिखने में ज़रा भी हिचक न होती। लिखते समय कभी-कभी उन्हें ऐसे शब्द और मुहावरे सूझ जाते थे कि गोपीनाथ फड़क-फड़क उठते, उनके लेख में जान-सी पड़ जाती। वह कहते, यदि तुम स्वयं कुछ लिखो तो मुझसे बहुत अच्छा लिखोगी। मैं तो बेगारी करता हूं। तुम्हें परमात्मा की ओर से यह शक्ति प्रदान हुई है। नगर के लाल-बुझक्कड़ों में इस सहकारिता पर टीका-टिप्पणियां होने लगी पर विद्वज्जन अपनी आत्मा की शुचिता के सामने ईर्ष्या के व्यंग की कब परवाह करते हैं। आनंदी कहतीं, यह तो संसार है, जिसके मन में आये, कहे; पर मैं उस पुरुष का निरादर नहीं कर सकती जिस पर मेरी श्रद्धा है। पर गोपीनाथ इतने निर्भीक न थे। उनकी सुकीर्ति का आधार लोकमत था। वह उनकी भर्त्सना न कर सकते थे। इसलिए वह दिन के बदले रात को रचना करने लगे। पाठशाला में इस समय कोई देखने वाला न होता था। रात की नीरवता में खूब जी लगता। आराम-कुर्सी पर लेट जाते। आनंदी मेज़ के सामने क़लम हाथ में लिए उनकी ओर देखा करती। जो कुछ उनके मुख से निकलता, तुरंत लिख लेती। उनकी आंखों से विनय और शील, श्रद्धा और प्रेम की किरण-सी निकलती हुई जान पड़ती। गोपीनाथ जब किसी भाव को मन में व्यक्त करने के बाद आनंदी की ओर ताकते कि वह लिखने के लिए तैयार है या नहीं, तो दोनों व्यक्तियों की निगाहे मिलतीं और आप ही झुक जाती। गोपीनाथ को इस तरह काम करने की ऐसी आदत पड़ती जाती थी कि जब किसी कार्यवश यहां आने का अवसर न मिलता तो वह विकल हो जाते थे।

आनंदी से मिलने के पहले गोपीनाथ को स्त्रियों का जो कुछ ज्ञान था, यह केवल पुस्तकों पर अवलम्बित था। स्त्रियों के विषय में प्राचीन और अर्वाचीन, प्राच्य और पाश्चात्य, सभी विद्वानों का एक ही मत था — यह मायावी, आत्मिक उन्नति की बाधक, परमार्थ की विरोधिनी, वृत्तियों को कुमार्ग की ओर ले जाने वाली, हृदय को संकीर्ण बनाने वाली होती है। इन्हीं कारणों से उन्होंने इस मायावी जाति से अलग रहना ही श्रेयस्कर समझा था; किन्तु अब अनुभव बतला रहा था कि स्त्रियां सन्मार्ग की ओर भी ले जा सकती हैं, उनमें सद्गुण भी हो सकते है। वह कर्तव्य और सेवा के भावों को जागृत भी कर सकती है। तब उसके मन में प्रश्न उठता कि यदि आनंदी से मेरा विवाह होता तो मुझे क्या आपत्ति हो सकती थी। उसके साथ तो मेरा जीवन आनंद से कट जाता। एक दिन वह आनंदी के यहां गये तो सिर में दर्द हो रहा था। कुछ लिखने की इच्छा न हुई। आनंदी को इसका कारण मालूम हुआ तो उसने उनके सिर में धीरे-धीरे तेल मलना शुरु किया। गोपीनाथ को उस समय अलौकिक सुख मिल रहा था। मन में प्रेम की तरंगे उठ रही थीं — नेत्र, मुख, वाणी — सभी प्रेम में पगे जाते थे। उसी दिन

से उन्होंने आनंदी के यहां आना छोड़ दिया। एक सप्ताह बीत गया और न आये। आनंदी ने लिखा — आपसे पाठशाला संबंधी कई विषयों में राय लेनी है। अवश्य आइए। तब भी न गये। उसने फिर लिखा — मालूम होता है आप मुझसे नाराज़ हैं! मैंने जान बूझकर तो कोई ऐसा काम नहीं किया, लेकिन यदि वास्तव में आप नाराज़ हैं तो मैं यहां रहना उचित नहीं समझती। अगर आप अब भी न आयेंगे तो मैं द्वितीय अध्यापिका को चार्ज देकर चली जाऊंगी। गोपीनाथ पर इस धमकी का भी कुछ असर न हुआ। अब भी न गये। अंत में दो महीने तक खिंचे रहने के बाद उन्हें ज्ञात हुआ कि आनंदी बीमार है और दो दिन से पाठशाला नहीं आ सकी। तब वह किसी तर्क या युक्ति से अपने को न रोक सके। पाठशाला में आये और कुछ झिझकते, कुछ सकुचाते, आनंदी के कमरे में कदम रखा। देखा तो चुपचाप पड़ी हुई थी। मुख पीला था, शरीर घुल गया था। उसने उनकी ओर दया-प्रार्थी नेत्रों से देख। उठना चाहा पर अशक्ति ने उठने न दिया। गोपीनाथ ने आर्द्र कंठ से कहा — लेटी रहो, लेटी रहो। उठने की ज़रूरत नहीं, मैं बैठ जाता हूं। डॉक्टर साहब आये थे?

मिश्राइन ने कहा — जी हां, दो बार आये थे। दवा दे गये हैं।

गोपीनाथ ने नुस्खा देखा। डॉक्टरी का साधारण ज्ञान था। नुस्खे से ज्ञात हुआ — हृदयरोग है। औषधियां सभी पुष्टिकर और बलवर्द्धक थीं। आनंदी की ओर फिर देखा। उसकी आंखों से अश्रुधारा बह रही थी। उनका गला भी भर आया। हृदय मसोसने लगा। गद्गद होकर बोले — आनंदी, तुमने मुझे पहले इसकी सूचना न दी, नहीं तो रोग इतना न बढ़ने पाता।

आनंदी — कोई बात नहीं है, अच्छी हो जाऊंगी, जल्दी ही अच्छी हो जाऊंगी। मर भी जाऊंगी तो कौन रोनेवाला बैठा हुआ है? यह कहते-कहते वह फूट-फूटकर रोने लगी।

गोपीनाथ दार्शनिक थे, पर अभी तक उनके मन के कोमल भाव शिथिल न हुए थे। कम्पित स्वर से बोले — आनंदी, संसार में कम-से-कम एक ऐसा आदमी है जो तुम्हारे लिए अपने प्राण तक दे देगा। यह कहते-कहते वह रुक गये। उन्हें अपने शब्द और भाव कुछ भद्दे और उच्चश्रृंखला से जान पड़े। अपने मनोभावों को प्रकट करने के लिए वह इन सारहीन शब्दों की अपेक्षा कहीं अधिक काव्यमय, रसपूर्ण अनुरक्त शब्दों का व्यवहार करना चाहते थे; पर वह इस वक़्त याद न पड़े।

आनंदी ने पुलकित होकर कहा — दो महीने तक किस पर छोड़ दिया था।

गोपीनाथ — इन दो महीनों में मेरी जो दशा थी, वह मैं ही जानता हूं। यही समझ लो कि मैंने आत्महत्या नहीं की, यह बड़ा आश्चर्य है। मैंने न समझा था कि अपने व्रत पर स्थिर रहना मेरे लिए इतना कठिन हो जायेगा।

आनंदी ने गोपीनाथ का हाथ धीरे से अपने हाथ में लेकर कहा — अब तो कभी इतनी कठोरता न कीजियेगा?

गोपीनाथ — (संकुचित होकर) अंत क्या है?

आनंदी — कुछ भी हो!

गोपी — कुछ भी हो? अपमान, निन्दा, उपहास, आत्म-वेदना।

आनंदी — कुछ भी हो, मैं सब कुछ सह सकती हूं, और आपको भी मेरे हेतु सहना पड़ेगा।

गोपी — आनंदी, मैं अपने को प्रेम पर बलिदान कर सकता हूं, लेकिन अपने नाम को नहीं। इस नाम को अकलंकित रखकर मैं समाज की बहुत कुछ सेवा कर सकता हूं।

आनंदी — न कीजिए। आपने सब कुछ त्यागकर यह कीर्ति लाभ की है, मैं आपके यश को नहीं मिटाना चाहती (गोपीनाथ का हाथ हृदयस्थल पर रखकर), इसको चाहती हूं। इससे अधिक त्याग की आकांक्षा नहीं रखती?

गोपी — दोनों बातें एक साथ संभव हैं?

आनंदी — संभव हैं। मैं प्रेम पर अपनी आत्मा को भी न्यौछावर कर सकती हूं।

5

इसके पश्चात् लाला गोपीनाथ ने आनंदी की बुराई करनी शुरू की। मित्रों से कहते, उनका जी अब काम में नहीं लगता। पहले की-सी तनदेही नहीं है। किसी से कहते, उनका जी अब यहां से उचाट हो गया है, अपने घर जाना चाहती हैं। उनकी इच्छा है कि मुझे प्रति वर्ष तरक्क़ी मिला करे और उसकी यहां गुंजाइश नहीं। पाठशाला को कई बार देखा और अपनी आलोचना में काम को अंसतोषजनक लिखा। शिक्षा, संगठन, उत्साह, सुप्रबंध-सभी बातों में निराशजनक क्षति पायी। वार्षिक अधिवेशन में जब कई सदस्यों ने आनंदी की वेतन-वृद्धि का प्रस्ताव उपस्थित किया तो लाला गोपीनाथ ने उसका विरोध किया। उधर आनंदी बाई भी गोपीनाथ के दुखड़े रोने लगी। यह मनुष्य नहीं है, पत्थर का देवता है। उन्हें प्रसन्न करना दुस्तर है, अच्छा ही हुआ कि उन्होंने विवाह नहीं किया, नहीं तो दुखिया इनके नखरे उठाते-उठाते सिधार जाती। कहां तक कोई सफाई और सुप्रबंध पर ध्यान दे! दीवार पर एक धब्बा भी पड़ गया, किसी कोने-खुतरे में एक जाला भी लग गया, बरामदों में काग़ज का एक टुकड़ा भी मिल गया, तो आपके तेवर बदल जाते हैं। दो साल, मैंने ज्यों-त्यों करके निबाहा, लेकिन देखती हूं तो लाला साहब की निगाह दिनों-दिन कड़ी होती जाती है। ऐसी दशा में यहां अधिक नहीं ठहर सकती। मेरे लिए नौकरी में कल्याण नहीं है, जब जी चाहेगा, उठ खड़ी हूंगी। यहां आप लोगों से मेल मुहब्बत हो गयी है। कन्याओं से ऐसा प्यार हो गया है कि छोड़कर जाने को जी नहीं चाहता। आश्चर्य था कि और किसी को पाठशाला की दशा में अवनति न दीखती थी, वरन् हालत पहले से अच्छी थी।

एक दिन पंडित अमरनाथ की लालाजी से भेंट हो गयी। उन्होंने पूछा — कहिए, पाठशाला खूब चल रही है न?

गोपी — कुछ न पूछिए। दिनों-दिन दशा गिरती जाती है।

अमर — आनंदी बाई की ओर से ढील है क्या?

गोपी — जी हां, सरासर। अब काम करने में उनका जी ही नहीं लगता। बैठी हुई योग

और ज्ञान के ग्रन्थ पढ़ा करती हैं। कुछ कहता हूं तो कहती हैं, मैं अब इससे और अधिक कुछ नहीं कर सकती। कुछ परलोक की भी चिंता करूं कि चौबीस घंटे पेट के धंधे में ही लगी रहूं? पेट के लिए पांच घंटे बहुत हैं। पहले कुछ दिनों तक बारह घंटे करती; पर वह दशा स्थायी नहीं रह सकती थी। यहां आकर मैंने स्वास्थ्य को खो दिया। एक बार कठिन रोग ग्रस्त हो गयी। क्या कमेटी ने मेरा दवा-दर्पन का खर्च दे दिया? कोई बात पूछने भी आया? फिर अपनी जान क्यों दूं? सुना है, घरों में मेरी बदगोई भी किया करती हैं। अमरनाथ मार्मिक भाव से बोले — यह बातें मुझे पहले ही मालूम थी।

दो साल गुज़र गये। रात का समय था। कन्या-पाठशाला के ऊपरवाले कमरे में लाला गोपीनाथ मेज़ के सामने कुरसी पर बैठे हुए थे, सामने आनंदी कोच पर लेटी हुई थी। मुख बहुत म्लान हो रहा था। कई मिनट तक दोनों विचार में मग्न थे। अन्त में गोपीनाथ बोले — मैंने पहले ही महीने में तुमसे कहा था कि मथुरा चली जाओ।

आनंदी वहां दस महीने क्यों कर रहती। मेरे पास इतने रुपये कहां थे और न तुम्हीं ने कोई प्रबन्ध का आश्वासन दिया। मैंने सोचा, तीन-चार महीने यहां और रहूं। तब तक किफ़ायत करके कुछ बचा लूंगी, तुम्हारी किताब से भी कुछ मिल जायेंगे। तब मथुरा जाऊंगी; मगर यह क्या मालूम था कि बीमारी भी इसी अवसर की ताक में बैठी हुई है। मेरी दशा दो-चार दिन के लिए भी संभली और मैं चली। इस दशा में तो मेरे लिए यात्रा करना असम्भव है।

गोपी — मुझे भय है कि कहीं बीमारी तूल न खींचे। संग्रहणी असाध्य रोग है। महीने-दो महीने यहां और रहने पड़ गये तो बात खुल जायेगी।

आनंदी — (चिढ़कर) खुल जायेगी, खुल जाये। अब इससे कहां तक डरूं?

गोपी — मैं भी न डरता अगर मेरे कारण नगर की कई संस्थाओं का जीवन संकट में न पड़ जाता। इसलिए मैं बदनामी से डरता हूं। इस समाज के यह बन्धन निरे पाखंड हैं। मैं उन्हें सम्पूर्णतः अन्याय समझता हूं। इस विषय में तुम मेरे विचारों को भली-भांति जानती हो; पर करूं क्या? दुर्भाग्यवश मैंने जाति-सेवा का भार अपने ऊपर ले लिया है और उसी का फल है कि आज मुझे अपने माने हुए सिद्धान्तों को तोड़ना पड़ रहा है और जो वस्तु मुझे प्राणों से भी प्रिय है, उसे यों निर्वासित करना पड़ रहा है।

किन्तु आनंदी की दशा संभालने की जगह दिनों-दिन गिरती ही गयी। कमज़ोरी से उठना-बैठना कठिन हो गया था। किसी वैद्य या डॉक्टर को उसकी अवस्था न दिखायी जाती थी। गोपीनाथ दवाएं लाते थे, आनंदी उनका सेवन करती थी। किसी से मिलती-जुलती भी न थी। पाठशाला से उसने छुट्टी ले ली थी। बार-बार चेष्टा करती कि मथुरा चली जाऊं; किन्तु एक अनजान नगर में अकेले कैसे रहूंगी, न कोई आगे, न कोई पीछे। कोई एक घूंट पानी देने वाला भी नही। यह सब सोचकर उसकी हिम्मत टूट जाती थी। इसी सोच-विचार और हैस-बैस में दो महीने और गुजर गये और अन्त में विवश होकर आनंदी ने निश्चय किया कि अब चाहे कुछ सिर पर बीते; यहां से चल ही दूं। अगर सफ़र में मर भी जाऊंगी तो क्या चिन्ता है।

उनकी बदनामी तो न होगी। उनके यश को कलंक तो न लगेगा। मेरे पीछे ताने तो न सुनने पड़ेगे। सफ़र की तैयारियां करने लगी। रात को जाने का मुहूर्त था कि सहसा संध्याकाल से प्रसवपीड़ा होने लगी और ग्यारह बजते-बजते एक नन्हा-सा दुर्बल सतवांसा बालक प्रसव हुआ। बच्चे के होने की आवाज़ सुनते ही लाला गोपीनाथ बेहताशा ऊपर से उतरे और गिरते-पड़ते घर भागे। आनंदी ने इस भेद को अंत तक छिपाये रखा, अपनी दारुण प्रसवपीड़ा का हाल किसी से न कहा। दाई को भी सूचना न दी। मगर जब बच्चे के रोने की ध्वनि मदरसे में गूंजी तो क्षणमात्र में दाई सामने आकर खड़ी हो गई। नौकरानियों को पहले से शंका थी। उन्हें कोई आश्चर्य न हुआ। जब दाई ने आनंदी को पुकारा तो वह सचेत हो गयी।देखा तो बालक रो रहा है।

6

दूसरे दिन दस बजते-बजते यह समाचार सारे शहर में फैल गया। घर-घर चर्चा होने लगी। कोई आश्चर्य करता था, कोई घृणा करता, कोई हंसी उड़ाता था। लाला गोपीनाथ के छिद्रान्वेषियों की संख्या कम न थी। पंडित अमरनाथ उनके मुखिया थे। उन लोगों ने लालाजी की निंदा करनी शुरू की। जहां देखिए, वहीं दो-चार सज्जन बैठे गोपनीय भाव से इसी घटना की आलोचना करते नजर आते थे। कोई कहता था, इस स्त्री के लक्षण पहले ही से विदित हो रहे थे। अधिकांश आदमियों की राय में गोपीनाथ ने यह बुरा किया। यदि ऐसा ही प्रेम ने ज़ोर मारा था तो उन्हें निडर होकर विवाह कर लेना चाहिए था। यह काम गोपीनाथ का है, इसमें किसी को भ्रम न था। केवल कुशल समाचार पूछने के बहाने से लोग उनके घर जाते और दो-चार अन्योक्तियां सुनाकर चले आते थे। इसके विपरीत आनंदी पर लोगों को दया आती थी। पर लालाजी के ऐसे भक्त भी थे, जो लालाजी के माथे यह कलंक मढ़ना पाप समझते थे। गोपीनाथ ने स्वयं मौन धारण कर लिया था। सबकी भली-बुरी बाते सुनते थे, पर मुंह न खोलते थे। इतनी हिम्मत न थी कि सबसे मिलना छोड़ दें।

प्रश्न था, अब क्या हो ? आनंदी बाई के विषय में तो जनता ने फैसला कर दिया। बहस यह थी कि गोपीनाथ के साथ क्या व्यवहार किया जाए। कोई कहता था, उन्होंने जो कुकर्म किया है, उसका फल भोगे। आनंदी बाई को नियमित रूप से घर में रखें। कोई कहता, हमें इससे क्या मतलब, आनंदी जानें और वह जानें। दोनों जैसे के तैसे हैं, जैसे उदई वैसे भान, न उनके चोटी न उनके कान। लेकिन इन महाशय को पाठशाला के अन्दर अब कदम न रखने देना चाहिए। जनता के फैसले साक्षी नहीं खोजते। अनुमान ही उसके लिए सबसे बड़ी गवाही है।

लेकिन पं. अमरनाथ और उनकी गोष्ठी के लोग गोपीनाथ को इतने सस्ते न छोड़ना चाहते थे। उन्हें गोपीनाथ से पुराना द्वेष था। यह कल का लौंडा दर्शन की दो-चार पुस्तकें

उलट-पलटकर, राजनीति में कुछ शुदबुद करके लीडर बना हुआ विचरे, सुनहरी ऐनक लगाए, रेशमी चादर गले में डाले, यों गर्व से ताके, मानों सत्य और प्रेम का पुतला है। ऐसे रंगे सियार की जितनी कलई खोली जाय, उतना ही अच्छा। जाति को ऐसे दगाबाज़, चरित्रहीन, दुर्बलात्मा सेवकों से सचेत कर देना चाहिए। पंडित अमरनाथ पाठशाला की अध्यापिकाओं और नौकरों से तहक़ीक़ात करते थे। लालाजी कब आते थे, कब जाते थे, कितनी देर रहते थे, यहां क्या किया करते थे, तुम लोग उनकी उपस्थिति में वहां जाने पाते थे या रोक थी? लेकिन यह छोटे-छोटे आदमी, जिन्हें गोपीनाथ से संतुष्ट रहने का कोई कारण न था (उनकी सख्ती की नौकर लोग बहुत शिकायत किया करते थे) इस दुरवस्था में उनके ऐबों पर परदा डालने लगे। अमरनाथ ने प्रलोभन दिया, डराया-धमकाया; पर किसी ने गोपीनाथ के विरुद्ध साक्षी न दी।

उधर लाला गोपीनाथ ने उसी दिन से आनन्दी के घर आना-जाना छोड़ दिया। दो हफ़्ते तक तो वह अभागिनी किसी तरह कन्या पाठशाला में रही। पन्द्रहवें दिन प्रबन्धक समिति ने उसे मकान खाली कर देने की नोटिस दे दी। महीने भर की गुहलत देना भी उचित न समझा। अब वह दुखिया एक तंग मकान में रहती थी, कोई पूछने वाला न था। बच्चा कमज़ोर, खुद बीमार, कोई आगे, न पीछे, न कोई दुःख का संगी, न साथी। शिशु को गोद में लिए दिन-के-दिन बे-दाना-पानी पड़ी रहती थी। एक बुढ़िया महरी मिल गयी थी, जो बर्तन धोकर चली जाती थी। कभी-कभी शिशु को छाती से लगाये रात-की-रात रह जाती; पर धन्य है उसके धैर्य और संतोष को! लाला गोपीनाथ से न मुंह में शिकायत थी, न दिल में। सोचती, इन परिस्थितियों में उन्हें मुझसे पराङ्मुख ही रहना चाहिए। इसके अतिरिक्त और उपाय नहीं है। उनके बदनाम होने से नगर की कितनी बड़ी हानि होती। सभी उन पर सन्देह करते हैं; पर किसी को यह साहस तो नहीं हो सकता कि उनके विपक्ष में कोई प्रमाण दे सके।

यह सोचते हुए उसने स्वामी अभेदानन्द की एक पुस्तक उठायी और उसके एक अध्याय का अनुवाद करने लगी। अब उसकी जीविका का एकमात्र यही आधार था। सहसा किसी ने धीरे से द्वार खटखटाया। वह चौंक पड़ी। लाला गोपीनाथ की आवाज़ मालूम हुई। उसने तुरन्त द्वार खोल दिया। गोपीनाथ आकर खड़े हो गये और सोते हुए बालक को प्यार से देखकर बोले — आनन्दी, मैं तुम्हें मुंह दिखाने लायक नहीं हूं; मैं अपनी भीरुता और नैतिक दुर्बलता पर अत्यंत लज्जित हूं। यद्यपि मैं जानता हूं कि मेरी बदनामी जो कुछ होनी थी, वह हो चुकी। अब असम्भव है कि मैं जनता को अपना मुंह फिर दिखाऊं और न वह मुझ पर विश्वास ही कर सकती है। इतना जानते हुए भी मुझमें इतना साहस नहीं है कि अपने कुकृत्य का भार सिर ले लूं। मैं पहले सामाजिक शासन की रत्ती भर परवाह न करता; पर अब पग-पग पर उसके भय से मेरे प्राण कांपने लगते हैं। धिक्कार है मुझ पर कि तुम्हारे ऊपर ऐसी विपत्तियां, पड़ीं, लोकनिंदा, रोग, शोक, निर्धनता सभी का सामना करना पड़ा और मैं यों अलग-अलग रहा मानो मुझसे कोई प्रयोजन नहीं है; पर मेरा हृदय ही जानता है कि उसको कितनी पीड़ा होती थी। कितनी ही बार आने का निश्चय किया और फिर हिम्मत हार गया। अब मुझे विदित हो गया कि मेरी सारी दार्शनिकता केवल हाथी का दांत थी। मुझमें क्रिया शक्ति नहीं है; लेकिन

इसके साथ ही तुमसे अलग रहना मेरे लिए असह्य है। तुमसे दूर रहकर मैं जिन्दा नहीं रह सकता, प्यारे बच्चे को देखने के लिए मैं कितनी ही बार लालायित हो गया हूं; पर यह आशा कैसे करूं कि मेरी चरित्रहीनता का ऐसा प्रत्यक्ष प्रमाण पाने के बाद तुम्हें मुझसे घृणा न हो गयी होगी।

आनन्दी — स्वामी, आप के मन में ऐसी बातों का आना मुझ पर घोर अन्याय है। मैं ऐसी बुद्धिहीन नहीं हूं कि केवल अपने स्वार्थ के लिए आपको कलंकित करूं। मैं आपको अपना इष्टदेव समझती हूं और सदैव समझूंगी। मैं भी अब आपके वियोग-दुःख को नहीं सह सकती। कभी-कभी आपके दर्शन पाती रहूं, यहीं जीवन की सबसे बड़ी अभिलाषा है।

इस घटना को पन्द्रह दिन बीत गये हैं। लाला गोपीनाथ नित्य बारह बजे रात को आनन्दी के साथ बैठे हुए नजर आते हैं। वह नाम पर मरते है, आनन्दी प्रेम पर। बदनाम दोनो है, लेकिन आनन्दी के साथ लोगों की सहानुभूति है, गोपीनाथ सबकी निगाह से गिर गए हैं। हां, उनके कुछ आत्मीयगण इस घटना को केवल मानुषीय समझकर अब भी उनका सम्मान करते हैं; किन्तु जनता इतनी सहिष्णु नहीं है।

❖❖❖

रानी सारंधा

अंधेरी रात के सन्नाटे में धसान नदी चट्टानों से टकराती हुई ऐसी सुहावनी मालूम होती थी जैसे घुम-घुम करती हुई चक्कियां। नदी के दाहिने तट पर एक टीला है। उस पर एक पुराना दुर्ग बना हुआ है, जिसको जंगली वृक्षों ने घेर रखा है। टीले के पूर्व की ओर छोटा-सा गांव है। यह गढ़ी और गांव दोनों एक बुंदेला सरदार के कीर्ति-चिन्ह हैं। शताब्दियाँ व्यतीत हो गयीं, बुंदेलखंड में कितने ही राज्यों का उदय और अस्त हुआ, मुसलमान आये और बुंदेला राजा उठे और गिरे कोई गांव, कोई इलाका ऐसा न था, जो इन दुर्व्यवस्थाओं से पीड़ित न हो; मगर इस दुर्ग पर किसी शत्रु की विजय-पताका न लहरायी और इस गांव में किसी विद्रोह का भी पदार्पण न हुआ यह उसका सौभाग्य था।

अनिरुद्ध सिंह वीर राजपूत था। वह ज़माना ही ऐसा था जब मनुष्य को मात्र अपने बाहु-बल और पराक्रम का ही एक भरोसा था। एक ओर मुसलमान सेनाएं पैर ज़मायें खड़ी रहती थीं, दूसरी ओर बलवान राजा अपने निर्बल भाइयों का गला घोंटने पर तत्पर रहते थे। अनिरुद्ध सिंह के पास सवारों और पियादों का एक छोटा-सा, मगर सजीव दल था। इससे वह अपने कुल और मर्यादा की रक्षा किया करता था। उसे कभी चैन से बैठना नसीब न होता था। तीन वर्ष पहले उसका विवाह शीतला देवी से हुआ था; मगर अनिरुद्ध विहार के दिन और विलास की रातें पहाड़ों में काटता था और शीतला उसकी जान की खैर मनाने में। वह कितनी बार पति से अनुरोध कर चुकी थी, कितनी बार उसके पैरों पर गिरकर रोई थी कि तुम मेरी आंखों से दूर न हो, मुझे हरिद्वार ले चलो, मुझे तुम्हारे साथ बनवास अच्छा है, यह वियोग अब नहीं सहा जाता। उसने प्यार से कहा, जिद से कहा, विनय की; मगर अनिरुद्ध बुंदेला था। शीतला अपने किसी हथियार से उसे परास्त न कर सकी।

2

अंधेरी रात थी। सारी दुनिया सोती थी, तारे आकाश में जागते थे। शीतला देवी पलंग

पर पड़ी करवटें बदल रही थी और उसकी ननद सारंधा फर्श पर बैठी हुई मधुर स्वर में गाती थी।

बिनु रघुवीर कटत नहि रैन...

शीतला ने कहा — जी न जलाओ। क्या तुम्हें भी नींद नहीं आती?

सारंधा — तुम्हें लोरी सुना रही हूं।

शीतला — मेरी आंखों से तो नींद लोप हो गयी।

सारंधा — किसी को ढूंढने गयी होगी।

इतने में द्वार खुला और एक गठे हुए बदन के रूपवान पुरुष ने भीतर प्रवेश किया। वह अनिरुद्ध था। उसके कपड़े भीगे हुए थे। बदन पर कोई हथियार न था। शीतला चारपाई से उतर ज़मीन पर बैठ गयी।

सारंधा ने पूछा — भैया, यह कपड़े भीगे क्यों है?

अनिरुद्ध — नदी तैरकर आया हूं।

सारंधा — हथियार क्या हुए?

अनिरुद्ध — छिन गये।

सारंधा — और साथ के आदमी।

अनिरुद्ध — सबने वीर-गति पायी।

शीतला ने दबी जबान से कहा — ईश्वर ने ही कुशल किया; मगर सारंधा के तीवरों पर बल पड़ गयें और मुख-मंडल गर्व से सतेज हो गया। बोली — भैया, तुमने कुल की मर्यादा खो दी। ऐसा कभी न हुआ था।

सारंधा भाई पर जान देती थी। उसके मुख से यह धिक्कार सुनकर अनिरुद्ध लज्जा और खेद से विकल हो गया। वह वीराग्नि जिसे क्षण भर के लिए अनुराग ने दबा लिया था, फिर ज्वलंत हो गयी। वह उलटे पांव लौटा और यह कह कर बाहर चला गया कि 'सारंधा, तुमने मुझे सदैव के लिए सचेत कर दिया यह बात मुझे कभी न भूलेगी।'

अंधेरी रात थी। आकाश-मंडल में तारों का प्रकाश बहुत धुंधला था। अनिरुद्ध क़िले से बाहर निकला। पल भर में उस पार जा पहुंचा और फिर अंधकार में लुप्त हो गया। शीतला उसके पीछे-पीछे क़िले की दीवारों तक आयी; मगर जब अनिरुद्ध छलांग मारकर बाहर कूद पड़ा तो वह विरहिणी चट्टान पर बैठकर रोने लगी।

इतने में सारंधा भी वहीं आ पहुंची। शीतला ने नागिन की तरह बल खाकर कहा — मर्यादा इतनी प्यारी है?

सारंधा — हां।

शीतल — अपना पति होता तो हृदय में छिपा लेती।

सारंधा — ना, छाती में छुरा चुभा देती।

शीतला ने ऐंठकर कहा — चोली में छिपाती फिरोगी, मेरी बात गिरह में बांध लो।

सारंधा — जिस दिन ऐसा होगा, मैं भी अपना वचन पूरा कर दिखाऊंगी।

इस घटना के तीन महीने पीछे अनिरुद्ध महरौनी को जीत करके लौटा और साल भर पीछे सारंधा का विवाह ओरछा के राजा चम्पतराय से हो गया मगर उस दिन की बातें दोनों महिलाओं के हृदय-स्थल में कांटे की तरह खटकती रही।

3

राजा चम्पतराय बड़े प्रभावशाली पुरुष थे। सारी बुंदेला जाति उनके नाम पर जान देती थी और उनके प्रभुत्व को मानती थी। गद्दी पर बैठते ही उन्होंने मुगल बादशाहों को कर देना बंद कर दिया और वे अपने बाहु-बल से राज्य-विस्तार करने लगे। मुसलमानों की सेनाएं बार-बार उन पर हमले करती थीं, पर हारकर लौट जाती थी।

यही समय था जब अनिरुद्ध ने सारंधा का चम्पतराय से विवाह कर दिया। सारंधा ने मुंह-मांगी मुराद पायी। उसकी यह अभिलाषा कि मेरा पति बुंदेला जाति का कुल-तिलक हो, पूरी हुई। यद्यपि राजा के निवास में पांच रानियां थी मगर उन्हें शीघ्र ही मालूम हो गया कि वह देवी, जो हृदय में मेरी पूजा करती है सारंधा है।

परन्तु कुछ ऐसी घटनाएं हुई कि चम्पतराय को मुगल बादशाह का आश्रित होना पड़ा। वे अपना राज्य अपने भाई पहाड़ सिंह को सौंपकर देहली चले गये। यह शाहजहां के शासन-काल का अंतिम भाग था। शाहजादा दारा शिकोह राजकीय कार्यों को संभालते थे। युवराज की आंखों में शील था और चित्त में उदारता। उन्होंने चम्पतराय की वीरता की कथाएं सुनी थीं, इसलिए उनका बहुत आदर-सम्मान किया और कालपी की बहुमूल्य जागीर उनको भेंट की, जिसकी आमदनी नौ लाख थी। वह पहला अवसर था कि चम्पतराय को आये दिन के लड़ाई-झगड़े से निवृत्ति मिली और उसके साथ ही भोग-विलास का प्राबल्य हुआ। रात-दिन आमोद-प्रमोद की चर्चा रहने लगी। राजा विलास में डूबे, रानी जड़ाऊ गहनों पर रीझीं; मगर सारंधा इन दिनों बहुत उदास और संकुचित रहती। वह इन रहस्यों से दूर-दूर रहती, ये नृत्य और गान की सभाए उसे सूनी प्रतीत होती।

एक दिन चम्पतराय ने सारंधा से कहा — सारन, तुम उदास क्यों रहती हो? मैं तुम्हें कभी हंसते नहीं देखता। क्या मुझसे नाराज़ हो?

सारंधा की आंखों में जल भर आया। बोली — स्वामीजी, आप क्यों ऐसा विचार करते हैं? जहां आप प्रसन्न हैं, वहां मैं भी खुश हूं।

चम्पतराय — मैं जबसे यहां आया हूं, मैंने तुम्हारे मुख-कमल पर कभी मनोहारिणी मुस्कुराहट नहीं देखी। तुमने कभी अपने हाथों से मुझे बीड़ा नहीं खिलाया। कभी मेरी पाग नहीं संवारी। कभी मेरे शरीर पर शस्त्र न सजाये। कहीं प्रेमलता मुरझाने तो नहीं लगी?

सारंधा — प्राणनाथ, आप मुझसे ऐसी बात पूछते हैं, जिसका उत्तर मेरे पास नहीं है। यथार्थ में इन दिनों मेरा चित्त कुछ उदास रहता है। मैं बहुत चाहती हूं कि ख़ुश रहूं, मगर बोझ-सा हृदय पर धरा रहता है।

चम्पतराय स्वयं आनंद में मग्न थे। इसलिए उनके विचार में सारंधा का असंतुष्ट रहने का कोई उचित कारण नहीं हो सकता था। वे भौहें सिकोड़कर बोले — मुझे तुम्हारे उदास रहने का कोई विशेष कारण नहीं मालूम होता। ओरछे में कौन-सा सुख था, जो यहां नहीं है?

सारंधा का चेहरा लाल हो गया। बोली — मैं कुछ कहूं, आप नाराज़ तो न होंगे।

चम्पतराय — नहीं, शौक़ से कहो।

सारंधा — ओरछे में मैं एक राजा की रानी थी। यहां मैं एक जागीरदार की चेरी हूं। ओरछे में वह थी, जो अवध में कौशल्या थी; यहां मैं बादशाह के एक सेवक की स्त्री हूं। जिस बादशाह के सामने आज आप आदर से सिर झुकाते हैं, वह कल आपके नाम से कांपता था। रानी से चेरी होकर भी प्रसन्नचित्त होना मेरे वश में नहीं है। आपने यह पद और ये विलास की सामग्रिया बड़े-महंगे दामों में मोल ली हैं।

चम्पतराय के नेत्रों पर से एक पर्दा-सा हट गया। वे अब तक सारंधा की आत्मिक उच्चता को न जानते थे। जैसे बे-मां-बाप का बालक मां की चर्चा सुनकर रोने लगता है, उसी तरह ओरछे की याद से चम्पतराय की आंखें सजल हो गयीं। उन्होंने आदरयुक्त अनुराग के साथ सांरधा को हृदय से लगा लिया।

आज से उन्हें फिर उस उजड़ी बस्ती की फ़िक्र हुई, जहां से धन और कीर्ति की अभिलाषाएं खींच लायी थी।

4

मां अपने खोये हुए बालक को पाकर निहाल हो जाती है। चम्पतराय के आने से बुंदेलखंड निहाल हो गया। ओरछे के भाग जागे। नौबतें झड़ने लगीं और फिर सांरधा के कमल-नेत्रों में जातीय अभिमान का आभास दिखायी देने लगा।

यहां रहते-रहते कई महीने बीत गये। इसी बीच में शाहजहां बीमार पड़ा। पहले से ईर्ष्या की अग्नि दहक रही थी। यह खबर सुनते ही ज्वाला प्रचंड हुई। सफ़र की तैयारियां होने लगी। शाहजादा मुराद और मुहीउद्दीन अपने-अपने दल सजाकर दक्खिन से चले। वर्षा के दिन थे। उर्वरा भूमि रंग-बिरंग के रूप भरकर अपने सौन्दर्य को दिखाती थी।

मुराद और मुहीउद्दीन उमंगों से भरे हुए कद बढ़ाते चले आते थे। यहां तक कि वे धौलपुर के निकट चम्बल के तट पर आ पहुंचे; परंतु यहां उन्होंने बादशाही सेना को अपने शुभागमन के निमित्त तैयार पाया।

शाहजादे अब बड़ी चिंता में पड़े। सामने अगम्य नदी लहरे मार रही थी, किसी योगी के त्याग के सदृश। विवश होकर चम्पतराय के पास संदेश भेजा कि खुदा के लिए आकर हमारी डूबती हुई नाव को पार लगाइए।

राजा ने भवन में आकर सारंधा से पूछा — इसका क्या उत्तर दूं?

सारंधा — आपको मदद करनी होगी।

चम्पतराय — उनकी मदद करना दारा शिकोह से बैर लेना है।

सारंधा — यह सत्य है; परन्तु हाथ फैलाने की मर्यादा भी तो निभानी चाहिए।

चम्पतराय — प्रिये, तुमने सोचकर ज़वाब नहीं दिया।

सारंधा — प्राणनाथ, मैं अच्छी तरह जानती हूं कि यह मार्ग कठिन है। और अब हमें अपने योद्धाओं का रक्त पानी के समान बहाना पड़ेगा; परन्तु हम अपना रक्त बहायेंगे और चम्बल की लहरों को लाल कर देंगे। विश्वास रखिए कि जब तक नदी की धारा बहती रहेगी, वह हमारे वीरों की कीर्ति-गान करती रहेगी। जब तक बुंदेलों का एक भी नामलेवा रहेगा, ये रक्त-बिन्दु उसके माथे पर केशर का तिलक बनकर चमकेंगे।

वायुमंडल में मेघराज की सेनाएं उमड रही थी। ओरछे के क़िले से बुंदेलों की एक काली घटा उठी और वेग के साथ चम्बल की तरफ चली। प्रत्येक सिपाही वीर-रस से झूम रहा था। सारंधा ने दोनों राजकुमारों को गले से लगा लिया और राजा को पान का बीड़ा देकर कहा — बुंदेलों की लाज अब तुम्हारे हाथ है।

आज उसका एक-एक अंग मुस्कुरा रहा है और हृदय हुलसित है। बुंदेलों की यह सेना देखकर शाहजादे फूले न समाये। राजा वहां की अंगुल-अंगुल भूमि से परिचित थे। उन्होंने बुंदेलों को तो एक आड़ में छिपा दिया और वे शाहजादों की फ़ौज को सजाकर नदी के किनारे-किनारे पश्चिम की ओर चले। दारा शिकोह को भ्रम हुआ कि शत्रु किसी अन्य घाट से नदी उतरना चाहता है। उन्होंने घाट पर से मोर्चे हटा लिए। घाट में बैठे हुए बुन्देले उसी ताक में थे। बाहर निकल पड़े और उन्होंने तुरन्त ही नदी में घोड़े डाल दिये। चम्पतराय ने शाहजादा दारा शिकोह को भुलावा देकर अपनी फ़ौज घुमा दी और बुंदेलों के पीछे चलता हुआ उसे पार उतार लाया। इस कठिन चाल में सात घंटों का विलम्ब हुआ; परन्तु जाकर देखा तो सात सौ बुंदेलों की लाशें तड़प रही थीं।

राजा को देखते ही बुंदेलों की हिम्मत बंध गयी। शाहजादों की सेना ने भी 'अल्लाहो अकबर' की ध्वनि के साथ धावा किया। बादशाही सेना में हलचल पड़ गयी। उनकी पंक्तियां छिन्न-भिन्न हो गयीं, हाथों-हाथ लड़ाई होने लगी, यहां तक कि शाम हो गयी। रणभूमि रुधिर से लाल हो गयी और आकाश में अंधेरा हो गया। घमासान की मार हो रही थी। बादशाही सेना शाहजादों को दबाये आती थी अकस्मात् पश्चिम से फिर बुंदेलों की एक लहर उठी और वेग से बादशाही सेना की पुश्त पर टकरायी कि उसके कदम उखड़ गये। जीता हुआ मैदान हाथ से निकल गया। लोगों को कुतूहल था कि यह दैवी सहायता कहां से आयी। सरल स्वभाव

के लोगों की धारणा थी कि यह फतह के फरिश्ते हैं, शाहजादों की मदद के लिए आये हैं; परन्तु जब राजा चम्पतराय निकट गये तो सारंधा ने घोड़े से उतरकर उनके पैरों पर सिर झुका दिया। राजा को असीम आनन्द हुआ। यह सारंधा थी।

समर-भूमि का दृश्य इस समय अत्यंत दुःखमय था। थोड़ी देर पहले जहां सजे हुए वीरों के दल थे वहां अब बेजान लाशे तड़प रही थीं। मनुष्य ने अपने स्वार्थ के लिए अनादि काल से ही भाइयों की हत्या की है।

अब विजयी सेना लूट पर टूट पड़ी। पहले मर्द मर्दों से लड़ते थे। वह वीरता और पराक्रम का चित्र था, यह नीचता और दुर्बलता की ग्लानिप्रद तस्वीर थी। उस समय मनुष्य पशु बना हुआ था, अब वह पशु से भी बढ़ गया था।

इस नोच-खसोट में लोगों को बादशाही सेना के सेनापति वली बहादुर खां की लाश दिखायी दी। उसके निकट उसका घोड़ा खड़ा हुआ अपनी दुम से मक्खियां उड़ा रहा था। राजा को घोड़ों का शौक था। देखते ही वह उस पर मोहित हो गया। यह एराकी जाति का अति सुन्दर घोड़ा था। एक-एक अंग सांचे में ढला हुआ, सिंह की-सी छाती; चीते की-सी कमर, उसका यह प्रेम और स्वामि-भक्ति देखकर लोगों को बड़ा कुतूहल हुआ। राजा ने हुक्म दिया — ख़बरदार! इस प्रेमी पर कोई हथियार न चलाये, इसे जीता पकड़ लो, यह मेरे अस्तबल की शोभा बढ़ायेगा। जो इसे मेरे पास ले आयेगा, उसे धन से निहाल कर दूंगा।

योद्धागण चारों ओर से लपके; परन्तु किसी को साहस न होता था कि उसके निकट जा सके। कोई चुमकार रहा था, कोई फंदे में फंसाने की फ़िक्र में था पर कोई उपाय सफल नहीं होता था। वहां सिपाहियों का मेल-सा लगा हुआ था।

तब सारंधा अपने खेमे से निकली और निर्भय होकर घोड़े के पास चली गयी। उसकी आंखों में प्रेम का प्रकाश था, छल का नहीं। घोड़े ने सिर झुका दिया। रानी ने उसकी गर्दन पर हाथ रखा और वह उसकी पीठ सहलाने लगी। घोड़े ने उसके अंचल में मुंह छिपा लिया। रानी उसकी रास पकड़कर खेमें की ओर चली। घोड़ा इस तरह चुपचाप उसके पीछे चला मानों सदैव से उसका सेवक है। पर बहुत अच्छा होता कि घोड़े ने सारंधा से भी निष्ठुरता की होती। यह सुन्दर घोड़ा आगे चलकर इस राज-परिवार के निमित्त स्वर्ण-जटित मृग साबित हुआ।

5

संसार एक रण-क्षेत्र है। इस मैदान में उसी सेनापति को विजय-लाभ होता है, जो अवसर को पहचानता है। वह अवसर पर जितने उत्साह से आगे बढ़ता है, उतने ही उत्साह से आपत्ति के समय पीछे हट जाता है। वह वीर पुरुष राष्ट्र का निर्माता होता है और इतिहास उसके नाम पर यश के फूलों की वर्षा करता है।

पर इस मैदान में कभी-कभी ऐसे सिपाही भी जाते हैं, जो अवसर पर कदम बढ़ाना जानते

हैं, लेकिन संकट में पीछे हटना नहीं जानते। ये रणवीर पुरुष विजय को नीति की भेंट कर देते हैं। वे अपनी सेना का नाम मिटा देंगे, किन्तु जहां एक बार पहुंच गये हैं, वहां से कदम पीछे न हटायेंगे। उनमें कोई बिरला ही संसार-क्षेत्र में विजय प्राप्त करता है, किन्तु प्रायः उसकी हार विजय से भी अधिक गौरवात्मक होती है। अगर अनुभवशील सेनापति राष्ट्रों की नींव डालता है, तो आन पर जान देने वाला, मुंह न मोड़ने वाला सिपाही राष्ट्र के भावों को उच्च करता है, और उसके हृदय पर नैतिक गौरव को अंकित कर देता है। उसे इस कार्य-क्षेत्र में चाहे सफलता न हो, किंन्तु जब किसी वाक्य या सभा में उसका नाम ज़बान पर आ जाता है, तो श्रोतागण एक स्वर से उसकी कीर्ति-गौरव को प्रतिध्वनित कर देते हैं। सारंधा 'आन पर जान देने वालों' में थी।

शाहजादा मुहीउद्दीन चम्बल के किनारे से आगरा की ओर चला तो सौभाग्य उसके सिर पर मोर्छल हिलाता था। जब वह आगरे पहुंचा तो विजयदेवी ने उसके लिए सिंहासन सजा दिया!

औरंगज़ेब गुणज्ञ था। उसने बादशाही सरदारों के अपराध-क्षमा कर दिये, उनके राज्य-पद लौटा दिये और राजा चम्पतराय को उसके बहुमूल्य कृत्यों के उपलक्ष्य में बारह हज़ारी मनसब प्रदान किया। ओरछा से बनारस और बनारस से जमुना तक उसकी जागीर नियत की गयी। बुंदेला राजा फिर राज्य सेवक बना, वह फिर सुख-विलास में डूबा और रानी सारंधा फिर पराधीनता के शोक में घुलने लगी।

वली बहादुर खां बड़ा वाक्-चतुर मनुष्य था। उसकी मृदुता ने शीघ्र ही उसे बादशाह आलमगीर का विश्वास पात्र बना दिया। उस पर राज्य-सभा में सम्मान की दृष्टि पड़ने लगी।

खां साहब के मन में अपने घोड़े के हाथ से निकल जाने का बड़ा शोक था।

एक दिन कुंवर छत्रसाल उसी घोड़े पर सवार होकर सैर को गया था। वह खां साहब के महल की तरफ़ जा निकला। वली बहादुर ऐसे ही अवसर की ताक में था। उसने तुरंत अपने सेवकों को इशारा किया। राजकुमार अकेला क्या करता? पांव-पांव घर आया और उसने सारंधा से सब समाचार बयान किया। रानी का चेहरा तमतमा गया। बोलीं, 'मुझे इसका शोक नहीं कि घोड़ा हाथ से गया, शोक है कि तू उसे खोकर, जीता क्यों लौटा? क्या तेरे शरीर में बुंदेलों का रक्त नहीं है? घोड़ा न मिलता, न सही, किंतु तुझे दिखा देना चाहिए था कि एक बुंदेला बालक से उसका घोड़ा छीन लेना हंसी नहीं है।'

यह कहकर उसने अपने पच्चीस योद्धाओं को तैयार होने की आज्ञा दी। स्वयं अस्त्र धारण किये और योद्धाओं के साथ वली बहादुर खां के निवास-स्थान पर जा पहुंची। खां साहब, उसी घोड़े पर सवार होकर दरबार चले गये थे, सारंधा दरबार के सामने जा पहुंची। वह कैफ़ियत देखते ही दरबार में हलचल मच गयी। अधिकारी वर्ग इधर-उधर से आकर ज़मा हो गये। आलमगीर भी सहन में निकल आये। लोग अपनी-अपनी तलवारें संभालने लगे और चारों तरफ़ शोर मच गया। कितने ही नेत्रों ने इसी दरबार में अमरसिंह की तलवार की चमक देखी थी। उन्हें वही घटना फिर याद आ गयी।

सारंधा ने उच्च स्वर से कहा — खां साहब, बड़ी लज्जा की बात है, आपको वही वीरता,

जो चम्बल के तट पर दिखानी चाहिए थी, आज एक अबोध बालक के सम्मुख दिखायी है। क्या यह उचित था कि आप उससे घोड़ा छीन लेते?

वली बहादुर खां की आंखों से अग्नि-ज्वाला निकल रही थी। वे कड़ी आवाज़ से बोले — किसी ग़ैर को क्या मज़ाल है कि मेरी चीज़ अपने काम में लाये?

रानी — वह आपकी चीज़ नहीं, मेरी है। मैंने उसे रण-भूमि में पाया है और उस पर मेरा अधिकार है। क्या रण-नीति की इतनी मोटी बात भी आप नहीं जानते ?

खां साहब — वह घोड़ा मैं नहीं दे सकता, उसके बदले में सारा अस्तबल आपकी नज़र है।

रानी — मैं अपना घोड़ा लूंगी।

खां साहब — मैं उसके बराबर जवाहरात दे सकता हूं; परन्तु घोड़ा नहीं दे सकता। रानी — तो फिर इसका निश्चय तलवार से होगा। बुदेला योद्धाओं ने तलवारें सौंत लीं और निकट था कि दरबार की भूमि रक्त से प्लावित हो जाये, बादशाह आलमगीर ने बीच में आकर कहा — रानी साहबा, आप सिपाहियों को रोकें। घोड़ा आपको मिल जायेगा; परन्तु इसका मूल्य बहुत देना पड़ेगा।

रानी — मैं उसके लिए अपना सर्वस्व खोने को तैयार हूं।

बादशाह — जागीर और मन्सब भी?

रानी — जागीर और मन्सब कोई चीज़ नहीं।

बादशाह — अपना राज्य भी।

रानी — हां राज्य भी।

बादशाह — एक घोड़े के लिए?

रानी — नहीं, उस पदार्थ के लिए जो संसार में सबसे अधिक मूल्यवान है।

बादशाह — वह क्या है?

रानी — अपनी आन।

इस भांति रानी ने अपने घोड़े के लिए अपनी विस्तृत जागीर, उच्च राज और राज-सम्मान सब हाथ से खोया और केवल इतना ही नहीं, भविष्य के लिए कांटे बोये, इस घड़ी से अंत दशा तक चम्पतराय को शांति न मिली।

6

राजा चम्पतराय ने फिर ओरछे के किले में पर्दापण किया। उन्हें मन्सब और जागीर के हाथ से निकल जाने का अत्यन्त शोक हुआ; किन्तु उन्होंने अपने मुंह से शिकायत का एक शब्द भी नहीं निकाला, वे सारंधा के स्वभाव को भली-भांति जानते थे। शिकायत इस समय उसके आत्म-गौरव पर कुठार का काम करती।

कुछ दिन यहां शांतिपूर्वक व्यतीत हुए; लेकिन बादशाह सारंधा की कठोर बात भूला न था, वह क्षमा करना जानता ही न था। ज्यों ही भाईयों की ओर से निश्चिंत हुआ, उसने एक बड़ी सेना चम्पतराय का गर्व चूर्ण करने के लिए भेजी और बाईस अनुभवशील सरदार इस मुहीम पर नियुक्त किये। शुभकरण बुंदेला बादशाह का सूबेदार था। वह चम्पतराय का मित्र और सहपाठी था। उसने चम्पतराय को परास्त करने का बीड़ा उठाया। और भी कितने ही बुंदेला सरदार राजा से विमुख होकर बादशाही सूबेदार से आ मिले। एक घोर संग्राम हुआ। भाईयों की तलवारें रक्त से लाल हुई। यद्यपि इस समर में राजा को विजय प्राप्त हुई लेकिन उसकी शक्ति सदा के लिए क्षीण हो गयी। निकटवर्ती बुंदेला राजा, जो चम्पतराय के बाहुबल थे, बादशाह के कृपाकांक्षी बन बैठे। साथियों में कुछ तो काम आये, कुछ दग़ा कर गये। यहां तक कि निज संबंधी ने भी आंखें चुरा लीं; परन्तु इन कठिनाइयों में भी चम्पतराय ने हिम्मत नही हारी, धीरज को न छोड़ा। उन्होंने ओरछा छोड़ दिया और वे तीन वर्ष तक बुंदेलखंड के सघन पर्वतों में छिपे फिरते रहे। बादशाही सेनाएं शिकारी जानवरों की भांति सारे देश में मंडरा रही थी। आये दिन राजा का किसी-न-किसी से सामना हो जाता था। सारंधा सदैव उनके साथ रहती और उनका साहस बढ़ाया करती। बड़ी-बड़ी आपत्तियों में, जब कि धैर्य लुप्त हो जाता — और आशा साथ छोड़ देती — आत्मरक्षा का धर्म उसे संभाले रहता था। तीन साल के बाद अंत में बादशाह के सूबेदारों ने आलमगीर को सूचना दी कि इस शेर का शिकार आपके सिवा और किसी से न होगा। उत्तर आया कि सेना को हटा लो और घेरा उठा लो। राजा ने समझा, संकट से निवृत्ति हुई, पर वह बात शीघ्र ही भ्रमात्मक सिद्ध हो गयी।

7

तीन सप्ताह से बादशाही सेना ने ओरछा घेर रखा है। जिस तरह कठोर वचन हृदय को छेद डालते हैं, उसी तरह तोपों के गोलों ने दीवार को छेद डाला है। क़िले में 20 हजार आदमी घिरे हुए हैं, लेकिन उनमें आधे से अधिक स्त्रियां और उनसे कुछ ही कम बालक हैं। मर्दों की संख्या दिनों-दिन न्यून होती जाती है। आने-जाने के मार्ग चारों तरफ़ से बंद हैं। हवा का भी गुज़र नहीं। रसद का सामान बहुत कम रह गया है। स्त्रियां पुरुषों और बालकों को जीवित रखने के लिए आप उपवास करती हैं। लोग बहुत हताश हो रहे हैं। औरतें सूर्यनारायण की ओर हाथ उठा-उठाकर शत्रु को कोसती हैं। बालक वृन्द मारे क्रोध के दीवार की आड़ से उन पर पत्थर फेंकते हैं, जो मुश्किल से दीवार के उस पार जा पाते हैं। राजा चम्पतराय स्वयं ज्वर से पीड़ित हैं। उन्होंने कई दिन से चारपाई नहीं छोड़ी। उन्हें देखकर लोगों को कुछ ढारस होता था, लेकिन उनकी बीमारी से सारे किले में नैराश्य छाया हुआ है।

राजा ने सारंधा से कहा — आज शत्रु ज़रूर क़िले में घुस आयेंगे।

सारंधा — ईश्वर न करे कि इन आंखों से वह दिन देखना पड़े।

राजा — मुझे बड़ी चिंता इन अनाथ स्त्रियों और बालकों की है। गेहूं के साथ यह घुन भी पिस जायेंगे।

सारंधा — हम लोग यहां से निकल जायें तो कैसा?

राजा — इन अनाथों को छोड़कर।

सारंधा — इस समय इन्हें छोड़ देने में ही कुशल है। हम न होंगे तो शत्रु इन पर कुछ दया ही करेंगे।

राजा — नहीं, यह लोग मुझसे न छोड़े जायेंगे। जिन मर्दों ने अपनी जान हमारी सेवा में अर्पण कर दी है, उनकी स्त्रियों और बच्चों को मैं कदापि नहीं छोड़ सकता।

सारंधा — लेकिन यहां रहकर हम उनकी मदद भी तो नहीं कर सकते?

राजा — उनके साथ प्राण तो दे सकते हैं। मैं उनकी रक्षा में अपनी जान लड़ा दूंगा। उनके लिए बादशाही सेना की खुशामद करूंगा, कारावास की कठिनाइयां सहूंगा, किंतु इस संकट में उन्हें छोड़ नहीं सकता।

सारंधा ने लज्जित होकर सिर झुका लिया और सोचने लगी, निस्संदेह प्रिय साथियों को आग की आंच में छोड़कर अपनी जान बचाना घोर नीचता है! मैं ऐसी स्वार्थांध क्यों हो गयी हूं? लेकिन एकाएक विचार उत्पन्न हुआ। बोली — यदि आपको विश्वास हो जाये कि इन आदमियों के साथ कोई अन्याय न किया जायेगा तब तो आपको चलने में कोई बाधा न होगी?

राजा — (सोचकर) कौन विश्वास दिलायेगा?

सारंधा — बादशाह के सेनापति का प्रतिज्ञा-पत्र।

राजा — हां, तब मैं सानंद चलूंगा।

सारंधा विचार-सागर में डूबी। बादशाह के सेनापति से क्योंकर यह प्रतिज्ञा कराऊं? कौन यह प्रस्ताव लेकर वहां जायेगा और निर्दयी ऐसी प्रतिज्ञा करने ही क्यों लगे। उन्हें तो अपनी विजय की पूरी आशा है। मेरे यहां ऐसा नीति-कुशल, वाकपटु चतुर कौन हैं जो इस दुस्तर कार्य को सिद्ध करे? छत्रसाल चाहे तो कर सकता है। उसमें ये सब गुण मौजूद हैं।

इस तरह मन में निश्चय करके रानी ने छत्रसाल को बुलाया। यह उसके चारों पुत्रों में सबसे बुद्धिमान और साहसी था। रानी उसे सबसे अधिक प्यार करती थी। जब छत्रसाल ने आकर रानी को प्रणाम किया तो उनके कमल-नेत्र सजल हो गये और हृदय से दीर्घ निःश्वास निकल गया।

छत्रसाल — माता, मेरे लिए क्या आज्ञा है?

रानी — आज लड़ाई का क्या ढंग है?

छत्रसाल — हमारे पचास योद्धा अब तक काम आ चुके हैं।

रानी — बुंदेलों की लाज अब ईश्वर के हाथ है।

छत्रसाल — हम आज रात को छापा मारेंगे।

रानी ने संक्षेप में अपना प्रस्ताव छत्रसाल के सामने उपस्थित किया और कहा — यह

काम किसे सौंपा जाय।

छत्रसाल — मुझको।

'तुम उसे पूरा कर दिखाओगे?'

'हां, मुझे पूर्ण विश्वास है।'

'अच्छा जाओ, परमात्मा तुम्हारा मनोरथ पूरा करे।'

छत्रसाल जब चला तो रानी ने उसे हृदय से लगा लिया और तब आकाश की ओर दोनों हाथ उठाकर कहा — दयानिधि, मैंने अपना तरूण और होनहार पुत्र बुंदेलों की आन के आगे भेंट कर दिया। अब इस आन को निभाना तुम्हारा काम है। मैंने बड़ी मूल्यवान वस्तु अर्पित की है, इसे स्वीकार करो।

8

दूसरे दिन प्रातःकाल सारंधा स्नान करके थाल में पूजा की सामग्री लिये मंदिर को चली। उसका चेहरा पीला पड़ गया था और आंखों तले अंधेरा छाया जाता था। वह मंदिर के द्वार पर पहुंची थी कि उसके थाल में बाहर से आकर एक तीर गिरा। तीर की नोक पर एक काग़ज़ का पुरज़ा लिपटा हुआ था। सारंधा ने थाल मंदिर के चबूतरे पर रख दिया और पुर्जे को खोलकर देखा तो आनंद से चेहरा खिल गया; लेकिन यह आनंद क्षण-भर का था। हाय! इस पुर्जे के लिए मैंने अपना प्रिय पुत्र अपने हाथ से खो दिया है। काग़ज़ के टुकड़े को इतने महंगे दामों में किसने लिया होगा?

मंदिर से लौटकर सारंधा राजा चम्पतराय के पास गयी और बोली — 'प्राणनाथ, आपने जो वचन दिया था उसे पूरा कीजिए।' राजा ने चौंककर पूछा, 'तुमने अपना वादा पूरा कर दिया?' रानी ने यह प्रतिज्ञा-पत्र राजा को दे दिया। चम्पतराय ने उसे गौरव से देखा फिर बोले — अब मैं चलूंगा और ईश्वर ने चाहा तो एक बार फिर शत्रुओं की ख़बर लूंगा। लेकिन सारन, सच बताओ, इस पत्र के लिए क्या देना पड़ा है?

रानी के कुंठित स्वर से कहा — बहुत कुछ।

राजा — सुनूं?

रानी — एक जवान पुत्र।

राजा को बाण-सा लगा। पूछा — कौन? अंगदराय?

रानी — नहीं।

राजा — रत्नसिंह?

रानी — नहीं।

राजा — छत्रसाल?

रानी — हां।

जैसे कोई पक्षी गोली खाकर परों को फड़फड़ाता है और तब बेदम होकर गिर पड़ता है, उसी भांति चम्पतराय पलंग से उछले और फिर अचेत होकर गिर पड़े। छत्रसाल उनका परम प्रिय पुत्र था। उनके भविष्य की सारी कामनाएं उसी पर अवलम्बित थीं। जब चेत हुआ तब बोले,'सारन, तुमने बुरा किया।'

अंधेरी रात थी। रानी सारंधा घोड़े पर सवार चम्पतराय को पालकी में बैठाये क़िले के गुप्त मार्ग से निकली जाती थी। आज से बहुत काल पहले एक दिन ऐसी ही अंधेरी दुःखमयी रात्रि थी। तब सारंधा ने शीतलादेवी को कुछ कठोर वचन कहे थे। शीतलादेवी ने उस समय जो भविष्यवाणी की थी, वह आज पूरी हुई। क्या सारंधा ने उसका जो उत्तर दिया था, वह भी पूरा होकर रहेगा।

9

मध्यान्ह था। सूर्यनारायण सिर पर आकर अग्नि की वर्षा कर रहे थे। शरीर को झुलसाने वाली प्रचंड, प्रखर वायु वन और पर्वत में आग लगाती फिरती थी। ऐसा विदित होता था, मानो अग्निदेव की समस्त सेना गरज़ती हुई चली आ रही है। गगन-मंडल इस भय से कांप रहा था। रानी सारंधा घोड़े पर सवार चम्पतराय को लिये, पश्चिम की तरफ चली जाती थी। ओरछा दस कोस पीछे छूट चुका था और प्रतिक्षण यह अनुमान स्थिर होता जाता था कि अब हम भय के क्षेत्र से बाहर निकल आये। राजा पालकी में अचेत पड़े हुए थे और कहार पसीने में सराबोर थे। पालकी के पीछे पांच सवार घोड़े बढ़ाये चले आते थे, प्यास के मारे सबका बुरा हाल था। तालू सूखा जाता था। किसी वृक्ष की छांह और कुंए की तलाश में आंखें चारों और दौड़ रही थी।

अचानक सारंधा ने पीछे की तरफ़ फिरकर देखा, तो उसे सवारों का एक दल आता हुआ दिखायी दिया। उसका माथा ठनका कि अब कुशल नहीं हैं। यह लोग अवश्य हमारे शत्रु हैं। फिर विचार हुआ कि शायद मेरे राजकुमार अपने आदमियों को लिये हमारी सहायता को आ रहे हैं। नैराश्य में भी आशा साथ नहीं छोड़ती। कई मिनट तक वह इसी आशा और भय की अवस्था में रही। यहां तक कि वह दल निकट आ गया और सिपाहियों के वस्त्र साफ़ नज़र आने लगा। रानी ने एक ठंडी सांस ली, उसका शरीर तृणवत् कांपने लगा। यह बादशाही सेना के लोग थे!

सारंधा ने कहारों से कहा — डोली रोक लो। बुंदेला सिपाहियों ने भी तलवारें खीच लीं। राजा की अवस्था बहुत शोचनीय थी; किन्तु जैसे दबी हुई आग हवा लगते ही प्रदीप्त हो जाती है, उसी प्रकार संकट का ज्ञान होते ही उनके जर्जर शरीर में वीरात्मा चमक उठी। वे पालकी का पर्दा उठाकर बाहर निकल आये। धनुष-बाण हाथ में ले लिया; किन्तु वह धनुष जो उनके हाथ में इंद्र का वज्र बन जाता था, इस समय ज़रा भी न झुका। सिर में चक्कर आया, पैर

थर्राये और वे धरती पर गिर पड़े। भावी अमंगल की सूचना मिल गयी। उस पंख रहित पक्षी के सदृश, जो सांप को अपनी तरफ़ आते देखकर ऊपर को उचकता और फिर गिर पड़ता है, राजा चम्पतराय फिर संभल उठे और फिर गिर पड़े। सारंधा ने उन्हें संभाल कर बैठाया और रोकर बोलने की चेष्टा की, परन्तु मुंह से केवल इतना निकला — प्राणनाथ! इसके आगे मुंह से एक शब्द भी न निकल सका। आन पर मरने वाली सारंधा इस समय साधारण स्त्रियों की भांति शक्तिहीन हो गयी, लेकिन एक अंश तक यह निर्बलता स्त्री जाति की शोभा है।

चम्पतराय बोले — सारन, देखो, हमारा एक वीर ज़मीन पर गिरा। शोक! जिस आपत्ति से यावज्जीवन डरता रहा, उसने इस अंतिम समय आ घेरा। मेरी आंखों के सामने शत्रु तुम्हारें कोमल शरीर में हाथ लगायेंगे, और मैं जगह से हिल भी न सकूंगा। हाय! मृत्यु, तू कब आयेगी! यह कहते-कहते उन्हें एक विचार आया। तलवार की तरफ़ हाथ बढ़ाया, मगर हाथों में दम न था। तब सारंधा से बोले — प्रिये, तुमने कितने ही अवसरों पर मेरी आन निभायी है।

इतना सुनते ही सारंधा ने मुरझाये हुए मुख पर लाली दौड़ गयी। आंसू सूख गये। इस आशा में कि, मैं पति के कुछ काम आ सकती हूं, उसके हृदय में बल का संचार कर दिया। वह राजा की ओर विश्वासोत्पादक भाव से देखकर बोली — ईश्वर ने चाहा तो मरते दम तक निभाऊंगी।

रानी ने समझा, राजा मुझे प्राण देने का संकेत कर रहे हैं।

चम्पतराय — तुमने मेरी बात कभी नहीं टाली।

सारंधा — मरते दम तक न टालूंगी।

सारंधा ने तलवार को निकालकर अपने वक्ष-स्थल पर रख लिया और कहा — यह आपकी आज्ञा नहीं है। मेरी हार्दिक अभिलाषा है कि मरूं तो यह मस्तक आपके पद-कमलों पर हो।

चम्पतराय — तुमने मेरी मतलब नहीं समझा। क्या तुम मुझे इसलिए शत्रुओं के हाथ में छोड़ जाओगी कि मैं बेड़िया पहने हुए दिल्ली की गलियों में निंदा का पात्र बनूं?

रानी ने जिज्ञासा की दृष्टि से राजा को देखा। वह उनका मतलब न समझी।

राजा — तुमसे एक वरदान मांगता हूं।

रानी — सहर्ष मांगिए।

राजा — यह मेरी अंतिम प्रार्थना है। जो कुछ कहूंगा, करोगी?

रानी — सिर के बल करूंगी।

राजा — देखो, तुमने वचन दिया है। इनकार न करना।

रानी — (कांपकर) आपके कहने की देर है।

राजा — अपनी तलवार मेरी छाती में चुभा दो?

रानी — रानी के हृदय पर वज्रघात-सा हो गया। बोली — जीवननाथ! इसके आगे वह और कुछ न बोल सकी। आंखों में नैराश्य छा गया।

राजा — मैं बेड़ियां पहनने के लिए जीवित नहीं रहना चाहता।

रानी — मुझसे यह कैसे होगा?

पांचवा और अंतिम सिपाही धरती पर गिरा। राजा ने झुंझलाकर कहा — इसी जीवन पर आन निभाने का गर्व था।

बादशाह के सिपाही राजा की तरफ़ लपके। राजा ने नैराश्यपूर्ण भाव से रानी की ओर देखा। रानी क्षण भर अनिश्चित रूप से खड़ी रही; लेकिन संकट में हमारी निश्चयात्मक शक्ति बलवान हो जाती है। निकट था कि सिपाही लोग राजा को पकड़ लें कि सारंधा ने दामिनी की भांति लपक कर तलवार राजा के हृदय में चुभा दी।

प्रेम की नाव प्रेम के सागर में डूब गयी। राजा के हृदय से रुधिर की धारा निकल रही थी; पर शांति छायी हुई थी।

कैसा हृदय है! वह स्त्री, जो अपने पति पर प्राण देती थी, आज उसकी प्राण घातिका है। जिस हृदय से आलिंगित होकर उसने यौवनसुख लूटा, जो हृदय उसकी अभिलाषाओं का केन्द्र था, जो उसके अभिमान का पोषक था, उसी हृदय को सारंधा की तलवार छेद रही है! किसी स्त्री की तलवार से ऐसा काम हुआ है?

आह! आत्माभिमान का कैसा विषादमय अंत है। उदयपुर और मारवाड़ के इतिहास में भी आत्म-गौरव की ऐसी घटनाएं नहीं मिलती।

बादशाही सिपाही सारंधा का यह साहस और धैर्य देखकर दंग रह गये।

सरदार ने आगे बढ़कर कहा — रानी साहिबा, खुदा गवाह है, हम सब आपके गुलाम हैं। आपका जो हुक्म हो, उसे ब-सरों चश्म बजा लायेंगे।

सारंधा ने कहा — अगर हमारे पुत्रों में से कोई जीवित हो, तो ये दोनों लाशें उसे सौंप देना।

यह कहकर उसने वहीं तलवार अपने हृदय में चुभा ली। जब वह अचेत होकर धरती पर गिरी, तो उसका सिर राजा चम्पतराय की छाती पर था।

❖❖❖

शाप

बर्लिन नगर का निवासी हूं। मेरे पूज्य पिता भौतिक विज्ञान के सुविख्यात ज्ञाता थे। भौगोलिक अन्वेषण का शौक मुझे बाल्यावस्था ही से था। उनके स्वर्गवास के बाद मुझे यह धुन सवार हुई कि पैदल पृथ्वी के समस्त देश-देशांतरों की सैर करूं। मैं विपुल धन का स्वामी था। वे सब रुपये एक बैंक में ज़मा कर दिये और उससे शर्त कर ली कि मुझे यथा समय रूपये भेजता रहे, इस कार्य से निवृत्त होकर मैंने सफ़र का सामान पूरा किया। आवश्यक वैज्ञानिक यंत्र साथ लिये और ईश्वर का नाम लेकर चल खड़ा हुआ। उस समय यह कल्पना मेरे हृदय में गुदगुदी पैदा कर रही थी मैं वह पहला प्राणी हूं जिसे ये बात सूझी है कि पृथ्वी को पैरों से नापे। अन्य यात्रियों ने रेल, जहाज़ और मोटरकार की शरण ली है। मैं पहला ही वह वीर आत्मा हूं, जो अपने पैरों के बूते पर प्रकृति के विराट उपवन की सैर के लिए उद्यत हुआ है। अगर मेरे साहस और उत्साह ने यह कष्टसाध्य यात्रा पूरी कर ली तो भद्र संसार मुझे सम्मान और गौरव के मनसद पर बैठावेगा और अनंत काल तक मेरी कीर्ति के राग अलापे जायेंगे। उस समय मेरा मस्तिष्क इन्हीं विचारों से भरा हुआ था और ईश्वर को धन्यवाद देता हूं कि सहस्रों कठिनाइयों का सामना करने पर भी धैर्य ने मेरा साथ न छोड़ा और उत्साह एक क्षण के लिए भी निरुत्साह न हुआ।

मैं वर्षों ऐसे स्थानों में रहा हूं, जहां निर्जनता के अतिरिक्त कोई दूसरा साथी न था। वर्षों ऐसे स्थानों में रहा हूं, जहां की पृथ्वी और आकाश हिम की शिलाएं थी। मैं भयंकर जंतुओं के पहलू में सोया हूं। पक्षियों के घोसलों में राते काटी हैं; किंतु ये सारी बाधाएं कट गयीं और वह समय अब दूर नहीं है कि साहित्य और विज्ञान-संसार मेरे चरणों पर शीश नवाये।

मैंने इस यात्रा में बड़े-बड़े अद्भुत दृश्य देखे और कितनी ही जातियों के आहार-व्यवहार, रहन-सहन का अवलोकन किया। मेरा यात्रा-वृत्तांत, विचार, अनुभव और निरीक्षण का एक अमूल्य रत्न होगा। मैंने ऐसी-ऐसी आर्श्चयजनक घटनाएं से आंखों से देखी हैं, जो अलिफ़-लैला की कथाओ से कम मनोरंजक न होंगी। परंतु वह घटना जो मैंने ज्ञानसरोवर के तट पर देखी,

उसका उदाहरण मुश्क़िल से मिलेगा, मैं उसे कभी न भूलूंगा। यदि मेरे इस तमाम परिश्रम का उपहार यही एक रहस्य होता तो मैं उसे पर्याप्त समझता। मैं यह बता देना आवश्यक समझता हूं कि मैं मिथ्यावादी नहीं और न सिद्धियों तथा विभूतियों पर मेरा विश्वास है। मैं उस विद्वान का भक्त हूं जिसका आधार तर्क और न्याय पर है। यदि कोई दूसरा प्राणी यही घटना मुझसे बयान करता तो मुझे विश्वास करने में बहुत संकोच होता, किन्तु मैं जो कुछ बयान कर रहा हूं, वह सत्य घटना है। यदि मेरे इस आश्वासन पर भी कोई उस पर अविश्वास करे, तो, उसकी मानसिक दुर्बलता और विचारों की संकीर्णता है।

यात्रा का सातवां वर्ष था और ज्येष्ठ का महीना। मैं हिमालय के दामन में ज्ञानसरोवर के तट पर हरी-हरी घासों पर लेटा हुआ था, ऋतु अत्यन्त सुहावनी थी। ज्ञानसरोवर के स्वच्छ निर्मल जल में आकाश और पर्वत श्रेणी के प्रतिबिम्ब, जलपक्षियों का पानी पर तैरना, शुभ्र हिमश्रेणी का सूर्य के प्रकाश से चमकना आदि अमेरिका के बहुत प्रशंसित दृश्य देखे हैं, पर उनमें यह शांतिप्रद शोभा कहां! मानव-बुद्धि ने उनके प्राकृतिक सौंदर्य को अपनी कृत्रिमता से कलंकित कर दिया है। मैं तल्लीन होकर इस स्वर्गीय आनंद का उपभोग कर रहा था कि सहसा मेरी दृष्टि एक सिंह पर जा पड़ी, जो मंदगति से कदम बढ़ाता हुआ मेरी ओर आ रहा था। उसे देखते ही मेरा खून सूख गया, होश उड़ गये। ऐसा वृहदाकार भयंकर जन्तु मेरी नज़र से न गुज़रा था। वहां ज्ञानसरोवर के अतिरिक्त कोई ऐसा स्थान नहीं था जहां भागकर अपनी जान बचाता। मैं तैरने में कुशल हूं, पर मैं ऐसा भयभीत हो गया कि अपने स्थान से हिल न सका। मेरे अंग-प्रत्यंग मेरे काबू से बाहर थे। समझ गया कि मेरी जिन्दगी यहीं तक थी। इस शेर के पंजे से बचने की कोई आशा न थी। अकस्मात् मुझे स्मरण हुआ कि मेरी जेब में एक पिस्तौल गोलियों से भरी हुई रखी है, जो मैने आत्मरक्षा के लिए चलते समय साथ ले ली थी, और अब तक प्राणपण से इसकी रक्षा करता आया था। आश्चर्य है कि इतनी देर तक मेरी स्मृति कहां सोई रही। मैंने तुरंत ही पिस्तौल निकाली और निकट था कि शेर पर वार करूं कि मेरे कानों में यह शब्द सुनाई दिए, 'मुसाफ़िर, ईश्वर के लिए वार न करना अन्यथा मुझे दुःख होगा। सिंहराज से तुझे हानि न पहुंचेगी।'

मैंने चकित होकर पीछे की ओर देखा तो एक युवती रमणी आती हुई दिखाई दी। उसके एक हाथ में सोने का लोटा था और दूसरे में एक तश्तरी। मैंने जर्मनी की हूरें और कोहकाफ़ की परियां देखी हैं; पर हिमाचल पर्वत की यह अप्सरा मैंने एक ही बार देखी और उसका चित्र आज तक हृदय-पट पर खिंचा हुआ है। मुझे स्मरण नहीं कि 'रफल' या 'कोरजियो' ने भी कभी ऐसा चित्र खींचा हो। 'वैंडाइक' और 'रेमब्राड' के आकृति-चित्रों में भी ऐसी मनोहर छवि नहीं देखी। पिस्तौल मेरें हाथ से गिर पड़ी। कोई दूसरी शक्ति इस समय मुझे अपनी भयावह परिस्थिति से निश्चिंत न कर सकती थी।

मैं उस सुंदरी की ओर देख ही रहा था कि वह सिंह के पास आई। सिंह उसे देखते ही खड़ा हो गया और मेरी ओर सशंक नेत्रों से देखकर मेघ की भांति गरज़ा। रमणी ने एक रूमाल निकालकर उसका मुंह पोंछा और फिर लोटे से दूध उंडेल कर उसके सामने रख दिया।

सिंह दूध पीने लगा। मेरे विस्मय की अब कोई सीमा न थी। चकित था कि यह कोई तिलिस्म है या जादू। व्यवहार-लोक में हूं अथवा विचार-लोक में। सोता हूं या जागता। मैंने बहुधा सरकसों में पालतू शेर देखे हैं, किन्तु उन्हें काबू में रखने के लिए किन-किन रक्षा-विधानों से काम लिया जाता है! उसके प्रतिकूल यह मांसाहारी पशु उस रमणी के सम्मुख इस भांति लेटा हुआ है मानो वह सिंह की योनि में कोई मृग-शावक है। मन में प्रश्न हुआ, सुंदरी में कौन-सी चमत्कारिक शक्ति है जिसने सिंह को इस भांति वशीभूत कर लिया? क्या पशु भी अपने हृदय में कोमल और रसिक-भाव छिपाये रखते हैं? कहते हैं कि महुअर का अलाप काले नाग को भी मस्त कर देता है। जब ध्वनि में यह सिद्धि है तो सौदर्य की शक्ति का अनुमान कौन कर सकता है। रूप-लालित्य संसार का सबसे अमूल्य रत्न है, प्रकृति के रचना-नैपुण्य का सर्वश्रेष्ठ अंश है।

जब सिंह दूध पी चुका तो सुंदरी ने रूमाल से उसका मुंह पोंछा और उसका सिर अपने जांघ पर रख उसे थपकियां देने लगी। सिंह पूंछ हिलाता था और सुंदरी की अरुणवर्ण हथेलियों को चाटता था। थोड़ी देर के बाद दोनों एक गुफा में अन्तर्हित हो गये। मुझे भी धुन सवार हुई कि किसी प्रकार इस तिलिस्म को खोलूं, इस रहस्य का उद्घाटन करूं। जब दोनों अदृश्य हो गये तो मैं भी उठा और दबे पांव उस गुफा के द्वार तक जा पहुंचा। भय से मेरे शरीर की बोटी-बोटी कांप रही थी, मगर इस रहस्यपट को खोलने की उत्सुकता भय को दबाए हुए थी। मैंने गुफा के भीतर झांका तो क्या देखता हूं कि पृथ्वी पर ज़री का फ़र्श बिछा हुआ है और कारचोबी गावत किये लगे हुए हैं। सिंह मसनद पर गर्व से बैठा हुआ है। सोने-चांदी के पात्र, सुंदर चित्र, फूलों के गमले सभी अपने-अपने स्थान पर सजे हुए हैं, वह गुफा राजभवन को भी लज्जित कर रही है।

द्वार पर मेरी परछाई देखकर वह सुंदरी बाहर निकल आई और मुझसे कहा, 'यात्री, तू कौन है और इधर क्योंकर आ निकला?'

कितनी मनोहर ध्वनि थी। मैंने अबकी बार समीप से देखा तो सुंदरी का मुख कुम्हलाया हुआ था। उसके नेत्रों से निराशा झलक रही थी, उसके स्वर में भी करुणा और व्यथा की खटक थी। मैंने उत्तर दिया, 'देवी, मैं यूरोप का निवासी हूं, यहां देशाटन करने आया हूं। मेरा परम सौभाग्य है कि आप से सम्भाषण करने का गौरव प्राप्त हुआ।' सुंदरी के गुलाब से ओठों पर मधुर मुस्कान की झलक दिखाई दी उसमें कुछ जटिल हास्य का भी अंश था। कदाचित यह मेरे इस अस्वाभाविक वाक्य प्रणाली का द्योतक था। 'तू विदेश से यहां आया है। आतिथ्य-सत्कार हमारा कर्तव्य है। मैं आज तेरा निमंत्रण करती हूं, स्वीकार कर।'

मैंने अवसर देखकर उत्तर दिया, 'आपकी यह कृपा मेरे लिए गौरव की बात है, पर इस रहस्य ने मेरी भूख-प्यास बंद कर दी है। क्या मैं आशा करूं कि आप इस पर कुछ प्रकाश डालेंगी?'

सुंदरी ने ठंडी सांस लेकर कहा, मेरी रामकहानी विपत्ति की एक बड़ी कथा है; तुझे सुनकर दुःख होगा।' किन्तु मैंने जब बहुत आग्रह किया तो उसने मुझे फर्श पर बैठने का संकेत किया

और अपना वृत्तांत सुनाने लगी।

'मैं कश्मीर देश की रहने वाली राजकन्या हूं। मेरा विवाह राजपूत योद्धा से हुआ था। उसका नाम नृसिंहदेव था। हम दोनों बड़े आनंद से जीवन व्यतीत करते थे। संसार का सर्वोत्तम पदार्थ रूप है, दूसरा स्वास्थ्य और तीसरा धन। परमात्मा ने हमको तीनों ही पदार्थ प्रचुर परिमाण में प्रदान किये थे। खेद है कि मैं उनसे मुलाकात नहीं करा सकती। ऐसा साहसी, ऐसा सुन्दर ऐसा विद्वान पुरुष सारे कश्मीर में न था। मैं उनकी आराधना करती थी। उनका मेरे ऊपर अपार स्नेह था। कई वर्षों तक हमारा जीवन एक जलस्रोत की भांति वृक्ष-पुंजों और हरे-हरे मैदानों में प्रवाहित होता रहा।

मेरे पड़ोस में एक मंदिर था। पुजारी एक पंडित श्रीधर थे। हम दोनों प्रातःकाल तथा संध्या समय उस मंदिर में उपासना के लिए जाते। मेरे स्वामी कृष्ण के भक्त थे। मंदिर एक सुरम्य सागर के तट पर बना हुआ था। वहां की परिष्कृत मंद समीर चित्त को पुलकित कर देती थी। इसीलिए हम उपासना के पश्चात् भी वहां घंटों वायु-सेवन करते रहते थे। श्रीधर बड़े विद्वान, वेदों के ज्ञाता, शास्त्रों के जानने वाले थे। कृष्ण पर उनकी भी अविचल भक्ति थी। समस्त कश्मीर में उनके पांडित्य की चर्चा थी। वह बड़े संयमी, संतोषी, आत्मज्ञानी पुरुष थे। उनके नेत्रों से शांति की ज्योति-रेखाएं निकलती हुई मालूम होती थी। सदैव परोपकार में मग्न रहते थे। उनकी वाणी ने भी किसी का हृदय नहीं दुखाया। उनका हृदय नित्य परवेदना से पीड़ित रहता था।

पंडित श्रीधर मेरे पतिदेव से लगभग दस वर्ष बड़े थे; पर उनकी धर्म पत्नी विद्याधरी मेरी समवयस्का थी। हम दोनों सहेलियां थी। विद्याभरी अत्यंत गंभीर, शांत प्रकृति की स्त्री थी। यद्यपि रंग-रूप में वही रानी थी, पर वह अपनी अवस्था से संतुष्ट थीं। अपने पति को वह देवतुल्य समझती थीं।

श्रावण का महीना था। आकाश पर काले-काले बादल मंडरा रहे थे, मानो काजल के पर्वत उड़े जा रहे हैं। झरनों से दूध की धारें निकल रही थीं और चारों तरफ़ हरियाली छाई हुई थी। नन्हीं-नन्हीं फुहारें पड़ रही थी, मानो स्वर्ग से अमृत की बूंदे टपक रही हैं। जल की बूंदे फूलों और पत्तियों के गले में चमक रही थीं। चित्त को अभिलाषाओं से उभारने वाला समा छाया हुआ था। यह वह समय है जब रमणियों को विदेशगामी प्रियतम की याद रुलाने लगती है, जब हृदय किसी से आलिंगन करने के लिए व्यग्र हो जाता है। जब सूनी सेज देखकर कलेजे में हूक-सी उठ्ती है। इसी ऋतु में विरह की मारी वियोगिनियां अपनी बीमारी का बहाना करती हैं, जिससे उसका पति उसे देखने आवे। इसी ऋतु में माली की कन्या धानी साड़ी पहनकर क्यारियों में इठलाती हुई चम्पा और बेले के फूलों से आंचल भरती है, क्योंकि हार और गज़रों की मांग बहुत बढ़ जाती है। मैं और विद्याधरी ऊपरी छत पर बैठी हुई वर्षा ऋतु की बहार देख रही थी, और कालिदास का ऋतुसंहार पढ़ती थीं कि इतने में मेरे पति ने आकर कहा, 'आज बड़ा सुहावना दिन है। झूला झूलने में बड़ा आनंद आयेगा।' सावन में झूला झूलने का प्रस्ताव क्योंकर रद्द किया जा सकता था। इन दिनों प्रत्येक रमणी का चित्त आप ही झूला झूलने के

लिए विकल हो जाता है। जब वन के वृक्ष झूला झूलते हों, जल की तरगें झूले झूलती हों और गगन-मंडल के मेघ झूला झूलते हों, जब सारी प्रकृति आंदोलित हो रही हो तो रमणी का कोमल हृदय क्यों न चंचल हो जाये! विद्याधरी भी राजी हो गयी। रेशम की डोरियां कदम की डाल पर पड़ गई, चंदन का पटरा रख दिया गया और मैं विद्याधरी के साथ झूला झूलने चली। जिस प्रकार ज्ञानसरोवर पवित्र जल से परिपूर्ण हो रहा है, उसी भांति हमारे हृदय पवित्र आनंद से परिपूर्ण थे। किन्तु शोक! वह कदाचित मेरे सौभाग्यचंद्र की अंतिम झलक थी। मैं झूले के पास पहुंचकर पटरे पर जा बैठी; किन्तु कोमलांगी विद्याधरी ऊपर न आ सकी। वह कई बार उचकी, परन्तु पटरे तक न आ सकी। तब मेरे पतिदेव ने सहारा देने के लिए उसकी बांह पकड़ ली, उस समय उनके नेत्रों में एक विचित्र तृष्णा की झलक थी और मुख पर एक विचित्र आतुरता। वह धीमें में मल्हार गा रहे थे; किन्तु विद्याधरी जब पटरे पर आयी तो उसका मुख डूबते हुए सूर्य की भांति लाल हो रहा था, नेत्र अरुणवर्ण हो रहे थे। उसने पतिदेव की ओर क्रोधोन्मत्त होकर कहाः

"तूने काम के वश होकर मेरे शरीर में हाथ लगाया है। मैं अपने पतिव्रत के बल से तुझे शाप देती हूं कि तू इसी क्षण पशु हो जा।"

यह कहते ही विद्याधरी ने अपने गले से रुद्राक्ष की माला निकालकर मेरे पतिदेव के ऊपर फेंक दिया और तत्क्षण ही पटरे के समीप मेरे पतिदेव के स्थान पर एक विशाल सिंह दिखलाई दिया।

2

ऐ मुसाफिर! अपने प्रिय पति देवता की यह गति देखकर मेरा रक्त सूख गया और कलेजे पर बिजली-सी आ गिरी। मैं विद्याधरी के पैरों से लिपट गयी और फूट-फूटकर रोने लगी। उस समय अपनी आंखों से देखकर अनुभव हुआ कि पतिव्रत की महिमा कितनी प्रबल है। ऐसी घटनाएं मैंने पुराणों में पढ़ी थीं परन्तु मुझे विश्वास न था कि वर्तमान काल में, जबकि स्त्री-पुरुष के संबंध में स्वार्थ की मात्रा दिनों-दिन अधिक होती जाती है, पतिव्रत धर्म में यह प्रभाव होगा; परन्तु यह नहीं कह सकती कि विद्याधरी के विचार कहां तक ठीक थे। मेरे पति विद्याधरी को सदैव बहिन कहकर संबोधित करते थे। वह अत्यन्त स्वरूपवान थे और रूपवान पुरुष की स्त्री का जीवन बहुत सुखमय नहीं होता; पर मुझे उन पर संशय करने का अवसर कभी नहीं मिला। वह स्त्री-व्रत धर्म का वैसा ही पालन करते थे जैसे सती अपने धर्म का। उनकी दृष्टि में कुचेष्ट न थी और विचार अत्यंत उज्जवल और पवित्र थे। यहां तक कि कालिदास की श्रृंगारमय कविता भी उन्हें प्रिय न थी, मगर काम के मर्मभेदी बाणों से कौन बचा है! जिस काम ने शिव, ब्रह्म, जैसे तपस्वियों की तपस्या भंग कर दी, जिस काम ने नारद और विश्वामित्र जैसे ऋषियों के माथे पर कलंक का टीका लगा दिया, वह काम सब कुछ कर सकता है। सम्भव है कि सुरापान

ने उद्दीपक ऋतु के साथ मिलकर उनके चित्त को विचलित कर दिया हो। मेरा गुमान तो यह है कि यह विद्याधरी को केवल भ्रांति थी। जो कुछ भी हो, उसने शाप दे दिया। उस समय मेरे मन में भी उत्तेजना हुई कि जिस शक्ति का विद्याधारी को गर्व है, क्या वह शक्ति मुझमें नहीं है? क्या मैं पतिव्रत नहीं हूं। किन्तु हा! मैंने कितना ही चाहा कि शाप के शब्द मुंह से निकालूँ, पर मेरी ज़बान बन्द हो गयी। अखंड विश्वास जो विद्याधरी को अपने पतिव्रत पर था। मुझे न था? विवशता ने मेरे प्रतिकार के आवेग को शांत कर दिया। मैंने बड़ी दीनता के साथ कहा — बहिन, तुमने यह क्या किया?

विद्याधरी ने निर्दय होकर कहा — मैंने कुछ नहीं किया। यह उसके कर्मों का फल है।

मैं — तुम्हें छोड़कर और किसी शरण जाऊं, क्या तुम इतनी दया न करोगी?

विद्याधरी — मेरे किये अब कुछ नहीं हो सकता।

मैं — देवि, तुम पातिव्रतधारिणी हो, तुम्हारे वाक्य की महिमा अपार है। तुम्हारा क्रोध यदि मनुष्य से पशु बना सकता है, तो क्या तुम्हारी दया पशु से मनुष्य न बना सकेगी?

ऐ मुसाफिर! मैं राजपूत की कन्या हूं। मैंने विद्याधरी से अधिक अनुनय-विनय नहीं की। उसका हृदय दया का आगार था। यदि मैं उसके चरणों पर शीश रख देती तो कदाचित उसे मुझ पर दया आ जाती; किन्तु राजपूत की कन्या इतना अपमान नहीं सह सकती। वह घृणा के घाव सह सकती है, क्रोध की अग्नि सह सकती है, पर दया का बोझ उससे नहीं उठाया जाता। मैंने पटरे से उतरकर पतिदेव के चरणों पर सिर झुकाया और उन्हें साथ लिये दूर अपने मकान चली आयी।

3

कई महीने गुज़र गये। मैं पतिदेव की सेवा-शुश्रुषा में तन-मन से व्यस्त रहती। यद्यपि उनकी जिह्वा वाणी विहीन हो गयी थी, पर उनकी आकृति से स्पष्ट प्रकट होता है कि वह अपने कर्म से लज्जित थे। यद्यपि उनका रूपांतर हो गया था; पर उन्हें मांस से अत्यंत घृणा थी। मेरी पशुशाला में सैंकड़ों गायें-भैसें थी; किन्तु शेरसिंह ने कभी किसी की ओर आंख उठाकर भी न देखा। मैं उन्हें दोनों बेला दूध पिलाती और संध्या समय उन्हें साथ लेकर पहाड़ियों की सैर कराती। मेरे मन में न जाने क्यों धैर्य और साहस का इतना संचार हो गया था कि मुझे अपनी दशा असह्य न जान पड़ती थी। मुझे निश्चय था कि शीघ्र ही इस विपत्ति का अंत भी होगा।

इन्हीं दिनों हरिद्वार में गंगा-स्नान का मेला लगा। मेरे नगर से यात्रियों का एक समूह हरिद्वार चला। मैं भी उनके साथ हो ली। दीन-दुखी जनों को दान देने के लिए रुपयों और अशर्फियों की थैलियां साथ ले लीं। मैं प्रायश्चित्त करने जा रही थी, इसलिए पैदल ही यात्रा करने का निश्चय कर लिया। लगभग एक महीने में हरिद्वार जा पहुंची। यहां भारतवर्ष के प्रत्येक

प्रांत से असंख्य यात्री आये हुए थे। संन्यासियों और तपस्वियों की संख्या गृहस्थों से कुछ ही कम होगी। धर्मशालों में रहने का स्थान न मिलता था। गंगातट पर, पर्वतों की गोदमें, मैदानों के वक्षःस्थल पर, जहां देखिए आदमी-ही-आदमी नज़र आते थे। दूर से वह छोटे-छोटे खिलौने की भांति दिखायी देते थे। मीलो तक आदमियों का फ़र्श-सा बिछा हुआ था। भजन और कीर्तन की ध्वनि नित्य कानों में आती रहती थी। हृदय में असीम शुद्धि गंगा की लहरों की भांति लहरें मारती थी। वहां का जल, वायु आकाश सब शुद्ध था।

मुझे हरिद्वार आये तीन दिन व्यतीत हुए थे। प्रभात का समय था। मैं गंगा में खड़ी स्नान कर रही थी। सहसा मेरी दृष्टि ऊपर की ओर उठी तो मैंने किसी आदमी को पुल की ओर झांकते देखा। अकस्मात् उस मनुष्य का पांव ऊपर उठ गया और सैकड़ों ही गज की ऊंचाई से गंगा में गिर पड़ा। सहस्रों आंखें यह दृश्य देख रही थीं; पर किसी का साहस न हुआ कि उस अभागे मनुष्य की जान बचाये। भारतवर्ष के अतिरिक्त ऐसा संवेदना शून्य और देश होगा और यह वह देश है जहां परमार्थ मनुष्य का कर्तव्य बताया गया है। लोग बैठे हुए अपंगुओं की भांति तमाशा देख रहे थे। सभी हतबुद्धि से हो रहे थे। धारा प्रबल वेग से प्रवाहित थी और जल बर्फ़ से भी शीतल। मैंने देखा कि वह धारा के साथ बहता चला जाता था। यह हृदय-विदारक दृश्य मुझसे न देखा गया। मैं तैरने में अभ्यस्त थी। मैंने ईश्वर का नाम लिया और मन को दृढ़ करके धारा के साथ तैरने लगी। ज्यों-ज्यों मैं आगे बढ़ती थी। वह मनुष्य मुझसे दूर होता जाता था। यहां तक कि मेरे सारे अंग ठंड से शून्य हो गये।

मैंने कई बार चट्टानों को पकड़ कर दम लिया, कई बार पत्थरों से टकरायी। मेरे हाथ ही न उठते थे। सारा शरीर बर्फ़ का ढाँचा-सा बना हुआ था। मेरे अंग गतिहीन हो गये कि मैं धारा के साथ बहने लगी और मुझे विश्वास हो गया कि गंगा माता के उदर ही में मेरी जल-समाधि होगी। अकस्मात् मैंने उस पुरुष की लाश को एक चट्टान पर रुकते देखा। मेरा हौसला बंध गया। शरीर में एक विचित्र स्फूर्ति का अनुभव हुआ। मैं ज़ोर लगाकर प्राणपण से उस चट्टान पर जा पहुंची और उसका हाथ पकड़कर खींचा। मेरा कलेजा धक् हो गया। यह श्रीधर पंडित थे।

ऐ मुसाफिर! मैंने यह काम प्राणों को हथेली पर रखकर पूरा किया। जिस समय मैं पंडित श्रीधर की अर्ध मृत देह लिए तट पर आयी तो सहस्रों मनुष्यों की जयध्वनि से आकाश गूंज उठा। कितने ही मनुष्यों ने चरणों पर सिर झुकाये। अभी लोग श्रीधर को होश में लाने के उपाय कर ही रहे थे कि विद्याधरी मेरे सामने आकर खड़ी हो गयी। उसका मुख, प्रभात के चंद्र की भांति कांतिहीन हो रहा था, होंठ सूखे हुए, बाल बिखरे हुए। आंखों से आंसुओं की झड़ी लगी हुई थी। वह ज़ोर से हांफ रही थी, दौड़कर मेरे पैरों से चिपट गयी, किन्तु दिल खोलकर नहीं, निर्मल भाव से नहीं। एक की आंखें गर्व से भरी हुई थीं और दूसरे की ग्लानि से झुकी हुई। विद्याधरी के मुंह से बात न निकलती थी। केवल इतना बोली — "बहिन, ईश्वर तुमको इस सत्कार्य का फल दें।"

4

ऐ मुसाफिर यह शुभ कामना विद्याधरी के अंतस्थल से निकली थी। मैं उसके मुंह से यह आशीर्वाद सुनकर फूली न समायी। मुझे विश्वास हो गया कि अब की बार जब मैं अपने मकान पर पहुंचूंगी तो पतिदेव मुस्कुराते हुए मुझसे गले मिलने के लिए द्वार पर आयेंगे। इस विचार से मेरे हृदय में गुदगुदी-सी होने लगी। मैं शीघ्र ही स्वदेश को चल पड़ी। उत्कंठा मेरे कदम बढ़ाये जाती थी। मैं दिन में भी चलती और रात को भी चलती, मगर पैर थकना ही न जानते थे। यह आशा कि वह मोहन मूर्ति द्वार पर मेरा स्वागत करने के लिए खड़ी होगी, मेरे पैरों में पर-से लगाये हुऐ थी। एक महीने की मंजिल मैंने एक सप्ताह में तय की। पर शोक! जब मकान के पास पहुंची तो उस घर को देखकर दिल बैठ गया और हिम्मत न पड़ी कि अंदर कदम रखूं। मैं चौखट पर बैठकर देर तक विलाप करती रही। न किसी नौकर का पता, न कहीं पाले हुए पशु ही दिखायी देते थे। द्वार पर धूल उड़ रही थी। जान पड़ता था कि पक्षी घोंसले से उड़ गया है, कलेजे पर पत्थर की सिल रखकर भीतर गयी तो क्या देखती हूं कि मेरा प्यारा सिंह आंगन में मोटी-मोटी जंजीरों से बंधा हुआ है। इतना दुर्बल हो गया है कि उसके कूल्हों की हड्डियां दिखाई दे रही हैं। ऊपर-नीचे जिधर देखती थी, उजाड़-सा मालूम होता था। मुझे देखते ही शेरसिंह ने पूछ हिलायी और सहसा उनकी आंखें दीपक की भांति चमक उठी। मैं दौड़कर उनके गले से लिपट गयी, समझ गयी कि नौकरों ने दग़ा की। घर की सामग्रियों का कही पता न था। सोने-चांदी के बहुमूल्य पात्र फर्श आदि सब गायब थे। हाय! हत्यारे मेरे आभूषणों का संदूक भी उठा ले गए। इस अपहरण ने मुसीबत का प्याला भर दिया। शायद पहले उन्होने शेरसिंह को जकड़कर बांध दिया होगा, फिर खूब दिल खोलकर नोच-खसोट की होगी। कैसी विडम्बना थी कि धर्म लूटने गयी थी और धन लुटा बैठी। दरिद्रता ने पहली बार अपना भयंकर रूप दिखाया।

ऐ मुसाफिर! इस प्रकार लुट जाने के बाद वह स्थान आंखों में कांटे की तरह खटकने लगा। यही वह स्थान था, जहां हमने आनंद के दिन काटे थे। इन्हीं क्यारियों में हमने मृगों की भांति कलोल किये थे। प्रत्येक वस्तु से कोई-न-कोई स्मृति सम्बन्धित थी। उन दिनों की याद करके आंखों से रक्त के आंसू बहने लगे थे। बसंत की ऋतु थी, बौर की महक से वायु सुंगधित हो रही थी। महुए के वृक्षों के नीचे परियों के शयन करने के लिए मोतियों की शय्या बिछी हुई थी, करौदो और नीबू के फूलों की सुंगध से चित्त प्रसन्न हो जाता था। मैंने अपने जन्म-भूमि को सदैव के लिए त्याग दिया। मेरी आंखों से आंसुओं की एक बूंद भी न गिरी। जिस जन्म-भूमि की याद यावज्जीवन हृदय को व्यथित करती रहती है, उससे मैंने यो मुंह मोड़ लिया, मानों कोई बंदी कारागार से मुक्त हो जाये। एक सप्ताह तक मैं चारों ओर भ्रमण करके अपने भावी निवास-स्थान का निश्चय करती रही। अन्त में सिंधु नदी के किनारे एक निर्जन

स्थान मुझे पसन्द आया। यहां एक प्राचीन मंदिर था। शायद किसी समय में वहां देवताओं का वास था; पर इस समय वह बिल्कुल उजाड़ था। देवताओं ने काल को विजय किया हो; पर समय चक्र को नहीं। शनैः-शनैः मुझे इस स्थान से प्रेम हो गया और वह स्थान पथिकों के लिए धर्मशाला बन गया।

मुझे यहां रहते तीन वर्ष व्यतीत हो चुके थे। वर्षा ऋतु में एक दिन संध्या के समय मुझे मंदिर के सामने से एक पुरुष घोड़े पर सवार जाता दिखायी दिया। मंदिर से प्रायः दो सौ गज की दूरी पर एक रमणी सागर था, उसके किनारे चनार वृक्षों के झुरमुट थे। वह सवार उस झुरमुट में जाकर अदृश्य में जाकर अदृश्य हो गया। अंधकार बढ़ता जाता था। एक क्षण के बाद मुझे उस ओर किसी मनुष्य का चीत्कार सुनाई दिया, फिर बंदूकों के शब्द सुनाई दिये और उनकी ध्वनि से पहाड़ गूंज उठा।

ऐ मुसाफिर! यह दृश्य देखकर मुझे किसी भीषण घटना का संदेह हुआ। मैं तुरन्त उठ खड़ी हुई। एक कटार हाथ में ली और उस सागर की ओर चल दी।

अब मुसलाधार वर्षा होने लगी थी, मानों आज के बाद फिर न बरसेगा। रह-रहकर गर्जन की ऐसी भयंकर ध्वनि उठती थी, मानों सारे पहाड़ आपस में टकरा गये हो। अंधकार का यह हाल हुआ था मानों सहस्रों अमावस्या की रातें गले मिल रही हों। मैं कमर तक पानी में चलते दिल को सम्हाले हुए आगे बढ़ती जाती थी। अन्त में सागर के समीप आ पहुंची। बिजली की चमक ने दीपक का काम किया। सागर के किनारे एक बड़ी सी गुफा थीं। इस समय उस गुफा में से प्रकाश-ज्योति बाहर आती हुई दिखायी देती थी। मैंने भीतर की ओर झांका तो क्या देखती हूं कि एक स्त्री आग्नेय नेत्रों से घूर-घूरकर कह रही है, 'मैं अपने पति के साथ उसे भी जलाकर भस्म कर दूंगी। 'मेरे कुतुहल की कोई सीमा न रही। मैंने सांस बंद कर ली और हतबुद्धि की भांति यह कौतुक देखने लगी। उस स्त्री के सामने एक रक्त से लिपटी हुई लाश पड़ी थी और लाश के समीप ही मनुष्य रस्सियों से बंधा हुआ सिर झुकायें बैठा था। मैंने अनुमान किया कि यह वहीं अश्वारोही पथिक है, जिस पर इन डाकुओं ने आघात किया था। यह शव डाकू सरदार का है और यह स्त्री डाकू की पत्नी है। उसके सिर के बाल बिखरे हुए थे और आंखों से अंगारे निकल रहे थे। हमारे चित्रकारों ने क्रोध को पुरुष कल्पित किया है। मेरे विचार में स्त्री का क्रोध इससे कहीं घातक, कहीं, विध्वंसकारी होता है। क्रोधान्मत्त होकर वह कोमलांगी सुन्दरी ज्वालाशिखर बन जाती है।

उस स्त्री ने दांत पीसकर कहा, 'मैं अपने पति के साथ इसे भी जला कर भस्म कर दूंगी। कहकर उसने उस रस्सियों से बंधे हुए पुरुष को घसीटा और दहकती हुई चिता में डाल दिया। आह! कितना भयंकर; कितना रोमांचकारी दृश्य था। स्त्री भी अपने द्वेष की अग्नि शांत करने में इतनी पिशाचिनी हो सकती है। मेरा रक्त खौलने लगा। अब एक क्षण भी विलम्ब करने का अवसर न था। मैंने कटार खींच ली, डाकू चौंककर तितर-बितर हो गये। समझे मेरे साथ और लोग भी होंगे। मैं बेधड़क चिता में घुस गयी और क्षणमात्र में उस अभागे पुरुष को अग्नि के मुख से निकाल लायी। अभी केवल उसके वस्त्र ही जले थे। जैसे सर्प अपना शिकार छिन

जाने से फुफकारता हुआ लपकता है, उसी प्रकार गरज़ती हुई लपटें मेरे पीछे दौड़ीं। ऐसा प्रतीत होता था कि अग्नि भी उसके रक्त की प्यासी हो रही थी।

इतने में डाकू सम्हल गये और आहत सरदार की पत्नी पिशाचिनी की भांति मुंह खोले मुझ पर झपटी। समीप था कि ये हत्यारे मेरी बोटियां कर दें कि इतने में गुफा के द्वार पर पर मेघ गर्जन की-सी ध्वनि सुनाई दी और शेरसिंह रौद्ररूप धारण किये हुए भीतर पहुंचे। उनका भयंकर रूप देखते ही डाकू अपनी-अपनी जान लेकर भागे। केवल डाकू सरदार की पत्नी स्तम्भित-सी अपने स्थान पर खड़ी रही। एकाएक उसने अपने पति का शव उठाया और उसे लेकर चिता में बैठ गयी। देखते-देखते उसका भयंकर रूप अग्निज्वाला में विलीन हो गया। अब मैंने उस बंधे हुए मनुष्य की ओर देखा तो मेरा हृदय उछल पड़ा। यह पंडित श्रीधर थे। मुझे देखते ही सिर झुका लिया और रोने लगे। मैं उनसे समाचार पूछ ही रही थी कि उसी गुफा के एक कोने से किसी के कराहने का शब्द सुनायी दिया। जाकर देखा तो एक सुंदर युवक रक्त से लथपथ पड़ा था। मैंने उसे देखते ही पहचान लिया। उसका पुरुषवेश उसे छिपा न सका। वह विद्याधरी थी। मर्दों के वस्त्र उस पर खूब सजते थे। वह लज्जा और ग्लानि की मूर्ति बनी हुई थी। वह पैरों पर गिर पड़ी, पर मुंह से कुछ न बोली।

उस गुफा में पल भर ही ठहरना अत्यंत शंकाप्रद था। न जाने कब डाकू फिर सशस्त्र होकर आ जायें। उधर चिताग्नि भी शांत होने लगी और उस सती की भी भीषण काया अत्यंत तेज रूप धारण करके हमारे नेत्रों के सामने तांडव क्रीड़ा करने लगी। मैं बड़ी चिन्ता में पड़ी कि इन दोनों प्राणियों को कैसे वहां से निकालूं। दोनों ही रक्त से चूर थे। शेरसिंह ने मेरा असमंजस ताड़ लिया। रूपांतर हो जाने के बाद उनकी बुद्धि तीव्र हो गयी थी। उन्होंने मुझे संकेत किया कि दोनों को हमारी पीठ पर बिठा दो। पहले तो मैं उनका आशय न समझी, पर जब उन्होंने संकेत को बार-बार दुहराया तो मैं समझ गयी। गूंगों के घरवाले गूंगों की बाते खूब समझते हैं। मैंने पंडित श्रीधर को गोद में उठाकर शेरसिंह की पीठ पर बिठा दिया। उसके पीछे विद्याधरी को भी बिठाया। नन्हां बालक भालू की पीठ पर बैठकर जितना डरता है, उससे कहीं ज़्यादा यह दोनों प्राणी भयभीत हो रहे थे। चिताग्नि के क्षीण प्रकाश में उनके भयविकृत मुख देखकर करूण विनोद होता था। अस्तु मैं इन दोनों प्राणियों को साथ लेकर गुफा से निकली और फिर उसी तिमि-सागर को पार करके मंदिर आ पहुंची।

मैंने एक सप्ताह तक उनका यहां यथाशक्ति सेवा-सत्कार किया। जब वह भली-भांति स्वस्थ हो गये तो मैंने उन्हें विदा किया। ये स्त्री-पुरुष कई आदमियों के साथ टेढ़ी जा रहे थे, यहां के राजा पंडित श्रीधर के शिष्य है। पंडित श्रीधर का घोड़ा आगे था! विद्याधरी अभ्यास न होने के कारण पीछे थी, उनके दोनों रक्षक भी उनके साथ थे। जब डाकुओं ने पंडित श्रीधर को घेरा और पंडित ने पिस्तौल से डाकू सरदार को मार गिराया तो कोलाहल सुनकर विद्याधरी ने घोड़ा बढ़ाया। दोनों रक्षके तो जान लेकर भागे, विद्याधरी को डाकुओं ने पुरुष समझकर घायल कर दिया और तब दोनों प्राणियो को बांधकर गुफा में डाल दिया। शेष बातें मैंने अपनी आंखों देखी। यद्यपि यहां से विदा होते समय विद्याधरी का रोम-रोम मुझे आशीर्वाद दे रहा था।

पर हां! अभी प्रायश्चित्त पूरा न हुआ था। इतना आत्म-समर्पण करके भी मैं सफल मनोरथ न हुई थी।

5

ऐ मुसाफिर! उस प्रांत में अब मेरा रहना कठिन हो गया। डाकू बंदूके लिए हुए शेरसिंह की तलाश में घूमने लगे। विवश होकर एक दिन मैं वहां से चल खड़ी हुई और दुर्गम पर्वतों को पार करती हुई यहां आ निकली। यह स्थान मुझे ऐसा पंसद आया कि मैंने इस गुफा को अपना घर बना लिया है। आज पूरे तीन वर्ष गुज़रे जब मैंने पहले-पहल ज्ञानसरोवर के दर्शन किये। उस समय भी यही ऋतु थी। मैं ज्ञानसरोवर में पानी भरने गयी हुई थी, सहसा क्या देखती हूं कि एक युवक मुश्की घोड़े पर सवार रत्न जटिल आभूषण पहने हाथ में चमकता हुआ भाला लिए चला आता है। शेरसिंह को देखकर वह ठिठ्का और भाला सम्भाल कर उन पर वार कर बैठा। शेरसिंह को क्रोध आया। उनके गरज़ की ऐसी गगनभेदी ध्वनि उठी कि ज्ञानसरोवर का जल आन्दोलित हो गया और तुरन्त घोड़े से खींचकर उसकी छाती पर पंजे रख दिये। मैं घड़ा छोड़कर दौड़ी। युवक का प्राणांत होने वाला ही था कि मैंने शेर सिंह के गले में हाथ डाल दिये और उनका सिर सहला कर क्रोध शांत किया। मैंने उनका ऐसा भयंकर रूप कभी नहीं देखा था। मुझे स्वयं उनके पास जाते हुए डर लगता था, पर मेरे मृदु वचनों ने अंत में उन्हें वशीभूत कर लिया, वह अलग खड़े हो गये। युवक की छाती में गहरा घाव लगा था। उसे मैंने इसी गुफा में लाकर रखा और उसकी मरहम-पट्टी करने लगी। एक दिन मैं कुछ आवश्यक वस्तुऐं लेने के लिए उस कस्बे में गयी जिसके मंदिर के कलश यहां से दिखायी दे रहे हैं, मगर वहां सब दूकानें बंद थी। बाज़ारों में खाक उड़ रही थी। चारों ओर सिपाया छाया हुआ था। मैं बहुत देर तक इधर-उधर घूमती रही, किसी मनुष्य की सूरत भी न दिखायी देती थी कि उससे वहां का सब समाचार पूछूं। ऐसा विदित होता था, मानो यह अदृश्य जीवों की बस्ती है। सोच रही थी कि वापस चलूं कि घोड़ों की टापों की ध्वनि कानों में आयी और एक क्षण में एक स्त्री सिर से पैर तक काले वस्त्र धारण किये, एक काले घोड़े पर सवार आती हुई दिखायी दी। उसके पीछे कई सवार और प्यादे काली वर्दिया पहने आ रहे थे। अकस्मात् उस सवार स्त्री की दृष्टि मुझ पर पड़ी। उसने घोड़े को ऐड़ लगायी और मेरे निकट आकर कर्कश स्वर में बोली, 'तू कौन है?' मैंने निर्भीक भाव से उत्तर दिया, 'मैं ज्ञानसरोवर के तट पर रहती हूं। यहां बाजार में कुछ सामग्रियां लेने आयी थी; किंतु शहर में किसी का पता नहीं। उस स्त्री ने पीछे की ओर देखकर कुछ संकेत किया और दो सवारों ने आगे बढ़कर मुझे पकड़ लिया और मेरी बांहों में रस्सिया डाल दीं। मेरे समझ में न आता था कि मुझे किस अपराध का दंड दिया जा रहा है। बहुत पूछने पर भी किसी ने मेरे प्रश्नों का उत्तर न दिया। हां, अनुमान से यह प्रकट हुआ कि यह स्त्री यहां की रानी है। मुझे अपने विषय में तो कोई चिंता न थी

पर चिंता थी शेरसिंह की। वह अकेले घबरा रहे होंगे। भोजन का समय आ पहुंचा, कौन खिलावेगा। किस विपत्ति में फंसी। नहीं मालूम, विधाता अब मेरी क्या दुर्गति करेंगे। मुझ अभागिन को इस दशा में भी शांति नहीं। इन्हीं मलिन विचारों में मग्न मैं सवारों के साथ आध घंटे तक चलती रही कि सामने एक ऊंची पहाड़ी पर एक विशाल भवन दिखायी दिया। ऊपर चढ़ने के लिए पत्थर काटकर चौड़े जीने बनाये गये थे। हम लोग ऊपर चढ़े। वहां सैकड़ों ही आदमी दिखायी दिये, किंतु सब-के-सब काले वस्त्र धारण किये हुए थे। मैं जिस कमरे में लाकर रखी गयी, वहां एक कुशासन के अतिरिक्त सजावट का और सामान न था। मैं जमीन पर बैठकर अपने नसीब को रोने लगी। जो कोई यहां आता था, मुझ पर करूणा दृष्टिपात करके चुपचाप चला जाता था। थोड़ी देर में रानी साहब आ कर उसी कुशासन पर बैठ गयी। यद्यपि उनकी अवस्था पचास वर्ष से अधिक थी; परन्तु मुख पर अद्‌भुत कांति थी। मैंने अपने स्थान से उठकर उनका सम्मान किया और हाथ बांधकर अपनी किस्मत का फैसला सुनने के लिए खड़ी हो गयी।

ऐ मुसाफिर! रानी महोदया के तेवर देखकर पहले तो मेरे प्राण सूख गये; किंतु जिस प्रकार चंदन जैसी कठोर वस्तु में मनोहर सुगंधि छिपी होती है, उसी प्रकार उनकी कर्कशता और कठोरता के नीचे मोम के सदृश हृदय छिपा हुआ था। उनका प्यारा पुत्र थोड़े ही दिन पहले युवावस्था ही में दग़ा दे गया था। उसी के शोक में सारा शहर मातम मना रहा था। मेरे पकड़े जाने का कारण यह था कि मैंने काले वस्त्र क्यों न धारण किए थे। यह वृत्तांत सुनकर मैं समझ गई कि जिस राजकुमार का शोक मनाया जा रहा है वह वही युवक है जो मेरी गुफा में पड़ा हुआ है। मैंने उनसे पूछा 'राजकुमार मुश्की घोड़े पर तो सवार नहीं थे?'

रानी — हां, हां मुश्की घोड़ा था। उसे मैंने उनके लिए अरब देश से मंगवा दिया था। क्या तूने उन्हें देखा है?

मैंने — हां देखा है।

रानी ने पूछा — कब?

मैं — जिस दिन वह शेर का शिकार खेलने गए थे।

रानी — क्या तेरे सामने ही शेर न उन पर चोट की थी?

मैं — हां, मेरी आंखों के सामने?

रानी उत्सुक होकर खड़ी हो गई और बड़े दीन भाव से बोली — तू उनकी लाश का पता लगा सकती है?

मैं — ऐसा न कहिए, वह अमर हों। वह दो सप्ताहों से मेरे यहां मेहमान हैं।

रानी हर्षमय आश्चर्य से बोलीं — मेरा रणधीर जीवित है।

मैं — हां, अब उनमें चलने-फिरने की शक्ति आ गई है।

रानी मेरे पैरों पर गिर पड़ी।

तीसरे दिन अर्जुन नगर की कुछ और ही शोभा थी। वायु आनन्द के मधुर स्वर में गूंजती थी, दुकानों ने फूलों का हार पहना था, बाज़ारों में आनन्द के उत्सव मनाए जा रहे थे। शोक

के काले वस्त्रों की जगह केसर का सुहावना रंग बधाई दे रहा था। इधर सूर्य ने उषा-सागर से सिर निकाला, उधर सलामियां दगना आरम्भ हुई। आगे-आगे मैं एक सब्जा घोड़े पर सवार आ रही थी और पीछे राजकुमार का हाथी सुनहरे झूलों से सजा चला आता था। स्त्रियां अटारियों पर मंगल के गीत गाती थीं और पुष्पों की वृष्टि करती थीं। राज भवन के द्वार पर रानी मोतियों से आंचल-भरे खड़ी थीं, ज्यों ही राजकुमार हाथी से उतरे; वह उन्हें गोद में लेने के लिए दौड़ीं और छाती से लगा लिया।

6

ऐ मुसाफिर! आनन्दोत्सव समाप्त होने पर जब मैं विदा होने लगी, तो रानी महोदया ने सजल नयन होकर कहाः

'बेटी तूने मेरे साथ जो उपकार किया है उसका फल तुझे भगवान देंगे। तूने मेरे राज-वंश का उद्धार कर दिया, नहीं तो कोई पितरो को जल देने वाला भी न रहता। मैं तुझे कुछ विदाई देना चाहती हूं, वह तुझे स्वीकार करनी पड़ेगी। अगर रणधीर मेरा पुत्र है, तू मेरी पुत्री है। तूने ही रणधीर को प्राणदान दिया है, तूने ही इस राज्य का पुनरुद्धार किया है। इसलिए इस माया-बंधन से तेरा गला नहीं छूटेगा। मैं अर्जुन नगर का प्रान्त उपहार-स्वरूप तेरी भेट करती हूं।'

रानी की यह असीम उदारता देखकर मैं दंग रह गई। कलियुग में भी कोई ऐसा दानी हो सकता है, इसकी मुझे आशा न थी। यद्यपि मुझे धन-भोग की लालसा न थी, पर केवल इस विचार से, कदाचित् यह सम्पत्ति मुझे अपने भाइयों की सेवा करने की सामर्थ्य दे, मैंने एक जागीरदार की जिम्मेदारियां अपने सिर लीं। जब से दो वर्ष व्यतीत हो चुके हैं, पर भोग-विलास ने मेरे मन को एक क्षण के लिए भी चंचल नहीं किया। मैं कभी पलंग पर नहीं सोयी। रुखी-सूखी वस्तुओं के अतिरिक्त और कुछ नहीं खाया। पति-वियोग की दशा में स्त्री तपस्विनी हो जाती है, उसकी वासनाओं का अन्त हो जाता है, मेरे पास कई विशाल भवन हैं, कई रमणीक वाटिकाएं है, विषय-वासना की ऐसी कोई सामग्री नहीं है जो प्रचुर मात्रा में उपस्थित न हो, पर मेरे लिए वह सब त्याज्य है। भवन सूने पड़े हैं और वाटिकाओं में खोजने से ही हरियाली न मिलेगी। मैंने उनकी ओर कभी आंखें उठाकर भी नहीं देखा। अपने प्राणाधार के चरणों से लगे हुए मुझे अन्य किसी वस्तु की इच्छा नहीं है। मैं नित्य प्रति अर्जुन-नगर जाती हूं और रियासत के आवश्यक काम-काज करके लौट आती हूं। मैं उसकी कौड़ी भी अपने खर्च में नहीं लाती। आपको अवकाश हो तो आप मेरी रियासत का प्रबन्ध देखकर बहुत प्रसन्न होंगे। मैंने इन दो वर्षों में बीस बड़े-बड़े तालाब बनवा दिए हैं और चालीस गोशालाएं बनवा दी है। मेरा विचार है कि अपनी रियासत में नहरों का ऐसा जाल बिछा दूं जैसे शरीर में नाड़ियों का। मैंने एक सौ कुशल वैद्य नियुक्त कर दिए हैं जो ग्रामों में विचरण करें और रोग की निवृत्ति

करें। मेरा कोई ऐसा ग्राम नहीं है जहां मेरी ओर से सफाई का प्रबंध न हो। छोटे-छोटे गांवों में भी आपको लालटेनें जलती हुई मिलेंगी। दिन का प्रकाश ईश्वर देता है, रात के प्रकाश की व्यवस्था करना राजा का कर्तव्य है। मैंने सारा प्रबन्ध पण्डित श्रीधर के हाथों में दे दिया है। सबसे प्रथम कार्य जो मैंने किया, वह था कि उन्हें ढूंढ निकालूं और यह भार सिर रख दूं। इस विचार से नहीं उनका सामना करना मेरा अभीष्ट था, बल्कि मेरी दृष्टि में कोई अन्य पुरुष ऐसा कर्त्तव्य-परायण, ऐसा निस्पृह, ऐसा सच्चरित्र न था। मुझे पूर्ण विश्वास है कि यह यावज्जीवन रियासत की बागड़ोर अपने हाथ में रखेगें। विद्याधरी भी उनके साथ है। वही शांति और संतोष की मूर्ति, वहीं धर्म और व्रत की देवी। उसका पतिव्रत अब भी ज्ञानसरोवर की भांति अपार और अथाह है। यद्यपि उसका सौंदय-सूर्य मध्यान्ह पर नहीं है, पर अब भी वह रनिवास की रानी जान पड़ती है। चिन्ताओं ने उसके मुख पर शिकन डाल दिए हैं। हम दोनों कभी-कभी मिल जाती हैं। किंतु बातचीत की नौबत नहीं आती। उसकी आंखें झुक जाती हैं। मुझे देखते ही उसके ऊपर घड़ों पानी पड़ जाता है और उसके माथे के जलबिंदु दिखाई देने लगते हैं। मैं आपसे सत्य कहती हूं कि मुझे विद्याधरी से कोई शिकायत नहीं है। उसके प्रति मेरे मन में दिनोंदिन श्रद्धा-भक्ति बढ़ती जाती है। मैं उसे देखती हूं, तो मुझे प्रबल उत्कंठा होती है कि उसके पैरों पर पड़ूं। पतिव्रता स्त्री के दर्शन बड़े सौभाग्य से मिलते हैं। पर केवल इस भय से कि कदाचित वह इसे मेरी खुशामद समझे, रुक जाती हूं। अब मेरी ईश्वर से यही प्रार्थना है कि अपने स्वामी के चरणों में पड़ी रहूं और जब इस संसार से प्रस्थान करने का समय आए तो मेरा मस्तक उनके चरणों पर हो और अन्तिम जो शब्द मेरे मुंह से निकले वह यही कि, 'ईश्वर, दूसरे जन्म में भी इनकी चेरी बनाना।'

पाठक, उस सुन्दरी का जीवन-वृत्तांत सुनकर मुझे जितना कुतूहल हुआ वह अकथनीय है। खेद है कि जिस जाति में ऐसी प्रतिभाशालीनी देवियां उत्पन्न हों उस पर पाश्चात्य के कल्पनाहीन, विश्वासहीन, पुरुष उंगलियां उठाएं? समस्त यूरोप में एक ऐसी सुन्दरी न होगी जिससे इसकी तुलना की जा सके। हमने स्त्री-पुरुष के संबंध को सांसारिक संबंध समझ रखा है। उसका आध्यात्मिक रूप हमारे विचार से कोसों दूर है। यही कारण है कि हमारे देश में शताब्दियों की उन्नति के पश्चात् भी पतिव्रता का ऐसा उज्जवल और आलौकिक उदाहरण नहीं मिल सकता और दुर्भाग्य से हमारी सभ्यता ने ऐसा मार्ग ग्रहण किया है कि कदाचित् दूर भविष्य में ऐसी देवियों के जन्म लेने की सम्भावना नहीं है। जर्मनी को यदि अपनी सेना पर, फ्रांस को अपनी विलासिता पर और इंग्लैंड को अपने वाणिज्य पर गर्व है तो भारतवर्ष को अपने पतिव्रत का घमण्ड है। क्या यूरोप निवासियों के लिए यह लज्जा की बात नहीं है कि होमर और वर्जित डंटे और गटे, शैक्सपियर और ह्यूगो जैसे उच्चकोटि के कवि एक भी सीता या सावित्री की रचना न कर सकें। वास्तव में यूरोपीय समाज ऐसे आदर्शों से वंचित है!

मैंने दूसरे दिन ज्ञानसरोवर से बड़ी अनिच्छा के साथ विदा मांगी और यूरोप को चला। मेरे लौटने का समाचार पूर्व ही प्रकाशित हो चुका था। जब मेरा ज़हाज़ हैम्पवर्ग के बन्दरगाह

में पहुंचा तो सहस्रों नर-नारी, सैकड़ों विद्वान और राज कर्मचारी मेरा अभिवादन करने के लिए खड़े थे। मुझे देखते ही तालियां बजने लगीं, रूमाल और टोपी हवा में उछलने लगे और वहां से मेरे घर तक जिस समारोह से जुलूस निकला उस पर किसी राष्ट्रपति को भी गर्व हो सकता है। संध्या समय मुझे कैसर की मेज़ पर भोजन करने का सौभाग्य प्राप्त हुआ। कई दिनों तक अभिनन्दन-पत्रों का तांता लगा रहा और महीनों क्लब और यूनिवर्सिटी की फरमाइशों से दम मारने का अवकाश न मिला। यात्रा-वृत्तांत देश के प्रायः सभी पत्रों में छपा। अन्य देशों से भी बधाई के तार और पत्र मिले। फ्रांस और रुस आदि देशों की कितनी ही सभाओं ने मुझे व्याख्यान देने के लिए निमंत्रित किया। एक-एक वक्तृता के लिए मुझे कई-कई हज़ार पौंड दिए जाते थे। कई विद्यालयों ने मुझे उपाधिया दीं। ज़ार ने अपना आटोग्राफ भेज कर सम्मानित किया, किंतु इन आदर-सम्मान की आंधियों से मेरे चित्त को शांति न मिलती थी और ज्ञानसरोवर का सुरम्य तट और वह गहरी गुफा और वह मृदुभाषणी रमणी सदैव आंखों के सामने फिरती रहती। उसके मधुर शब्द कानों में गूंजा करते। मैं थियेटरों में जाता और स्पेन जार्जिया की सुन्दरियों को देखता, किंतु हिमालय की अप्सरा मेरे ध्यान से न उतरती। कभी-कभी कल्पना में मुझे वह देवी आकाश से उतरती हुई मालूम होती, तब चित्त चंचल हो जाता और विकल उत्कंठा होती कि किसी तरह पर लगा कर ज्ञानसरोवर के तट पर पहुंच जाऊं। आखिर एक रोज मैंने सफ़र का सामान दुरुस्त किया और उसी तिथि के ठीक एक हज़ार दिनों के बाद जब कि मैंने पहली बार ज्ञानसरोवर के तट पर कदम रखा था, मैं फिर वहां जा पहुंचा।

प्रभात का समय था। गिरिराज सुनहरा मुकुट पहने खड़े थे। मन्द समीर के आनन्दमय झोंकों से ज्ञानसरोवर का निर्मल प्रकाश से प्रतिबिंबित जल इस प्रकार लहरा रहा था, मानो अगणित अप्सराएं आभूषणों से जगमगाती हुई नृत्य कर रही हों। लहरों के साथ शतदल यों झकोरे लेते थे जैसे कोई बालक हिंडोले में झूल रहा हो। पुलों के बीच में श्वेत हंस तैरते हुए ऐसे मालूम होते थे, मानों लालिमा से छाये हुए आकाश पर तारागण चमक रहे हो। मैंने उत्सुक नेत्रों से इस गुफा की ओर देखा तो वहां एक विशाल राजप्रसाद आसमान से कंधे मिलाए खड़ा था। एक ओर रमणीक उपवन था, दूसरी ओर एक गगनचुंबी मन्दिर। मुझे यह कायापलट देखकर आश्चर्य हुआ। मुख्य द्वार पर जाकर देखा, तो दो चोबदार ऊदे मखमल की वर्दिया पहने, ज़री के पट्टे बांधे खड़े थे। मैंने उनसे पूछा 'क्यों भाई यह किसका महल है?'

चोबदार — अर्जुन नगर की महारानी का।

मैं — क्या अभी हाल ही में बना है?

चोबदार — हां! तुम कौन हो?

मैं — एक परदेशी यात्री हूं। क्या तुम महारानी को मेरी सूचना दे दोगे?

चोबदार — तुम्हारा क्या नाम है और कहां से आते हो?

मैं — उनसे केवल इतना कह देना कि यूरोप से एक यात्री आया है और आपके दर्शन करना चाहता है।

चोबदार भीतर चला गया और एक क्षण के बाद आकर बोला, 'मेरे साथ आओ।'

मैं उसके साथ हो लिया। पहले एक लम्बी दालान मिली जिसमें भांति-भांति के पक्षी पिंजरे में बैठे चहक रहे थे। इसके बाद एक विस्तृत बारहदरी में पहुंचा जो सम्पूर्णतः पाषाण की बनी हुई थी। मैंने ऐसी गुलकारी ताजमहल के अतिरिक्त और कहीं नहीं देखी। फर्श की पच्चीकारी को देखकर उस पर पांव धरतें संकोच होता था। दीवारों पर निपुण चित्रकारों की रचनाएं शोभायमान थीं। बारहदरी के दूसरे सिरे पर एक चबूतरा था जिस पर मोटी कालीनें बिछी हुई थी। मैं फर्श पर बैठ गया। इतने में एक लम्बें कद का रूपवान पुरुष अन्दर आता हुआ दिखाई दिया। उसके मुख पर प्रतिभा की ज्योति झलक रही थी और आंखों से गर्व टपका पड़ता था। उसकी काली और भाले की नोक के सदृश तनी हुई मूछें, उसके भौरें की तरह काले घुंघरवाले बाल उसकी आकृति की कठोरता को नम्र कर देते थे। विनयपूर्ण वीरता का इससे सुन्दर चित्र नहीं खींच सकता था। उसने मेरी ओर देखकर मुस्कुराते हुए कहा 'आप मुझे पहचानते हैं?' मैं अदब से खड़ा होकर बोला, 'मुझे आपसे परिचय का सौभाग्य नहीं प्राप्त हुआ।' वह कालीन पर बैठ गया और बोला, 'मैं शेर सिंह हूं।' मैं अवाक् रह गया। शेर सिंह ने फिर कहा, 'क्या आप प्रसन्न नहीं हैं कि आपने मुझे पिस्तौल का लक्ष्य नहीं बनाया?' मैं तब पशु था, अब मनुष्य हूं।' मैंने कहा, 'आपको हृदय से धन्यवाद देता हूं। यदि आज्ञा हो, तो मैं आपसे एक प्रश्न करना चाहता हूं।'

शेरसिंह ने मुस्कुराकर कहा — मैं समझ गया, पूछिए।

मैं — जब आप समझ ही गऐ तो मैं पूंछू क्यों?

शेरसिंह — सम्भव है, मेरा अनुमान ठीक न हो।

मैं — मुझे भय है कि उस प्रश्न से आपको दुःख न हो।

शेरसिंह — कम-से-कम आपको मुझसे ऐसी शंका न करनी चाहिए।

मैं — विद्याधारी के भ्रम में कुछ सार था?

शेरसिंह ने सिर झुकाकर कुछ देर में उत्तर दिया — जी हां, था। जिस वक्त मैंने उसकी कलाई पकड़ी थी। उस समय आवेश से मेरा एक-एक अंग कांप रहा था। मैं विद्याधारी के उस अनुग्रह को मरणपर्यंत न भूलंगा। मगर इतना प्रायश्चित करने पर भी मुझे अपनी ग्लानि से निवृत्ति नहीं हुई। संसार की कोई वस्तु स्थिर नहीं, किन्तु पाप की कलिमा अमर और अमिट है। यश और कीर्ति कालांतर में मिट जाती हैं किंतु पाप का धब्बा नहीं मिटता। मेरा विचार है कि ईश्वर भी दाग़ को नहीं मिटा सकता। कोई तपस्या, कोई दंड, कोई प्रायश्चित इस कालिमा को नहीं मिटा सकता। पतितोद्धार की कथाएं और तौबा या कन्फेशन करके पाप से मुक्त होने की बातें, यह सब संसार-लिप्सी पाखंडी, धर्मावलंबियों की कल्पनाएं हैं।

हम दोनों यही बातें कर रहे थे कि रानी प्रियंवदा सामने आकर खड़ी हो गयी। मुझे आज अनुभव हुआ, जो बहुत दिनों से पुस्तकों में पढ़ा करता था कि सौन्दर्य में प्रकाश होता है। आज इसकी सत्यता मैंने अपनी आंखों से देखी। मैंने जब उन्हें पहले देखा था तो निश्चय किया था कि यह ईश्वरीय कला-नैपुण्य की पराकाष्ठा है; परन्तु अब जब मैंने उन्हें दोबारा देखा तो

ज्ञात हुआ कि वह इस असल की नकल थी। प्रियंवदा ने मुस्कुराकर कहा — 'मुसाफिर, तुझे स्वदेश में भी कभी हम लोगों की याद आयी थी?' अगर मैं चित्रकार होता तो उसके मधुर हास्य को चित्रित करके प्राचीन गुणियों को चकित कर देता। उसके मुंह से यह प्रश्न सुनने के लिए मैं तैयार न था। यदि इसी भांति मैं उसका उत्तर देता तो शायद वह मेरी धृष्टता होती और शेरसिंह के तेवर बदल जाते। मैं यह भी न कह सकता कि मेरे जीवन का सबसे सुखद भाग वही था जो ज्ञानसरोवर के तट पर व्यतीत हुआ था; किन्तु मुझे इतना साहस भी न हुआ। मैंने दबी ज़बान से कहा "क्या मैं मनुष्य नहीं हूं?"

7

तीन दिन बीत गये। इन तीनों दिनों में खूब मालूम हो गया कि पूर्व को अतिथ्यसेवी क्यों कहते हैं। यूरोप का कोई दूसरा मनुष्य,जो यहां की सभ्यता से परिचित न हो, इन सत्कारों से ऊब जाता। किन्तु मुझे इन देशों के रहन-सहन का बहुत अनुभव हो चुका है और मैं इस का आदर करता हूं।

चौथे दिन मेरी विनय पर रानी प्रियंवदा ने अपनी शेष कथा सुनानी शुरू की —

ऐ मुसाफिर! मैंने तुझसे कहा था कि अपनी रियासत का शासन-भार मैंने श्रीधर पर रख दिया था और जितनी योग्यता और दूरदिर्शता से उन्होंने इस काम को सम्हाला है, उनकी प्रशंसा नहीं हो सकती। ऐसा बहुत कम हुआ है कि एक विद्वान पंडित, जिसका सारा जीवन पठ्न-पाठ्न में व्यतीत हुआ हो, एक रियासत का बोझ सम्हाले; किन्तु राजा बीरबल की भांति पं0 श्रीधर भी सब कुछ कर सकते हैं। मैंने परीक्षार्थी उन्हें यह काम सौंपा था। अनुभव ने सिद्ध कर दिया कि यह इस कार्य के सर्वथा योग्य है। ऐसा जान पड़ता है कि कुल-परम्परा ने उन्हें इस काम के लिए अभ्यस्त कर दिया। जिस समय उन्होंने इसका काम अपने हाथ में लिया, यह रियासत एक ऊज़ड़ ग्राम के सदृश थी। अब वह धनधान्यपूर्ण एक नगर है। शासन का कोई ऐसा विभाग नहीं, जिस पर उनकी सूक्ष्म दृष्टि न पहुंची हो।

थोड़ी ही दिनों में लोग उनके शील-स्वभाव पर मुग्ध हो गये और राज रणधीर सिंह भी उनपर कृपा-दृष्टि रखने लगे। पंडितजी पहले शहर से बाहर एक ठाकुर द्वारे में रहते थे। किन्तु जब राजा साहब से मेल-जोल बढ़ा तो उनके आग्रह से विवश होकर राजमहल में चले आए। यहां तक परस्पर मैत्री और घनिष्ठता बढ़ी कि मान-प्रतिष्ठा का विचार भी जाता रहा। राजा साहब पंडितजी से संस्कृत भी पढ़ते थे और उनके समय का अधिकांश भाग पंडित जी के मकान पर ही कट्ता था; किन्तु शोक! यह विद्याप्रेम या शुद्ध मित्रभाव का आकर्षण न था। यह सौंदर्य का आकर्षण था। यदि उस समय मुझे लेशमात्र भी संदेह होता कि रणधीर सिंह की यह घनिष्ठता कुछ और ही पहलू लिये हुए है तो उसका अंत इतना खेदजनक न होता जितना कि

हुआ। उनकी दृष्टि विद्याधरी पर उस समय पड़ी जब वह ठाकुरद्वारे में रहती थी और यह सारी कुयोजनाएं उसी की करामात थीं। राजा साहब स्वभावतः बड़े ही सच्चरित्र और संयमी पुरुष थे; किंतु जिस रूप ने मेरे पति जैसे देवपुरुष का ईमान डिगा दिया, वह सब कुछ कर सकता है।

भोली-भाली विद्याधरी मनोविकारों की इस कुटिल नीति से बेखबर थी। जिस प्रकार छलांगे मारता हुआ हिरन व्याध्र की फैलायी हुई हरी-भरी घास से प्रसन्न होकर उस ओर बढ़ता है और यह नहीं समझता कि प्रत्येक पग मुझे सर्वनाश की ओर लिये जाता है, उसी भांति विद्याधरी को उसका चंचल मन अंधकार की ओर खींचे लिए जाता था। वह राजासाहब के लिए अपने हाथों से बीड़े लगाकर भेजती, पूजा के लिए चंदन रगड़ती। रानी जी से भी उसका बहनापा हो गया। वह एक क्षण के लिए भी उसे अपने पास से न जाने देती। दोनों साथ-साथ बाग़ की सैर करती, साथ-साथ झूला झूलती, साथ-साथ चौपड़ खेलतीं। यह उनका श्रृंगार करती और वह उनकी मांग-चोटी संवारती मानो विद्याधरी ने रानी के हृदय में वह स्थान प्राप्त कर लिया, जो किसी समय मुझे प्राप्त था। लेकिन वह गरीब क्या जानती थी कि जब मैं बाग़ की रविशों में विचरती हूं, तो कुवासना मेरे तलवे के नीचे आंखें बिछाती है, जब मैं झूला झूलती हूं, तो वह आड़ में बैठी हुई आनन्द से झूमती है। इस एक सरल हृदय अबला स्त्री के लिए चारों ओर से चक्रव्यूह रचा जा रहा था।

इस प्रकार एक वर्ष व्यतीत हो गया। राजा साहब का रब्त-जब्त दिनों दिन बढ़ता जाता था। पंडितजी को उनसे यह स्नेह हो गया, जो गुरुजी को अपने एक होनहार शिष्य से होता है। मैंने जब देखा कि आठों पहर का यह सहवास पंडितजी के काम में विघ्न डालता है, तो एक दिन मैंने उनसे कहा — यदि आपको कोई आपत्ति न हो, तो दूरस्थ देहा़तों का दौरा आरम्भ कर दें और इस बात का अनुसंधान करें कि देहातों में कृषकों के लिए बैंक खोलने में हमें प्रजा से कितनी सहानुभूति और कितनी सहायता की आशा करनी चाहिए। पंडितजी के मन की बात नहीं जानती; पर प्रत्यक्ष में उन्होंने कोई आपत्ति नहीं की। दूसरे ही दिन प्रातःकाल चले गये। किंतु आश्चर्य है कि विद्याधरी उनके साथ न गयी। अब तक पंडितजी जहां कहीं जाते थे; विद्याधरी परछाई की भांति उनके साथ रहती थी। असुविधा के कष्ट का विचार भी उसके मन में न आता था। पंडितजी कितना ही समझायें, कितना ही डरायें, पर वह उनका साथ न छोड़ती थी; पर अबकी बार कष्ट के विचार ने उसे कर्तव्य के मार्ग से विमुख करदिया। पहले उसका पतिव्रता एक वृक्ष था, जो उसके प्रेम की क्यारी में अकेला खड़ा था; किंतु अब उसकी क्यारी में मैत्री का घास-पात निकल आया था, जिसका पोषण भी उसकी भोजन पर अवलम्बित था।

8

ऐ मुसाफिर! छह महीने गुजर गये और पंडित श्रीधर वापस न आये। पहाड़ों की चोटि़यों

पर छाया हुआ हिम घुल-घुलकर नदियों में बहने लगा, उनकी गोद में फिर रंग-बिरंग के फूल लहलहाने लगे। चन्द्रमा की किरणें फिर फूलों की महक सूंघने लगी। सभी पर्वतों के पक्षी अपनी वार्षिक यात्रा समाप्त कर फिर स्वदेश आ पहुंचे; किन्तु पंडितजी रियासत के कामों में ऐसे उलझे कि मेरे निरंतर आग्रह करने पर भी अर्जुन नगर न आये। विद्याधरी की ओर से वह इतने उदासीन क्यों हुए, समझ में नहीं आये। उन्हें तो उसका वियोग एक क्षण के लिए भी असह्य था। किंतु इससे अधिक आश्चर्य की बात यह थी कि विद्याधरी ने भी आग्रह पूर्ण पत्रों के लिखने के अतिरिक्त उनके पास जाने का कष्ट न उठाया। वह अपने पत्रों में लिखती — 'स्वामी जी, मैं बहुत व्याकुल हूं, यहां मेरा भी मन ज़रा भी नहीं लगता। एक-एक दिन एक-एक वर्ष के समान व्यतीत होता है। न दिन को चैन, न रात को नींद। क्या आप मुझे भूल गये? मुझसे कौन-सा अपराध हुआ? क्या आपको मुझ पर दया भी नहीं आती? मैं आपके वियोग में रो-रोकर मरी जाती हूं। नित्य स्वप्न देखती हूं कि आप आ रहे हैं; पर यह स्वप्न सच्चा नहीं होता।' उसके पत्र ऐसे ही प्रेममय शब्दों से भरे होते थे और इसमें भी कोई संदेह नहीं कि जो कुछ वह लिखती थी, वह भी अक्षरशः सत्य था; मगर इतनी व्याकुलता, इतनी चिंता और इतनी उद्विग्नता पर भी उसके मन में कभी यह प्रश्न न उठा कि क्यों न मैं ही उनके पास चली चलूं।

बहुत ही सुहावनी ऋतु थी। ज्ञानसरोवर में यौवन-काल की अभिलाषाओं की भांति कमल के फूल खिले हुए थे। राजा रणधीर सिंह की पच्चीसवीं जयंती को शुभ-मुहूर्त आया। सारे नगर में आनंदोत्सव की तैयारियां होने लगीं। गृहणियां कोरे-कोरे दीपक पानी में भिगोने लगी कि वह अधिक तेल न सोख जायें। चैत्र की पूर्णिमा थी, किंतु दीपक की जगमगाहट ने ज्योत्सना को मात कर दिया था। मैंने राजा साहब के लिए इस्फ़हान से एक रत्न-जटित तलवार मंगा रखी थी। दरबार के अन्य जागीरदारों और अधिकारियों ने भी भांति के उपहार मंगा रखे थे। मैंने विद्याधरी के घर जाकर देखा, तो वह एक पुष्पहार गूंथ रही थी। मैं आध घंटे तक उसके सम्मुख खड़ी रही; किंतु वह अपने काम में इतनी व्यस्त थी कि उसे मेरी आहट भी न मिली। तब मैंने धीरे से पुकारा, 'बहन!' विद्याधरी ने चौंककर सिर उठाया और बड़ी शीघ्रता से वह हार फूल की डाली में छिपा दिया और लज्जित होकर बोली — क्या तुम देर से खड़ी हो? मैंने उत्तर दिया आध घंटे से अधिक हुआ।

विद्याधरी के चेहरे का रंग उड़ गया, आंखें झुक गयी, कुछ हिचकिचायी, कुछ घबरायी, अपने अपराधी हृदय को इन शब्दों से शांत किया — 'यह हार मैंने ठाकुरजी के लिए गूंथा है।' उस समय विद्याधरी की घबराहट का भेद मैं कुछ न समझी। ठाकुरजी के लिए हार गूंथना क्या कोई लज्जा की बात है? फिर जब वह हार मेरी नज़रों से छिपा दिया गया तो उसका जिक्र ही क्या? हम दोनों ने कितनी ही बार साथ बैठकर हार गूंथे थे। कोई निपुण मालिन भी हमसे अच्छा हार न गूंथ सकती थी; मगर इसमें शर्म क्या? दूसरे दिन यह रहस्य मेरी समझ में आ गया। वह हार राजा रणधीर सिंह को उपहार में देने के लिए बनाया गया था।

यह बहुत सुन्दर वस्तु थी। विद्याधरी ने अपना सारा चातुर्य उसके बनाने में खर्च किया था।

कदाचित यह सबसे उत्तम वस्तु थी जो राजा साहब को भेंट कर सकती थी। वह ब्राह्मणी थी। राजा साहब की गुरुमाता थी। उसके हाथों से वह उपहार बहुत ही शोभा देता था; किन्तु यह बात उसने मुझसे छिपायी क्यों?

मुझे उस दिन रात भर नींद न आयी। उसके इस रहस्य-भाव ने उसे मेरी नज़रों से गिरा दिया। एक बार आंख झपकी तो मैंने उसे स्वप्न में देखा, मानो वह एक सुंदर पुष्प है; किंतु उसकी बास मिट गयी हो। वह मुझसे गले मिलने के लिए बढ़ी; किंतु मैं हट गयी और बोली कि तूने मुझसे वह बात छिपायी क्यों?

9

ऐ मुसाफिर! राजा रणधीरसिंह की उदारता ने प्रजा को मालामाल कर दिया। रईसों और अमीरों ने खिलअतें पायी। किसी को घोड़ा मिला, किसी को जागीर मिली। मुझे उन्होंने श्रीभगवदगीता की एक प्रति एक मखमली बस्ते में रखकर दी। विद्याधरी को एक बहुमूल्य जड़ाऊ कंगन मिला। उस कंगन में अनमोल हीरे जड़े हुए थे। देहली के निपुण स्वर्णकारों ने इसके बनाने में अपनी कला का चमत्कार दिखाया था। विद्याधरी को अब तक आभूषणों से इतना प्रेम न था, अब तक सादगी ही उसका आभूषण और पवित्रता ही उसका श्रृंगार थी, पर इस कंगन पर लोट-पोट हो गयी।

आषाढ़ का महीना आया। घटाएं गगनमंडल में मंडराने लगीं। पंडित श्रीधर को घर की सुध आयी। पत्र लिखा कि मैं आ रहा हूं। विद्याधारी ने मकान खूब साफ कराया और स्वयं अपना बनाव-श्रृंगार किया। उसके वस्त्रों से चंदन की महक उड़ रही थी। उसने कंगन को संकूदचे से निकाला और सोचने लगी कि इसे पहनूं या न पहनूं। उसके मन में निश्चय किया कि न पहनूंगी। संदूक बंद करके रख दिया।

सहसा लौंडी ने आकर सूचना दी कि पंडित जी आ गये। यह सुनते ही विद्याधरी लपककर उठी; किन्तु पति के दर्शनों की उत्सुकता उसे द्वार की ओर नहीं ले गयी। उसने बड़ी फुर्ती से संदूकची खोला, कंगन निकाल कर पहना और अपनी सूरत आईने में देखने लगी।

इधर पंडितजी प्रेम की उत्कंठा से कदम बढ़ाते दालान से आंगन और आंगन से विद्याधरी के कमरे में आ पहुंचे। विद्याधरी ने आकर उनके चरणों को अपने सिर से स्पर्श किया। पंडितजी उसका यह श्रृंगार देखकर दंग रह गए। एकाएक उनकी दृष्टि उस कंगन पर पड़ी। राजा रणधीरसिंह की संगत ने उन्हें रत्नों का पारखी बना दिया था। ध्यान से देखा तो एक-एक नगीना एक-एक हज़ार का था। चकित होकर बोले, 'यह कंगन कहां मिला?'

विद्याधरी ने जवाब पहले ही सोच रखा था। रानी प्रियंवदा ने दिया है। यह जीवन में पहला अवसर था कि विद्याधरी ने अपने पतिदेव से कपट किया। जब हृदय शुद्ध न हो तो मुख से सत्य क्योंकर निकले! यह कंगन नहीं, वरन् एक विषैला नाग था।

10

एक सप्ताह गुज़र गया। विद्याधरी के चित्त की शांति और प्रसन्नता लुप्त हो गयी थी। यह शब्द कि रानी प्रियंवदा ने दिया है, प्रतिक्षण उसके कानों में गूंजा करते। वह अपने को धिक्कारती कि मैंने अपने प्राणधार से क्यों कपट किया। बहुधा रोया करती। एक दिन उसनें सोचा कि क्यों न चलकर पति से सारा वृत्तांत सुना दूं। क्या वह मुझे क्षमा न करेंगे? यह सोचकर उठी; किन्तु पति के सम्मुख जाते ही उसकी ज़बान बन्द हो गयी। वह अपने कमरे में आयी और फूट-फूटकर रोने लगी। कंगन पहनकर उसे बहुत आनन्द हुआ था। इसी कंगन ने उसे हंसाया था, अब वही रूला रहा है।

विद्याधरी ने रानी के साथ बाग़ों में सैर करना छोड़ दिया, चौपड़ और शतरंज उसके नाम की रोया करते। वह सारे दिन अपने कमरे में पड़ी रोया करती और सोचती कि क्या करूं। काले वस्त्र पर दाग़ छिप जाता है, किंतु उज्ज्वल वस्त्र पर कालिमा की एक बूंद भी झलकने लगती है। सोचती, इसी कंगन ने मेरा सुख हर लिया है, यही कंगन मुझे रक्त के आंसू रूला रहा है। सर्प जितना सुंदर होता है उतना ही विषाक्त भी होता है। यह सुंदर कंगन विषधर नाग है, मैं उसका सिर कुचल डालूंगी। यह निश्चय करके उसने एक दिन अपने कमरे में कोयले का अलाव जलाया, चारों तरफ़ किवाड़ बन्द कर दिए और उस कंगन को, जिसने उसके जीवन को संकटमय बना रखा था, संदूकचे से निकालकर आग में डाल दिया। एक दिन वह था कि कंगन उसे प्राणों से भी प्यारा था, उसे मखमली संदूकचे में रखती थी, आज उसे इतनी निर्दयता से आग में जला रही है।

विद्याधरी अलाव के सामने बैठी हुई थी इतने में पंडित श्रीधर ने द्वार खट-खटाया। विद्याधरी को काटो तो लहू नहीं। उसने ठाकुर द्वार खोल दिया और सिर झुकाकर खड़ी हो गई। पंडितजी ने बड़े आश्चर्य से कमरे में निगाह दौड़ाई, पर रहस्य कुछ समझ में न आया। बोले कि किवाड़ बन्द करके क्या हो रहा है? विद्याधरी ने उत्तर न दिया। तब पंडितजी ने छड़ी उठा ली और अलाव कुरेदा तो कंगन निकल आया। उसका पूर्णतः रूपांतर हो गया था न वह चमक थी, न वह रंग, न वह आकार। घबराकर बोले, 'विद्याधरी तुम्हारी बुद्धि कहां है?'

विद्या — भ्रष्ट हो गयी है।

पंडित — इस कंगन ने तुम्हारा क्या बिगाड़ा था।

विद्या — इसने मेरे हृदय में आग लगा रखी है।

पंडित — ऐसी अमूल्य वस्तु मिट्टी में मिल गयी!

विद्या — इसने उससे भी अमूल्य वस्तु का अपहरण किया है।

पंडित — तुम्हारा सिर तो नहीं फिर गया है?

विद्या — शायद आपका अनुमान सत्य है।

पंडितजी ने विद्याधरी की ओर चुभने वाली निगाहों से देखा। विद्याधरी की आंखें नीचे को झुक गयीं। वह उनसे आंखें न मिला सकी। भय हुआ कि कहीं यह तीव्र दृष्टि मेरे हृदय में न चुभ जाये। पंडितजी कठोर स्वर में बोले — विद्याधरी तुम्हें, स्पष्ट कहना होगा। विद्याधरी से अब न रूका गया, वह रोने लगी और पंडितजी के सम्मुख धरती पर गिर पड़ी।

11

विद्याधरी को जब सुध आयी तो पंडितजी का वहां पता न था। घबराई हुई बाहर के दीवानखाने में आयी, मगर यहां भी उन्हें न पाया। नौकरों से पूछा तो मालूम हुआ कि घोड़े पर सवार होकर ज्ञानसरोवर की ओर गये हैं। यह सुनकर विद्याधरी को कुछ ढाढ़स हुआ। वह द्वार पर खड़ी होकर उनकी राह देखती रही। दोपहर हुआ, सूर्य सिर पर आया, संध्या हुई, चिड़ियां बसेरा लेने लगीं, फिर रात आयी, गगन में तारागण जगमगाने लगे; किन्तु विद्याधरी दीवार की भांति खड़ी पति का इंतजार करती रही। रात भीग गयी, वन-जंतुओं के भयानक शब्द कानों में आने लगे, सन्नाटा छा गया। सहसा उसे घोड़े के टापों की ध्वनि सुनाई दी। उसका हृदय फड़कने लगा। आनन्दोन्मत्त होकर द्वार के बाहर निकल आयी; किंतु घोड़े पर सवार न था। विद्याधरी को अब विश्वास हो गया कि अब पतिदेव के दर्शन न होंगे। या तो उन्होंने सन्यास ले लिया या आत्मघात कर लिया। उसके कंठ से नैराश्य और विषाद में डूबी हुई ठंडी सांस निकली। वहीं भूमि पर बैठ गयी और सारी रात खून के आंसू बहाती रही। जब उषा की निद्रा भंग हुई और पक्षी आनन्दगान करने लगे, तब वह दुखिया उठी और अन्दर जाकर लेट रही।

जिस प्रकार सूर्य का ताप जल को सोख लेता है, उसी भांति शोक के ताप ने विद्याधरी का रक्त जला दिया। मुख से ठंडी सांस निकलती थी, आंखों से गर्म आंसू बहते थे। भोजन से अरूचि हो गयी और जीवन से घृणा। इसी अवस्था में विद्याधरी की आंखें रक्तवर्ण हो गयी, क्रोध से ओठ कांपने लगे, झल्लायी हुई नागिन की भांति फुफकार कर उठी और राजा के सम्मुख आकर कर्कश स्वर में बोली, 'पापी, यह आग तेरी ही लगायी हुई है। यदि मुझमें अब भी कुछ सत्य है, तो तुझे धृष्टता के कड़वे फल मिलेंगे। ये तीर के-से शब्द राजा के हृदय में चुभ गये। मुंह से एक शब्द भी न निकला। काल को डराने वाला राजपूत एक स्त्री की आग्नेय दृष्टि से कांप उठा।

12

एक वर्ष बीत गया। हिमालय पर मनोहर हरियाली छायी, फूलों ने पर्वत की गोद में क्रीड़ा

करनी शुरू की। यह ऋतु बीती, जल-थल ने बर्फ़ की सफेद चादर ओढ़ी, जलपक्षियों की मालाएं मैदानों की ओर उड़ती हुई दिखाई देने लगीं। यह मौसम भी गुजरा। नदी-नालों में दूध की धारें बहने लगीं। चंद्रमा की स्वच्छ निर्मल ज्योति ज्ञानसरोवर में थिरकने लगी; परंतु पंडित श्रीधर की कुछ टोह न लगी। उस दुखिया की दशा कितनी करुणा-जनक थी। उसे देखकर मेरी आंखें भर आती थीं। वह मेरी प्यारी सखी थी। उसकी संगत में मेरे जीवन के कई वर्ष आनन्द से व्यतीत हुए थे। उसका यह अपार दुःख देखकर मैं अपना दुःख भूल गई। एक दिन वह था कि उसने अपने पतिव्रत के बल पर मनुष्य को पशु के रूप में परिणत कर दिया था, और आज यह दिन है कि उसका पति भी उसे त्याग रहा है। किसी स्त्री के हृदय पर इससे अधिक लज्जाजनक, इससे अधिक प्राणघातक आघात नहीं लग सकता। उसकी तपस्या ने मेरे हृदय में फिर उसी सम्मान के पद पर बिछा दिया। उसकें सतीत्व पर फिर मेरी श्रद्धा हो गई; किन्तु उससे कुछ पूछते, सांत्वना देते मुझे संकोच होता था। मैं डरती थी कि कहीं विद्याधरी यह न समझे कि मैं उससे बदला ले रही हूं। कई महीनों के बाद जब विद्याधरी ने अपने हृदय का बोझ हलका करने के लिए स्वयं मुझसे यह वृत्तांत कहा तो मुझे ज्ञात हुआ कि यह सब कांटे राजा रणधीर सिंह के बोये हुए थे। उन्हीं की प्रेरणा से रानीजी ने पंडितजी के साथ जाने से रोका। उसके स्वभाव ने जो कुछ रंग बदला वह रानीजी की ही कुसंगति का फल था। उन्हीं की देखा-देखी उसे बनाव शृंगार की चाट पड़ी, उन्हीं के मना करने से उसने कंगन का भेद-पंडित जी से छिपाया। ऐसी घटनाएं स्त्रियों के जीवन में नित्य होती रहती हैं और उन्हें ज़रा भी शंका नहीं होती। विद्याधरी का पतिव्रत आदर्श था। इसलिए यह विचलता उसके हृदय में चुभने लगी। मैं यह नहीं कहती कि विद्याधरी कर्त्तव्यपथ से विचलित नहीं हुई, चाहे किसी के बहकाने से, चाहे अपने भोलेपन से, उसने कर्तव्य का सीधा रास्ता छोड़ दिया, परंतु पाप-कल्पना उसके दिल के कोसो दूर थी।

13

ऐ मुसाफिर! मैंने पंडित श्रीधर का पता लगाना शुरू किया। मैं उनकी मनोवृत्ति से परिचित थी। वह श्रीरामचंद्र के भक्त थे। कौशलपुरी की पवित्र भूमि और सरयू नदी के रमणीक तट उनके जीवन के सुखस्वप्न थे। मुझे ख्याल आया कि सम्भव है, उन्होंने अयोध्या की राह ली हो। कहीं मेरे प्रत्यत्न से उनकी खोज मिल जाती और मैं उन्हें लाकर विद्याधरी के गले से मिला देती, तो मेरा जीवन सफल हो जाता। इस विरहणी ने बहुत दुःख झेले हैं। क्या अब भी देवताओं को उस पर दया न आएगी? एक दिन मैंने शेर सिंह से कहा और पांच विश्वस्त मनुष्यों के साथ अयोध्या को चली। पहाड़ों से नीचे उतरते ही रेल मिल गई। उसने हमारी यात्रा सुलभ कर दी। बीसवें दिन मैं अयोध्या पहुंच गई और धर्मशाला में ठहरी। फिर सरयू में स्नान करके श्रीरामचंद्र के दर्शन को चली। मंदिर के आंगन में पहुंची ही थी कि पंडित श्रीधर की सौम्यमूर्ति

दिखाई दी। वह एक कुशासन पर बैठे हुए रामायण का पाठ कर रहे थे। और सहस्र नर-नारी बैठे हुए उनकी अमृतवाणी का आनन्द उठा रहे थे।

पंडितजी की दृष्टि मुझ पर ज्यों ही पड़ी, वह आसन से उठकर मेरे पास आए और बड़े प्रेम से मेरा स्वागत किया। दो-ढाई घंटे तक उन्होंने मुझे उस मंदिर की सैर कराई। मंदिर के छत पर से सारा नगर शतरंज के बिसाता की भांति मेरे पैरों के नीचे फैला हुआ दिखाई देता था। मंदगामिनी वायु सरयू की तरंगों को धीरे-धीरे थपकियां दे रही थी। ऐसा जान पड़ता था मानो स्नेहमयी माता ने इस नगर को अपनी गोद में लिया हो। यहां से जब अपने डेरे को चली तब पंडितजी भी मेरे साथ आए। जब वह इत्मीनान से बैठे तो मैंने कहा — आपने तो हम लोगों से नाता ही तोड़ लिया।

पंडितजी ने दुखित होकर कहा — विधाता की यही इच्छा थी। मेरा क्या वश था। अब तो श्रीरामचन्द्र की शरण में आ गया हूं और शेष जीवन उन्हीं की सेवा में भेट होगा।

मैं — आप तो श्रीरामचन्द्र की शरण में आ गए है, उस अबला विद्याधरी को किसकी शरण में छोड़ दिया है?

पंडित — आपके मुख से ये शब्द शोभा नहीं देते।

मैंने उत्तर दिया — विद्याधरी को मेरी सिफ़ारिश की आवश्यकता नहीं है। अगर आपने उसके पतिव्रत पर संदेह किया है तो आपसे ऐसा भीषण पाप हुआ है, जिसका प्रायश्चित आप बार-बार जन्म लेकर भी नहीं कर सकते। आपकी यह भक्ति इस अधर्म का निवारण नहीं कर सकती। आप क्या जानते है कि आपके वियोग में उस दुखिया का जीवन कैसे कट रहा है।

किन्तु पंडितजी ने ऐसा मुंह बना लिया, मानों इस विषय में वह अंतिम शब्द कह चुके। किन्तु मैं इतनी आसानी से उनका पीछा क्यों छोड़ने लगी। मैंने सारी कथा आद्योपांत सुनाई और रणधीरसिंह की कपट नीति का रहस्य खोल दिया तब पंडितजी की आंखें खुलीं। मैं वाणी में कुशल हूं, किन्तु उस समय सत्य और न्याय के पक्ष ने मेरे शब्दों को बहुत ही प्रभावशाली बना दिया था। ऐसा जान पड़ता था, मानो मेरी जिह्वा पर सरस्वती विराज़मान हों। अब वह बातें याद आती हैं तो मुझे स्वयं आश्चर्य होता है। आखिर विजय मेरे ही साथ रही। पंडितजी मेरे साथ चलने पर उद्यत हो गए।

14

यहां आकर मैंने शेरसिंह को यहीं छोड़ा और पंडितजी के साथ अर्जुन नगर को चली। हम दोनों अपने विचारों में मग्न थे। पंडितजी की गर्दन शर्म से झुकी हुई थी क्योंकि अब उनकी हैसियत रूठने वालों की भांति नहीं, बल्कि मनाने वालों की तरह थी।

आज प्रणय के सूखे हुए धान में फिर पानी पड़ेगा, प्रेम की सूखी हुई नदी फिर उमड़ेगी!

जब हम विद्याधरी के द्वार पर पहुंचे तो दिन चढ़ आया था। पंडितजी बाहर ही रूक गए

थे। मैंने भीतर जाकर देखा तो विद्याधरी पूजा पर थी। किन्तु यह किसी देवता की पूजा न थी। देवता के स्थान पर पंडितजी की खड़ाऊं रखी हुई थी। पतिव्रत का यह अलौकिक दृश्य देखकर मेरा हृदय पुलकित हो गया। मैंने दौड़कर विद्याधरी के चरणों पर सिर झुका दिया। उसका शरीर सूखकर कांटा हो गया था और शोक ने कमर झुका दी थी।

विद्याधरी ने मुझे उठाकर छाती से लगा लिया और बोली — बहन, मुझे लज्जित न करो। खूब आई, बहुत दिनों से जी तुम्हें देखने को तरस रहा था।

मैंने उत्तर दिया — ज़रा अयोध्या चली गई थी। जब हम दोनों अपने देश में थीं तो जब मैं कहीं जाती तो विद्याधरी के लिए कोई-न-कोई उपहार अवश्य लाती। उसे वह बात याद आ गई। सजल-नयन होकर बोली — मेरे लिए भी कुछ लाई।

मैं — एक बहुत अच्छी वस्तु लाई हूं।

विद्या — क्या है, देखूं?

मैं — पहले बूझ जाओ।

विद्या — सुहाग की पिटारी होगी?

मैं — नहीं उससे अच्छी।

विद्या — मेरे प्राणाधार का कोई समाचार?

मैं — उससे भी अच्छी।

विद्याधरी प्रबल आवेश से व्याकुल होकर उठी कि द्वार पर जाकर पति का स्वागत करे, किन्तु निर्बलता ने मन की अभिलाषा न निकलने दी। तीन बार संभली ओर तीन बार गिरी, तब मैंने उसका सिर अपनी गोद में रख लिया और आंचल से हवा करने लगी। उसका हृदय वड़े वेग से धड़क रहा था और पतिदर्शन का आनन्द आंखों से बनकर निकलता था।

जब ज़रा चित्त सावधान हुआ तो उसने कहा — उन्हें बुला लो, उनका दर्शन मुझे रामबाण हो जाएगा।

ऐसा ही हुआ। ज्यों ही पंडितजी अंदर आए, विद्याधरी उठकर उनके पैरों से लिपट गई। देवी ने बहुत दिनों के बाद पति के दर्शन पाए हैं। अश्रुधारा से उनके पैर पखार रही है।

मैंने वहां ठहरना उचित न समझा। इन दो प्राणियों के हृदय में कितनी ही बातें आ रही होंगी, दोनों क्या-क्या कहना और क्या-क्या सुनना चाहते होंगे, इस विचार से मैं उठ खड़ी हुई और बोली — बहन, अब मैं जाती हूं, शाम को फिर आऊंगी। विद्याधरी ने मेरी ओर आंखें उठाई। पुतलियों के स्थान पर हृदय रखा हुआ था। दोनों आंखें आकाश की ओर उठाकर बोली — ईश्वर तुम्हें इस यश का फल दें।

15

ऐ मुसाफिर! मैंने दो बार पंडित श्रीधर को मौत के मुंह से बचाया था, किंतु आज का-सा

आनन्द कभी न प्राप्त हुआ था।

जब मैं ज्ञानसरोवर पर पहुंची तो दोपहर हो आया था। विद्याधरी की शुभकामना मुझसे पहले ही पहुंच चुकी थी। मैंने देखा कि कोई पुरुष गुफा से निकलकर ज्ञानसरोवर की ओर चला जाता है। मुझे इस समय आश्चर्य हुआ कि इस समय यहां कौन आया। लेकिन जब समीप आ गया तो मेरे हृदय में ऐसी तरंगे उठने लगी मानो छाती से बाहर निकल पड़ेगा। यह मेरे प्राणेश्वर, मेरे पतिदेव थे। मैं चरणों पर गिरना ही चाहती थी कि उनका कर-पाश मेरे गले में पड़ गया।

पूरे दस वर्षों के बाद मुझे यह शुभ दिन देखना नसीब हुआ। मुझे उस समय ऐसा जान पड़ता था कि ज्ञानसरोवर के कमल मेरे ही लिए खिले हैं। गिरिराज ने मेरे लिए ही फूल की शय्या दी है, हवा मेरे लिए झूमती हुई आ रही है।

दस वर्षों के बाद मेरा उजड़ा हुआ घर बसा; गए हुए दिन लौटे। मेरे आनंद का अनुमान कौन कर सकता है।

मरे पतिदेव ने प्रेम-करुणा-भरी आंखों से देखकर कहा, 'प्रियंवदा'?

❖❖❖

मर्यादा की वेदी

यह वह समय था जब चित्तौड़ में मृदुभाषिणी मीरा प्यासी आत्माओं को ईश्वर-प्रेम के प्याले पिलाती थी। रणछोड़जी के मंदिर में जब भक्ति से विह्वल होकर वह अपने मधुर स्वरों में अपने पियूषपूरित पदों को गाती, तो श्रोतागण प्रेमानुराग से उन्मत्त हो जाते। प्रतिदिन यह स्वर्गीय आनंद उठाने के लिए सारे चित्तौड़ के लोग ऐसे उत्सुक होकर दौड़ते, जैसे दिन भर की प्यासी गायें दूर से किसी सरोवर को देखकर उसकी और दौड़ती हैं। इस प्रेम-सुधासागर से चित्तोड़वासियों ही की तृप्ति न होती थी, बल्कि समस्त राजपूताना की मरुभूमि प्लावित हो जाती थी।

एक बार ऐसा संयोग हुआ कि झालावाड़ के राव साहब और मंदार राज्य के कुमार, दोनों ही लाव-लश्कर के साथ चित्तौड़ आए। रावसाहब के साथ राजकुमारी प्रभा भी थी, जिसके रूप और गुण की दूर-दूर तक चर्चा थी। यहीं रणछोड़जी के मंदिर में दोनों की आंखें मिलीं। प्रेम ने बाण चलाया।

राजकुमार सारे दिन उदासीन भाव से शहर की गालियों में घूमा करता राजकुमारी विरह से व्यथित अपने महल के झरोखों से झांका करती। दोनों व्याकुल होकर संध्या समय मंदिर में आते और यहां चन्द्र को देखकर कुमुदिनी खिल जाती।

प्रेम-प्रवीण मीरा ने कई बार इन दोनों प्रेमियों को सतृष्ण नेत्रों से परस्पर देखते हुए पाकर उनके मन के भावों को ताड़ लिया। एक दिन कीर्तन के पश्चात् जब झालावाड़ के रावसाहब चलने लगे तो उसने मंदार के राजकुमार को बुलाकर उनके सामने खड़ा कर दिया और कहा — रावसाहब, मैं प्रभा के लिए यह वर लाई हूं, आप इसे स्वीकार कीजिए।

प्रभा लज्जा से गड़-सी गई। राजकुमार के गुण-शील पर रावसाहब पहले ही से मोहित हो रहे थे, उन्होंने तुरंत उसे छाती से लगा लिया।

उसी अवसर पर चित्तौड़ के राणा भोजराज भी मंदिर में आए। उन्होंने प्रभा का मुख-चंद्र देखा। उनकी छाती पर सांप लोटने लगा।

2

झालावाड़ में बड़ी धूम थी। राजकुमारी प्रभा का आज विवाह होगा, मंदार से बारात आयेगी। मेहमानों की सेवा-सम्मान की तैयारियां हो रही थी। दुकानें सजी हुई थी। नौबतखाने आमोदालाप से गूंजते थे। सड़कों पर सुगंधि छिड़की जाती थी, अट्टालिकाएं पुष्प-लताओं से शोभायमान थीं। पर जिसके लिये ये सब तैयारियां हो रही थीं, वह अपनी वाटिका के एक वृक्ष के नीचे उदास बैठी हुई रो रही थी।

रनिवास में डोमिनियां आनंदोत्सव के गीत गा रही थी। कहीं सुन्दरियों के हाव-भाव थे, कहीं चमक-दमक, कहीं हास-परिहास की बहार। नाइन बात-बात पर तेज़ होती थी। मालिन गर्व से फूली न समाती थी। धोबिन आंखें दिखाती थी। कुम्हारिन मटके के सदृश फूली हुई थी। मंडप के नीचे पुरोहित जी बात-बात पर सुवर्ण-मुद्राओं के लिए ठुनकते थे। रानी सिर के बाल खोले भूखी प्यासी चारों ओर दौड़ती थी। बड़े भाग्य से ऐसी बातें सुनने में आती हैं। सब-के-सब अपनी अपनी धुन में मस्त हैं। किसी को प्रभा की फ़िक्र नहीं है, जो वृक्ष के नीचे अकेली बैठी रो रही है।

एक रमणी ने आकर नाइन से कहा — बहुत बढ़-बढ़कर बात न कर कुछ राजकुमारी का भी ध्यान है? चल उनके बाल गूंथ।

नाइन ने दांतों तले जीभ दबायी। दोनों प्रभा को ढूंढती हुई बाग़ में पहुंची। प्रभा ने उन्हें देखते ही आंसू पोछ डाले। नाइन मोतियों से मांग भरने लगी।

रमणी ने सजल नेत्र होकर कहा — बहिन, दिल इतना छोटा मत करो। मुंह-मांगी मुराद पाकर इतनी उदास क्यों होती हो?

प्रभा ने सहेली की ओर देखकर कहा — बहिन, जाने क्यों दिल बैठा जाता है। सहेली ने छेड़कर कहा — पिया मिलन की बेकली है।

प्रभा उदासीन भाव से बोली — कोई मेरे मन में बैठा कह रहा है कि अब उनसे मुलाकात न होगी।

सहेली उसके केश संवारकर बोली — जैसे उषाकाल से पहले कुछ अंधेरा हो जाता है, उसी प्रकार मिलाप के पहले प्रेमियों का मन अधीर हो जाता है।

प्रभा बोली — नहीं बहिन, यह बात नहीं। मुझे शकुन अच्छे नहीं दिखाई देते। आज दिन भर मेरी आंख फड़कती रही। रात को मैंने बुरे स्वप्न देखे हैं। मुझे शंका होती है कि आज अवश्य कोई-न-कोई विघ्न पड़ने वाला है। तुम राणा भोजराज को जानती हो न?

संध्या हो गयी। आकाश पर तारों के दीपक जले। झालावाड़ में बूढ़े-जवान सभी लोग बारात की अगवानी के लिए तैयार हुए। मरदों ने पागें संवारी, शस्त्र साजे। युवतियां शृंगार कर गाती-बजाती रविदास की ओर चलीं। हज़ारों स्त्रियां छत पर बैठी बारात की राह देख रही थीं।

अचानक शोर मचा कि बारात आ गयी। लोग संभल बैठे, नगाड़ों पर चोटें पड़ने लगीं, सलामियां दगने लगीं। जवानों ने घोड़ों को एड़ लगायी। एक क्षण में सवारों की एक सेना राज-भवन के सामने आकर खड़ी हो गयी। लोगों को देखकर बड़ा आश्चर्य हुआ, क्योंकि यह मंदार की बारात नहीं थी बल्कि राणा भोजराज की सेना थी।

झालावाड़ वाले अभी विस्मित खड़े ही थे, कुछ निश्चय न कर सके थे कि क्या करना चाहिए। इतने में चित्तौड़वालों ने राज-भवन को घेर लिया। तब झालावड़ी भी सचेत हुए। संभलकर तलवार खींच ली और आक्रमणकारियों पर टूट पड़े। राजा महल में घुस गया। रनिवास में भगदड़ मच गयी।

प्रभा सोलहों श्रृंगार किये सहेलियों के साथ बैठी थी। यह हलचल देखकर घबरायी। इतने में राव साहब हांफते हुए आये और बोले — बेटी प्रभा, राणा भोजराज ने हमारे महल को घेर लिया है। तुम झटपट ऊपर चली जाओ और द्वार को बंद कर लो। अगर हम क्षत्रिय हैं, तो एक चित्तौड़ी भी यहां से जीता न जायेगा।

रावसाहब बात भी पूरी न करने पाए थे कि राणा कई वीरों के साथ आ पहुंचे और बोले — चित्तौड़ वाले तो सिर काटने के लिए आए ही हैं। पर यदि वे राजपूत हैं तो राजकुमारी लेकर ही जायेंगे। वृद्ध रावसाहब की आंखों से ज्वाला निकलने लगी। वे तलवार खींचकर राणा पर झपटे। उन्होंने वार बचा लिया और प्रभा से कहा — राजकुमारी, हमारे साथ चलेगी।

प्रभा सिर झुकाए राणा के सामने आकर बोली — हां चूलंगी।

रावसाहब को कई आदमियों ने पकड़ लिया था। वे तड़पकर बोले — प्रभा, तू राजपूत की कन्या है?

प्रभा की आंखें सजल हो गयीं। बोली — राणा भी तो राजपूतों के कुल तिलक हैं। रावसाहब ने क्रोध में आकर कहा — निर्लज्जा!

कटार के नीचे पड़ा हुआ बलिदान का पशु जैसी दीन-दृष्टि से देखता है, उसी भांति प्रभा ने रावसाहब की ओर देखकर कहा — जिस झालावाड़ की गोद में पली हूं, क्या उसे रक्त से रंगवा दूं?

रावसाहब ने क्रोध से कांपकर कहा — क्षत्रियों को रक्त इतना प्यारा नहीं होता। मर्यादा पर प्राण देना उनका धर्म है!

तब प्रभा की आंखें लाल हो गयीं। चेहरा तमतमाने लगा।

बोली — राजपूत-कन्या अपने सतीत्व की रक्षा आप कर सकती है। इसके लिए रुधिर प्रवाह की आवश्यकता नहीं।

पल भर में राणा ने प्रभा को गोद में उठा लिया। बिजली की भांति झपटकर बाहर निकले। उन्होंने उसे घोड़े पर बिठा लिया, आप सवार हो गये और घोड़े को उड़ा दिया। अन्य चित्तौड़ियों ने भी घोड़ों की बागें मोड़ दी, उसके सौ जवान भूमि पर तड़प रहे थे; पर किसी ने तलवार न उठायी थी।

रात को दस बजे मंदारवाले भी पहुंचे। मगर यह शोक-समाचार पाते ही लौट गये।

मंदार-कुमार निराशा से अचेत हो गया। जैसे रात को नदी का किनारा सुनसान हो जाता है, उसी तरह सारी रात झालावाड़ में सन्नाटा छाया रहा।

3

चितौड़ के रंग-महल में प्रभा उदास बैठी सामने के सुन्दर पौधों की पत्तियां गिन रही थी। संध्या का समय था। रंग-बिरंग के पक्षी वृक्षों पर बैठे कलरव कर रहे थे। इतने में राणा ने कमरे में प्रवेश किया। प्रभा उठकर खड़ी हो गयी।

राणा बोले — प्रभा, मैं तुम्हारा अपराधी हूं। मैं बलपूर्वक तुम्हें माता-पिता की गोद से छीन लाया, पर यदि मैं तुमसे कहूं कि यह सब तुम्हारें प्रेम से विवश होकर मैंने किया, तो तुम मन में हंसोगी और कहोगी कि यह निराले, अनूठे ढंग की प्रीति है; पर वास्तव में यही बात है। जब से मैंने रणछोड़जी के मंदिर में तुमकों देखा है, तब से एक क्षण भी ऐसा नहीं बीता कि मैं तुम्हारी सुधि में विकल न रहा होऊं। तुम्हें अपनाने का अन्य कोई उपाय होता तो मैं कदापि इस पाशविक ढंग से काम न लेता। मैंने रावसाहब की सेवा में बार-बार संदेश भेजे; पर उन्होंने हमेशा मेरी उपेक्षा की। अन्त में जब तुम्हारे विवाह की अवधि आ गयी और मैंने देखा कि एक ही दिन में तुम दूसरे की प्रेम-पात्री हो जाओगी और तुम्हारा ध्यान करना भी मेरी आत्मा को दूषित करेगा, तो लाचार होकर मुझे यह अनीति करनी पड़ी। मैं मानता हूं कि यह सर्वथा मेरी स्वार्थान्धता है, मैंने अपने प्रेम के सामने तुम्हारे मनोगत भावों को कुछ न समझा; पर प्रेम स्वयं एक बढ़ी हुई स्वार्थपरता है, जब मनुष्य को अपने प्रियतम के सिवाय और कुछ नहीं सूझता। मुझे पूरा विश्वास था कि मैं अपने विनीत भाव और प्रेम से तुमको अपना लूंगा। प्रभा, प्यास से मरता हुआ मनुय यदि किसी गढ़े में मुंह डाल दे, तो वह दंड का भागी नहीं है। मैं प्रेम का प्यासा हूं। मीरा मेरी सहधर्मिणी है। उसका हृदय प्रेम का अगाध सागर है। उसका एक चुल्लू भी मुझे उन्मत्त करने के लिए काफी था; पर जिस हृदय में ईश्वर का वास हो, वहां मेरे लिए स्थान कहां? तुम शायद कहोगी कि यदि तुम्हारें सिर पर प्रेम का भूत सवार था तो क्या सारे राजपूताने में स्त्रिया न थी। निःस्संदेह राजपूताने में बात-चीत किसी के अनादर का कारण हो सकती है; पर इसका जवाब तुम आप ही हो। इसका दोष तुम्हारे ही ऊपर है। राजस्थान में एक ही चितौड़ है, एक ही राणा और एक ही प्रभा। सम्भव है, मेरे भाग में प्रेमानंद भोगना न लिखा हो। यह मैं अपने कर्म-लेख को मिटाने का थोड़ा-सा प्रयत्न कर रहा हूं; परन्तु भाग्य के अधीन बैठे रहना पुरुषों का काम नहीं है। मुझे इसमें सफलता होगी या नहीं, इसका फैसला तुम्हारे हाथ है।

प्रभा की आंखें ज़मीन की तरफ़ थीं मन फुदकने वाली चिड़िया की भांति इधर-उधर उड़ता फिरता था। वह झालावाड़ को मारकाट से बचाने के लिए राणा के साथ आयी थी, मगर राणा के प्रति उसके हृदय में क्रोध की तरंगे उठ रही थी। उसने सोचा था कि वे यहां आयेंगे तो

उन्हें राजपूत कुल-कलंक, अन्यायी, दुराचारी, दुरात्मा, कायर कहकर उनका गर्व चूर-चूर कर दूंगी। उसको विश्वास था कि यह अपमान उनसे न सहा जाएगा और वे मुझे बलात अपने काबू में लाना चाहेंगे। इस अंतिम समय के लिए उसने अपने हृदय को खूब मज़बूत और अपनी कटार को खूब तेज़ कर रखा था। उसने निश्चय कर लिया था कि इसका एक वार उन पर होगा, दूसरा अपने कलेजे पर और इस प्रकार यह पाप-कांड समाप्त हो जाएगा। लेकिन राणा की नम्रता, उनकी करुणात्मक विवेचना और उनके विनीत भाव ने प्रभा को शांत कर दिया। आग पानी से बुझ जाती है। राणा कुछ देर वहां बैठे रहे, फिर उठकर चले गये।

प्रभा को चितौड़ में रहते दो महीने गुज़र चुके हैं। राणा उसके पास फिर न आए। इस बीच में उनके विचारो में कुछ अन्तर हो गया है। झालावाड़ पर आक्रमण होने के पहले मीराबाई को इसकी बिलकुल ख़बर न थी। राणा ने इस प्रस्ताव को गुप्त रखा था। किंतु अब मीराबाई प्रायः उन्हें इस दुराग्रह पर लज्जित किया करती है और धीरे-धीरे राणा को भी विश्वास होने लगा है कि प्रभा इस तरह काबू में नहीं आ सकती। उन्होंने उसके सुख-विलास की सामग्री एकत्र करने में कोई कसर नहीं रख छोड़ी थी। लेकिन प्रभा उनकी तरफ़ आंख उठाकर भी नहीं देखती। राणा प्रभा की लौंडियों से नित्य का समाचार पूछा करते हैं। और उन्हें रोज वहीं निराशपूर्ण वृत्तांत सुनाई देता है। मुरझायी हुई कली किसी भांति नहीं खिलती। अतएव उनको कभी-कभी अपने इस दुस्साहस पर पश्चाताप होता है। वे पछताते हैं कि मैंने व्यर्थ ही यह अन्याय किया। लेकिन फिर प्रभा का अनुपम सौंदर्य नेत्रों के सामने आ जाता है। वह अपने मन को इस विचार से समझा लेते हैं कि एक सगर्वा सुन्दरी का प्रेम इतनी जल्दी परिवर्तन नहीं हो सकता। निस्संदेह मेरा मृदु व्यवहार कभी-न-कभी अपना प्रभाव खिलायेगा।

प्रभा सारे दिन अकेले बैठी-बैठी उकताती और झुंझलाती थी। उसके विनोद के विमित्त कई गानेवाली स्त्रियां नियुक्त थीं; किंतु राग-रंग से उसे अरुचि हो गयी थी। वह प्रतिक्षण चिंताओं में डूबी रहती थी।

4

राणा के नम्र भाषण का प्रभाव अब मिट चुका था और उनकी अमानुषिक वृत्ति अब फिर अपने यथार्थ रूप में दिखायी देने लगी थी। वाक्यचतुरता शांतिकारक नहीं होती। वह केवल निरुत्तर कर देती है! प्रभात को अब अपने अवाक् हो जाने पर आश्चर्य होता है। उसे राणा की बातों के उत्तर भी सूझने लगे हैं। वह कभी-कभी उनसे लड़कर अपनी किस्मत का फैसला करने के लिए विकल हो जाती है।

मगर अब वाद-विवाद किस काम का? वह सोचती है कि मैं रावसाहब की कन्या हूं; पर संसार की दृष्टि में राणा की रानी हो चुकी। अब यदि मैं इस क़ैद से छूट भी जाऊं तो मेरे लिए कहां ठिकाना है? मैं कैसे मुंह दिखाऊंगी? इससे केवल मेरे वंश का ही नहीं, वरन समस्त

राजपूत जाति का नाम डूब जाएगा। मंदार-कुमार मेरे सच्चे प्रेमी हैं। मगर क्यों वे मुझे अंगीकर करेंगे? और यदि वे निंदा की परवाह न करके मुझे ग्रहण भी कर लें तो उनका मस्तक सदा के लिए नीचा हो जायेगा और कभी-न-कभी उनका मन मेरी तरफ़ से फिर जाएगा। वे मुझे अपने कुल का कंलक समझने लगेगे यहां से किसी तरह भाग जाऊं? लेकिन भागकर जाऊं कहां? बाप के घर? वहां अब मेरी पैठ नहीं। मंदार कुमार के पास? इसमें उनका अपमान है और मेरा भी। तो क्या भिखारिणी बन जाऊं। इसमें भी जगहंसाई होगी और न जाने प्रबल भावी किस मार्ग पर ले जाए। एक अबला स्त्री के लिए सुन्दरता प्राणधातक यंत्र से कम नहीं। ईश्वर, वह दिन न आये कि मैं क्षत्रिय-जाति का कलंक बनूं। क्षत्रिय जाति ने मर्यादा के लिए पानी की तरह रक्त बहाया है। उनकी हज़ारों देवियां पर-पुरुष का मुंह देखने के भय से सूखी लकड़ी के समान जल मरी हैं। ईश्वर, वह घड़ी न आये कि मेरे कारण किसी राजपूत का सिर लज्जा से नीचा हो। नहीं, मैं इसी कै़द में मर जाऊंगी। राणा के अन्याय सहूंगी, जलूंगी, मरूंगी, पर इसी घर में। विवाह जिससे होना था हो चुका। हृदय में उसकी उपासना करूंगी, पर कंठ के बाहर उसका नाम न निकालूंगी।

एक दिन झुंझलाकर उसने राणा को बुला भेजा। वे आये। उनका चेहरा उतरा था। वे कुछ चिंतित से थे। प्रभा कुछ कहना चाहती थी पर उनकी सूरत देखकर उसे उन पर दया आ गयी। उन्होंने उसे बात करने का अवसर न देकर स्वयं कहना शुरू किया।

"प्रभा, तुमने आज मुझे बुलाया है। यह मेरा सौभाग्य है। तुमने मेरी सुधि तो ली मगर यह मत समझो कि मैं मृदु-वाणी सुनने की आशा लेकर आया हूं। नहीं, मैं जानता हूं, जिसके लिए तुमने मुझे बुलाया है। यह लो, तुम्हारा अपराधी तुम्हारे सामने खड़ा है। उसे जो दंड देना चाहो, दो। मुझे अब तक आने का साहस न हुआ। इसका कारण यही दंड भय था। तुम क्षत्राणी हो और क्षत्रांणिया क्षमा करना नहीं जानती। झालवाड़ में जब तुम मेरे साथ आने पर स्वयं उद्यत हो गयी, तो मैंने उसी क्षण तुम्हारें जौहर परख लिए। मुझे मालूम हो गया कि तुम्हारा हृदय बल और विश्वास से भरा हुआ है। उसे काबू में लाना सहज नहीं। तुम नहीं जानती कि यह एक मास मैंने किस तरह काटा है। तड़प-तड़पकर मर रहा हूं, पर जिस तरह शिकारी बफरी हुई सिंहनी के सम्मुख जाने से डरता है, वही दशा मेरी थी। मैं कई बार आया। यहां तुमको उदास तिउरियां चढ़ायें बैठे देखा। मुझे अंदर पैर रखने का साहस न हुआ; मगर आज मैं बिना बुलाया मेहमान नहीं हूं। तुमने मुझे बुलाया है और तुम्हें अपने मेहमान का स्वागत करना चाहिए। हृदयता से न सही — जहां अग्नि प्रज्वलित हो, वहां ठंडक कहां? — बातों ही से सही, अपने भावों को दबाकर ही सही, मेहमान का स्वागत करो। संसार में शत्रु का आदर मित्रों से भी अधिक किया जाता है।

'प्रभा, एक क्षण के लिए क्रोध को शांत करो और मेरे अपराधों पर विचार करो। तुम मेरे ऊपर यही दोषरोपण कर सकती हो कि मैं तुम्हें माता-पिता की गौद से छीन लाया। तुम जानती हो, कृष्ण भगवान रूक्मिणी को हर लाये थे। राजपूतों में यह कोई नयी बात नहीं है। तुम कहोगी, इससे झालावाड़ वालों का अपमान हुआ; पर ऐसा कहना कदापि ठीक नहीं।

झालावाड़वालों ने वही किया, जो मर्दों का धर्म था। उनका पुरुषार्थ देखकर हम चकित हो गये। यदि वे कृतकार्य नहीं हुए तो यह उनका दोष नहीं। वीरों की सदैव जीत नहीं होती। हम इसलिए सफल हुए कि हमारी संख्या अधिक थी और इस काम के लिए तैयार होकर गए थे। वे निश्शंक थे, इस कारण उनकी हार हुई। यदि हम वहाँ से शीघ्र ही प्राण बचाकर भाग न आते तो हमारी गति वही होती जो रावसाहब ने कही थी। एक भी चितौड़ी न बचता। लेकिन ईश्वर के लिए यह मत सोचों कि मैं अपने अपराध के दूषण को मिटाना चाहता हूं। नहीं, मुझसे अपराध हुआ है और मैं हृदय से उस पर लज्जित हूं। पर अब तो जो कुछ होना था, हो चुका था। अब इस बिगड़े हुए खेल को मैं तुम्हारे ऊपर छोड़ता हूं। यदि मुझे तुम्हारे हृदय में कोई स्थान मिले तो मैं उसे स्वर्ग समझूगा। डूबते हुए को तिनके का सहारा भी बहुत है। क्या यह संभव है?'

प्रभा बोली — नहीं।

राणा — झालावाड़ जाना चाहती हो?

प्रभा — नहीं।

राणा — मंदार के राजकुमार के पास भेज दूं?

प्रभा — कदापि नहीं।

राणा — लेकिन मुझसे यह तुम्हारा कुढ़ना देखा नहीं जाता।

प्रभा — आप इस कष्ट से शीघ्र ही मुक्त हो जायेंगे।

राणा ने भयभीत दृष्टि से देखकर कहा, "जैसी तुम्हारी इच्छा, 'और वे वहां से उठकर चले गये।

5

दस बजे रात का समय था। रणछोड़जी के मंदिर में कीर्तन समाप्त हो चुका था और वैष्णव साधु बैठे हुए प्रसाद पा रहे थे। मीरा स्वयं अपने हाथों से थाल ला-लाकर उनके आगे रखती थी। साधुओं और अभ्यागतों के आदर-सत्कार में उस देवी को आत्मिक आनन्द प्राप्त होता था। साधुगण जिस प्रेम से भोजन करते थे, उससे यह शंका होती थी कि स्वादपूर्व वस्तुओं में कही भक्ति-भजन से भी अधिक सुख तो नहीं है। यह सिद्ध हो चुका है कि ईश्वर की दी हुई वस्तुओं का सदुपयोग ही ईश्वरोपासना की मुख्य रीति है। इसलिए ये महात्मा लोग उपासना के ऐसे अच्छे अवसरों को क्यों खोते? वे कभी पेट पर हाथ फेरते और कभी आसान बदलते थे। मुंह से 'नहीं' कहना तो वे घोर पाप के समान समझते थे। यह भी मानी हुई बात है कि जैसी वस्तुओं का हम सेवन करते हैं, वैसी ही आत्मा भी बनती है। इसलिए वे महात्मागण घी और खोये से उदर को खूब भर रहे थे।

पर उन्हीं में एक महात्मा ऐसे भी थे जो आंखें बंद किये ध्यान में मग्न थे। थाल की ओर ताकते भी न थे। इनका नाम प्रेमानंद था। ये आज ही आए थे। इनके चेहरे पर कांति

झलकती थी। अन्य साधु खाकर उठ गए, परन्तु उन्होंने थाल छुआ भी नहीं।

मीरा ने हाथ जोड़कर कहा — महाराज, आपने प्रसाद को छुआ भी नहीं। दासी से कोई अपराध तो नहीं हुआ।

साधु — नहीं, इच्छा नहीं थी।

मीरा — पर मेरी विनय आपको माननी पड़ेगी।

साधु — मैं तुम्हारी आज्ञा का पालन करूंगा, तो तुमको भी मेरी एक बात माननी होगी।

मीरा — कहिए क्या आज्ञा है।

साधु — माननी पड़ेगी।

मीरा — मानूंगी।

साधु — वचन देती हो?

मीरा — वचन देती हूं, आज प्रसाद पायें।

मीराबाई ने समझा था कि साधु कोई मंदिर बनवाने या कोई यज्ञ पूर्ण करा देने की याचना करेगा। ऐसी बातें नित्य प्रति हुआ ही करती थीं और मीरा का सर्वस्व साधु-सेवा के लिए अर्पित था; परन्तु उसके लिए साधु ने ऐसी कोई याचना न की। वह मीरा के कानों के पास मुंह ले जाकर बोला — आज दो घंटे के बाद राज-भवन का चोर दरवाज़ा खोल देना।

मीरा विस्मित होकर बोली — आप कौन हैं?

साधु — मंदार का राजकुमार।

मीरा ने राजकुमार को सिर से पांव तक देखा। नेत्रों में आदर की जगह घृणा थी। कहा — राजपूत यों छल नहीं करते।

राजकुमार — यह नियम उस अवस्था के लिए जब दोनों पक्ष समान शक्ति रखते हों।

मीरा — ऐसा नहीं हो सकता।

राजकुमार — आपने वचन दिया है, उसका पालन करना होगा।

मीरा — महाराज की आज्ञा के सामने मेरे वचन का कोई महत्त्व नहीं।

राजकुमार — मैं यह, कुछ नहीं जानता। यदि आपको अपने वचन की कुछ भी मर्यादा रखनी है तो उसे पूरा कीजिए।

मीरा — (सोचकर) महल में जाकर क्या करोगे?

राजकुमार — नयी रानी से दो-दो बातें।

मीरा चिंता में विलीन हो गयी। एक तरफ़ राणा की कड़ी आज्ञा थी और दूसरी तरफ़ अपना वचन और उसका पालन करने का परिणाम। कितनी ही पौराणिक घटनाएं उसके सामने आ रही थी। दशरथ ने वचन पालने के लिए अपने प्रिय पुत्र को बनवास दे दिया। मैं वचन दे चुकी हूं? उसी पूरा करना मेरा परम धर्म है; लेकिन पति की आज्ञा को कैसे तोड़ू? यदि उनकी आज्ञा के विरुद्ध करती हूं तो लोक और परलोक दोनों बिगड़ते हैं। क्यों न उनसे स्पष्ट कर दूं। क्या वे मेरी यह प्रार्थना स्वीकार न करेंगे? मैंने आज तक उनसे कुछ नहीं मांगा।

आज उनसे यह दान मागूंगी। क्या वे मेरे वचन की मर्यादा की रक्षा न करेंगे? उनका हृदय कितना विशाल है! निस्संदेह वे मुझ पर वचन तोड़ने का दोष न लगने देंगे।

इस तरह मन में निश्चय करके वह बोली — कब खोल दूं?

राजकुमार ने उछलकर कहा — आधी रात को।

मीरा — मैं स्वयं तुम्हारे साथ चलूंगी।

राजकुमार — क्यों?

मीरा — तुमने मेरे साथ छल किया है। मुझे तुम्हारा विश्वास नहीं है।

राजकुमार ने लज्जित होकर कहा — अच्छा तो आप वही पर खड़ी रहिएगा।

मीरा — यदि फिर कोई दगा किया तो जान से हाथ धोना पड़ेगा।

राजकुमार — मैं सब कुछ सहने के लिए तैयार हूं।

6

मीरा यहां से राणा की सेवा में पहुंची। वे उसका बहुत आदर करते थे। वे खड़े हो गये। इस समय मीरा का आना एक असाधारण बात थी। उन्होंने पूछा — बाईजी, क्या आज्ञा है?

मीरा — आपसे भिक्षा मांगने आयी हूं। निराश न कीजिएगा। मैंने आज तक आपसे कोई विनती नहीं की; पर आज एक ब्रह्म-फांस में फंस गयी हूं। इसमें से मुझे आप ही निकाल सकते हैं। मंदार के राजकुमार को तो आप जानते है?

राजा — हां, अच्छी तरह।

मीरा — आज उसने मुझे बड़ा धोखा दिया। एक वैष्णव महात्मा का रूप धारणकर रणछोड़जी के मंदिर में आया और उसने छल करके मुझसे वचन देने पर बाध्य किया। मेरा साहस नहीं होता कि उसकी कपट विनय आपसे कहूं।

राणा — प्रभा से मिला देने को तो नहीं कहा?

मीरा — जी हां उसका अभिप्राय वही है। लेकिन सवाल यह है कि मैं आधी रात को गुप्त द्वार खोल दूं। मैंने उसे बहुत समझाया; बहुत धमकाया; पर वह किसी भांति न माना। निदान विवश होकर जब मैंने कह दिया तब उसने प्रसाद पाया, अब मेरे वचन की लाज आपके हाथ है। आप चाहे उसे पूरा करके मेरा मान रखें, चाहे उसे तोड़कर मेरा मान तोड़ दें। आप मेरे ऊपर जो कृपादृष्टि रखते हैं, उसी के भरोसे मैंने वचन दिया। अब मुझे इस फंदे से उबारना आपका काम है।

राणा कुछ देर सोचकर बोले — तुमने वचन दिया है, उसका पालन करना मेरा कर्तव्य है। तुम देवी हो तुम्हारे वचन नहीं टल सकते। द्वार खोल दो। लेकिन यह उचित नहीं है कि वह अकेले प्रभा से मुलाकात करे। तुम स्वयं उसके साथ जाना। मेरी खातिर से इतना कष्ट उठाना। मुझे भय है कि वह उसकी जान लेने का इरादा करके न आया हो। ईर्ष्या में मनुष्य

अंधा हो जाता है। बाईजी, मैं अपने हृदय की बात तुमसे कहता हूं। मुझे प्रभा को हर लाने का अत्यंत शोक है। मैंने समझा था कि यहां रहते-रहते यह हिल मिल जायेगी; किंतु वह अनुमान ग़लत निकला। मुझे यह एक अबला की हत्या का अपराध लग जायेगा। मैंने उससे झालावाड़ जाने के लिए कहा, पर वह राजी न हुई। आज तुम उन दोनों की बातें सुनों। अगर वह मंदार-कुमार के साथ जाने पर राजी हो, तो मैं प्रसन्नतापूर्वक अनुमति दे दूंगा। मुझसे कुढ़ना नहीं देखा जाता। ईश्वर इस सुन्दरी का हृदय मेरी ओर फेर देता तो मेरा जीवन सफल हो जाता। किंतु जब यह सुख भाग्य में लिखा ही नहीं है तो क्या वश है। मैंने तुमसे ये बातें कहीं, इसके लिए मुझे क्षमा करना। तुम्हारे पवित्र हृदय में ऐसे विषयों के लिए स्थान कहां?

मीरा ने आकाश की ओर संकोच से देखकर कहा — तो मुझे आज्ञा है? मैं चोर-द्वार खोल दूं?

राणा — तुम इस घर की स्वामिनी हो, मुझसे पूछने की ज़रूरत नहीं। मीरा राणा को प्रणाम कर चली गयी।

7

आधी रात बीत चुकी थी। प्रभा चुपचाप बैठी दीपक की ओर देख रही थी और सोचती थी, इसके घुलने से प्रकाश होता है; यह बत्ती अगर जलती है, तो दूसरों को लाभ पहुंचाती है। मेरे जलने से किसी को क्या लाभ? मैं क्यों घुलुं? मेरे जीने की क्या जरूरत है?

उसने फिर खिड़की से सिर निकालकर आकाश की तरफ देखा। काले पट पर उज्जवल तारे जगमगा रहे थे। प्रभा ने सोचा, मेरे अंधकारमय भाग्य में ये दीप्तिमान तारे कहां हैं, मेरे लिए जीवन के सुख कहां हैं? क्या रोने के लिए जीऊं? ऐसे जाने से क्या लाभ? ऐसे जीने में उपहास भी तो है मेरे मन का हाल कौन जानता है? संसार मेरी निंदा करता होगा। झालावाड़ की स्त्रियां मेरी मृत्यु के शुभ समाचार सुनने की प्रतीक्षा कर रही होगी। मेरी प्रिय माता लज्जा से आंखें न उठा सकती होगी। लेकिन जिस समय मेरे मरने की ख़बर मिलेगी। गर्व से उनका मस्तक ऊंचा हो जायेगा। यह बेहयाई का जीना है। ऐसे जीने से मरना कही उत्तम है।

प्रभा ने तकिये के नीचे से एक चमकती हुई कटार निकाली। उसके हाथ कांप रहे थे। उसके कटार की तरफ़ आंखें जमायीं। हृदय को उसके अभिवादन के लिए मज़बूत किया। हाथ उठाया, किन्तु हाथ न उठा; आत्मा दृढ़ न थी। आंखे झपक गयी। सिर में चक्कर आ गया। कटार हाथ से छूटकर ज़मीन पर गिर पड़ी।

प्रभा क्रुद्ध होकर सोचने लगी — क्या मैं वास्तव में निर्लज्ज हूं? मैं राजपूतनी होकर मरने से डरती हूं? मान मर्यादा खोकर बेहया लोग ही जिया करते हैं। वह कौन-सी आकांक्षा है जिसने मेरी आत्मा को इतना निर्बल बना रखा है। क्या राणा की मीठी-मीठी बातें? राणा

मेरे शत्रु हैं। उन्होंने मुझे पशु समझ रखा है, जिसे फंसाने के पश्चात् हमे पिंजरे में बंद करके हिलाते हैं। उन्होंने मेरे मन को अपनी वाक्य मधुरता का क्रीड़ा-स्थल समझ लिया है। वे इस तरह घुमा-घुमाकर बातें करते हैं और मेरी तरफ से युक्तियां निकालकर उनका ऐसा उत्तर देते हैं कि जबान ही बंद हो जाती है। हाय! निर्दयी ने मेरा जीवन नष्ट कर दिया और मुझे यों खेलाता है! क्या इसीलिए जीऊं कि उसके कपट-भावों का खिलौना बनूं?

फिर वह कौन-सी अभिलाषा है? क्या राजकुमार का प्रेम? उनकी तो अब कल्पना ही मेरे लिए घोर पाप है। मैं अब उस देवता के योग्य नहीं हूं। प्रियतम! बहुत दिन हुए, मैंने तुमको हृदय से निकाल दिया। तुम भी मुझे दिल से निकाल डालो। मृत्यु के सिवाय अब कही मेरा ठिकाना नहीं हैं। शंकर! मेरी निर्बल आत्मा को शक्ति प्रदान करो। मुझे कर्तव्य-पालन का बल दो।

प्रभा ने फिर कटार निकाली। इच्छा दृढ़ थी। हाथ उठा और निकट था कि कटार उसके शोकातुर हृदय में चुभ जाये कि इतने में किसी के पांव की आहट सुनायी दी। उसने चौंककर सहमी हुई दृष्टि से देखा। मंदार-कुमार धीरे-धीरे पैर दबाता हुआ कमरे में दाखिल हुआ।

8

प्रभा उसे देखते ही चौंक पड़ी। उसने कटार को छिपा लिया। राजकुमार को देखकर उसे आनंद की जगह रोमांचकारी भय उत्पन्न हुआ। यदि किसी को ज़रा भी संदेह हो गया तो इनका प्राण बचना कठिन है। इनको तुरन्त यहां से निकल जाना चाहिए। यदि इन्हें बातें करने का अवसर दूं तो विलम्ब होगा और फिर ये अवश्य ही फंस जायेंगे। राणा इन्हें कदापि न छोड़ेंगे। वे विचार वायु और बिजली की व्यग्रता के साथ उसके मस्तिष्क में दौड़े। वह तीव्र स्वर में बोली — भीतर मत आओ।

राजकुमार ने पूछा — मुझे पहचाना नहीं?

प्रभा — खूब पहचान लिया; किंतु यह बातें करने का समय नहीं है। राणा तुम्हारी घात में है। अभी यहां से चले जाओ।

राजकुमार ने एक पग और आगे बढ़ाया और निर्भीकता से कहा — प्रभा, तुम मुझसे निष्ठुरता करती हो।

प्रभा ने धमकाकर कहा — तुम यहां ठहरोगे तो मैं शोर मचां दूंगी।

राजकुमार ने उद्दंडता से उत्तर दिया — इसका मुझे भय नहीं। मैं अपनी जान हथेली पर रखकर आया हूं। आज दोनों में से एक का अंत हो जायेगा। या तो राणा रहें या मैं रहूंगा। तुम मेरे साथ चलोगी?

प्रभा ने दृढ़ता से कहा — नहीं।

राजकुमार व्यंग्य भाव से बोला — क्या चित्तौड़ की जलवायु पसंद आ गई?

प्रभा ने राजकुमार की ओर तिरस्कृत नेत्रों से देखकर कहा — संसार में अपनी सब आशाएं पूरी नहीं होती। जिस तरह यहां मैं अपना जीवन काट रही हूं, वह मैं जानती हूं; किन्तु लोक-निन्दा भी तो कोई चीज़ है! संसार की दृष्टि में मैं चित्तौड़ की रानी हो चुकी। अब राणा जिस भांति रखे उसी भांति रहूंगी। मैं अंत समय तक उनसे घृणा करुंगी, जलूंगी, कूढ़ूंगी। जब जलन न सही जायेगी, तो विष लूंगी या छाती में कटार मारकर मर जाऊंगी; लेकिन इसी भवन में। इस घर के बाहर कदापि पैर न रखूंगी।

राजकुमार के मन में संदेह हुआ कि प्रभा पर राणा का वशीकरण मंत्र चल गया। वह मुझसे छल कर रही है। प्रेम की जगह ईर्ष्या पैदा हुई। वह उसी भाव से बोला — और यदि मैं यहा से उठा ले जाऊं! प्रभा के तेवर बदल गये। बोली — तो मैं वही करुंगी जो ऐसी अवस्था में क्षत्राणियां किया करती हैं। अपने गले में छुरी मार लूंगी या तुम्हारे गले में।

राजकुमार एक पग और आगे बढ़ाकर यह कटु-वाक्य बोला — राणा के साथ तो तुम खुशी से चली आयीं। उस समय छुरी कहां गयी थी?

प्रभा को यह शब्द शर-सा लगा। वह तिलमिलाकर बोली — उस समय इसी छुरी के एक वार से खून की नदी बहने लगती। मैं नहीं चाहती थी कि मेरे कारण मेरे भाई-बंधुओं की जान जाये। इसके सिवाय मैं कुआरी थी। मुझे अपनी मर्यादा के भंग होने का कोई भय न था। मैंने पतिव्रत नहीं लिया। कम-से-कम संसार मुझे ऐसा समझता था। मैं अपनी दृष्टि में अब भी वहीं हूं। किंतु संसार की दृष्टि में कुछ और हो गयी हूं। लोक-लाज ने मुझे राणा की आज्ञाकारिणी बना दिया है। पतिव्रत की बेड़ी जबरदस्ती मेरे पैरों में डाल दी गयी है। अब इसकी रक्षा करना मेरा धर्म है। इसके विपरीत और कुछ करना छत्राणियों के नाम को कलंकित करना है। तुम मेरे घाव पर व्यर्थ नमक क्यों छिड़कते हो? यह कौन-सी भलमनसी है। मेरे भाग्य में जो कुछ बदा है, वह भोग रही हूं। मुझे भोगने दो और तुमसे विनती करती हूं कि शीघ्र ही यहां से चले जाओ।

राजकुमार एक पग और बढ़ा कर दुष्ट-भाव से बोला — प्रभा, यहां आ कर तुम त्रियाचरित्र में निपुण हो गयी। तुम मेरे साथ विश्वासघात करके अब धर्म की आड़ ले रही हो। तुमने मेरे प्रणय को पैरों तले कुचल दिया और अब मर्यादा का बहाना ढूंढ रही हो। मैं इन नेत्रों से राणा को तुम्हारे सौंदर्यपुष्प का भ्रमर बनते नहीं देख सकता। मेरी कामनाएं मिट्टी में मिलती हैं तो तुम्हें लेकर जाएंगी। मेरा जीवन्न नष्ट होता है तो उसके पहले तुम्हारे जीवन का भी अंत होगा। मेरा जीवन नष्ट होता है तो उसके पहले तुम्हारे जीवन का भी अंत होगा। तुम्हारी बेवफ़ाई का यहीं दंड है। बोलो, क्या निश्चय करती हो? इस समय मेरे साथ चलती हो या नहीं? किले के बाहर मेरे आदमी खड़े हैं।

प्रभा ने निर्भयता से कहा — नहीं।

राजकुमार — सोच लो, नहीं तो पछताओगी।

प्रभा — खूब सोच लिया।

राजकुमार ने तलवार खींच ली और वह प्रभा की तरफ लपके। प्रभा भय से आंखें बंद

किये एक कदम पीछे हट गयी। मालूम होता था, उसे मूर्छा आ जायेगी।

अकस्मात् राणा तलवार लिये वेग के साथ कमरे में दाखिल हुए। राजकुमार संभलकर खड़ा हो गया।

राणा ने सिंह के समान गरज़कर कहा — दूर हट। क्षत्रिय स्त्रियों पर हाथ नहीं उठाते।

राजकुमार ने तनकर उत्तर दिया — लज्जाहीन स्त्रियों की यही सजा है।

राणा ने कहा — तुम्हारा बैरी तो मैं था। मेरे सामने आते क्यों लजाते थे। ज़रा मैं भी तुम्हारी तलवार की काट देखता।

राजकुमार ने ऐंठकर राणा पर तलवार चलायी। शस्त्र-विद्या में राणा अति कुशल थे। वार खाली देकर राजकुमार पर झपटे। इतने में प्रभा, जो मूर्च्छित अवस्था में दीवार से चिपटी खड़ी थी, बिजली की तरह कौंधकर राजकुमार के सामने खड़ी हो गयी। राणा वार कर चुके थे। तलवार का पूरा हाथ उसके कंधे पर पड़ा। रक्त की फुहार छूटने लगी। राणा ने ठंडी सांस ली और उन्होंने तलवार हाथ से फेंककर गिरती हुई प्रभा को संभाल लिया।

क्षणमात्र में प्रभा का मुखमंडल वर्ण-विहीन हो गया। आंखें बुझ गयी। दीपक ठंडा हो गया। मंदार कुमार ने भी तलवार फेंक दी और वह आंखों में आंसू भर प्रभा के सामने घुटने टेककर बैठ गया। दोनों प्रेमियों की आंखें सजल थीं। पतिगें बुझे हुए दीपक पर जान दे रहे थे।

प्रेम के रहस्य निराले हैं। अभी एक क्षण हुआ, राजकुमार प्रभा पर तलवार लेकर झपटा था। प्रभा किसी प्रकार उसके साथ चलने पर उद्यत न होती थी। लज्जा का भय, धर्म की बेड़ी, कर्तव्य की दीवार रास्ता रोके खड़ी थी। परन्तु उसे तलवार के सामने देखकर उसने उस पर अपना प्राण अर्पण कर दिया। प्रीति की प्रथा निबाह दी, लेकिन अपने वचन के अनुसार उसी घर में।

हां, प्रेम के रहस्य निराले हैं। अभी एक क्षण पहले राजकुमार प्रभा पर तलवार लेकर झपटा था। उसके खून का प्यासा था। ईर्ष्या की अग्नि उसके हृदय में दहक रही थी। वह रुधिर की धारा से शांत हो गयी। कुछ देर तक वह अचेत बैठा रहा। फिर उठा और उसने तलवार उठाकर ज़ोर से अपनी छाती में चुभा ली। फिर रक्त की फुहार निकली। दोनों धाराएं मिली और उनमें कोई भेद न रहा।

प्रभा, उसके साथ चलने पर राजी न थी, किंतु वह प्रेम के बंधन को तोड़ न सकी। दोनों उस घर से ही नहीं, संसार से एक साथ सिधारे।

❖❖❖

मृत्यु के पीछे

बाबू ईश्वरचन्द्र को समाचारपत्रों में लेख लिखने की चाह उन्हीं दिनों पड़ी जब वे विद्याभ्यास कर रहे थे। नित्य नये विषयों की चिन्ता में लीन रहते। पत्रों में अपना नाम देखकर उन्हें उससे कहीं ज़्यादा खुशी होती थी जितनी परीक्षाओं में उत्तीर्ण होने या कक्षा में उच्च स्थान प्राप्त करने से हो सकती थी। वह अपने कॉलेज के 'गरम-दल' के नेता थे। समाचारपत्रों में परीक्षापत्रों की जटिलता या अध्यापकों के अनुचित व्यवहार का भार उन्हीं के सिर था। इससे उन्हें कॉलेज में प्रतिनिधित्व का काम मिल गया। प्रतिरोध के प्रत्येक अवसर पर उन्हीं के नाम नेतृव्य की गोटी पड़ जाती थी। उन्हें विश्वास हो गया कि मैं इस परिमित क्षेत्र से निकलकर संसार के विस्तृत क्षेत्र में अधिक सफल हो सकता हूं। सार्वजनिक जीवन को वह अपना भाग्य समझ बैठे थे। कुछ ऐसा संयोग हुआ कि एम. ए. परीक्षार्थियों में उनका नाम निकलने भी न पाया था कि 'गौरव' के सम्पादक महोदय ने वानप्रस्थ लेने की ठानी और पत्रिका का भार ईश्वरचन्द्र दत्त के सिर पर रखने का निश्चय किया। बाबूजी को यह समाचार मिला तो उछल पड़े। धन्य भाग्य कि मैं इस सम्मानित पद के योग्य समझा गया! इसमें सन्देह नहीं कि वह इस दायित्व के गुरुत्व से भली-भांति परिचित थे, लेकिन कीर्तिलाभ के प्रेम ने उन्हें बाधक परिस्थितियों का सामना करने पर उद्यत कर दिया। वह इस व्यवसाय में स्वातन्त्रय, आत्मगौरव, अनुशीलन और दायित्व की मात्रा को बढ़ाना चाहते थे। भारतीय पत्रों को पश्चिम के आदर्श पर चलाने के इच्छुक थे। इन इरादों को पूरा करने का सुअवसर हाथ आया। वे प्रेमोल्लास से उत्तेजित होकर नाली में कूद पड़े।

2

ईश्वरचन्द्र की पत्नी एक ऊंचे और धनाढ्य कुल की लड़की थी और वह ऐसे कुलों की मर्यादा-प्रियता तथा मिथ्या गौरव-प्रेम से सम्पन्न थी। यह समाचार पाकर डरीं कि पति महाशय

कहीं इस झंझट में फंसकर कानून से मुंह न मोड़ लें। लेकिन जब बाबू साहब ने आश्वासन दिया कि यह कार्य उनके कानून के अभ्यास में बाधक न होगा, तो कुछ न बोलीं।

लेकिन ईश्वरचन्द्र को बहुत जल्द मालूम हो गया कि पत्र-सम्पादन एक बहुत ही ईर्ष्यायुक्त कार्य है, जो चित्त की समग्र वृत्तियों का अपहरण कर लेता है। उन्होंने इसे मनोरंजन का एक साधन और ख्याति लाभ का एक यन्त्र समझा था। उसके द्वारा जाति की कुछ सेवा करना चाहते थे। उससे द्रव्योपार्जन का विचार तक न किया था। लेकिन नौका में बैठकर उन्हें अनुभव हुआ कि यात्रा उतनी सुखद नहीं है जितनी समझी थी। लेखों के संशोधन, परावर्धन और परिवर्तन, लेखकगण से पत्र-व्यवहार और चित्ताकर्षक विषयों की खोज़ और सहयोगियों से आगे बढ़ जाने की चिंता में उन्हें कानून का अध्ययन करने का अवकाश ही न मिलता था। सुबह तो किताबें खोलकर बैठते कि 100 पृष्ठ समाप्त किए बिना कदापि न उठूंगा, किन्तु ज्यों ही डाक का पुलिंदा आ जाता, वे अधीर होकर उस पर टूट पड़ते, किताब खुली-की खुली रह जाती थी। बार-बार संकल्प करते ही अब नियमित रूप से पुस्तकावलोकन करूंगा और एक निर्दिष्ट समय से अधिक सम्पादन कार्य में न लगाऊंगा। लेकिन पत्रिकाओं का बंडल सामने आते ही दिल काबू के बाहर हो जाता। पत्रों ने नोक-झोंक, पत्रिकाओं के तर्क-वितर्क, आलोचना-प्रत्यालोचना, कवियों के काव्य-चमत्कार, लेखकों का रचना-कौशल इत्यादि सभी बातें उन पर जादू का काम करतीं। इस पर छपाई की कठिनाइयां, ग्राहक संख्या बढ़ाने की चिन्ता और पत्रिका को सर्वांग-सुन्दर बनाने की आकांक्षा और भी प्राणों को संकट में डाले रहती थी। कभी-कभी उन्हें खेद होता कि व्यर्थ ही इस झमेले में पड़ा। यहां तक कि परीक्षा के दिन सिर पर आ गए और वे इसके लिए बिल्कुल तैयार न थे। वे उससे सम्मिलित न हुए। मन को समझाया कि अभी इस काम का श्रीगणेश है, इसी कारण यह सब बाधाएं उपस्थित होती हैं। अगले वर्ष यह काम का एक सुव्यवस्थित रूप में आ जाएगा और तब मैं निश्चिन्त होकर परीक्षा में बैठूंगा! पास कर लेना क्या कठिन है। ऐसे बुद्धू पास हो जाते हैं जो एक सीधा-सा लेख भी नहीं लिख सकते, तो क्या मैं ही रह जाऊंगा? मानकी ने उनकी यह बातें सुनी तो खूब दिल के फफोले फोड़े — 'मैं तो जानती थी कि यह धुन तुम्हें मटियामेट कर देगी इसलिए बार-बार रोकती थी; लेकिन तुमने मेरी एक न सुनी। आप तो डूबे ही, मुझे भी ले डूबे।' उनके पूज्य पिता भी बिगड़े, हितैषियों ने भी समझाया 'अभी इस काम को कुछ दिनों के लिए स्थगित कर दो, कानून में उत्तीर्ण होकर निर्द्वद्ध देशोद्धार में प्रवृत्त हो जाना।' लेकिन ईश्वरचंद्र एक बार मैदान में आकर भागना निंद्य समझते थे। हां, उन्होंने दृढ़ प्रतिज्ञा की दूसरे साल परीक्षा के लिए तन-मन से तैयारी करूंगा।

अतएव नये वर्ष के पदार्पण करते ही उन्होंने कानून की पुस्तकें संग्रह की, पाठ्य-क्रम निश्चित किया, रोज़नामचा लिखने लगे और बहानेबाज़ चित्त को चारों ओर से जकड़ा, मगर चटपटे पदार्थों का आस्वादन करने के बाद सरल भोजन कब रुचिकर होता है! कानून में वे घातें कहां, वह उन्माद कहां, वे चोटें कहां, वह उत्तेजना कहां, वह हलचल कहां! बाबू साहब, अब नित्य एक खोई हुई दशा में रहते। जब तक अपने इच्छानुकूल काम करते थे, चौबीस घंटो

में घंटे-दो घंटे कानून भी देख लिया करते थे। इस नशे में मानसिक शक्तियों को शिथिल कर दिया। स्नायु निर्जीव हो गए। उन्हें ज्ञात होने लगा कि अब मैं कानून के प्रति लायक नहीं रहा और इस ज्ञान ने कानून के प्रति उदासीनता का रूप धारण किया। मन में संतोष-वृत्ति का प्रादुर्भाव हुआ। प्रारब्ध और पूर्वसंस्कार के सिद्धांतों की शरण लेने लगे।

एक दिन मानकी ने कहा — यह क्या बात है? क्या कानून से फिर जी उचाट हुआ!

ईश्वरचन्द्र ने दुस्साहस पूर्ण भाव से उत्तर दिया — हां, भई, मेरा जी उससे भागता है।

मानकी ने व्यंग्य से कहा — बहुत कठिन है?

ईश्वरचन्द्र — कठिन नहीं है, और कठिन भी होता तो मैं उससे डरने वाला न था, लेकिन मुझे वकालत का पेशा ही पतित प्रतीत होता है। ज्यों-ज्यों वकीलों की आतंरिक दशा का ज्ञान होता है, मुझे उस पेशे से घृणा होती जाती है। इसी शहर में सैंकड़ों वकील और बैरिस्टर पड़े हुए हैं, लेकिन एक व्यक्ति भी ऐसा नहीं जिसके हृदय में दया हो, जो स्वार्थपरता के हाथों बिक न गया हो। छल और धूर्तता इस पेशे का मूल तत्व है। इसके बिना किसी तरह निर्वाह नहीं। अगर कोई महाशय जातीय आन्दोलन में शरीक़ भी होते हैं, तो स्वार्थ-सिद्धि करने के लिए, अपना ढोल पीटने के लिए। हम लोगों का समय समग्र जीवन वासना भक्ति पर अर्पित हो जाता है। दुर्भाग्य से हमारे देश का शिक्षित समुदाय इसी दरगाह का मुजावर होता जाता है और यही कारण है कि हमारी जातीय संस्थाओं की श्रीवृद्धि नहीं होती। जिस काम में हमारा दिल न हो; हम केवल ख्याति और स्वार्थ-लाभ के लिए उसके कर्णधार बने हुए हो, वह कभी नहीं हो सकता। वर्तमान सामाजिक व्यवस्था का अन्याय है जिसने इस पेशे को इतना उच्च स्थान प्रदान कर दिया है। यह विदेशी सभ्यता का निकृष्टतम स्वरूप है कि देश का बुद्धिबल स्वयं धनोपार्जन न करके दूसरों की पैदा की हुई दौलत पर चैन करना, शहद की मक्खी न बनकर, चींटी बनना अपने जीवन का लक्ष्य समझता है।

मानकी चिढ़कर बोली — पहले तो तुम वकीलों की इतनी निन्दा न करते थे!

ईश्वरचन्द्र ने उत्तर दिया — तब अनुभव न था। बाहरी टीमटाम ने वशीकरण कर दिया था।

मानकी — क्या जाने, तुम्हें पत्रों से क्यों इतना प्रेम है, मैं तो जिसे देखती हूं, अपनी कठिनाइयों का रोना रोते हुए पाती हूं। कोई अपने ग्राहकों से नये ग्राहक बनाने का अनुरोध करता है, कोई चन्दा न वसूल होने की शिकायत करता है। बता दो कि कोई उच्च शिक्षा प्राप्त मनुष्य कभी इस पेशे में आया है। जिसे कुछ नहीं सूझती, जिसके पास न कोई सनद हो, न कोई डिग्री, वही पत्र निकाल बैठता है और भूखों मरने की अपेक्षा रूखी रोटियों पर ही संतोष करता है। लोग विलायत जाते हैं, वहां कोई पढ़ता है डॉक्टरी, कोई इंजीनियरी, कोई सिविल सर्विस, लेकिन आज तक न सुना कि कोई एडीटरी का काम सीखने गया। क्यों सीखे? किसी को क्या पड़ी है कि जीवन की महत्वकांक्षाओं को खाक में मिलाकर त्याग और विराग में उम्र काटे? हां, जिनको सनक सवार हो गयी हो, उनकी बात निराली है।

ईश्वरचन्द्र — जीवन का उद्देश्य केवल धन-संचय करना ही नहीं है।

मानकी — अभी तुमने वकीलों की निन्दा करते हुए कहा, यह लोग दूसरों की कमाई खाकर मोटे होते हैं। पत्र चलाने वाले भी तो दूसरों की ही कमाई खाते हैं।

ईश्वरचन्द्र ने बगलें झांकते हुए कहा — हम लोग दूसरों की कमाई खाते हैं, तो दूसरों पर जान भी देते हैं। वकीलों की भांति किसी को लूटते नहीं।

मानकी — यह तुम्हारी हठधर्मी है। वकील भी तो अपने मुवक्किलों के लिए जान लड़ा देते हैं। उनकी कमाई भी उतनी ही है, जितनी पत्रवालों की। अन्तर केवल इतना है कि एक की कमाई पहाड़ी सोता है, दूसरे की बरसाती नाला। एक में नित्य जलप्रवाह होता है, दूसरे में नित्य धूल उड़ा करती है। बहुत हुआ, तो बरसात में घड़ी-दो घड़ी के लिए पानी आ गया।

ईश्वरचन्द्र — पहले तो मैं यहीं मानता कि वकीलों की कमाई हलाल है, और यह मान भी लूं तो यह किसी तरह नहीं मान सकता कि सभी वकील फूलों की सेज पर सोते हैं। अपना-अपना भाग्य सभी जगह हैं। कितने ही वकील है जो झूठी गवाहियां देकर पेट पालते हैं। इस देश में समाचारपत्रों का प्रचार अभी बहुत कम है, इसी कारण पत्र-संचालकों की आर्थिक दशा अच्छी नहीं है। यूरोप और अमरीका में पत्र चलाकर लोग करोड़पति हो गए हैं। इस समय संसार के सभी सुमन्नत देशों के सूत्रधार या तो समाचारपत्रों के सम्पादक और लेखक हैं, या पत्रों के स्वामी। कितने ही अरबपति हैं, जिन्होंने अपनी सम्पत्ति की नींव पत्रों पर ही खड़ी की थी...

ईश्वरचन्द्र सिद्ध करना चाहते थे कि धन, ख्याति और सम्मान प्राप्त करने का पत्र-संचालन से उत्तम और कोई साधन नहीं है, और सबसे बड़ी बात तो यह है कि इस जीवन में सत्य और न्याय की रक्षा करने के सच्चे अवसर मिलते हैं, परन्तु मानकी पर इस वक्तृता का ज़रा भी असर न हुआ। स्थूल दृष्टि को दूर की चीज़ें साफ़ नहीं दिखतीं। मानकी के सामने सफल सम्पादक का कोई उदाहरण न था।

3

16 वर्ष गुज़र गए। ईश्वरचन्द्र ने सम्पादकीय जगत् में खूब नाम पैदा किया, जातीय आन्दोलनों में अग्रसर हुए पुस्तकें लिखीं, एक दैनिक पत्र निकाला, अधिकारियों के भी सम्मान पात्र हुए। बड़ा लड़का बी. ए. में जा पहुंचा, छोटे लड़के नीचे के दरज़ों में थे। एक लड़की का विवाह भी एक धन-सम्पन्न कुल मे किया है। विदित यही होता था कि उनका जीवन बड़ा ही सुखमय है; मगर उनकी आर्थिक दशा अब भी संतोषजनक न थी। खर्च आमदनी से बढ़ा हुआ था। घर की कई हज़ार की जायदाद हाथ से निकल गयी, इस पर बैंक का कुछ-न-कुछ देना सिर पर सवार रहता था। बाज़ार में भी उनकी साख न थी। कभी-कभी तो यहां तक नौबत आ जाती कि उन्हें बाजार का रास्ता छोड़ना पड़ता। अब वह अक्सर अपनी युवावस्था की

अदूरदर्शिता पर अफ़सोस करते थे। जातीय सेवा का भाव अब भी उनके हृदय में तरंगे मारता था; लेकिन वह देखते थे कि काम तो मैं तय करता हूं और यश वकीलों और सेठों के हिस्से में आ जाता था। उनकी गिनती अभी तक छुटभैयों में थी। यद्यपि सारा नगर जानता था कि यहां के सार्वजनिक जीवन के प्राण वहीं है, पर यह भाव कभी व्यक्त न होता था। इन्हीं कारणों से ईश्वरचन्द्र को सम्पादन कार्य से अरूचि होती थी। दिनो-दिन उत्साह क्षीण होता जाता था; लेकिन इस जाल से निकलने का कोई उपाय न सूझता था। उनकी रचना में सजीवता न थी, न लेखनी में शक्ति। उनके पत्र और पत्रिका, दोनों ही से उदासीनता का भाव झलकता था। उन्होंने सारा भार सहायकों पर छोड़ दिया था, खुद बहुत कम काम करते थे। हां, दोनों पत्रों की जड़ जम चुकी थी, इसलिए ग्राहक संख्या कम न होने पाती थी। वे अपने नाम पर चलते थे।

लेकिन इस संघर्ष और संग्राम के काल में उदासीनता का निर्वाह कहां। 'गौरव' के प्रतियोगी खड़े कर दिए, जिनके नवीन उत्साह ने 'गौरव' से बाजी मार ली। उसका बाज़ार ठण्डा होने लगा। नये प्रतियोगियों का जनता ने बड़े हर्ष से स्वागत किया। उनकी उन्नति होने लगी। यद्यपि उनके सिद्धांत भी वहीं, लेखक भी वही थे; लेकिन आगंतुकों ने उन्हीं पुरानी बातों में नई जान डाल दी। उनका उत्साह देखकर ईश्वरचन्द्र को भी जोश आया कि एक बार फिर अपनी रूकी हुई गाड़ी में ज़ोर लगाएं; लेकिन न अपने में सामर्थ्य थी, न कोई हाथ बंटानेवाला नज़र आता था। इधर-उधर निराश नेत्रों से देखकर हतोत्साह हो जाते थे। हां! मैंने अपना सारा जीवन सार्वजनिक कार्यों में व्यतीत किया, खेत को बोया, सींचा, दिन-को-दिन और रात-को-रात न समझा, धूप में जला, पानी से भीगा और इतने परिश्रम के बाद जब फ़सल काटने के दिन आयी तो मुझमें हंसिया पकड़ने का भी बूता नहीं। दूसरे लोग, जिनका उस समय कहीं पता न था, अनाज काट-काटकर खलिहान भरे लेते हैं और मैं खड़ा मुंह ताकता हूं। उन्हें पूरा विश्वास था कि अगर कोई उत्साहशील युवक मेरा शरीक हो जाता तो 'गौरव' अब भी अपने प्रतिद्वंद्वियों को परास्त कर सकता। सभ्य-समाज में उनकी धाक जमी हुई थी, परिस्थिति उनके अनुकूल थी। ज़रूरत केवल ताजे खून की थी। उन्हें अपने बड़े लड़के से ज्यादा उपयुक्त इस काम के लिए कोई न दिखता था। उसकी रूचि भी इस काम की ओर थी, पर मानकी के भय से वह इस विचार को ज़बान पर न ला सके थे। इसी चिंता में दो साल गुज़र गये और यहां तक नौबत पहुंची कि या तो 'गौरव' का टाट उलट दिया जाय या इसे पुनः अपने स्थान पर पहुंचाने के लिए कटिबद्ध हुआ जाये। ईश्वरचन्द्र ने इसके पुनरुद्धार के लिए अंतिम उद्योग करने का दृढ़ निश्चय कर लिया। इनके सिवा और कोई उपाय न था। यह पत्रिका उनके जीवन का सर्वस्व थी। इससे उनके जीवन और मृत्यु का संबंध था। उसको बंद करने की वह कल्पना भी न कर सकते थे। यद्यपि उनका स्वास्थ्य अच्छा न था पर प्राणरक्षा की स्वाभाविक इच्छा ने उन्हें अपना सब कुछ अपनी पत्रिका पर न्यौछावर करने को उद्यत कर दिया। फिर दिन-के-दिन लिखने-पढ़ने में रत रहने लगे। एक क्षण के लिए भी सिर न उठाते। 'गौरव' के लेखों में फिर सजीवता का उद्भव हुआ, विद्वज्जनों में फिर उसकी चर्चा होने लगी, सहोगियों ने फिर उसके

लेखों को उद्धृत करना शुरू किया, पत्रिकाओं में फिर उसकी प्रशंसासूचक आलोचनाएं निकलने लगीं। पुराने उस्ताद की ललकार फिर अखाड़े में गूंजने लगी।

लेकिन पत्रिका के पुनः संस्कार के साथ उनका शरीर और भी जर्जर होने लगा। हृदयरोग के लक्षण दिखाई देने लगे। रक्त की न्यूनता से मुख पर पीलापन छा गया। ऐसी दशा में वह सुबह से शाम तक अपने काम मे तल्लीन रहते। देश, धन और श्रम का संग्राम छिड़ा हुआ था। ईश्वरचन्द्र की सदय प्रकृति ने उन्हें श्रम का सपक्षी बना दिया था। धनवादियों का खंडन और प्रतिवाद करते हुए उनके खून में गरमी आ जाती थी, शब्दों से चिनगारियां निकलने लगती थीं; यद्यपि यह चिनगारियां केंद्रस्थ गरमी को छिन्न किये देती थी।

एक दिन रात के दस बज गये थे। सर्दी खूब पड़ रही थी। मानकी दबे पैर उनके कमरे में आयी। दीपक की ज्योति में उनके मुख का पीलापन और स्पष्ट हो गया था। वह हाथ में कलम लिये किसी विचार में मग्न थे। मानकी के आने की उन्हें आहट न मिली। मानकी एक क्षण तक उन्हें वेदनायुक्त नेत्रों से ताकती रही। तब बोली — 'अब तो यह पोथा बंद करो। आधी रात होने को आयी। खाना पानी हुआ जाता है।

ईश्वरचन्द्र ने चौंककर सिर उठाया ओर बोले — क्यों, क्या आधी रात हो गई? नहीं, अभी मुश्किल से दस बजे होंगे। मुझे अभी जरा भी भूख नहीं है।

मानकी — कुछ थोड़ा-सा खा लो न।

ईश्वर० — एक ग्रास भी नहीं। मुझे इसी समय अपना लेख समाप्त करना है।

मानकी — मैं देखती हूं, तुम्हारी दशा दिन-दिन बिगड़ती जाती है। दवा क्यों नहीं करते? जान खपाकर थोड़े ही काम किया जाता है?

ईश्वर० — अपनी जान को देखूं या इस घोर संग्राम को देखूं जिसने समस्त देश में हलचल मचा रखी है। हज़ारों-लाखों जानों की हिमायत में एक जान न भी रहे तो क्या चिंता?

मानकी — कोई सुयोग्य सहायक क्यों नहीं रख लेते?

ईश्वरचन्द्र ने ठंडी सांस लेकर कहा — बहुत खोजता हूं, पर कोई नहीं मिलता। एक विचार कई दिनों से मेरे मन में उठ रहा है, अगर तुम धैर्य से सुनना चाहो, तो कहूं।

मानकी — कहो, सुनूंगी। मानने लायक होगी, तो मानूंगी क्यों नहीं?

ईश्वरचन्द्र — मैं चाहता हूं कि कृष्णचन्द्र को अपने काम में शरीक कर लूं। अब तो वह एम. ए. भी हो गया। इस पेशे से उसे रूचि भी है, मालूम होता है कि ईश्वर ने उसे इसी काम के लिए बनाया है।

मानकी ने अवहेलना के भाव से कहा — क्या अपने साथ उसे भी ले डूबने का इरादा है? घर की सेवा करने वाला भी कोई चाहिए कि सब देश की ही सेवा करेंगे?

ईश्वर० — कृष्णचन्द्र यहां किसी से बुरा न रहेगा।

मानकी — क्षमा कीजिए। बाज आयी। वह कोई दूसरा काम करेगा जहां चार पैसे मिलें। यह घर फूंक काम आप ही को मुबारक रहे।

ईश्वर० — वकालत में भेजोगी, पर देख लेना, पछताना पड़ेगा। कृष्णचन्द्र उस पेशे के

लिए सर्वथा आयोग्य है।

मानकी — वह चाहे मजूरी करे, पर इस काम में न डालूंगी।

ईश्वर — तुमने मुझे देखकर समझ लिया कि इस काम में घाटा ही घाटा है। पर इसी देश में ऐसे भाग्यवान लोग मौजूद हैं जो पत्रों की बदौलत धन और कीर्ति से मालामाल हो रहे है।

मानकी — इस काम में तो अगर कंचन भी बरसे तो मैं उसे न आने दूं। सारा जीवन वैराग्य में कट गया। अब कुछ भोग भी करना चाहती हूं।

यह जाति का सच्चा सेवक अंत को जातीय कष्टों के साथ रोग के कष्टों को न सह सका। इस वार्तालाप के बाद मुश्किल से नौ महीने गुज़रे थे कि ईश्वरचन्द्र ने संसार से प्रस्थान किया। उनका सारा जीवन सत्य के पोषण, न्याय की रक्षा और प्रजा-कष्टों के विरोध में कटा था। अपने सिद्धांतों के पालन में उन्हें कितनी ही बार अधिकारियों की तीव्र दृष्टि का भाजन बनना पड़ा था, पर उन्होंने अपनी आत्मा का कभी हनन नहीं किया। आत्मा के गौरव के सामने धन को कुछ न समझा।

इस शोक समाचार के फैलते ही सारे शहर में कुहराम मच गया। बाज़ार बंद हो गये, शोक के जलसे होने लगे, सहयोगी पत्रों ने प्रतिद्वंद्विता के भाव को त्याग दिया, चारों ओर से एक ध्वनि आती थी कि देश से एक स्वतंत्र, सत्यवादी और विचारशील सम्पादक तथा एक निर्भीक, त्यागी, देश-भक्त उठ गया और उसका स्थान चिरकाल तक खाली रहेगा। ईश्वरचन्द्र इतने बहुजनप्रिय हैं, इसका उनके घरवालों को ध्यान भी न था। उनका शव निकला तो सारा शहर, गण्य-अगण्य, अर्थी के साथ था। उनके स्मारक बनने लगे। कहीं छात्रवृत्तियां दी गयीं, कहीं उनके चित्र बनवाये गये, पर सबसे अधिक महत्वशील वह मूर्ति थी जो श्रमजीवियों की ओर से प्रतिष्ठित हुई थी।

मानकी को अपने पतिदेव का लोक-सम्मान देखकर सुखमय कुतूहल होता था। उसे अब खेद होता था कि मैंने उनके दिव्य गुणों को न पहचाना, उनके पवित्र भावों और उच्च-विचारों की क़द्र न की। सारा नगर उनके लिए शोक मना रहा है। उनकी लेखनी ने अवश्य इनके ऐसे उपकार किये हैं जिन्हें ये भूल नहीं सकते; और मैं अंत तक उनका मार्ग-कंटक बनी रही, सदैव तृष्णा के वश उनका दिल दुखाती रही। उन्होंने मुझे सोने में मढ़ दिया होता, एक भव्य भवन बनवाया होता, या कोई जायदाद पैदा कर ली होती, तो मैं खुश होती, अपना धन्य भाग्य समझती। लेकिन तब देश में कौन उनके लिए आंसू बहाता, कौन उनका यश गाता? यहीं एक-से-एक धनिक पुरुष पड़े हुए हैं। वे दुनिय़ा से चले जाते हैं और किसी को खबर भी नहीं होती। सुनती हूं, पतिदेव के नाम से छात्रों को वृत्ति दी जाएगी। जो लड़के वृत्ति पाकर विद्यालाभ करेंगे, वे मरते दम तक उनकी आत्मा को आशीर्वाद देंगे। शोक! मैंने उनके आत्म-त्याग का मर्म न जाना। स्वार्थ ने मेरी आंखों पर पर्दा डाल दिया था।

मानकी के हृदय में ज्यो-ज्यों ये भावनाएं जागृत होती थी, उसे पति में श्रद्धा बढ़ती जाती थी। वह गौरवशाली स्त्री थी। इस कीर्तिगान और जन-सम्मान से उसका मस्तक ऊंचा हो जाता

था। इसके उपरान्त अब उसकी आर्थिक दशा पहले की-सी चिंताजनक न थी। कृष्णचन्द्र के असाधारण अध्यवसाय और बुद्धिबल ने उनकी वकालत को चमका दिया था। वह जातीय कामों में अवश्य भाग लेते थे, पत्रों में यथाशक्ति लेख भी लिखते थे, इस काम से उन्हें विशेष प्रेम था। लेकिन मानकी हमेशा इन कामों से दूर रखने की चेष्टा करती थी। कृष्णचन्द्र अपने ऊपर ज़ब्र करते थे। मां का दिल दुखाना उन्हें मंजूर न था।

ईश्वरचन्द्र की पहली बरसी थी। शाम को ब्रह्मभोज हुआ। आधी रात तक ग़रीबों को खाना दिया गया। प्रातःकाल मानकी अपनी सेज गाड़ी पर बैठकर गंगा नहाने गयी। यह उसकी चिरसंचित अभिलाषा थी जो अब पुत्र की मातृ-भक्ति ने पूरी कर दी थी। यह उधर से लौट रही थी कि उसके कानों में बैंड की आवाज़ आयी और एक क्षण के बाद एक जुलूस सामने आता हुआ दिखाई दिया। पहले कोतल घोड़ों की माला थी, उसके बाद अश्वारोही स्वयंसेवकों की सेना। उसके पीछे सैंकड़ों सवारी गाडियां थी। सबके पीछे एक सजे हुए रथ पर किसी देवता की मूर्ति थी। कितने ही आदमी इस विमान को खींच रहे थे, मानकी सोचने लगी — 'यह किस देवता का विमान है? न तो रामलीला के ही दिन हैं, न रथ यात्रा के!' सहसा उसका दिल ज़ोर से उछल पड़ा। यह ईश्वरचन्द्र की मूर्ति थी जो श्रमजीवियों की ओर से बनवायी गयी थी और लोग उसे बड़े मैदान में स्थापित करने के लिए जाते थे। वही स्वरूप था, वही वस्त्र, वहीं मुखाकृति। मूर्तिकार ने विलक्षण कौशल दिखाया था। मानकी का हृदय बांसों उछलने लगा। उत्कंठा हुई कि परदे से निकलर इस जुलुस के सम्मुख पति-चरणों पर गिर पडूं। पत्थर की मूर्ति मानवशरीर से अधिक श्रद्धास्पद होती है। किन्तु कौन-सा मुंह लेकर मूर्ति के सामने जाऊं? उसकी आत्मा ने कभी उसका इतना तिरस्कार न किया था। मेरी धनलिप्सा उनके पैरों की बेड़ी न बनती तो वह न जाने किस सम्मान-पद पर पहुंचते। मेरे कारण उन्हें कितना क्षोभ हुआ। घरवालों की सहानुभूति बाहरवालों के सम्मान से कहीं उत्साह जनक होती है। मैं इन्हें क्या कुछ न बना सकती थी, पर कभी उभरने न दिया। स्वामीजी, मुझे क्षमा करो, मैं तुम्हारी अपराधिनी हूं, मैंने तुम्हारे पवित्र भावों की हत्या की है, मैंने तुम्हारी आत्मा को दुःखित किया है। मैंने बाज को पिंजड़े में बंद करके रखा था। शोक!

सारे दिन मानकी को वही पश्चात्ताप होता रहा। शाम को उससे न रहा गया। वह अपनी कहारिन को लेकर पैदल उस देवता के दर्शन को चली जिसकी आत्मा को उसने दुःख पहुंचाया था!

संध्या का समय था। आकाश पर लालिमा छायी थी। अस्ताचल की ओर कुछ बादल भी हो आये थे। सूर्यदेव कभी मेघपट में छिप जाते थे, कभी बाहर निकल आते थे। इस धूप-छांह में ईश्वरचन्द्र की मूर्ति दूर से कभी प्रभात की भांति प्रसन्न-मुख और कभी संध्या की भांति मलिन देख पड़ती थी। मानकी उसके निकट गई, पर उसके मुख की ओर न देख सकी। उन आंखों में करुण-वेदना थी। मानकी को ऐसा मालूम हुआ, मानों वह मेरी ओर तिरस्कारपूर्ण भाव से देख रही हैं। उसकी आंखों से ग्लानि और लज्जा के आंसू बहने लगे। वह मूर्ति के चरणों पर गिर पड़ी और मुंह ढांपकर रोने लगी। मन के भाव द्रवित हो गये।

वह घर आयी तो नौ बज गये थे। कृष्ण उसे देखकर बोले — अम्मा, आज आप इस वक़्त कहां गयी थीं?

मानकी ने हर्ष से कहा — गयी थी तुम्हारे बाबूजी की प्रतिमा के दर्शन करने। ऐसा मालूम होता है, वही साक्षात खड़े हैं।

कृष्ण — जयपुर से बनकर आयी है।

मानकी — पहले तो लोग उनका इतना आदर न करते थे ?

कृष्ण — उनका सारा जीवन सत्य और न्याय की वकालत में गुज़रा है।

मानकी — लेकिन उन्होने वकालत कब की?

कृष्ण — हां, यह वकालत नहीं की जो मैं और मेरे हज़ारों भाई कर रहे हैं, जिससे न्याय और धर्म का खून हो रहा है। उनकी वकालत उच्चकोटि की थी।

मानकी — अगर ऐसा है, तो तुम भी वहीं वकालत क्यों नहीं करते?

कृष्ण — बहुत कठिन है। दुनिया का जंजाल अपने सिर लीजिए, दूसरो के लिए रोइए, दोनों की रक्षा के लिए लट्ठ लिए फिरिए, और इस कष्ट और अपमान और यंत्रणा का पुरस्कार क्या है? अपने जीवनाभिलाषाओं की हत्या।

मानकी — लेकिन यश तो होता है?

कृष्ण — हां, यश होता है। लोग आशीर्वाद देते हैं।

मानकी — जब इतना यश मिलता है तो तुम भी वहीं काम करो। हम लोग उस पवित्र आत्मा की और कुछ सेवा नहीं कर सकते तो उसी वाटिका को चलाते जायं जो उन्होंने अपने जीवन में इतने उत्सर्ग और भक्ति से लगायी। इससे उनकी आत्मा को शांति होगी।

कृष्णचंद्र ने माता को श्रद्धामय नेत्रों से देखकर कहा — करू तो, मगर संभव है, तब यह टीम-टाम न निभ सके। शायद फिर वहीं पहले की-सी दशा हो जाये।

मानकी — कोई हरज़ नहीं। संसार में यश तो होगा! आज तो अगर धन की देवी भी मेरे सामने आये, तो मैं आंखें न नीची करूं।

❖❖❖

पाप का अग्निकुण्ड

कुंवर पृथ्वीसिंह महाराज यशंवतसिंह के पुत्र थे। रूप, गुण और विद्या में प्रसिद्ध थे। ईरान, मिस्र, श्याम आदि देशों में परिभ्रमण कर चुके थें, और कई भाषाओं के पंडित समझे जाते थे। इनकी एक बहन थी जिसका नाम राजनंदिनी था। यह भी जैसी सुरूपवती और सर्वगुणसंपन्ना थी वैसी ही प्रसन्नवदना और मृदुभाषिणी भी थी। कड़वी बात कहकर किसी का जी दुखाना उसे पसन्द नहीं था। पाप को तो वह अपने पास भी नहीं फटकने देती थी। यहां तक कि कई बार महजाराज यशवंतसिंह से भी वाद-विवाद कर चुकी थी और जब कभी उन्हें किसी बहाने कोई अनुचित काम करते देखती, तो उसे यथाशक्ति रोकने की चेष्टा करती। इसका ब्याह कुंवर धर्मसिंह से हुआ था। यह एक छोटी रियासत का अधिकारी और महाराज यशवंतसिंह की सेना का उच्च पदाधिकारी था। धर्म सिंह बड़ा उदार और कर्मवीर था। इसे होनहार देख कर महाराज ने राजनंदिनी को इसके साथ ब्याह दिया था और दोनों बड़े प्रेम से अपना वैवाहिक जीवन बिताते थे। धर्मसिंह अधिकतर जोधपुर में ही रहता था। पृथ्वी सिंह उसके गाढ़े मित्र थे। इनमें जैसी मित्रता थी, उसी प्रकार दोनों राजकुमारियां भी एक दूसरी पर जान देती थीं। पृथ्वीसिंह की स्त्री दुर्गाकुंवरसिंह बहुत सुशील और चतुर थी। ननद-भावज में अनबन होना लोक-रीति है, पर इन दोनों में इतना स्नेह था कि एक के बिना दूसरी को कभी कल नहीं पड़ता था। दोनों स्त्रियां संस्कृत से प्रेम रखती थी।

एक दिन दोनो राजकुमारियां बाग़ की सैर में मग्न थीं कि एक दासी ने राजनंदिनी के हाथों में एक काग़ज लाकर रख दिया। राजनंदिनी ने उसे खोला तो वह संस्कृत का एक पत्र था। उसे पढ़कर उसने दासी से कहा कि उन्हें भेज दें। थोड़ी देर में एक स्त्री सिर से पैर तक चादर ओढ़े आती दिखाई दी। इसकी उम्र 25 साल से अधिक न थी, पर रंग पीला था। आंखें बड़ी और ओंठ सूखे। चाल-ढाल में कोमलता थी और उसके डील-डौल की गठन बहुत मनोहर थी। अनुमान से जान पड़ता था कि समय ने इसकी यह दशा कर रखी है। पर एक समय वह भी होगा जब यह बड़ी सुंदर होगी। इस स्त्री ने आकर चौखट चूमी और आशीर्वाद देकर फर्श पर बैठ गयी। राजनंदिनी ने इसे सिर-से पैर तक बड़े ध्यान से देखा और पूछा 'तुम्हारा

नाम क्या है?'

'उसने उत्तर दिया, 'मुझे व्रजविलासिनी कहते हैं।'

'कहां रहती हो?'

'यहां से तीन दिन की राह पर एक गांव विक्रमनगर है, वहां मेरा घर है।'

'संस्कृत कहां पढ़ी है?

'मेरे पिताजी संस्कृत के बड़े पंड़ित थे, उन्होंने थोड़ी-बहुत पढ़ा दी है।'

'तुम्हारा ब्याह तो हो गया है न?'

ब्याह का नाम सुनते ही व्रजविलासिनी की आंखों से आंसू बहने लगे। वह आवाज़ सम्हालकर बोली — इसका ज़वाब मैं फिर कभी दूंगी, मेरी रामकहानी बड़ी दुःखमय है। उसे सुनकर आपको दुःख होगा इसलिए इस समय क्षमा कीजिए।

आज से व्रजविलासिनी वहीं रहने लगी। संस्कृत-साहित्य में उसका बहुत प्रवेश था। वह राजकुमारियों को प्रतिदिन रोचक कविता पढ़कर सुनाती थी। उसके रंग, रूप और विद्या ने धीरे-धीरे राजकुमारियो के मन में उसके प्रति प्रेम और प्रतिष्ठा उत्पन्न कर दी। यहां तक कि राजकुमारियों और व्रजविलासिनी के बीच बड़ाई-छुटाई उठ गयी और वे सहेलियों की भांति रहने लगीं।

2

कई महीने बीत गये। कुंवर पृथ्वीसिंह और धर्मसिंह दोनों महाराज के साथ अफ़गानिस्तान के मुहिम पर गये हुए थे। यह विरह की घड़ियां मेघदूत और रघुवंश के पढ़ने में कटी। व्रजविलासिनी को कालिदास के देवता से बहुत प्रेम था और वह उनके काव्यों की व्याख्या उत्तमता से करती और उसमें ऐसी बारीकियां निकालती कि दोनों राजकुमारिया मुग्ध हो जाती।

एक दिन संध्या का समय था। दोनों राजकुमारियां फुलवाड़ी में सैर करने गयीं तो देखा कि व्रजविलासिनी हरी-हरी घास पर लेटी हुई है और उसकी आंखों से आंसू बह रहे हैं। राजकुमारियों के अच्छे बर्ताव और स्नेहपूर्ण बातचीत से उसकी सुन्दरता कुछ चमक गयी थी। इसके साथ अब वह भी राजकुमारी जान पड़ती थी; पर इन सभी बातों के रहते भी वह बेचारी बहुधा एकांत में बैठकर रोया करती। उसके दिल पर एक ऐसी चोट थी कि वह उसे दम भर भी चैन नहीं लेने देती थी। राजकुमारियां उस समय उसे रोती देखकर बड़ी सहानुभूति के साथ उसके पास बैठ गयी। राजनंदिनी ने उसका सिर अपनी जांध पर रख लिया और उसके गुलाब-से गालों को थपथपाकर कहा — सखी, तुम अपने दिल का हाल हमें न बताओगी? क्या अब भी हम ग़ैर हैं? तुम्हारा यों अकेले दुःख की आग में जलना हमसे नहीं देखा जाता।

व्रजविलासिनी आवाज़ सम्हालकर बोली — बहन, मैं अभागिनी हूं। मेरा हाल मत सुनो।

राज0 — अगर बुरा न मानो तो एक बात पूछूँ?

व्रज० — क्या, कहो?

राज० — वहीं, जो मैंने पहले दिन पूछा था, तुम्हारा ब्याह हुआ हैं कि नहीं?

व्रज० — इसका ज़वाब मैं क्या दूं? अभी नहीं हुआ।

राज० — क्या किसी का प्रेम-बाण हृदय में चुभा हुआ है?

व्रज० — नहीं बहन, ईश्वर जानता है।

राज० — तो इतनी उदास क्यों रहती हो? क्या प्रेम का आनन्द उठाने को जी चाहता है?

वज० — नहीं, दुःख के सिवा मन में प्रेम को स्थान ही नहीं।

राज० — हम प्रेम का स्थान पैदा कर देंगी।

व्रजविलासिनी इशारा समझ गयी और बोली — बहन, इन बातों की चर्चा न करो।

राज० — मैं अब तुम्हारा ब्याह रचाऊंगी। दीवान जयचन्द को तुमने देखा है?

व्रजविलासिनी आंखों में आंसू भरकर बोली — राजकुमारी, मैं व्रतधारिणी हूं और अपने व्रत को पूरा करना ही मेरे जीवन का उद्देश्य है। प्रण को निभाने के लिए मैं जीती हूं, नहीं तो मैंने ऐसी आफ़तें झेली हैं कि जीने की इच्छा अब नहीं रही। मेरे बाप विक्रमनगर के जागीरदार थे। मेरे सिवा उनके कोई संतान न थी। वे मुझे प्राणों से अधिक प्यार करते थे। मेरे ही लिए उन्होंने बरसों संस्कृत-साहित्य पढ़ा था। युद्ध-विद्या में वे बड़े निपुण थे और कई बार लड़ाइयों पर गये थे।

एक दिन गोधूलि-बेला में जब गायें जंगल से लौट रही थी, मैं अपने द्वार पर खड़ी थी। इतने में एक जवान बांका पगड़ी बांधे, हथियार सजाये, झूमता आता दिखाई दिया। मेरी प्यारी मोहनी इस समय जंगल से लौटी थी, और उसका बच्चा इधर कलोलें कर रहा था। संयोगवश बच्चा उस नौजवान से टकरा गया। गाय उस आदमी पर झपटी। राजपूत बड़ा साहसी था। उसने शायद सोचा कि भागता हूं तो कलंक का टीका लगता है, तुरन्त तलवार म्यान से खींच ली और वह गाय पर झपटा। गाय झल्लायी हुई तो थी ही, कुछ भी न डरी। मेरी आंखों के सामने उस राजपूत ने उस प्यारी गाय को जान से मार डाला। देखते-देखते सैकड़ों आदमी जमा हो गये और उसको टेढ़ी-सीधी सुनाने लगे। इतने में पिताजी भी आ गये। वे संध्या करने गये थे। उन्होंने आकर देखा कि द्वार पर सैंकड़ों आदमियों की भीड़ लगी है, गाय तड़प रही है और उसका बच्चा खड़ा रो रहा है। पिताजी की आहट सुनते ही गाय कराहने लगी और उनकी और उसने कुछ ऐसी दृष्टि से देखा कि उन्हें क्रोध आ गया। मेरे बाद उन्हें वह गाय ही प्यारी थी। वे ललकार कर बोले — मेरी गाय किसने मारी है? नौजवान लज्जा से सिर झुकाए सामने आया और बोला — मैंने।

पिताजी — तुम क्षत्रिय हो?

राजपूत — हां!

पिताजी — तो किसी क्षत्रिय से हाथ मिलाते?

राजपूत का चेहरा तमतमा गया। बोला — कोई क्षत्रिय सामने आ जाये। हज़ारों आदमी

खड़े थे; पर किसी का साहस न हुआ कि उस राजपूत का सामना करे। यह देखकर पिताजी ने तलवार खींच ली और वे उस पर टूट पड़े। उसने भी तलवार निकाल ली और दोनों आदमियों में तलवारें चलने लगीं। पिताजी बूढ़े थे; सीने पर जख़्म गहरा लगा। गिर पड़े। उठाकर लोग घर लाये। उनका चेहरा पीला था; पर उनकी आंखों से चिनगारियां निकल रही थी। मैं रोती हुई उनके सामने आयी। मुझे देखते ही उन्होंने सब आदमियों को वहां से हट जाने का संकेत किया। जब मैं और पिताजी अकेले रह गये, तो वे बोले — बेटी, तुम राजपूतानी हो?

मैं — जी हां।

पिताजी — राजपूत बात के धनी होते हैं?

मैं — जी हां।

पिताजी — इस राजपूत ने मेरी गाय की जान ली है, इसका बदला तुम्हें लेना होगा।

मैं — आपकी आज्ञा का पालन करूंगी।

पिताजी — अगर मेरा बेटा जीता तो मैं यह बोझ तुम्हारी गर्दन पर न रखता।

मैं — आपकी जो कुछ आज्ञा होगी, मैं सिर-आंखों से पूरी करूंगी।

पिताजी — तुम प्रतिज्ञा करती हो?

मैं — जी हां।

पिताजी — इस प्रतिज्ञा को पूरी कर दिखाओगी?

मैं — जहां तक मेरा वश चलेगा, मैं निश्चय प्रतिज्ञा पूरी करूंगी।

पिताजी — यह मेरी तलवार लो। जब तक तुम यह तलवार उस राजपूत के कलेजे में न भोंक दो, तब तक भोग-विलास न करना।

यह कहते-कहते पिताजी के प्राण निकल गये। मैं उसी दिन से तलवार को कपड़ों में छिपाये उस नौजवान राजपूत की तलाश में घूमने लगी। वर्षों बीत गये। मैं कभी बस्तियों में जाती, कभी पहाड़ों-जंगलों की खाक छानती; पर उस नौजवान का कहीं पता न मिलता। एक दिन में बैठी हुई अपने फूटे भाग्य पर रो रही थी कि वही नौजवान आदमी आता हुई दिखाई दिया। मुझे देखकर उसने पूछा, तू कौन है? मैंने कहा, मैं दुखिया ब्राह्मणी हूं, आप मुझ पर दया कीजिए और कुछ खाने को दीजिए। राजपूत ने कहा, अच्छा मेरे साथ आ!

मैं उठ खड़ी हुई। वह आदमी बेसुध था। मैंनें बिजली की तरह लपककर कपड़ों में से तलवार निकाली और उसके सीने में झोंक दी। इतने में कई आदमी आते दिखायी पड़े। मैं तलवार छोड़कर भागी। तीन वर्ष तक पहाड़ों और जंगलों में छिपी रही। बार-बार जी में आया कि कहीं डूब मरूं; पर जान बड़ी प्यारी होती है। न जाने क्या-क्या मुसीबतें और कठिनाइयां भोगनी हैं, जिनके भोगने को अभी तक जीती हूं, अंत में जब जंगल में रहते-रहते जी उकता गया, जो जोधपुर चली आयी। यहां आपकी दयालुता की चर्चा सुनी। आपकी सेवा में आ पहुंची और तब से आपकी कृपा से मैं आराम से जीवन बिता रही हूं। यही मेरी राम-कहानी है।

राजनंदिनी ने लंबी सांस लेकर कहा — दुनिया में कैसे-कैसे लोग भरे हुए है। खैर,

तुम्हारी तलवार ने उसका काम तो तमाम कर दिया?

व्रजविलासिली — कहां बहन! वह बच गया, जख्म ओछा पड़ा था। उसी शकल के एक नौजवान राजपूत को मैंने जंगल में शिकार खेलते देखा था। नहीं मालूम, वह था या और कोई शक्ल बिल्कुल मिलती थी।

3

कई महीनें बीत गये। राजकुमारियों ने जब से व्रजविलासिनी की रामकहानी सुनी है, उसके साथ वे और भी प्रेम और सहानुभूति का बर्ताव करने लगी है। पहले बिना संकोच कभी-कभी छेड़छाड़ हो जाती थी; पर अब दोनों हरदम उसका दिल बहलाया करती हैं। एक दिन बादल घिरे हुए थे, राजनंदिनी ने कहा — आज बिहारीलाल की 'सतसई' सुनने को जी चाहता है। वर्षा-ऋतु पर उसमें बहुत अच्छे दोहे हैं।

दुर्गाकुंवरि — बड़ी अनमोल पुस्तक है। सखी, तुम्हारी बगल में जो अलमारी रखी है, उसी में वह पुस्तक है, ज़रा निकालना। व्रजविलासिनी ने पुस्तक उतारी और उसका पहला पृष्ठ खोला था कि उसके हाथ से पुस्तक छूटकर गिर पड़ी। उसके पहले पृष्ठ पर एक तस्वीर लगी हुई थी। वह उसी निर्दय युवक की तस्वीर थी जो उसके बाप का हत्यारा था। व्रजविलासिनी की आंखें लाल हो गयीं। त्योरी पर बल पड़ गये। अपनी प्रतिज्ञा याद आ गयी; पर उसके साथ ही यह विचार उत्पन्न हुआ कि इस आदमी का चित्र यहां कैसे आया और इसका इन राजकुमारियों से क्या संबंध है? कहीं ऐसा न हो कि मुझे इनका कृतज्ञ होकर अपनी प्रतिज्ञा तोड़नी पड़े। राजनंदिनी ने उसकी सूरत देखकर कहा — सखी क्या बात है? यह क्रोध क्यों? व्रजविलासिनी ने सावधानी से कहा — कुछ नहीं, न जाने क्यों चक्कर आ गया था।

आज से व्रजविलासिनी के मन में एक और चिन्ता उत्पन्न हुई — क्या मुझे राजकुमारियों का कृतज्ञ होकर अपना प्रण तोड़ना पड़ेगा?

पूरे सोलह महीनों के बाद अफ़गानिस्तान से पृथ्वीसिंह और धर्म सिंह लौटे। बादशाह की सेना को बड़ी-बड़ी कठिनाइयों का सामना करना पड़ा। बर्फ़ अधिकता से पड़ने लगी। पहाड़ों के दर्रे बर्फ़ से ढक गये। आने-जाने के रास्ते बंद हो गये। रसद के सामान कम मिलने लगे। सिपाही भूखों मरने लगे। अब अफ़गानों ने समय पाकर रात को छापे मारने शुरू किये। आखिर शहजादे मुहीउद्दीन को हिम्मत हारकर लौटना पड़ा।

दोनों राजकुमार ज्यों-ज्यों जोधपुर के निकट पहुंचते थे, उत्कंठा से उनके मन उमड़ आते थे। इतने दिनों के वियोग के बाद फिर भेंट होगी। मिलने की तृष्णा बढ़ती जाती है। रात-दिन मंज़िल काटते चले आते है; पर फिर भी मिलने की खुशी में जख्मों की तकलीफ़ भूले हए हैं। पृथ्वीसिंह दुर्गाकुंवरि के लिए एक अफ़गानी कटार लाये हैं। धर्मसिंह ने राजनंदिनी के लिए काश्मीर का एक बहुमूल्य शाल जोड़ा मोल लिया है। दोनों के दिल उमंग से भरे हुए हैं।

राजकुमारियों ने जब सुना कि दोनों वीर वापस आते हैं, तो वे फूले अंगों ने समायी। श्रृंगार किया जाने लगा, मांगे मोतियों से भरी जाने लगीं, उनके चेहरे खुशी से दमकने लगे। इतने दिनों के विछोह के बाद फिर मिलाप होगा, खुशी आंखों से उबली पड़ती है। एक दूसरे को छेड़ती है और खुश होकर गले मिलती हैं।

अगहन का महीना था, बरगद की डालियों में मूंगे के दाने लगे हुए थे। जोधपुर के किले से सलामियों की धनगरज़ आवाज़ें आने लगी। सारे नगर में धूम मच गयी कि कुंवर पृथ्वीसिंह सकुशल अफ़गानिस्तान से लौट आये। दोनों राजकुमारियां थाली में आरती के समान लिए दरवाज़े पर खड़ी थीं। पृथ्वी सिंह दरबारियों के मुजरे लेते हुए महल में आये। दुर्गाकुवरि ने आरती उतारी ओर दोनों एक दूसरे को देखकर खुश हो गये। धर्मसिंह भी प्रसन्नता से ऐंठते हुए अपने महल में पहुंचे; पर भीतर पैर रखने न पाये थे कि छींक हुई कि बायी आंख फड़कने लगी। राजनंदिनी आरती का थाल लेकर लपकी; पर उसका पैर फिसल गया और थाल हाथ से छूट कर गिर पड़ा। धर्मसिंह का माथा ठनका और राजनंदिनी का चेहरा पीला हो गया। यह असगुन क्यों? व्रजविलासिनी ने दोनों राजकुमारों के आने का समाचार सुनकर उन दोनों को देने के लिए दो अभिनंदन-पत्र बनवा रखे थे। सवेरे जब कुंवर पृथ्वीसिंह संध्या आदि नित्य-क्रिया से निपटकर बैठे, तो वह उनके सामने आयी और उसने एक सुन्दर कुश की चंगेली में अभिनन्दन-पत्र रख दिया। पृथ्वीसिंह ने उसे प्रसन्नता से ले लिया। कविता यद्यपि उतनी बढ़िया न थी, पर वह नयी और वीरता से भरी हुई थी। वे वीर रस के प्रेमी थे, उसको पढ़कर बहुत खुश हुए और उन्होंने मोतियों का हार उपहार दिया।

व्रजविलासिनी यहां से छुट्टी पाकर कुंवर धर्मसिंह के पास पहुंची। वे बैठे हुए राजनंदिनी को लड़ाई की घटनाएं सुना रहे थे; पर ज्यों ही व्रजविलासिनी की आंख उन पर पड़ी; पर सन्न होकर पीछे हट गयी। उसको देखकर धर्मसिंह के चेहरे का भी रंग उड़ गया, होठ सूख गये और हाथ-पैर सनसनाने लगे। व्रजविलासिनी तो उलटे पांव लौटी; पर धर्मसिंह ने चारपाई पर लेटकर दोनों हाथों से मुंह ढंक लिया। राजनंदिनी ने यह दृश्य देखा और उसका फूल-सा बदन पसीने से तर हो गया। धर्मसिंह सारे दिन पलंग पर चुपचाप करवटें बदलते रहे। उनका चेहरा ऐसा कुम्हला गया जैसे वे बरसों के रोगी हों। राजनंदिनी उनकी सेवा में लगी हुई थी। दिन तो यों कटा, रात को कुंवर साहब संध्या ही से थकावट का बहाना करके लेट गये। राजनंदिनी हैरान थी कि माज़रा क्या है। व्रजविलासिनी इन्हीं के खून की प्यासी है? नहीं, नहीं ऐसा नही हो सकता। वह यद्यपि चाहती है कि अपने भावों से उनके मन का बोझ हलका करें, पर नहीं कर सकती। अंत में नींद ने उसको अपनी गोद में ले लिया।

4

रात बहुत बीत गयी है। आकाश में अंधेरा छा गया है। सारस की दुःख से भरी बोली

कभी–कभी सुनाई दे जाती है और रह–रहकर क़िले के संतरियों की आवाज़ कान में आ पड़ती है। राजनंदिनी की आंख एकाएक खुली, तो उसने धर्मसिंह को पलंग पर न पाया। चिंता हुई, वह झट उठकर व्रजविलासिनी के कमरे की ओर चली और दरवाज़े पर खड़ी होकर भीतर की ओर देखने लगी। संदेह पूरा हो गया। क्या देखती है कि व्रजविलासिनी हाथ में तेगा लिये खड़ी है और धर्मसिंह दोनों हाथ जोड़े उसके सामने दोनों की तरह घुटने टेके बैठे हैं। वह दृश्य देखते ही राजनंदिनी का खून सूख गया और उसके सिर में चक्कर आने लगा, पैर लड़खड़ाने लगे। जान पड़ता था कि गिरी जाती है। वह अपने कमरे में आयी और मुंह ढ़ंककर लेट रही, पर उसकी आंखों से एक बूंद भी न निकली।

दूसरे दिन पृथ्वीसिंह बहुत सवेरे ही कुंवर धर्मसिंह के पास गये और मुस्कुराकर बोले — भैया, मौसम बड़ा सुहावना है, शिकार खेलने चलते हो?

धर्मसिंह — हां चलो।

दोनों राजकुमारो ने घोड़े कसवाये और जंगल की ओर चल दिये। पृथ्वी सिंह का चेहरा खिला हुआ था, जैसे कमल का फूल। एक–एक अंग से तेज़ी और चुसती टपकी पड़ती थी; पर कुंवर धर्मसिंह का चेहरा मैला हो गया था, मानों बदन में जान नहीं है। पृथ्वी सिंह ने उन्हें कई बार छेडा; पर जब देखा कि वे बहुत दुःखी है, तो चुप हो गये। चलते–चलते दोनों आदमी झील के किनारे पर पहुंचे। एकाएक धर्मसिंह ठिठके और बोले — मैंने आज रात को एक दृढ़ प्रतिज्ञा की है। यह कहते–कहते उनकी आंखों में पानी आ गया। पृथ्वीसिंह ने घबराकर पूछा — कैसी प्रतिज्ञा?

'तुमने व्रजविलासिनी का हाल सुना है? मैंने प्रतिज्ञा की है कि जिस आदमी ने उसके बाप को मारा है, उसे भी जहन्नुम में पहुंचा दूं।'

'तुमने सचमुच वीर–प्रतिज्ञा की है।'

'हां, यदि मैं पूरी कर सकूं। तुम्हारे विचार में ऐसा आदमी मारने योग्य है या नहीं?'

'ऐसी निर्दयी की गर्दन गुठ्ल छुरी से काटनी चाहिए।'

'बेशक, यही मेरा भी विचार है। यदि मैं किसी कारण यह काम न कर सकूं, तो तुम मेरी प्रतिज्ञा पूरी कर दोगे?'

'बड़ी खुशी से। उसे पहचानते हो न?'

'हां, अच्छी तरह।'

'तो अच्छा होगा, यह काम मुझको ही करने दो, तुम्हें शायद उस पर दया आ जाये।'

'बहुत अच्छा; पर यह याद रखों कि वह आदमी बड़ा भाग्यशाली है; कई बार मौत के मुंह से बचकर निकला है। क्या आश्चर्य है कि तुमको भी उस पर दया आ जाये। इसलिए तुम प्रतिज्ञा करो कि उसे ज़रूर जहन्नुम पहुंचाओगे।'

'मैं दुर्गा की शपथ खाकर कहता हूं कि उस आदमी को अवश्य मारूंगा।'

'बस, तो हम दोनों मिल कर कार्य सिद्ध कर लेंगे। तुम अपनी प्रतिज्ञा पर दृढ़ रहोगे न?'

'क्यो? मैं सिपाही नहीं हूं? एक बार जो प्रतिज्ञा की, समझ लो कि वह पूरी करूंगा,

चाहे इसमें अपनी जान ही क्यों न चली जाये।'

'सब अवस्थाओं में?'

'हां, सब अवस्थाओं में।'

'यदि वह तुम्हारा कोई बंधु हो तो?'

पृथ्वीसिंह ने धर्मसिंह को विचारपूर्वक देखकर कहा — कोई बंधु हो तो?

धर्मसिंह — हां, सम्भव है कि तुम्हारा कोई नातेदार हो।

पृथ्वीसिंह — (जोश में) कोई हो, यदि मेरा भाई भी हो, तो भी जीता चुनवा दूं।

धर्मसिंह घोड़े से उतर पड़े। उनका चेहरा उतरा हुआ था और ओंठ कांप रहे थे। उन्होंने कमर से तेगा खोलकर ज़मीन पर रख दिया और पृथ्वीसिंह, को ललकार कर कहा — पृथ्वीसिंह तैयार हो जाओ। वह दुष्ट मिल गया। पृथ्वीसिंह ने चौंककर इधर-उधर देखा तो धर्मसिंह के सिवाय और कोई दिखाई न दिया।

धर्मसिंह — तेगा खींचो।

पृथ्वीसिंह — मैंने उसे नहीं देखा।

धर्मसिंह — वह तुम्हारे सामने खड़ा है। वह दुष्ट कुकर्मी धर्मसिंह ही है।

पृथ्वीसिंह — (घबराकर) ऐं तुम!.... मैं...

धर्मसिंह — राजपूत, अपनी प्रतिज्ञा पूरी करो।

इतना सुनते ही पृथ्वीसिंह ने बिजली की तरह कमर से तेगा खींच लिया और उसे धर्मसिंह के सीने में चुभा दिया। मूठ तक तेगा चुभ गया। खून का फव्वारा वह निकला। धर्मसिंह ज़मीन पर गिरकर धीरे से बोले — पृथ्वीसिंह, मैं तुम्हारा बहुत कृतज्ञ हूं। तुम सच्चे वीर हो। तुमने पुरुष का कर्तव्य पुरूष की भांति पालन किया।

पृथ्वीसिंह यह सुनकर ज़मीन पर बैठ गये और रोने लगे।

5

अब राजनंदिनी सती होने जा रही है। उसने सौलहों श्रृंगार किये हैं और मांग मोतियों से भरवायी है। कलाई में सोहाग का कंगन है, पैरों में महावर लगायी है और लाल चुनरी ओढ़ी है। उसके अंग से सुगधं उड़ रही है, क्योंकि वह आज सती होने जाती है।

राजनंदिनी का चेहरा सूर्य की भांति प्रकाशमय है। उसकी ओर देखने से आंखों में चकाचौंध लग जाती है। प्रेम-मद से उसका रोयां-रोयां मस्त हो गया है, उसकी आंखों से अलौकिक प्रकाश निकल रहा है। वह आज स्वर्ग की देवी जान पड़ती है। उसकी चाल बड़ी मदमाती है। वह अपने प्यारे पति का सिर अपनी गोद में लेती है और उस चिता में बैठ जाती है, जो चंदन, खस आदि से बनायी गयी है।

सारे नगर के लोग यह दृश्य देखने के लिए उमड़े चले आते हैं। बाजे बज रहे हैं, फूलों

की वृष्टि हो रही है। सती चिता पर बैठ चुकी थी कि इतने में कुंवर पृथ्वीसिंह आये और हाथ जोड़कर बोले — महारानी, मेरा अपराध क्षमा करो। सती ने उत्तर दिया — क्षमा नहीं हो सकता। तुमने एक नौजवान राजपूत की जान ली है, तुम भी जवानी में मारे जाओगे। सती के वचन कभी झूठे हुए है? एकाएक चिता में आग लग गयी। जय-जयकार के शब्द गूंजने लगे। सती का मुख आग में यो चमकता था, जैसे सवेरे की ललाई में सूर्य चमकता है। थोड़ी देर में वहां राख के ढेर के सिवा और कुछ न रहा।

इस सती के मन में कैसा सत था! परसों जब उसने व्रजविलासिनी को झिझककर धर्मसिंह के सामने जाते देखा था, उसी समय से उसके दिल में संदेह हो गया था। पर जब रात को उसने देखा कि मेरा पति इसी स्त्री के सामने दुखिया की तरह बैठा हुआ है, जब वह संदेह निश्चय की सीमा तक पहुंच गया और यही निश्चय अपने साथ सत लेता आया था। सवेरे जब धर्मसिंह उठे तब राजनंदिनी ने कहा था कि मैं व्रजविलासिनी के शत्रु का सिर चाहती हूं, तुम्हें लाना होगा। और ऐसा ही हुआ। अपनी सती होने के सब कारण राजनंदिनी ने जान-बूझकर पैदा किये थे, क्योंकि उसके मन में सत था। पाप की आग कैसी तेज़ होती है? एक पाप ने कितनी जाने लीं? राजवंश गयीं। सती का वचन सच हुआ। सत की सप्ताह के भीतर पृथ्वीसिंह दिल्ली में कत्ल किये गये और दुर्गाकुमारी सती हो गयी।

❖❖❖

आभूषण

आभूषणों की निंदा करना हमारा उद्देश्य नहीं है। हम असहयोग का उत्पीड़न सह सकते हैं पर ललनाओं के निर्दय, घातक वाक्य-बाणों को नहीं ओढ़ सकते। तो भी इतना अवश्य कहेंगे कि इस तृष्णा की पूर्ति के लिए जितना त्याग किया जाता है, उसका सदुपयोग करने से महान् पद प्राप्त हो सकता है।

यद्यपि हमने किसी रूप-हीन महिला को आभूषणों की सजावट से रूपवती होते नहीं देखा, तथापि हम यह भी मान लेते हैं कि रूप के लिए आभूषणों की उतनी ही ज़रूरत है, जितनी घर के लिए दीपक की। किन्तु शारीरिक शोभा के लिए हम मन को कितना मलिन, चित्त को कितना अशांत और आत्मा को कितना कलुषित बना लेते हैं? इसका हमें कदाचित ज्ञान ही नहीं होता। इस दीपक की ज्योति में आंखें धुधली हो जाती हैं। यह चमक-दमक कितनी ईर्ष्या, कितने द्वेष, कितनी प्रतिस्पर्धा, कितनी दुश्चिंता और कितनी दुराशा का कारण है; इसकी केवल कल्पना से ही रोंगटे खड़े हो जाते हैं। इन्हें भूषण नहीं, दूषण कहना अधिक उपयुक्त है नहीं तो यह कब हो सकता था कि कोई नववधू पति के घर आने के तीसरे दिन अपने पति से कहती कि 'मेरे पिता ने तुम्हारे पल्ले बांधकर मुझे तो कुएं में ढकेल दिया।' शीतला आज अपने गांव के ताल्कुदार कुंवर सुरेशसिंह की नवविवाहित वधू को देखने गयी थी। उसके सामने ही वह मंत्रमुग्ध-सी हो गयी। बहू के रूप-लावण्य पर नहीं उसके आभूषणों की जगमगाहट पर उसकी टकटकी लगी रही। और वह जब से लौटकर घर आयी, उसकी छाती पर सांप लोटता रहा। अंत को ज्यों ही उसका पति आया, वह उस पर बरस पड़ी और दिल में भरा हुआ गुबार पूर्वोक्त शब्दों में निकल पड़ा। शीतला के पति का नाम विमलसिंह था। उनके पुरखे किसी ज़माने में इलाकेदार थे। इस गांव पर भी उन्हीं का सोलहों आने अधिकार था। लेकिन अब इस घर की दशा हीन हो गयी। सुरेशसिंह के पिता ज़मीदारों के काम में दक्ष थे। विमलसिंह का सब इलाका किसी-न-किसी प्रकार से उनके हाथ आ गया। विमल के पास सवारी का टट्टू भी न था, उसे दिन में दो बार भोजन भी मुश्किल से मिलता था। उधर सुरेश के पास हाथी, मोटर और कई घोड़े थे, दस-पांच बाहर के आदमी नित्य द्वार पर पड़े रहते थे। पर इतनी

विषमता होने पर भी दोनों में भाईचारा निभाथा जाता था। शादी-ब्याह में, मुंडन-छेदन में परस्पर आना-जाना होता रहता था। सुरेश विद्या-प्रेमी थे। हिन्दुस्तान में ऊंची शिक्षा समाप्त करके वह यूरोप चले गये और सब लोगों की शंकाओं के विपरीत, वहां से आर्य-सभ्यता के परम भक्त बनकर लौटे। वहां के जड़वाद, कृत्रिम भोगलिप्सा और अमानुषिक मदांधता ने उनकी आंखें खोल दी थीं। पहले वह घरवालों के बहुत ज़ोर देने पर भी विवाह करने को राजी नहीं हुए थे। लड़की से पूर्व-परिचय हुए बिना प्रणय नहीं कर सकते थे। पर यूरोप से लौटने पर उनके वैवाहिक विचारों में बहुत बड़ा परिवर्तन हो गया। उन्होंने उसी पहले की कन्या से, बिना उसके आचार-विचार जाते हुए, विवाह कर लिया। अब वह विवाह को प्रेम का बंधन नहीं, धर्म का बंधन समझते थे। उसी सौभाग्यवती वधू को देखने के लिए आज शीतला, अपनी सास के साथ, सुरेश के घर गयी। उसी के आभूषणों की छटा देखकर वह मर्माहत-सी हो गयी है। विमल ने व्यथित होकर कहा — तो माता-पिता से कहा होता, सुरेश से ब्याह कर देते। वह तुम्हें गहनों से लाद सकते थे।

शीतला — तो गाली क्यों देते हो?

विमल — गाली नहीं देता, बात कहता हूं। तुम जैसी सुन्दरी को उन्होंने नाहक मेरे साथ ब्याहा।

शीतला — लजाते तो हो नहीं, उलटे और ताने देते हो।

विमल — भाग्य मेरे वश में नहीं है। इतना पढ़ा भी नहीं हूं कि कोई बड़ी नौकरी करके रूपये कमाऊं।

शीतला — यह क्यों नहीं कहते कि प्रेम ही नहीं है। प्रेम हो, तो कंचन बरसने लगे।

विमल — तुम्हें गहनों से बहुत प्रेम है?

शीतला — सभी को होता है। मुझे भी है।

विमल — अपने को अभागिनी समझती हो?

शीतला — हूं ही, समझना कैसा? नहीं तो क्या दूसरे को देखकर तरसना पड़ता?

विमल — गहने बनवा दूं तो अपने को भाग्यवती समझने लगोगी?

शीतला — (चिढ़कर) तुम तो इस तरह पूछ रहे हो, जैसे सुनार दरवाज़े पर बैठा है।

विमल — नहीं, सच कहता हूं, बनवा दूंगा। हां कुछ दिन सब्र करना पड़ेगा।

2

समर्थ पुरुषों को बात लग जाती है, तो प्राण ले लेते हैं। सामर्थहीन पुरुष अपनी ही जान पर खेल जाता है। विमलसिंह ने घर से निकल जाने की ठानी। निश्चय किया, या तो इसे गहनों से ही लाद दूंगा या वैधव्य-शोक से। या तो आभूषण ही पहनेगी या सिंदूर को भी तरसेगी।

दिनभर वह चिंता में डूबा पड़ा रहा। शीतला को उसने प्रेम से संतुष्ट करना चाहा था। आज अनुभव हुआ कि नारी का हृदय प्रेमपाश से नहीं बंधता, कंचन के पाश से ही बंध सकता है। पहर रात जाते-जाते वह घर से चल खड़ा हुआ। पीछे फिरकर भी न देखा। ज्ञान से जागे हुए विराग में चाहे मोह का संस्कार हो, पर नैराश्य से जागा हुआ विराग अचल होता है। प्रकाश में इधर की वस्तुओं को देखकर मन विचलित हो सकता है पर अंधकार में किसका साहस है, जो लीक से जौ भर भी हट सके।

विमल के पास विद्या न थी, कला-कौशल भी न था। उसे केवल अपने कठिन परिश्रम और कठिन आत्म-त्याग ही का आधार था। वह पहले कलकत्ते गया। वहां कुछ दिन तक एक सेठ की अगवानी करता रहा। वहां जो सुन पाया कि रंगून में मजदूरी अच्छी मिलती है, तो रंगून जा पहुंचा और बंदर पर माल चढ़ाने-उतारने का काम करने लगा।

कुछ तो कठिन श्रम, कुछ खाने-पीने का असंयंम और कुछ जलवायु की खराबी के कारण वह बीमार हो गया। शरीर दुबर्ल हो गया, मुख की कांति जाती रही; फिर भी उससे ज्यादा मेहनती मजदूर बंदर पर दूसरा न था और मज़दूर मज़दूर थे, पर यह मज़दूर तपस्वी था। मन में जो कुछ ठान लिया था, उसे पूरा करना ही उसके जीवन का एकमात्र उद्देश्य था।

उसने घर को अपना कोई समाचार न भेजा। अपने मन में तर्क किया, घर में कौन मेरा हित है? गहनों के सामने मुझे कौन पूछता है? उसकी बुद्धि यह रहस्य समझने में असमर्थ थी कि आभूषणों की लालसा रहने पर भी प्रणय का पालन किया जा सकता है। और मजदूर प्रातःकाल सेरों मिठाई खाकर जलपान करते थे। दिन भर दम-दम भर पर गांजे, और तमाखू के दम लगाते थे। अवकाश पाते, तो बाज़ार की सैर करते थे। कितनों ही को शराब का भी शौक था। पैसों के बदले रूपये कमाते थे, तो पैसों की जगह रुपये खर्च भी कर डालते थे। किसी की देह पर साबूत कपड़े तक न थे; पर विमल उन गिनती के दो-चार मज़दूरों में था, जो संयम से रहते थे, जिनके जीवन का उद्देश्य खा-पीकर मर जाने के सिवा कुछ और भी था। थोड़े ही दिनों में उसके पास थोड़ी-सी संपति हो गयीं। धन के साथ और मज़दूरों पर दबाव भी बढ़ने लगा। यह प्रायः सभी जानते थे कि विमल जाति का कुलीन ठाकुर है। सब ठाकुर ही कहकर उसे पुकारते थे। संयम और आचार सम्मान-सिद्धि के मंत्र हैं। विमल मज़दूरों का नेता और महाजन हो गया।

विमल को रंगून में काम करके तीन वर्ष हो चुके थे। संध्या हो गयी थी। वह कई मज़दूरों के साथ समुद्र के किनारे बैठा बातें कर रहा था।

एक मज़दूर ने कहा — यहां की सभी स्त्रियां निष्ठुर होती हैं। बेचार झींगुर 10 बरस से उसी बर्मी स्त्री के साथ रहता था। कोई अपनी ब्याही जौरू से भी इतना प्रेम न करता होगा। उस पर इतना विश्वास करता था कि जो कुछ कमाता, सो उसके हाथ में रख देता। तीन लड़के थे। अभी कल तक दोनों साथ-साथ खाकर लेटे थे। न कोई लड़ाई, न बात, न चीत। रात को औरत न जाने कहां चली गयी। लड़कों को छोड़ गयी। बेचारा झींगुर रो रहा है। सबसे बड़ी मुश्किल तो छोटे बच्चे की है। अभी कुल छह महीने का है। कैसे जियेगा। भगवान ही जानें।

विमलसिंह ने गंभीर भाव से कहा — गहने बनवाता था कि नहीं?

मज़दूर — रुपये-पैसे तो औरत ही के हाथ में थे। गहने बनवाती, उसका हाथ कौन पकड़ता?

दूसरे मज़दूर ने कहा — गहनों से लदी हुई थी। जिधर से निकल जाती थी, छम-छम की आवाज़ से कान भर जाते थे।

विमल — जब गहने बनवाने पर निठुराई की, तो यही कहना पड़ेगा कि यह जाति ही बेवफ़ा होती है।

इतने में एक आदमी आकर विमलसिंह से बोला — चौधरी, अभी मुझे एक सिपाही मिला था। वह तुम्हारा नाम, गांव और बाप का नाम पूछ रहा था। कोई बाबू सुरेश सिंह हैं।

विमल ने सशंक होकर कहा — हां, हैं तो। मेरे गांव के इलाक़ेदार और बिरादरी के भाई है।

आदमी — उन्होंने थाने में कोई नोटिस छपवाया है कि जो विमलसिंह का पता लगावेगा उसे 1,000 रुपये का इनाम मिलेगा।

विमल — तो तुमने सिपाही को सब ठीक-ठाक बता दिया?

आदमी — चौधरी, मैं कोई गंवार हूं क्या? समझ गया कुछ दाल मे काला है; नहीं तो कोई इतने रुपये क्यों खर्च करता। मैंने कह दिया कि उनका नाम विमलसिंह नहीं जसोदा पांडे है। बाप का नाम सुक्खू राम बताया और घर ज़िला झांसी में। पूछ्ने लगा, यहां कितने दिन से रहता है? मैंने कहा, कोई दस साल से। तब कुछ सोचकर चला गया। सुरेश बाबू से तुमसे कोई अदावत है क्या चौधरी?

अदावत तो नहीं थी, मगर कौन जाने, उनकी नियत बिगड़ गयी हो। मुझ पर कोई अपराध लगाकर मेरी जगह-ज़मीन पर हाथ बढ़ाना चाहते हों। तुमने बड़ा अच्छा किया कि सिपाही को उड़नझांई बताई।

आदमी मुझसे कहता था कि ठीक-ठाक बता दो, तो 50 रुपये तुम्हें भी दिला दूं। मैंने सोचा — आप तो हज़ार की गठरी मारेगा और मुझे 50 रुपये दिलाने को कहता है। फटकार बता दी।

एक मज़दूर — मगर जो 200 रुपये देने को कहता, तो तुम सब ठीक-ठाक नाम-ठिकाना बता देते? क्यों? धत् तेरे लालची की!

आदमी — (लज्जित होकर) 200 रुपये नहीं 2,000 रुपये भी देता, तो न बताता। मुझे ऐसा विश्वासघात करने वाला मत समझो। जब जी चाहे, परख लो।

मज़दूरों में यों वाद-विवाद होता ही रहा, विमल आकर अपनी कोठरी में लेट गया। वह सोचने लगा — अब क्या करूं? जब सुरेश जैसे सज्जन की नयत बदल गयी, तो अब किसका भरोसा करूं! नहीं, अब बिना घर गये काम नहीं चलेगा। कुछ दिन और न गया, तो फिर कहीं का न रहूंगा। दो साल और रह जाता, तो पास में पूरे 5,000 रुपये हो जाते। शीतला की इच्छा कुछ पूरी हो जाती। अभी सब मिलाकर 3,000 रुपये ही होंगे। इतने में उसकी

अभिलाषा न पूरी होगी। खैर अभी चलूं, छह महीने में रहने को क्या है? आने आने में एक महीना लग जायेगा। घर में 15 दिन से ज्यादा न रहूंगा। वहां कौन पूछता है, आऊं या रहूं, मरूं या जिऊं, वहां तो गहनों से प्रेम है।

इस तरह मन में निश्चय करके वह दूसरे दिन रंगून से चल पड़ा।

संसार कहता है कि गुण के सामने रूप की कोई हस्ती नहीं। हमारे नीति शास्त्र के आचार्यों का भी यही कथन है; पर वास्तव में यह कितना भ्रममूलक है! कुंवर सुरेशसिंह की नव-वधू मंगलाकुमारी गृह-कार्य में निपुण, पति के इशारे पर प्राण देनेवाली, अत्यंत विचारशीला, मधुर-भाषिणी और धर्म-भीरु स्त्री थी; पर सौंदर्य-विहीन होने के कारण पति की आंखों में कांटे के समान खटकती थी। सुरेश सिंह बात-बात पर उस पर झुंझलाते, पर घड़ी भर में पश्चात्ताप के वशीभूत होकर उससे क्षमा मांगते; किंतु दूसरे ही दिन वही कुत्सित व्यापार शुरू हो जाता। विपत्ति यह थी कि उनके आचरण अन्य रईसों की भांति भ्रष्ट न थे। वह दम्पत्ति-जीवन ही में आनन्द, सुख, शांति, विश्वास, प्रायः सभी ऐहिक और परमार्थिक उद्देश्य पूरा करना चाहते थे। और दाम्पत्य सुख से वंचति होकर उन्हें अपना समस्त जीवन नीरस, स्वादहीन और कुंठित जान पड़ता था। फल यह हुआ कि मंगला को अपने ऊपर विश्वास न रहा। वह अपने मन से कोई काम करते हुए डरती कि स्वामी नाराज होंगे। स्वामी को खुश रखने के लिए अपनी भूलों को छिपाती, बहाने करती, झूठ बोलती। नौकरों को अपराध लगाकर आत्म-रक्षा करना चाहती। पति को प्रसन्न रखने के लिए उसने अपने गुणों की, अपनी आत्मा को अवेहला की; पर उठने के बदले वह पति की नज़रों से गिरती ही गयी। वह नित्य नये श्रृंगार करती, पर लक्ष्य से दूर होती जाती थी। पति की एक मधुर मुस्कान के लिए, उनके अधरों के एक मीठे शब्द के लिए उसका प्यासा हृदय तड़प-तड़पकर रह जाता था। लावण्य-विहीन स्त्री वह भिक्षुक नहीं, जो चंगुल भर आटे से संतुष्ट हो जाये। वह भी पति का सम्पूर्ण, अखंड प्रेम चाहती है, और कदाचित सुन्दरियों से अधिक, क्योंकि वह इसके लिए असाधारण प्रयत्न और अनुष्ठान करती है। मंगला इस प्रयत्न में निष्फल होकर और संतप्त होती थी।

धीरे-धीरे पति से उसकी श्रद्धा उठने लगी। उसने तर्क किया कि ऐसे क्रूर, हृदय-शून्य, कल्पना-हीन मनुष्य से भी उसी का-सा व्यवहार करूंगी। जो पुरुष का भक्त है, वह प्रेम-भक्ति के योग्य नहीं। इस प्रत्याघात ने समस्या और भी जटिल कर दी।

मगर मंगला को केवल अपनी रूप-हीनता ही का रोना न था। शीतला का अनुपम-रूप लालित्य भी उनकी कामनाओं की बाधक था; बल्कि यह उसकी आशालताओं पर पड़ने वाला तुषार था। मंगला सुन्दरी न सही, पर पति पर जान देती थी। जो अपने को चाहे, उससे हम विमुख नहीं हो सकते। प्रेम की शक्ति अपार है; पर शीतला की मूर्ति सुरेश के हृदय-द्वार पर बैठी हुई मंगला को अन्दर न जाने देती थीं, चाहे वह कितना ही वेष बदलकर आवे। सुरेश इस मूर्ति को हटाने की चेष्टा करते थे, उसे बलात् निकाल देना चाहते थे; किन्तु सौंदर्य का आधिपत्य धन के आधिपत्य से कम दुर्निवार नहीं होता। जिस दिन शीतला इस घर में मंगला का मुख देखने आयी थी उसी दिन सुरेश की आंखों ने उसकी मनोहर छवि की झलक देख

ली थी। वह एक झलक मानो एक क्षणिक क्रिया थी, जिसने एक ही घाव में समस्त हृदय राज्य को जीत लिया, उस पर अपना आधिपत्य ज़मा लिया।

सुरेश एकांत में बैठे हुए शीतला के चित्र को मंगला से मिलाते। यह निश्चय करने के लिए उनमें क्या अंतर है? एक क्यों मन को खींचती है, दूसरी क्यों उसे हटाती है? पर उसके मन का यह खिंचाव केवल एक चित्रकार या कवि का रसास्वादन-मात्र था। वह पवित्र और वासनाओं से रहित था। वह मूर्ति केवल उनके मनोरंजन की सामग्री-मात्र थी। वह अपने मन को बहुत समझाते, संकल्प करते कि अब मंगला को प्रसन्न रखूंगा। यदि वह सुन्दर नहीं है, तो उसका क्या दोष? पर उनका यह सब प्रयास मंगला के सम्मुख जाते ही विफल हो जाता था। वह बड़ी सूक्ष्म दृष्टि से मंगला के मन में बदलते हुए भावों को देखते थे, पर एक पक्षघात-पीड़ित मनुष्य की भांति घी के घड़े को लुढ़कते देखकर भी रोकने का कोई उपाय न होता था। पर जब मंगला ने अन्त को बात-बात में उनकी तीव्र आलोचना करना शुरू कर दिया, वह उनसे उच्छृंखलता का व्यवहार करने लगी, तो उससे प्रति उसका वह उतना सौहार्द्र भी विलुप्त हो गया; घर में आना-जाना छोड़ दिया।

एक दिन संध्या के समय बड़ी गर्मी थी। पंखा झलने से आग और भी दहकती थी।कोई सैर करने बगीचों में भी न जाता था। पसीने की भांति शरीर से सारी स्फूर्ति बह गयी थी। जो जहां था, वहीं मुर्दा-सा पड़ा था। आग से सेंके हुए मृदंग की भांति लोगों के स्वर कर्कश हो गये थे। साधारण बातचीत में भी लोग उत्तेजित हो जाते थे, फिर साधारण संघर्ष से वन के वृक्ष जल उठते हैं। सुरेशसिंह कभी चार कदम टहलते थे, फिर हांफकर बैठ जाते थे। नौकरों पर झुंझला रहे थे कि जल्द-जल्द छिड़काव क्यों नहीं करते। सहसा उन्हें अन्दर से गाने की आवाज़ सुनायी दी। चौंके, फिर क्रोध आया। मधुर गान कानों को अप्रिय जान पड़ा। यह क्या बेवक्त की शहनाई है! यहां गरमी के मारे दम निकल रहा है और इन सबको गाने की सूझी है! मंगला ने बुलाया होगा, और क्या। लोग नाहक कहते हैं कि स्त्रियों के जीवन का आधार प्रेम है। उनके जीवन का आधार वहीं भोजन-निद्रा, राग-रंग, आमोद-प्रमोद है, जो समस्त प्राणियों का है। घंटे भर तो सुन चुका। यह गीत कभी बंद भी होगा या नहीं। सब व्यर्थ में गला फाड़-फाड़कर चिल्ला रही है।

अंत को न रहा गया। जनानखाने में आकर बोले — यह तुम लोगों ने क्या कांव-कांव मचा रखी है? यह गाने-बजाने का कौन-सा समय है? बाहर बैठना मुश्किल हो गया!

सन्नाटा छा गया। जैसे शोर-गुल मचाने वाले बालकों में मास्टर पहुंच जाए। सभी ने सिर झुका लिये और सिमट गयीं।

मंगला तुरन्त उठकर सामने वाले कमरे में चली गयी। पति को बुलाया और आहिस्ते से बोली — क्यों इतना बिगड़ रहे हो?

'मैं इस वक्त गाना नहीं सुनना चाहता।'

'तुम्हें सुनाता ही कौन है? क्या मेरे कानों पर भी तुम्हारा अधिकार है?'

'फजूल की बमचख...'

'तुमसे मतलब ?'

'मैं अपने घर में यह कोलाहल न मचने दूंगा ?'

'तो मेरा घर कहीं और है ?'

सुरेशसिंह इसका उत्तर न देकर बोले — इन सबसे कह दो, फिर किसी वक़्त आयें।

मंगला — इसलिए कि तुम्हें इनका आना अच्छा नहीं लगता ?

'हां, इसीलिए।'

'तुम क्या सदा वहीं करते हो, जो मुझे अच्छा लगे ? तुम्हारे यहां मित्र आते हैं, हंसी-ठट्ठे की आवाज़ अंदर सुनायी देती है। मैं कभी नहीं कहती कि इन लोगों का आना बन्द कर दो। तुम मेरे कामों में दखलंदाजी क्यों करते हो ?'

सुरेश ने तेज होकर कहा — इसलिए कि मैं घर का स्वामी हूं।

मंगला — तुम बाहर के स्वामी हो; यहां मेरा अधिकार है।

सुरेश — क्यों व्यर्थ की बक-बक करती हो ? मुझे चिढ़ाने से क्या मिलेगा ?

मंगला ज़रा देर चुपचाप खड़ी रही। वह पति के मनोगत भावों की मीमांसा कर रही थी। फिर बोली — अच्छी बात है। जब इस घर में मेरा कोई अधिकार नहीं, तो न रहूंगी। अब तक भ्रम में थी। आज तुमने वह भ्रम मिटा दिया। मेरा इस घर पर अधिकार कभी नहीं था। जिस स्त्री का पति के हृदय पर अधिकार नहीं, उसका उसकी सम्पत्ति पर भी कोई अधिकार नहीं हो सकता।

सुरेश ने लज्जित होकर कहा — बात का बतंगड़ क्यों बनाती हो! मेरा यह मतलब न था। कुछ-का-कुछ समझ गयीं।

मंगला — मन की बात आदमी के मुंह से अनायास ही निकल जाती है। सावधान होकर हम अपने भावों को छिपा लेते हैं!

सुरेश को अपनी असज्जनता पर दुःख तो हुआ, पर इस भय से कि मैं इसे जितना ही मनाऊंगा, उतना ही यह और जली-कटी सुनायेगी, उसे वहीं छोड़कर बाहर चले आए।

प्रातःकाल ठंडी हवा चल रही थी। सुरेश खुमारी में पड़े हुए स्वप्न देख रहे थे कि मंगला सामने से चली जा रही है। चौंक पड़े। देखा, द्वार पर सचमुच मंगला खड़ी है। घर की नौकरानियां आंचल से आंखे पोंछ रही हैं। कई नौकर आस-पास खड़े हैं। सभी की आंखें सजल और मुख उदास है। मानों बहू विदा हो रही है।

सुरेश समझ गया कि मंगला को कल की बात लग गयी। पर उन्होंने उठकर कुछ पूछने की, मनाने की चेष्टा नहीं की। यह मेरा अपमान कर रही है, मेरा सिर नीचा कर रही है। जहां चाहे, जाय। मुझसे कोई मतलब नहीं, यों बिना कुछ पूछे-गाछे चले जाने का अर्थ यह है कि मैं इसका कोई नहीं। फिर मै इसे रोकने वाला कौन!

वह यों जड़वत् पड़े रहे और मंगला चली गयी। उनकी तरफ मुंह उठाकर भी न ताका।

3

मंगला पांव-पैदल चली जा रही थी। एक बड़े ताल्लुकेदार की औरत के लिए यह मामूली बात न थी। हर किसी को हिम्मत न पड़ती थी कि उससे कुछ कहे। पुरुष उसकी राह छोड़कर किनारे खड़े हो जाते थे। नारियां द्वार पर खड़ी करुण-कौतूहल से देखती थीं और आंखों से कहती थी — हा निर्दयी पुरुष! इतना भी न हो सकता है कि एक डोला पर तो बैठा देता!

इस गांव से निकलकर उस गांव में पहुंची, जहां शीतला रहती थी। शीतला सुनते ही द्वार पर आकर खड़ी हो गयी और मंगला से बोली — बहन, ज़रा आकर दम ले लो।

मंगला ने अन्दर जाकर देखा तो मकान जगह-जगह से गिरा हुआ था। दालान में एक वृद्धा खाट पर पड़ी थी। चारों और दरिद्रता के चिन्ह दिखाई देते थे।

शीतला ने पूछा — यह क्या हुआ?

मंगला — जो भाग्य में लिखा था।

शीतला — कुंवरजी ने कुछ कहा-सुना था।

मंगला — मुंह से कुछ न कहने पर भी तो मन की बात छिपी नहीं रहती।

शीतला — अरे, तो क्या अब यहां तक नौबत आ गयी?

दुःख की अन्तिम दशा संकोचनीय होती है। मंगला ने कहा — चाहती, तो अब भी पड़ी रहती। उसी घर में जीवन कट जाता। पर जहा प्रेम नहीं, पूछ नहीं, मान नहीं, वहां अब नहीं रह सकती।

शीतल — तुम्हारा मैका कहां है?

मंगला — मैके कौन मुंह लेकर जाऊंगी?

शीतला — तब कहां जाओगी?

मंगला — ईश्वर के दरबार में। पूछूंगी कि तुमने मुझे सुन्दरता क्यों नहीं दी? बदसूरत क्यों बनाया? बहन, स्त्री के लिए इससे अधिक दुर्भाग्य की बात नहीं कि वह रूप-हीन हो। शायद पहले जन्म की पिशाचिनियां ही बदसूरत औरतें होती है रूप से प्रेम मिलता है और प्रेम से दुर्लभ कोई वस्तु नहीं है।

यह कह कर मंगला उठ खड़ी हुई। शीतला ने उसे रोका नहीं। सोचा — इसे क्या खिलाऊंगी। आज तो चूल्हा जलने की भी आशा नहीं।

उसके जाने के बाद वह देर तक बैठी सोचती रही, मैं कैसी अभागिन हूं। जिस प्रेम को न पाकर यह बेचारी जीवन को त्याग रही है, उसी प्रेम को मैंने पांव से ठुकरा दिया है। इसे जेवर की क्या कमी थी? क्या ये सारे जड़ाऊ जेवर इसे सुखी रख सके? इसने उन्हें पांव से ठुकरा दिया। उन्हीं आभूषणों के लिए मैंने अपना सर्वस्व खो दिया। हां! न जाने वह (विमलसिंह) कहां है, किस दशा में हैं!

अपनी लालसा को, तृष्णा को वह कितनी ही बार धिक्कार चुकी थी। शीतला की दशा देखकर आज उसे आभूषणों से घृणा हो गयी।

विमल को घर छोड़े, दो साल हो गये थे। शीतला को अब उनके बारे में भांति-भांति की शंकाएं होने लगी थीं। आठों पहर उसने चित्त में ग्लानि और क्षोभ की आग सुलगा करती थी।

देहात के छोटे-मोटे ज़मीदारों का काम डांट-डपट, छीन झपट ही से चला करता है। विमल की खेती बेगार में होती थी। उसके जाने के बाद सारे खेत परती रह गये। कोई जोतने वाला न मिला। इस ख्याल से साझे पर भी किसी ने न जोता कि बीच में कहीं विमलसिंह आ गये, तो साझेदार को अंगूठा दिखा देंगे। असामियों ने लगान न दिया। शीतला ने महाजन से रुपये उधार लेकर काम चलाया। दूसरे वर्ष भी कैफ़ियत रही। अब की महाजन ने रुपए नहीं दिये। शीतला के गहनों के सिर गयी। दूसरा साल समाप्त होते-होते घर की सब लेई-पूंजी निकल गयी। फाके होने लगे। बूढ़ी सास, छोटा देवर, ननद और आप चार प्राणियों का खर्च था। नात-हित भी आते ही रहते थे। उस पर यह और मुसीबत हुई कि मैके में एक फ़ौजीदारी हो गयी। पिता और बड़े भाई उसमें फंस गये। दो छोटे भाई, एक बहन और माता चार प्राणी और सर पर आ डटे। गाड़ी पहले मुश्किल से चलती थी, अब ज़मीन में धंस गयी।

प्रातःकाल से कलह आरम्भ हो जाता। समधिन समधिन से, साले बहनोई से गुथ जाते। कभी तो अन्न के अभाव से भोजन ही न बनता; कभी भोजन बनने पर भी गाली-गलौज के कारण खाने की नौबत न आती। लड़के, दूसरों के खेतों में जाकर गन्ने और मटर खाते; बुढ़िया दूसरों के घर जाकर अपना दुखड़ा रोती और ठाकुर-सोहाती कहतीं, पुरुष की अनुपस्थिति में स्त्री के मैकेवालों का प्राधान्य हो जाता है। इस संग्राम में प्रायः विजय-पताका मैकेवालों ही के हाथ में रहती है। किसी भांति घर में अनाज आ जाता, तो उसे पीसे कौन? शीतला की मां कहती, चार दिन के आयी हूं, तो क्या चक्की चलाऊं? खाने की बेर तो बिल्ली की तरह लपकेंगी, पीसते क्यों जान निकलती है? विवश होकर शीतला को अकेले पीसना पड़ता। भोजन के समय वह महाभारत मचता कि पड़ोस वाले तंग आ जाते। शीतल कभी मां के पैरों पड़ती, कभी सास के चरण पकड़ती, लेकिन दोनों ही उसे झिड़क देतीं। मां कहती, तूने यहां बुलाकर हमारा पानी उतार लिया। सास कहती, मेरी छाती पर सौत लाकर बैठा दी, अब बातें बनाती है? इस घोर विवाद में शीतला अपना विरह शोक भूल गयी। सारी अमंगल शंकाए इस विरोधग्नि में शांत हो गयी। बस, अब यही चिंता थी कि इस दशा से छुटकारा कैसे हो? मां और सास, दोनों ही का यमराज के सिवा और कोई ठिकाना न था; पर यमराज उनका स्वागत करने के लिए बहुत उत्सुक नहीं जान पड़ते थे। सैकड़ों उपाय सोचती; पर उसे पथिक की भांति, जो दिन भर चलकर भी अपने द्वार ही पर खड़ा हो। उसकी सोचने की शक्ति निश्चल हो गयी थी। चारों तरफ़ निग़ाहें दौड़ाती कि कहीं कोई शरण का स्थान है? पर कहीं निग़ाह न जमती।

एक दिन वह इसी नैराश्य की अवस्था में द्वार पर खड़ी थी। मुसीबत में, चित्त की उद्विग्नता को सामने से घोड़े पर जाते देखा। उनकी आंखें उसकी ओर फिरी। आंखें मिल गयी।

वह झिझककर पीछे हट गयी। किवाड़े बन्द कर लिये। कुंवर साहब आगे बढ़ गये। शीतला को खेद हुआ कि उन्होंने मुझे देख लिया। मेरे सिर पर साड़ी फटी हुई थी, चारों तरफ़ उसमें पैबन्द लगे हुए थे। वह अपने मन में न जाने क्या कहते होगें?

कुंवर साहब को गांव वालों से विमलसिंह के परिवार के कष्टों की खबर मिली थी। वह गुप्त रूप से उनकी कुछ सहायता करना चाहते थे। पर शीतला को देखते ही संकोच ने उन्हें ऐसा दबाया कि द्वार पर एक क्षण भी न रुक सके। मंगला के गृह-त्याग के तीन महीनें पीछे आज वह पहली बार घर से निकले थे। मारे शर्म के बाहर बैठना छोड़ दिया था।

इसमें संदेह नहीं कि कुंवर साहब मन में शीतला के रूप-रस का आस्वादन करते थे। मंगला के जाने के बाद उनके हृदय में विचित्र दुष्कामना जाग उठी। क्या किसी उपाय से यह सुन्दरी मेरी नहीं हो सकती? विमल का मुद्दत से पता नहीं। बहुत सम्भव है कि वह अब संसार में न हो। किन्तु वह इस दुष्कल्पना को विचार से दबाते रहते थे। शीतला की विपत्ति की कथा सुनकर भी वह उसकी सहायता करते हुए डरते थे। कौन जाने, वासना यही वेष रखकर मेरे विचार और विवेक पर कुठारघात करना चाहती हो। अन्त में लालसा की कपट-लीला उन्हें भुलावा दे ही गयी। वह शीतला के घर उसका हालचाल पूछने गये। मन में तर्क किया — यह कितना घोर अन्याय है कि एक अबला ऐसे संकट में हो और मैं उसकी बात भी न पूछूं? पर वहां से लौटे, तो बुद्धि और विवेक की रस्सियां टूट गयी थी और नौका मोह-वासना के अपार सागर में डुबकियां खा रही थी। आह! यह मनोहर छवि! यह अनुपम सौन्दर्य!

एक क्षण में उन्मत्तों की भांति बकने लगे। यह प्राण और यह शरीर तेरी भेंट करता हूं। संसार हंसेगा, हंसे। महापाप है, हो। कोई चिंता नहीं। इस स्वर्गीय आनन्द से मैं अपने को वंचित नहीं कर सकता? वह मुझसे भाग नहीं सकती? इस हृदय को छाती से निकालकर उसके पैरों पर रख दूंगा। विमल मर गया। नहीं मरा, तो अब मरेगा, पाप क्या है? बात नहीं। कमल कितना कोमल, कितना प्रफुल्ल, कितना ललित है? क्या उसके अधरों...

अकस्मात् वह ठिठक गये, जैसे कोई भूली हुई बात याद आ जाये। मनुष्य में बुद्धि के अन्तर्गत एक अज्ञात बुद्धि होती है। जैसे रणक्षेत्र में हिम्मत हारकर भागने वाले सैनिकों को किसी गुप्त स्थान से आने वाली कुमक संभाल लेती है, वैसी ही इस अज्ञात बुद्धि ने सुरेश को सचेत कर दिया। वह संभल गये। ग्लानि से उनकी आंखें भर आयी। वह कई मिनट तक किसी दंडित क़ैदी की भांति क्षुब्ध खड़े सोचते रहे। फिर विजय-ध्वनि से कह उठे — कितना सरल है। इस विकार के हाथी को सिंह से नहीं, चिंउटी से मारूंगा। शीतला की एक बार 'बहन' कह देने से ही यह सब विकार शांत हो जायेगा। शीतला बहन! मैं तेरा भाई हूं!

उसी क्षण उन्होंने शीतला को पत्र लिखा — बहन, तुमने इतने कष्ट झेले पर मुझे खबर तक न दी! मैं कोई ग़ैर न था। मुझे दुःख है। खैर, अब ईश्वर ने चाहा, तो तुम्हें कष्ट न होगा। इस पत्र के साथ उन्होंने अनाज और रुपये भेजे।

शीतला ने उत्तर दिया — भैया, क्षमा करो। जब तक जिऊंगी, तुम्हारा यश गाऊंगी। तुमने मेरी डूबती नाव पार लगा दी।

4

कई महीने बीत गये। संध्या का समय था। शीतला अपनी मैना को चारा चुगा रही थी।

शीतला ने पूछा — कहां से आते हो भैया?

सुरेश — गया था ज़रा थाने। कुछ पता नहीं चला। रंगून में पहले कुछ पता मिला था। बाद में मालूम हुआ कि वह कोई और आदमी है। क्या करूं? इनाम और बढ़ा दूं?

शीतला — तुम्हारे पास रुपये बढ़े हैं; फूंकों। उनकी इच्छा होगी, तो आप ही आवेंगे।

सुरेश — एक बात पूछूं, बताओगी? किस बात पर तुमसे रूठे थे?

शीतला — कुछ नहीं, मैंने यही कहा कि मुझे गहने बनवा दो। कहने लगे, मेरे पास है क्या? मैंने कहा (लजाकर), तो ब्याह क्यों किया? बस, बातों-ही-बातों में तकरार हो गयी।

इतने में शीतला की सास आ गयी। सुरेश ने शीतला की मां और भाइयों को उनके घर पहुंचा दिया था, इसलिए अब यहां शांति थी। सास ने बहू की बात सुनी ली थी। कर्कश स्वर से बोली — बेटा तुमसे क्या परदा है। यह महारानी देखने ही को गुलाब का फूल हैं, अंदर सब कांटे हैं। यह अपने बनाव-सिंगार के आगे विमल की बात ही न पूछती थी। बेचारा इस पर जान देता था; पर इसका मुंह ही न सीधा होता था। प्रेम तो इसे छू नहीं गया। अंत को उसे देश से निकालकर इसने दम लिया।

शीतला ने रुष्ट होकर कहा — क्या वहीं अनोखे धन कमाने घर से निकले हैं? देश-विदेश जाना मरदों का काम ही है।

सुरेश — यूरोप में तो धनभोग के सिवा स्त्री-पुरुष में कोई संबंध ही नहीं होता। बहन ने यूरोप में जन्म लिया होता, तो हीरे-जवाहिर से जगमगाती होती। शीतला, अब तुम ईश्वर से यही कहना कि सुन्दरता देते हो, तो यूरोप में जन्म दो।

शीतला ने व्यथित होकर कहा — जिनके भाग्य में लिखा है, वे यहीं सोने से लदी हुई हैं। मेरी भांति के करम थोड़े ही फुट गये हैं!

सुरेशसिंह को ऐसा जान पड़ा कि शीतला की मुखकांति मलिन हो गयी है। पतिवियोग में भी गहनों के लिए इतनी लालायित है! बोले — अच्छा, मैं तुम्हें गहने बनवा दूंगा।

यह वाक्य कुछ अपमानजनक स्वर में कहा गया था; पर शीतला की आंखें आनंद से सजल हो आयी, कंठ गद्‌गद्‌ हो गया। उसके हृदय-नेत्रों के सामने मंगला के रत्न-जटित आभूषों का चित्र खिंच गया। उसने कृतज्ञतापूर्ण दृष्टि से सुरेश को देखा। मुंह से कुछ न बोली; पर उसका प्रत्येक अंग कह रहा था — मैं तुम्हारी हूँ!

5

कोयल आम की डालियों पर बैठ कर, मछली शीतल निर्मल जल में क्रीड़ा करके और मृग-शावक विस्तृत हरियालियों में छलांगे भरकर इतने प्रसन्न नहीं होते, जितना मंगला के आभूषणों को पहन कर शीतला प्रसन्न हो रही है। उसके पैर ज़मीन पर नहीं पड़ते। वह दिन भर आईने के सामने खड़ी रहती है; कभी केशों को संवारती है, कभी सुरमा लगाती है। कुहरा फट गया है और निर्मल स्वच्छ चांदनी निकल आयी है।वह घर का एक तिनका भी नहीं उठाती। उसके स्वभाव में एक विचित्र गर्व का संचार हो गया है।

लेकिन श्रृंगार क्या है? सोई हुई काम-वासना को जगाने का घोर नाद, उद्दीपना का मंत्र। शीतला जब नख-शिख से सजकर बैठती है, तो उसे प्रबल इच्छा होती है कि मुझे कोई देखे। वह द्वार पर आकर खड़ी हो जाती है। गांव की स्त्रियों की प्रशंसा से उसे संतोष नहीं होता। गांव के पुरुषों को वह श्रृंगार रस विहीन समझती है। इसलिए सुरेश सिंह को बुलाती है। पहले वे दिन में एक बार आ जाते थे, अब शीतला के बहुत अनुनय-विनय करने पर भी नहीं आते।

पहर रात गयी थी। घरों में दीपक बुझ चुके थे। शीतला के घर में दीपक जल रहा था। उसने कुंवर साहब के बगीचे के बेले के फूल मंगवाये थे और बैठी हार गूंथ रही थी अपने लिए नहीं सुरेश के लिए। प्रेम के सिवा एहसान का बदला देने के लिए उसके पास और था ही क्या?

एकाएक कुत्तों के भूंकने की आवाज सुनाई दी, और दमभर में विमलसिंह ने मकान के अंदर कदम रखा। उनके एक हाथ में संदूक था, दूसरे हाथ में एक गठरी। शरीर दुर्बल, कपड़े मैले, दाढ़ी के बाल बढ़े हुए, मुख पीला, शीतला के कमरे की तरफ चलें। मैंना पिंजरे में तड़फड़ाने लगी। शीतला ने चौंककर सिर उठाया। घबराकर बोली, 'कौन ?' फिर पहचान गयी। तुरंत फूलों को एक कपड़े से छिपा दिया। उठ खड़ी हुई और सिर झुकाकर पूछा — इतनी जल्दी सुध ली?

विमल ने कुछ ज़वाब न दिया। विस्मित हो-होकर कभी शीतला को देखता और कभी घर को मानों किसी नये संसार में पहुंच गया है। यह वह अध-खिला फूल न था; जिसकी पंखुड़ियां अनुकूल जलवायु न पाकर सिमट गयी थी। यह पूर्ण विकसित कुसुम था — ओस के जल कणों से जगमगाता और वायु के झोंकों से लहराता हुआ। विमल उसकी सुन्दरता पर पहले भी मुग्ध था; पर यह ज्योति वह अग्निज्वाला थी, जिससे हृदय में ताप और आंखों में जलन होती थी। ये आभूषण, ये वस्त्र, यह सजावट! उसकें सिर में एक चक्कर-सा आ गया। ज़मीन पर बैठ गया। इस सूर्यमुखी के सामने बैठते हुए उसे लज्जा आती थी। शीतला अभी तक स्तंभित खड़ी थी। वह पानी लाने नहीं दौड़ी, उसने पति के चरण नहीं धोये, उसको पंख तक नहीं झला।

हत-बुद्धि सी हो गयी थी। उसने कल्पनाओं की कैसी सुरम्य वाटिका लगाई थी! उस पर तुषार पड़ गया। वास्तव में इस मलिनवदन, अर्ध-नग्न पुरुष से उसे घृणा हो रही थी। यह घर का जमींदार विमल न था। वह मज़दूर हो गया था। मोटा काम मुखाकृति पर असर डाले बिना नहीं रहता। मज़दूर सुन्दर वस्त्रों में भी मज़दूर ही रहता है।

सहसा विमल की मां चौंकी। शीतला के कमरे में आयी, तो विमल को देखते ही मातृ-स्नेह से विह्वल होकर उसे छाती से लगा लिया। विमल ने उसके चरणों पर सिर रखा। उसकी आंखों में आंसुओं की गरम-गरम बूंदे निकल रही थी। मां पुलकित हो रही थी। मुख से बात न निकलती थी!

एक क्षण में विमल ने कहा — अम्मा!

कंठ ध्वनि ने उनका आशय प्रकट कर दिया।

मां ने प्रश्न समझकर कहा — नहीं बेटा, यह बात नहीं है।

विमल — यह क्या देखता हूं?

मां — स्वभाव ही ऐसा है, तो कोई क्या करे?

विमल — सुरेश ने मेरा हुलिया क्यों लिखाया था?

मां — तुम्हारी खोज लेने के लिए। उन्होंने दया न की होती, तो आज घर में किसी को जीता न पाते।

विमल — बहुत अच्छा होता।

शीतला ने ताने से कहा — अपनी ओर से तुमने सब को मार ही डाला था। फूलों की सेज नहीं बिछा गये थे!

विमल — अब तो फूलों की सेज ही बिछी हुई देखता हूं।

शीतला — तुम किसी के भाग्य विधाता हो?

विमलसिंह उठकर क्रोध से कांपता हुआ बोला — अम्मां, मुझे यहां से ले चल। मैं इस पिशाचिनी का मुंह नहीं देखना चाहता। मेरी आंखों में खून उतरता चला आता है। मैंने इस कुल-कलंकिनी के लिए तीन साल तक जो कठिन तपस्या की है, उससे ईश्वर मिल जाता; पर इसे न पा सका!

यह कहकर वह कमरे से निकल आया और मां के कमरे में लेट रहा। मां ने तुरंत उसका मुंह और हाथ पैर धुलाये। वह चूल्हा जलाकर पूरियां पकाने लगी। साथ-साथ घर की विपत्ति-कथा भी कहती जाती थी। विमल के हृदय में सुरेश के प्रति जो विराधाग्नि प्रज्जवलित हो रही थी, वह शांत हो गयी; लेकिन हृदय-दाह ने रक्त दाह का रूप धारण किया। ज़ोर का बुखार चढ़ आया। लंबी यात्रा की थकान और कष्ट तो था ही, बरसों के कठिन श्रम और तप के बाद यह मानसिक संताप और दुस्सह हो गया।

सारी रात वह अचेत पड़ा रहा। मां बैठी पंखा झलती और रोती थी। दूसरे दिन भी वह बेहोश पड़ा रहा। शीतला उसके पास एक क्षण के लिए भी न आयी। इन्होंने मुझे कौन सोने के कौर खिला दिये हैं, इनकी धौंस सहूं? यहां तो 'जैसे कंता घर रहे, वैसे रहे विदेश।' किसी

की फूटी कौड़ी नहीं जानती। बहुत ताव दिखाकर तो गये थे? क्या लाद आये?

संध्या के समय सुरेश को ख़बर मिली। तुरंत दौड़े हुए आये। आज दो महीने के बाद उन्होंने उस घर में कदम रखा। विमल ने आंखें खोली, पहचान गया। आंखों से आंसू बहने लगे। सुरेश के मुखारविंद पर दया की ज्योति झलक रही थी। विमल ने उसके बारे में जो अनुचित संदेह किया था, उसके लिए वह अपने को धिक्कार रहा था।

शीतला ने ज्यों ही सुना कि सुरेशसिंह आये हैं, तुरंत शीशे के सामने गयी। केश छिटका लिये और विपद् की मूर्ति बनी हुई विमल के कमरे में आयी। कहां तो विमल की आंखें बंद थी, मूर्च्छित-सा पड़ा था, कहां शीतला के आते ही आंखें खुल गयी। अग्निमय नेत्रों से उसकी ओर देखकर बोला — अभी आयी है? आज के तीसरे दिन आना। कुंवर साहब से उस दिन फिर भेंट हो जायेगी।

शीतला उलटे पांव चली गयी! सुरेश पर घड़ों पानी पड़ गया। मन में सोचा, कितना रूप-लावण्य है; पर कितना विषाक्त! हृदय की जगह केवल शृंगार-लालसा!

आतंक बढ़ता गया। सुरेश ने डॉक्टर बुलवाया; पर मृत्यु-देव ने किसी की न मानी। उनका हृदय पाषाण है। किसी भांति नहीं पसीजता। कोई अपना हृदय निकालकर रख दे, आंसुओं की नदी बहा दे, पर उन्हें दया नहीं आती। बसे हुए घर को उजाड़ना, लहराती हुई खेती को सुखाना उनका काम है। और उनकी निर्दयता कितनी विनोदमय है! वह नित्य नये रूप बदलते रहते हैं। कभी दामिनी बन जाते हैं, तो कभी पुष्प-माला। कभी सिंह बन जाते हैं, तो कभी सिर सियार। कभी अग्नि के रूप में दिखाई देते हैं, तो कभी जल के रूप में।

तीसरे दिन, पिछली रात को विमल की मानसिक पीड़ा और हृदय-ताप का अंत हो गया। चोर दिन को चोरी नहीं करता। यम के दूत प्रायः रात ही को सब की नज़र बचाकर आते हैं और प्राण-रत्न को चुरा ले जाते हैं। आकाश के फूल मुरझायें हुए थे। वृक्ष-समूह स्थिर थे; पर शोक में मग्न, सिर झुकाये हुए। रात शोक का बाह्य-रूप है। रात मृत्यु का क्रीड़ा क्षेत्र है। उसी समय विमल के घर से आर्तनाद सुनायी दिया वह नाद, जिसे सुनने के लिए मृत्यु-देव विकल रहते हैं।

शीतला चौंक पड़ी और घबरायी हुई मरण-शय्या की ओर चली। उसने मृत-देह पर निगाह डाली और भयभीत होकर एक पग पीछे हट गयी। उसे जान पड़ा, विमलसिंह उसकी ओर अत्यंत तीव्र दृष्टि से देख रहे हैं। बुझे हुए दीपक में उसे भयंकर ज्योति दिखायी पड़ी। वह मारे भय के वहां ठहर न सकी। द्वार से निकल ही रही थी कि सुरेशसिंह से भेंट हो गयी। कातर स्वर में बोली — मुझे यहां डर लगता है। उसने चाहा कि रोती हुई इनके पैरों पर गिर पड़ूं, पर वह अलग हट गये।

6

जब किसी पथिक को चलते-चलते ज्ञात होता है। कि मैं रास्ता भूल गया हूं, तो वह सीधे

रास्ते पर आने के लिए बड़े वेग से चलता है! झुंझलाता है कि मैं इतना असावधान क्यों हो गया? सुरेश भी अब शांति-मार्ग पर आने के लिए विकल हो गये। मंगला की स्नेहमयी सेवाएं याद आने लगी। हृदय में वास्तविक सौन्दर्योपासना का भाव उदय हुआ। उसमें कितना प्रेम, कितना त्याग, कितनी क्षमा थी! उसकी अतुल पति-भक्ति को याद करके कभी-कभी वह तड़प जाते। आह! मैंने घोर अत्याचार किया। ऐसे उज्जवल रत्न का अनादर किया। मैं यों ही जड़वत् पड़ा रहा और मेरे सामने ही लक्ष्मी घर से निकल गयी! मंगला ने चलते-चलते शीतला से जो बातें कही थीं, वे उन्हें मालूम थीं; पर उन बातों पर विश्वास न होता था। मंगला शांत प्रकृति की थी। वह इतनी उद्दंडता नहीं कर सकती। उसमें क्षमा थी, वह इतना विद्वेष नहीं कर सकती। उसका मन कहता था कि वह जीती है और कुशल से है। उसके मैकेवालों को कई पत्र लिखे; पर वहां व्यग्य और कटुवाक्यों के सिवा और क्या रखा था? अंत को उन्होंने लिखा अब उस रत्न की खोज में स्वयं जाता हूं। या तो लेकर ही आऊंगा, यहा कहीं मुंह में कालिख लगाकर डूब मरुंगा।

इस पत्र का उत्तर आया — अच्छी बात है, जाइए, पर यहां से होते हुए जाइएगा। यहां से कोई आपके साथ चला जायेगा

सुरेशसिंह को इन शब्दों में आशा की झलक दिखायी दी। उसी दिन प्रस्थान कर दिया। किसी को साथ नहीं लिया।

ससुराल में किसी ने उनका प्रेममय स्वागत नहीं किया। सभी के मुंह फूले हुए थे। ससुरजी ने तो उन्हें पति-धर्म पर एक लम्बा उपदेश दिया।

रात को जब वह भोजन करके लेटे, तो छोटी साली आकर बैठ गयी और मुस्कुराकर बोली — जीजाजी, कोई सुन्दरी अपने रूप-हीन पुरुष को छोड़ दे, उसका अपमान करे, तो आप उसे क्या कहेंगे?

सुरेश — (गंभीर स्वर से) कुटिला!

साली — और ऐसे पुरुष को, जो अपनी रूप-हीन स्त्री को त्याग दे?

सुरेश — पशु!

साली — और जो पुरुष विद्वान हो?

सुरेश — पिशाच!

साली — (हंसकर) तो मैं भागती हूं। मुझे आपसे डर लगता है।

सुरेश — पिशाचों का प्रायश्चित भी तो स्वीकार हो जाता है।

साली — शर्त यह है कि प्रायश्चित सच्चा हो।

सुरेश — यह तो वह अंतर्यामी ही जान सकते हैं।

साली — सच्चा होगा, तो उसका फल भी अवश्य मिलेगा। मगर दीदी को लेकर इधर ही से लौटिएगा।

सुरेश की आशा-नौका फिर डगमगायी। गिड़गिड़ाकर बोले — प्रभा, ईश्वर के लिए मुझ पर दया करो। मैं बहुत दुःखी हूं। साल भर से ऐसा कोई दिन नहीं गया कि मैं

रोकर न सोया हूं।

प्रभा ने उठकर कहा — अपने किये का क्या इलाज? जाती हूं, आराम कीजिए।

एक क्षण में मंगला की माता आकर बैठ गयीं और बोली — बेटा, तुमने तो बहुत पढ़ा-लिखा है, देश-विदेश घूम आये हो, सुन्दर बनने की कोई दवा कहीं नहीं देखी?

सुरेश ने विनय-पूर्वक कहा — माताजी, अब ईश्वर के लिए और लज्जित न कीजिए।

माता — तुमने तो मेरी प्यारी बेटी के प्राण ले लिये! मैं क्या तुम्हें लज्जित करने से भी गयी? जी में तो था कि ऐसी-ऐसी सुनाऊंगी कि तुम भी याद करोगे; पर मेहमान हो, क्या जलाऊं? आराम करो।

सुरेश आशा और भय की दशा में पड़े करवटें बदल रहे थे कि एकाएक द्वार पर किसी ने धीरे से कहा — जाती क्यों नहीं, जागते तो है? किसी ने जवाब दिया — लाज आती है।

सुरेश ने आवाज पहचानी। प्यासे को पानी मिल गया। एक क्षण में मंगला उनके सम्मुख आयी और सिर झुकाकर खड़ी हो गयी। सुरेश को उसके मुख पर एक अनूठी छवि दिखायी दी, जैसे कोई रोगी स्वास्थ्य-लाभ कर चुका हो।

रूप वहीं था, पर आंखें और थी।

❖❖❖

जुगनू की चमक

पंजाब के सिंह राजा रणजीतसिंह संसार से चल चुके थे और राज्य के वे प्रतिष्ठित पुरुष जिनके द्वारा उनका उत्तम प्रबन्ध चल रहा था, परस्पर के द्वेष और अनबन के कारण मर मिटे थे। राजा रणजीतसिंह का बनाया हुआ सुन्दर किन्तु खोखला भवन नष्ट हो चुका था। कुंवर दिलीपसिंह अब इंग्लैंड में थे और रानी चंद्रकुंवरि चुनार के दुर्ग में। रानी चंद्रकुंवरि ने विनष्ट होते हुए राज्य को बहुत संभालना चाहा; किन्तु शासन-प्रणाली न जानती थीं और कूटनीति, ईर्ष्या की आग भड़काने के सिवा और क्या करती?

रात के बारह बज चुके थे। रानी चंद्रकुंवरि अपने निवास-भवन के ऊपर छत पर खड़ी गंगा की ओर देख रही थीं और सोचती थीं — लहरे क्यों इस प्रकार स्वतंत्र हैं? उन्होंने कितने गांव और नगर डुबाये हैं, कितने जीव-जन्तु तथा द्रव्य निगल गयी हैं, किन्तु फिर भी वे स्वतंत्र हैं। कोई उन्हें बन्द नहीं करता। इसलिए न कि वे बन्द नहीं रह सकतीं? वे गरजेंगी, बल खायेंगी— और बांध के ऊपर चढ़कर उसे नष्ट कर देंगी, अपने ज़ोर से उसे बहा ले जायेंगी।

यह सोचते-विचारते रानी गादी पर लेट गयी। उनकी आंखों के सामने पूर्वावस्था की स्मृतियां मनोहर स्वप्न की भांति आने लगी। कभी उसकी भौंह की मरोड़ तलवार से भी अधिक तीव्र थी और उनकी मुस्कुराहट वसन्त की सुगंधित समीर से भी अधिक प्राण-पोषक; किंतु हाय! अब इनकी शक्ति हीनावस्था को पहुंच गयी। रोयें तो अपने को सुनाने के लिए, हंसें तो अपने को बहलाने के लिए। यदि बिगाड़ें तो किसी का क्या बिगाड़ सकती हैं और प्रसन्न हों तो किसी का क्या बना सकती हैं? रानी और बांदी में कितना अन्तर है? रानी की आंखों से आंसू की बूंदे झरने लगीं, जो कभी विष से अधिक प्राणनाशक और अमृत से अधिक अनमोल थीं, वह इसी भांति अकेली, निराश, कितनी बार रोयी, जब कि आकाश के तारों के सिवा और कोई देखने वाला न था।

2

इसी प्रकार रोते-रोते रानी की आंखें लग गयी। उसका प्यारा, कलेजे का टुकड़ा, कुंवर

दिलीपसिंह, जिसमें उसके प्राण बसते थे, उदास मुख आकर खड़ा हो गया। जैसे गाय दिन भर जंगलों में रहने के पश्चात संध्या को घर आती है और अपने बछड़े को देखते ही प्रेम और उमंग से मतवाली होकर स्तनों में दूध भरे, पूंछ उठायें, दौड़ती है, उसी भांति चंद्रकुंवरि अपने दोनों हाथ फैलायें अपने प्यारे कुंवर को छाती से लिपटाने के लिए दौड़ी। परन्तु आंखें खुल गयीं और जीवन की आशाओं की भांति वह स्वप्न विनष्ट हो गया। रानी ने गंगा की ओर देखा और कहा — मुझे भी अपने साथ लेती चलो। इसके बाद रानी तुरन्त छत से उतरीं। कमरें में एक लालटेन जल रही थी। उसके उजाले में उसने एक मैंली साड़ी पहनी, गहने उतार दिये, रत्नों के एक छोटे से बक्स को एक तीव्र कटार को कमर में रखा। जिस समय वह बाहर निकलीं, नैराशपर्ण साहस की मूर्ति थीं।

संतरी ने पुकारा — कौन? रानी ने उत्तर दिया — मैं हूं झंगी।

'कहां जाती है?'

'गंगाजल लाऊंगी। सुराही टूट गयी है, रानीजी पानी मांग रही हैं।'

संतरी कुछ समीप आकर बोला — चल, मैं भी तेरे साथ चलता हूं, जरा रूक जा।

झंगी बोली — मेरे साथ मत आओ। रानी कोठे पर हैं। देख लेंगी।

संतरी को धोखा देकर चंद्रकुंवरि गुप्त द्वार से होती हुई अंधेरे में कांटों से उलझती चट्टानों से टकराती, गंगा के किनारे जा पहुंची।

रानी नदी के किनारे-किनारे चली जाती थीं और मुड़-मुड़कर पीछे देखती थीं। एकाएक एक डोंगी खूंटे से बंधी हुई देख पड़ी। रानी ने उसे ध्यान से देखा तो मल्लाह सोया हुआ था। उसे जगाना काल को जगाना था। वह तुरन्त रस्सी खोलकर नाव पर सवार हो गयी। नाव धीरे-धीरे धार के सहारे चलने लगी, शोक और अन्धकार-मय स्वप्न की भांति, जो ध्यान की तरंगों के साथ बहा चला जाता हो। नाव के हिलने से मल्लह चौंककर उठ बैठा। आंखें मलते-मलते उसने सामने देखा तो पटरे पर एक स्त्री हाथ में डांड़ लिये बैठी है। घबराकर पूछा — तैं कौन है रे? नाव कहां लिए जाती है? रानी हंस पड़ीं? भय के अन्त को साहस कहते हैं। बोली — सच बताऊं या झूठ।

मल्लाह कुछ भयभीत-सा होकर बोला — सच बताया जाय।

रानी बोली — अच्छा तो सुनो। मैं लाहौर की रानी चंद्रकुंवरि हूं। इसी क़िले में क़ैदी थी। आज भागी जाती हूं। मुझे जल्दी बनारस पहुंचा दे। तुझे निहाल कर दूंगी और शरारत करेगा तो देख, कटार से सिर काट दूंगी। सवेरा होने से पहले मुझे बनारस पहुंचना चाहिए।

यह धमकी काम कर गयी। मल्लाह ने विनीत भाव से अपना कम्बल बिछा दिया और तेजी से डांड़ चलाने लगा। किनारे के वृक्ष और ऊपर जगमगाते हुए तारे साथ-साथ दौड़ने लगे।

3

प्रातःकाल चुनार के दुर्ग में प्रत्येक मनुष्य अचम्भित और व्याकुल था। संतरी, चौकीदार

और लौंडियां, सब सिर नीचे किये दुर्ग के स्वामी के सामने उपस्थित थे। अन्वेषण हो रहा था; परंतु कुछ पता न चलता था।

उधर रानी बनारस पहुंची। परंतु वहां पहले से ही पुलिस और सेना का जाल बिछा हुआ था। नगर के नोक बन्द थे। रानी का पता लगाने वाले के लिए एक बहुमूल्य पारितोषिक की सूचना दी गयी थी।

बन्दीगृह से निकलकर रानी को ज्ञात हो गया कि वह और दृढ़ कारागार में हैं। दुर्ग में प्रत्येक मनुष्य उसका आज्ञाकारी था। दुर्ग का स्वामी भी उसे सम्मान की दृष्टि से देखता था। किन्तु आज स्वतंत्र होकर भी उनके ओंठ बन्द थे। उन्हें सभी स्थानों में शत्रु देख पड़ते थे। पंखरहित पक्षी को पिंजरे के कोने में ही सुख है।

पुलिस के अफ़सर प्रत्येक आने-जानेवालों को ध्यान से देखते थे; किंतु उस भिखारिनी की ओर किसी का ध्यान नहीं जाता था, जो एक फटी हुई साड़ी पहने, यात्रियों के पीछे-पीछे, धीरे-धीरे सिर झुकायें गंगा की ओर चली आ रही है। न वह चौंकती हैं, न हिचकती है, न घबराती है। इस भिखारिनी की नसों में रानी का रक्त है।

यहां से भिखारिनी ने अयोध्या की राह ली। वह दिन भर विकट मार्गो में चलती और रात को किसी सुनसान स्थान पर लेट रहती थी। मुख पीला पड़ गया था। पैरों में छाले थे। फूल-सा बदन कुम्हला गया था।

वह प्रायः गांवों में लाहौर की रानी के चरचे सुनती। कभी-कभी पुलिस के आदमी भी उसे रानी की टोह में दत्तचित्त देख पड़ते। उन्हें देखते ही भिखारिनी के हृदय में सोयी हुई रानी जाग उठती। वह आंखें उठाकर उन्हें घृणा की दृष्टि से देखती और शोक तथा क्रोध से उनकी आंखें जलने लगतीं। एक दिन अयोध्या के समीप पहुंचकर रानी एक वृक्ष के नीचे बैठी हुई थी। उन्होंने कमर से कटार निकालकर सामने रख दी थी। वह सोच रही थी कि कहां जाऊं? मेरी यात्रा का अंत कहां है? क्या इस संसार में अब मेरे लिए कहीं ठिकाना नहीं है। यहां से थोड़ी दूर पर आमों का एक बहुत बड़ा बाग था। उसमें बड़े-बड़े डेरे और तम्बू गड़े हुए थे। कई संतरी चमकीली वर्दियां पहने टहल रहे थे, कई घोड़े बंधे हुए थे। रानी ने इस राजसी ठाट-बाट को शोक की दृष्टि से देखा। एक बार वह भी काश्मीर गयी थी। उसका पड़ाव इससे कहीं बढ़ गया था।

बैठे-बैठे संध्या हो गयी। रानी ने वहीं रात काटना निश्चय किया। इतने में एक बूढ़ा मनुष्य टहलता हुआ आया और उसके समीप खड़ा हो गया। ऐंठी हुई दाढ़ी थी, शरीर में सटी हुई चपकन थी, कमर में तलवार लटक रही थी। इस मनुष्य को देखते ही रानी ने तुरंत कटार उठाकर कमर में खोंस ली। सिपाही ने उसे तीव्र दृष्टि से देखकर पूछा — बेटी कहां से आती हो?

रानी ने कहा — बहुत दूर से।

'कहां जाओगी?'

'यह नहीं कह सकती, बहुत दूर।'

सिपाही ने रानी की ओर फिर ध्यान से देखा और कहा — जरा अपनी कटार दिखाओ।

रानी कटार संभालकर खड़ी हो गयी और तीव्र स्वर से बोली — मित्र हो या शत्रु? ठाकुर ने कहा — मित्र। सिपाही के बातचीत करने के ढंग में और चेहरे में कुछ ऐसी विलक्षणता थी जिससे रानी को विवश होकर विश्वास करना पड़ा।

वह बोली — विश्वासघात न करना। यह देखो।

ठाकुर ने कटार हाथ में ली। उसको उलट-पलटकर देखा और बड़े नम्र भाव से उसे आंखों से लगाया। तब रानी के आगे विनीत भाव से सिर झुकाकर वह बोला — महारानी चंद्रकुंवरि?

रानी ने करुण स्वर से कहा — नहीं, अनाथ भिखारिनी। तुम कौन हो?

सिपाही ने उत्तर दिया — आपका एक सेवक!

रानी ने उसकी ओर निराश दृष्टि से देखा और कहा — दुर्भाग्य के सिवा इस संसार में मेरा कोई नहीं।

सिपाही ने कहा — महारानी जी, ऐसा न कहिए। पंजाब के सिंह की महारानी के वचन पर अब भी सैंकड़ों सिर झुक सकते हैं। देश में ऐसे लोग विद्यमान हैं, जिन्होंने आपका नमक खाया है और भूले नहीं हैं।

रानी — अब उसकी इच्छा नहीं। केवल एक शांत-स्थान चाहती हूं, जहां पर एक कुटी के सिवा कुछ न हो।

सिपाही — ऐसा स्थान पहाड़ों में ही मिल सकता है। हिमालय की गोद में चलिए, वहीं आप उपद्रव से बच सकती हैं।

रानी — (आश्चर्य से) शत्रुओं में जाऊं? नेपाल कब हमारा मित्र रहा है?

सिपाही — राणा जंगबहादुर दृढ़प्रतिज्ञ राजपूत हैं?

रानी — किंतु वही जंगबहादुर तो हैं जो अभी-अभी हमारे विरुद्ध लार्ड डलहौजी को सहायता देने पर उद्यत था?

सिपाही (कुछ लज्जित होकर) — तब आप महारानी चंद्रकुंवरि थीं, आज आप भिखारिनी हैं। ऐश्वर्य के द्वेषी और शत्रु चारों ओर होते हैं। लोग जलती हुई आग को पानी से बुझाते हैं, पर राख माथे पर चढ़ायी जाती है। आप ज़रा भी सोच-विचार न करें, नेपाल में अभी धर्म का लोप नहीं हुआ है। आप भय-त्याग करें और चलें। देखिए, वह आपको किस भांति सिर और आंखों पर बिठाता है।

रानी ने रात इसी वृक्ष की छाया में काटी। सिपाही भी वहीं सोया। प्रातःकाल वहां दो तीव्रगामी घोड़े देख पड़े। एक पर सिपाही सवार था और दूसरे पर एक अत्यंत रूपवान् युवक। वह रानी चंद्रकुंवरि थी जो अपनी रक्षा-स्थान की खोज में नेपाल जाती थी। कुछ देर पीछे रानी ने पूछा — यह पड़ाव किसका है? सिपाही ने कहा — जंग बहादुर का। वे तीर्थयात्रा करने आये हैं, किंतु हमसे पहले पहुंच जायेंगे।

रानी — तुमने उनसे मुझे यहीं क्यों न मिला दिया। उनका हार्दिक भाव प्रकट हो जाता।

सिपाही — यहां उनसे मिलना असम्भव था। आप जासूसों की दृष्टि से न बच सकती।

उस समय यात्रा करना प्राण को अर्पण कर देना था। दोनों यात्रियों को अनेकों बार डाकुओं

का सामना करना पड़ा। उस समय रानी की वीरता, उसका युद्ध-कौशल तथा फुर्ती देखकर बूढ़ा सिपाही दांतों तले अंगुली दबाता था। कभी उनकी तरह तलवार काम कर जाती और कभी घोड़े की तेज चाल।

यात्रा बड़ी लम्बी थी। जेठ का महीना मार्ग में ही समाप्त हो गया। वर्षा ऋतु आयी। आकाश में मेघ-माला छाने लगी। सूखी नदियां उतरा चलीं। पहाड़ी नाले गरजने लगे। न नदियों में नाव, न नालों पर घाट; किंतु घोड़े सधे हुए थे। स्वयं पानी में उतर जाते और डूबते-उतरते बहते, भंवर खाते पार पहुंच जाते। एक बार बिच्छू ने कछुए की पीठ पर नदी की यात्रा की थी। यह यात्रा उससे कम भयानक न थी।

कहीं ऊंचे-ऊंचे साखू और महुए के जंगल थे और कहीं हरे-भरे जामुन के वन। उनकी गोद में हाथियों और हिरनों के झुंड कलोलें कर रहे थे। धान की क्यारियां पानी से भरी हुई थीं। किसानों की स्त्रियां धान रोपती थीं और सुहावने गीत गाती थीं। कहीं उन मनोहरी ध्वनियों के बीच में, खेत की मेड़ों पर छाते की छाया में बैठे हुए ज़मींदारों के कठोर शब्द सुनायी देते थे।

इसी प्रकार यात्रा के कष्ट सहते, अनेकानेक विचित्र दृश्य देखते दोनों यात्री तराई पार करके नेपाल की भूमि में प्रविष्ट हुए।

4

प्रातःकाल का सुहावना समय था। नेपाल के महाराज सुरेन्द्रविक्रमसिंह का दरबार सजा हुआ था। राज्य के प्रतिष्ठित मंत्री अपने-अपने स्थान पर बैठे हुए थे। नेपाल ने एक बड़ी लड़ाई के पश्चात् तिब्बत पर विजय पायी थी। इस समय संधि की शर्तों पर विवाद छिड़ा था। कोई युद्ध-व्यय का इच्छुक था, कोई राज्य विस्तार का, कोई-कोई महाशय वार्षिक कर पर जोर दे रहे थे। केवल राणा जंगबहादुर के आने की देर थी। वे कई महीने देशाटन के पश्चात आज ही रात को लौटे थे और यह प्रसंग, जो उन्हीं के आगमन की प्रतीक्षा कर रहा था, अब मन्त्रि-सभा में उपस्थित किया गया था। तिब्बत के यात्री, आशा और भय की दशा में, प्रधान मंत्री के मुख से अन्तिम निर्णय सुनने को उत्सुक हो रहे थे। नियत समय पर चोबदार ने राणा के आगमन की सूचना दी। दरबार के लोग उन्हें सम्मान देने के लिए खड़े हो गये। महाराज के कहा — राणाजी, आप संधि के लिए कौन प्रस्ताव करना चाहते थे।

राणा ने नम्र भाव से कहा — मेरी अल्प बुद्धि में तो इस समय कठोरता का व्यवहार करना अनुचित है। शोकाकुल शत्रु के साथ दयालुता का आचरण करना सर्वदा हमारा उद्देश्य रहा है। क्या इस अवसर पर स्वार्थ के मोह में हम अपने बहुमूल्य उद्देश्य को भूल जायेंगे? हम ऐसी संधि चाहते हैं जो हमारे हृदय को एक कर दे। यदि तिब्बत का दरबार हमें व्यापारिक सुविधायें प्रदान करने को कटिबद्ध हो, तो हम संधि करने के लिए सर्वथा उद्यत हैं।

मंत्रि-मंडल में विवाद आरम्भ हुआ। सबकी सम्मति इस दयालुता के अनुसार न थी; किंतु महाराज ने राणा का समर्थन किया। यद्यपि अधिकांश सदस्यों को शत्रु के साथ ऐसी नरमी पसंद न थी, तथापि महाराज के विपक्ष में बोलने का किसी को साहस न हुआ।

यात्रियों के चले जाने के पश्चात राणा जंगबहादुर ने खड़े होकर कहा — सभा के उपस्थित सज्जनों, आज नेपाल के इतिहास में एक नयी घटना होने वाली है, जिसे मैं आपकी जातीय नीतिमत्ता की परीक्षा समझता हूं; इसमें सफल होना आपके ही कर्तव्य पर निर्भर है। आज राज-सभा में आते समय मुझे आवेदन मिला है, जिसे मैं आप सज्जनों की सेवा में उपस्थित करता हूं। निवेदक ने तुलसीदास की यह चौपाई लिख दी है —

"आपद्-काल परखिए चारी।
धीरज धर्म मित्र अरु नारी।।"

महाराज ने पूछा — यह पत्र किसने भेजा है?

'एक भिखारिनी ने।'

'भिखारिनी कौन है?'

'महारानी चंद्रकुंवरि।'

कड़बड़ खत्री ने आश्चर्य से पूछा — जो हमारी मित्र अंग्रेजी सरकार के विरुद्ध होकर भाग आयी हैं?

राणा जंगबहादुर ने लज्जित होकर कहा — जी हां। यद्यपि हम इसी विचार को दूसरे शब्दों में प्रकट कर सकते हैं।

कड़बड़ खत्री — अंग्रेज़ों से हमारी मित्रता है और मित्र के शत्रु की सहायता करना मित्रता की नीति के विरुद्ध है।

जनरल शमशेर बहादुर — ऐसी दशा में इस बात का भय है कि अंग्रेजी सरकार से हमारे संबंध टूट न जायें।

राजकुमार रणवीर सिंह — हम यह मानते हैं कि अतिथि-सत्कार हमारा धर्म है; किंतु उसी समय तक, जब तक कि हमारे मित्रों को हमारी ओर से शंका करने का अवसर न मिले।

इस प्रसंग पर यहां तक मतभेद तथा वाद-विवाद हुआ कि एक शोर सा मच गया और कई प्रधान यह कहते हुए सुनाई दिये कि महारानी का इस समय आना देश के लिए कदापि मंगलकारी नहीं हो सकता।

तब राणा जंगबहादुर उठे। उनका मुख लाल हो गया था। उनका सद्विचार क्रोध पर अधिकार ज़माने के लिए व्यर्थ प्रयत्न कर रहा था। वे बोले — भाइयों, यदि, इस समय मेरी बातें आप लोगों को अत्यंत कड़ी जान पड़ें तो मुझे क्षमा कीजिएगा, क्योंकि अब मुझमें अधिक श्रवण करने की शक्ति नहीं है। अपनी जातीय साहसहीनता का यह लज्जाजनक दृश्य अब मुझसे नहीं

देखा जाता। यदि नेपाल के दरबार में इतना भी साहस नहीं कि वह अतिथि-सत्कार और सहायता की नीति को निभा सके तो मैं इस घटना के संबंध में सब प्रकार का भार अपने ऊपर लेता हूं। दरबार अपने को इस विषय में निर्दोष समझे और इसकी सर्वसाधारण में घोषणा कर दे।

कड़बड़ खत्री गर्म होकर बोले — केवल यह घोषणा देश को भय से रहित नहीं कर सकती।

राणा जंगबहादुर ने क्रोध से ओठ चबा लिया, किंतु संभलकर कहा — देश का शासन-भार अपने ऊपर लेने वालों की ऐसी अवस्थाएं अनिवार्य हैं। हम उन नियमों से, जिन्हें पालन करना हमारा कर्तव्य है, मुंह नहीं मोड़ सकते। अपनी शरण में आये हुओं का हाथ पकड़ना — उनकी रक्षा करना राजपूतों का धर्म है। हमारे पूर्व पुरुष सदा इस नियम पर — धर्म पर प्राण देने को उद्यत रहते थे। अपने माने हुए धर्म को तोड़ना एक स्वतंत्र जाति के लिए लज्जास्पद है। अंग्रेज हमारे मित्र हैं, और अत्यन्त हर्ष का विषय है कि बुद्धिशाली मित्र हैं। महारानी चन्द्रकुंवरि को अपनी दृष्टि में रखने से उनका उद्देश्य केवल यह था कि उपद्रवीं लोगों के गिरोह का कोई केन्द्र शेष न रहे। यदि उनका यह उद्देश्य भंग न हो, तो हमारी ओर से शंका न होने का उन्हें कोई अवसर है और न हमें उनसे लज्जित होने की कोई आवश्यकता।

कड़बड़ खत्री — महारानी चन्द्रकुंवरि यहां किस प्रयोजन से आयी हैं?

राणा जंगबहादुर — केवल एक शांति-प्रिय सुख-स्थान की खोज में, जहां उन्हें अपनी दुरवस्था की चिंता से मुक्त होने का अवसर मिले। वह ऐश्वर्यशाली रानी जो रंगमहलों में सुख-विलास करती थीं, जिसे फूलों की सेज पर भी चैन न मिलता था, आज सैंकड़ों कोस से अनेक प्रकार के कष्ट सहन करती, नदी-नाले, पहाड़-जंगल छानती यहां केवल एक रक्षित स्थान की खोज में आयी हैं। उमड़ी हुई नदियों और उबलते हुए नाले, बरसात के दिन। इन दुखों को आप लोग जानते हैं और यह सब उसी रक्षित स्थान के लिए उसी एक भूमि के एक टुकड़े की आशा में। किंतु हम ऐसे स्थान-हीन हैं कि उनकी यह अभिलाषा भी पूरी नहीं कर सकते। उचित तो यह था कि उतनी-सी भूमि के बदले हम अपना हृदय फैला देते। सोचिए, कितने अभिमान की बात है कि एक आपदा में फंसी हुई रानी अपने दुःख के दिनों में जिस देश को याद करती है, यह वही पवित्र देश है। महारानी चंद्रकुंवरि को हमारे इस अभयप्रद स्थान पर — हमारी शरणागतों की रक्षा का पूरा भरोसा था और वही विश्वास उन्हें यहां तक लाया है। इसी आशा पर कि पशुपतिनाथ की शरण में मुझे शांति मिलेगी, वह यहां तक आयी हैं। आपको अधिकार है, चाहे उनकी आशा पूर्ण करें या धूल में मिला दें। चाहे रक्षणता के — शरणागतों के साथ सदाचरण के — नियमों को निभाकर इतिहास के पृष्ठों पर अपना नाम छोड़ जायें, या जातीयता तथा सदाचार-संबंधी नियमों को मिटाकर स्वयं अपने को पतित समझें। मुझे विश्वास नहीं हैं कि यहां एक भी मनुष्य ऐसा निरभिमान है कि जो इस अवसर पर शरणागत-पालन धर्म को विस्मृत करके अपना सिर ऊंचा कर सके। अब मैं अपने अंतिम निपटारे की प्रतीक्षा करता हूं। कहिए, आप अपनी जाति और देश का नाम उज्ज्वल करेंगे या

सर्वदा के लिए अपने माथे पर अपयश का टीका लगायेंगे?

राजकुमार ने उमंग से कहा — हम महारानी के चरणों तले आंखें बिछायेंगे।

कप्तान विक्रमसिंह बोले — हम राजपूत हैं और अपने धर्म का निर्वाह करेंगे।

जनरल वनवीर सिंह — हम उनको ऐसी धूम से लायेंगे कि संसार चकित हो जायेगा।

कड़बड़ खत्री एक प्रभावशाली पुरुष थे और मंत्रिमंडल में वे राणा जंगबहादुर के विरुद्ध मंडली के प्रधान थे। वे लज्जा भरे शब्दों में बोले — यद्यपि मैं महारानी के आगमन को भयरहित नहीं समझता, किंतु इस अवसर पर हमारा धर्म यही है कि महारानी को आश्रय दें। धर्म से मुंह मोड़ना किसी जाति के लिए मान का कारण नहीं हो सकता।

कई ध्वनियों ने उमंग-भरे शब्दों में इस उमंग का समर्थन किया।

महाराज सुरेंद्र विक्रम सिंह — इस निपटारे पर बधाई देता हूं। तुमने जाति का नाम रख लिया। पशुपति इस उत्तम कार्य में तुम्हारी सहायता करें।

सभी विसर्जित हुई। दुर्ग से तोपें छूटने लगी। नगर भर में ख़बर गूंज उठी कि पंजाब की महारानी चंद्रकुंवरि का शुभागमन हुआ है। जनरल रणवीरसिंह और जनरल समधीरसिंह बहादुर 50,000 सेना के साथ महारानी की अगवानी के लिए चले।

अतिथि-भवन की सजावट होने लगी। बाज़ार अनेक भांति की उत्तम सामग्रियों से सज गये।

ऐश्वर्य की प्रतिष्ठा व सम्मान सब कहीं होता है, किंतु किसी ने भिखारिनी का ऐसा सम्मान देखा है? सेनाएं बैंड बजाती और पताका फहराती हुई एक उमड़ी नदी की भांति जाती थी। सारे नगर में आनंद-ही-आनंद था। दोनों ओर सुन्दर वस्त्राभूषणों से सजे दर्शकों का समूह खड़ा था। सेना के कमांडर आगे-आगे घोड़ों पर सवार थे। सबसे आगे राणा जंगबहादुर जातीय अभिमान के मद में लीन, अपने सुवर्णरचित हौदे में बैठे हुए थे। यह उदारता का एक पवित्र दृश्य था। धर्मशाला के द्वार पर यह जुलूस रुका। राणा हाथी से उतरे। महारानी चन्द्रकुंवरि कोठरी से बाहर निकल आयी। राणा ने झुककर वन्दना की। रानी उनकी ओर आश्चर्य से देखने लगीं। यह वहीं इनका मित्र बूढ़ा सिपाही था।

आंखें भर आयी। मुस्कुरायी। खिले हुए फूल पर से ओस की बूंदे टपकीं। रानी बोली — मेरे बूढ़े ठाकुर, मेरी नाव पार लगाने वाले, किस भांति तुम्हारा गुण गाऊं।

राणा ने सिर झुकाकर कहा — आपके चरणाविंद से हमारे भाग्य उदय हो गये।

5

नेपाल की राज-सभा ने पच्चीस हज़ार रुपये से महारानी के लिए एक उत्तम भवन बनवा दिया और उनके लिए दस हज़ार मासिक नियत कर दिया।

वह भवन आज तक वर्तमान है और नेपाल की शरणागत प्रियता तथा प्रणपालन-तत्परता का स्मारक है। पंजाब की रानी को लोग आज तक याद करते हैं।

यह वही सीढ़ी है जिससे जातियाँ, यश के सुनहले शिखर पर पहुंचती हैं।

ये ही घटनाएं हैं, जिनसे जातिय इतिहास प्रकाश और महत्त्व को प्राप्त होता है।

पोलिटिकल रेजिडेंट ने गर्वमेन्ट की रिपोर्ट की। इस बात की शंका थी कि गर्वनमेंट ऑफ इंडिया और नेपाल के बीच कुछ खिंचाच हो जाये; किंतु गवर्नमेंट को राणा जंगबहादुर पर पूर्ण विश्वास था और जब नेपाल की राजसभा ने विश्वास और संतोष दिलाया कि महारानी चन्द्रकुंवरि को किसी शत्रुभाव का अवसर न दिया जायेगा, तो भारत सरकार को संतोष हो गया। इस घटना को भारतीय इतिहास में अंधेरी रात में 'जुगुनू की चमक' कहना चाहिए।

❖❖❖

गृह-दाह

सत्यप्रकाश के जन्मोत्सव में लाला देवप्रकाश ने बहुत रुपये खर्च किये थे। उसका विद्यारम्भ-संस्कार भी खूब धूम-धाम से किया गया। उसके हवा खाने को एक छोटी-सी गाड़ी थी। शाम को नौकर उसे टहलाने ले जाता था। एक नौकर उसे पाठशाला पहुंचाने जाता। दिन भर वहीं बैठा रहता और उसे साथ लेकर घर आता। कितना सुशील होनहार बालक था! गोरा मुखड़ा, बड़ी-बड़ी आंखें, ऊंचा मस्तक, पतले-पतले लाल अधर, भरे हुए पांव। उसे देखकर सहसा मुंह से निकल पड़ता था — भगवान इसे जिला दें, प्रतापी मनुष्य होगा। उसकी बल-बुद्धि की प्रखरता पर लोगों को आश्चर्य होता था। नित्य उसके मुखचंद्र पर हंसी खेलती रहती थी। किसी ने उसे हठ करते या रोते नहीं देखा।

वर्षा के दिन थे। देवप्रकाश पत्नी को लेकर गंगा-स्नान करने गए। नदी खूब चढ़ी हुई थी; मानो अनाथ की आंखें हों। उनकी पत्नी निर्मला जल में बैठकर जल-क्रीड़ा करने लगी। कभी आगे जाती, कभी पीछे जाती, कभी डुबकी मारती, कभी अंजुलियों से छींटे उड़ाती। देवप्रकाश ने कहा — अच्छा, अब निकलो, सरदी हो जायेगी। निर्मला ने कहा — कहो, मैं छाती तक पानी में चली जाऊं?

देवप्रकाश — और जो कहीं पैर फिसल जाये?

निर्मला — पैर क्या फिसलेगा?

यह कहकर वह छाती तक पानी में चली गयी। पति ने कहा — अच्छा, अब आगे पैर न रखना, किंतु निर्मला के सिर पर मौत खेल रही थी। यह जल क्रीड़ा नहीं मृत्यु-क्रीड़ा थी। उसने एक पग और आगे बढ़ाया और फिसल गयी। मुंह से एक चीख निकली; दोनों हाथ सहारे के लिए ऊपर उठे और फिर जलमग्न हो गये। एक पल में प्यासी नदी उसे पी गयी। देवप्रकाश खड़े तौलिया से देह पोंछ रहे थे। तुरंत पानी में कूदे, साथ का कहार भी कूदा। दो मल्लाह भी कूछ पड़े। सबने डूबकियां मारी, टटोला, पर निर्मलि का पता न चला। तब डोंगी मंगवायी गयी। मल्लाह ने बार-बार गोते मारे पर लाश हाथ न आयी। देवप्रकाश शोक में डूबे घर आये। सत्यप्रकाश किसी उपहार की आशा में दौड़ा। पिता ने गोद में उठा लिया और बड़े यत्न करने

पर भी अपनी सिसक को न रोक सके। सत्यप्रकाश ने पूछा — अम्मा कहां है।

देव — बेटा, गंगा ने उन्हें नेवता खाने के लिए रोक लिया।

सत्यप्रकाश ने उनके मुख की ओर जिज्ञासा के भाव से देखा और आशय समझ गया। अम्मां-अम्मां कहकर रोने लगा।

2

मातृहीन बालक संसार का सबसे करूणाजनक प्राणी है। दीन-से-दीन प्राणियों को भी ईश्वर का आधार होता है, जो उनके हृदय को सम्हालता रहता है। मातृहीन बालक इस आधार से वंचित होता है। माता ही उनके जीवन का एकमात्र आधार होती है। माता बिना वह पंखहीन पक्षी है।

सत्यप्रकाश को एकांत से प्रेम हो गया। अकेला बैठा रहता। वृक्षों में उसे कुछ-कुछ सहानुभूति का अज्ञात अनुभव होता था, जो घर के प्राणियों में उसे न मिलती थी। माता का प्रेम था, तो सभी प्रेम करते थे, माता का प्रेम उठ गया तो सभी निष्ठुर हो गये। पिता की आंखों में भी वह प्रेम-ज्योति न रही। दरिद्र को कौन भिक्षा देता है?

छह महीने बीत गये। सहसा एक दिन उसे मालूम हुआ, मेरी नयी माता आने वाली है। दौड़ा पिता के पास गया और पूछा — क्या मेरी नयी माता आयेगी।

पिता ने कहा — हां बेटा, वे आकर तुम्हें प्यार करेंगी?

सत्य — क्या मेरी ही मां स्वर्ग से आ जायेंगी?

देव0 — हां, वही माता आ जायेगी।

सत्य0 — मुझे उसी तरह प्यार करेंगी?

देवप्रकाश इसका क्या उत्तर देते? मगर सत्यप्रकाश उसी दिन से प्रसन्न मन रहने लगा। अम्मां आने वाली है।

विवाह के दिन आये। घर में तैयारियां होने लगीं। सत्यप्रकाश खुशी से फूला न समाता। मेरी नयी अम्मां आयेंगी। बारात में वह भी गया। नये-नये कपड़े मिले। पालकी पर बैठा। नानी ने अन्दर बुलाया और उसे गोद मे लेकर एक अशर्फी दी। वहीं उसे नयी माता के दर्शन हुए। नानी ने नयी माता से कहा — बेटी, कैसा सुन्दर बालक है! इसे प्यार करना।

सत्यप्रकाश ने नयी माता को देखा और मुग्ध हो गया। बच्चे भी रूप के उपासक होते हैं। एक लावण्यमयी मूर्ति आभषणों से लदी सामने खड़ी थी। उसने दोनों हाथों से उसका अंचल पकड़कर कहा — अम्मा!

कितना अरूचिकर शब्द था, कितना लज्जायुक्त, कितना अप्रिय! वह ललना जो 'देवप्रिया' नाम से सम्बोधित होती थी, यह उत्तरदायित्व, त्याग और क्षमा का सम्बोधन न सह सकी। अभी वह प्रेम और विलास का सुख-स्वप्न देख रही थी — यौवनकाल की मदमय वायु तरंगों

में आंदोलित हो रही थी। इस शब्द ने उसके स्वप्न को भंग कर दिया। कुछ रूष्ट होकर बोली — मुझे अम्मा मत कहो।

सत्यप्रकाश ने विस्मित नेत्रों से देखा। उसका बाल-स्वप्न भंग हो गया। आंखें डबडबा गयीं। नानी ने कहा — बेटी देखो, लड़के का दिल छोटा हो गया। वह क्या जाने, क्या कहना चाहिए। अम्मां कह दिया तो तुम्हें कौन-सी चोट लग गयी?

देवप्रिया ने कहा — मुझे अम्मां न कहे।

3

सौत का पुत्र विमाता की आंखों में क्यों इतना खटकता है? इसका निर्णय आज तक किसी मनोभाव के पंडित ने नहीं किया। हम किस गिनती में हैं। देवप्रिया जब तक गर्भिणी न हुई, वह सत्यप्रकाश से कभी-कभी बातें करती, कहानियां सुनाती; किंतु गर्भिणी होते ही उसका व्यवहार कठोर हो गया, और प्रसवकाल ज्यों-ज्यों निकट आता था, उसकी कठोरता बढ़ती ही जाती थी। जिस दिन उसकी गोद में एक चांद से बच्चे का आगमन हुआ, सत्यप्रकाश खूब उछला-कूदा और सौर-गृह में दौड़ा हुआ बच्चे को देखने लगा। बच्चा देवप्रिया की गोद में सो रहा था। सत्यप्रकाश ने बड़ी उत्सुकता से बच्चे को विमाता की गोद से उठाना चाहा कि सहसा देवप्रिया ने सरोषस्वर में कहा — खबरदार, इसे मत छूना, नहीं तो कान पकड़कर उखाड़ लूंगी!

बालक उलटे पांव लौट आया और कोठे की छत पर जाकर खूब रोया। कितना सुन्दर बच्चा है! मैं उसे गोद में लेकर बैठता, तो कैसा मजा आता। मैं उसे गिराता थोड़े ही, फिर इन्होंने क्यों मुझे झिड़क दिया? भोला बालक क्या जानता था कि झिड़की का कारण माता की सावधानी नहीं, कुछ और ही है।

एक दिन शिशु सो रहा था। उसका नाम ज्ञानप्रकाश रखा गया था। देवप्रिया स्नानगार में थी। सत्यप्रकाश चुपके से आया और बच्चे का ओढ़ना हटाकर उसे अनुरागमय नेत्रों से देखने लगा। उसका जी कितना चाहा कि उसे गोद में लेकर प्यार करूं; पर डर के मारे उसने उसे उठाया नहीं, केवल उसके कपोलों को चूमने लगा। इतने में देवप्रिया निकल आयी। सत्यप्रकाश को बच्चे को चूमते देखकर आग हो गयी। दूर ही से डांटा, हट जा वहां से!

सत्यप्रकाश माता को दीन नेत्रों से देखता हुआ बाहर निकल आया!

संध्या समय उसके पिता ने पूछा — तुम लल्ला को क्यों रूलाया करते हो?

सत्य0 — मैं तो उसे कभी नहीं रूलाता। अम्मा खिलाने को नहीं देती।

देव0 — झूठ बोलते हो। आज तुमने बच्चे को चुटकी काटी।

सत्य0 — जी नहीं, मैं तो उसकी मुर्च्छिया ले रहा था।

देव0 — झूठ बोलता है!

सत्य0 — झूठ नहीं बोलता।

देवप्रकाश को क्रोध आ गया। लड़के को दो-तीन तमाचे लगाये। पहली बार यह ताड़ना मिली, और निरपराध! इसने उसके जीवन की कायापलट कर दी।

4

उस दिन से सत्यप्रकाश के स्वभाव में एक विचित्र परिवर्तन दिखाई देने लगा। वह घर में बहुत कम आता। पिता, आते, तो उनसे मुंह छिपाता फिरता। कोई खाना खाने को बुलाने आता, तो चोरों की भांति दुबका हुआ जाकर खा लेता; न कुछ बोलता। पहले अत्यंत कुशाग्रबुद्धि थी। उसकी सफाई, सलीके और फुरती पर लोग मुग्ध हो जाते थे। अब वह पढ़ने से जी चुराता, मैले-कुचैले कपड़े पहने रहता। घर में कोई प्रेम करने वाला न था। बाज़ार के लड़कों के साथ गली-गली घूमता, कनकौवे लूटता, गालियां बकना भी सीख गया। शरीर दुर्बल हो गया। चेहरे की कांति भी गायब हो गयी। देवप्रकाश को अब आये दिन उसकी शरारतों के उलाहनें मिलने लगे और सत्यप्रकाश नित्य घुड़कियां और तमाचे खाने लगा। यहां तक कि अगर वह घर में किसी काम से चला जाता, तो सब लोग दुर-दुर कर के दौड़ाते। ज्ञान प्रकाश को पढ़ाने के लिए मास्टर आता था। देवप्रकाश उसे रोज सैर कराने साथ ले जाते। हंसमुख लड़का था। देवप्रिया उसे सत्यप्रकाश के साथ से बचाती रहती थी। दोनों लड़कों में कितना अन्तर था! एक साफ-सुथरा, सुन्दर कपड़े पहिने, शील और विनय का पुतला, सच बोलने वाला। देखने वालों के मुंह से अनायास ही दुआ निकल आती थी। दूसरा मैला, नटखट, चोरों की तरह मुंह छिपाये हुए, मुंह-फट, बात-बात पर गालियां बकने वाला। एक हरा-भरा पौधा था, प्रेम से प्लावित, स्नेह से सिंचित, दूसरा सूखा हुआ टेढ़ा, पल्लवहीन नव वृक्ष था, जिसकी जड़ों को एक मुद्दत से पानी नहीं नसीब हुआ। एक को देखकर पिता की छाती ठंडी होती थी; दूसरे को देखकर देह में आग लग जाती थी।

5

आश्चर्य यह था कि सत्यप्रकाश को अपने छोटे भाई से लेशमात्र भी ईर्ष्या न थी। अगर उसके हृदय में कोई कोमल भाव शेष रह गया था; तो वह अपने भाई के प्रति स्नेह था। उस मरुभूमि में यही एक हरियाली थी। ईर्ष्या साम्यभाव की द्योतक है। सत्यप्रकाश अपने भाई को अपने से कहीं ऊंचा, कहीं भाग्यशाली समझता था। उसमें ईर्ष्या का भाव ही लोप हो गया था।

घृणा-से-घृणा उत्पन्न होती है। प्रेम-से-प्रेम। ज्ञान प्रकाश भी बड़े भाई को चाहता था। कभी-कभी उसका पक्ष लेकर अपनी मां से विवाद कर बैठता। कहता, भैया की अचकन फट गयी है, आप नयी अचकन क्यों नहीं बनवा देती? मां उत्तर देतीं — उसके लिए वहीं अचकन अच्छी है। अभी क्या, अभी तो वह नंगा फिरेगा। ज्ञानप्रकाश बहुत चाहता था कि अपने जेब-खर्च से बचा कर अपने भाई को दे, पर सत्यप्रकाश कभी इसे स्वीकार न करता था। वास्तव में जितनी देर वह छोटे भाई के साथ रहता, उतनी देर उसे एक शांतिमय आनन्द का अनुभव होता। थोड़ी देर के लिए वह सद्भावों के साम्राज्य में विचरने लगता। उसके मुख से कोई भी भद्दी और अप्रिय बात न निकलती। एक क्षण के लिए उसकी सोयी हुई आत्मा जाग उठती।

एक बार कई दिन तक सत्यप्रकाश मदरसे न गया। पिता ने पूछा — तुम आज कल पढ़ने नहीं जाते? क्या सोच रखा है कि मैंने तुम्हारी जिन्दगी भर का ठेका ले रखा है?

सत्य0 — मेरे ऊपर जुर्माने और फीस के कई रूपये हो गये हैं। जाता हूं तो दरवाज़े से निकाल दिया जाता हूँ।

देव0 — फीस क्यों बाकी है। तुम तो महीने-महीने ले लिया करते हो न?

सत्य0 — आये-दिन चन्दे लगा करते हैं, फीस के रुपये चन्दे में दिये।

देव0 — और जुर्माना क्यों हुआ?

सत्य0 — फीस न देने के कारण।

देव0 — तुमने चन्दा क्यों दिया?

सत्य0 — ज्ञानू ने चन्दा दिया तो मैंने भी दिया।

देव0 — तुम ज्ञानू से जलते हो?

सत्य0 — मैं ज्ञानू से क्यों जलने लगा। यहां हम और वह दो हैं, बाहर हम और वह एक समझे जाते हैं। मैं यह नहीं कहना चाहता कि मेरे पास कुछ नहीं है।

देव0 — क्यों कहते शर्म आती है?

सत्य0 — जी हां, आपकी बदनामी होगी।

देव0 — अच्छा, तो आप मेरी मान-रक्षा करते हैं। यह क्यों नहीं कहते कि पढ़ना अब तुझे मंजूर नहीं है। मेरे पास इतना रूपया नहीं कि तुम्हें एक एक क्लास में तीन-तीन साल पढ़ाऊं और ऊपर से तुम्हारे खर्च के लिए भी प्रति मास कुछ दूं। ज्ञानबाबू कितना छोटा है, लेकिन तुमसे एक ही दर्जा नीचे है। तुम इस साल ज़रूर ही फेल होओगे और वह ज़रूर ही पास होकर अगले साल तुम्हारे साथ हो जायेगा। तब तो तुम्हारें मुंह में कालिख लगेगी?

सत्य0 — विद्या मेरे भाग्य ही में नहीं है।

देव0 — तुम्हारे भाग्य में क्या है?

सत्य0 — भीख मांगना।

देव0 — तो फिर भीख मांगो। मेरे घर से निकल जाओ।

देवप्रिया — भी आ गयी। बोली — शरमाता तो नहीं, और बातों का ज़वाब देता है।

देवप्रिया — ये जली कटी बातें अब मुझसे न सही जायेंगी। मैं खून का घूंट पी-पीकर

रह जाती हूं।

देवप्रकाश — बेहया है। कल से इसका नाम कटवा दूंगा। भीख मांगनी है तो भीख ही मांगे।

6

दूसरे दिन सत्यप्रकाश ने घर से निकलने की तैयारी कर दी। उसकी उम्र अब 6 साल की हो गयी थी। इतनी बात सुनने के बाद अब उसे घर में रहना असह्य हो गया। जब हाथ-पांव न थे, किशोरावस्था की असमर्थता थी, तब तक अवहेलना, निरादर, निष्ठुरता, भर्त्सना सब कुछ सहकर घर में रहता था। अब हाथ-पांव हो गये थे, उस बंधन में क्यों रहता। आत्माभिमान आशा की भांति बहुत चिरजीवी होता है।

गर्मी के दिन थे। दोपहर का समय। घर के सब प्राणी सो रहे थे। सत्यप्रकाश ने अपनी धोती बगल में दबायी; छोटा-सा बैग हाथ में लिया और चाहता था कि चुपके से बैठक से निकल जाये कि ज्ञानू आ गया और उसे कहीं जाने को तैयार देखकर बोला — कहां जाते हो भैया?

सत्य0 — जाता हूं कहीं नौकरी करूंगा।

ज्ञानू0 — मैं जाकर अम्मां से कहे देता हूं।

सत्य0 — तो फिर मैं तुमसे छिपाकर चला जाऊंगा।

ज्ञानू0 — क्यों चले जाओगे? तुम्हें मेरी ज़रा भी मुहब्बत नहीं।

सत्यप्रकाश ने भाई को गले लगाकर कहा — तुम्हें छोड़कर जाने को जी तो नहीं चाहता, लेकिन जहां कोई पूछने वाला नहीं है, वहां पड़े रहना बेहयाई है। कहीं दस-पांच की नौकरी कर लूंगा और पेट पालता रहूंगा। और किस लायक हूँ?

ज्ञानू0 — तुमसे अम्मां क्यों इतना चिढ़ती हैं? मुझे तुमसे मिलने को मना किया करती हैं?

सत्य0 — मेरे नसीब खोटे हैं, और क्या।

ज्ञानू0 — तुम लिखने-पढ़ने में जी नहीं लगाते?

सत्य0 — लगता ही नहीं, कैसे लगाऊं? जब कोई परवाह नहीं करता तो मैं भी सोचता हूं — उंह, यही न होगा, ठोकर खाऊंगा। बला से!

ज्ञानू0 — मुझे भूल तो न जाओगे? मैं तुम्हारे पास खत लिखा करूंगा, मुझे भी एक बार अपने यहां बुलाना।

सत्य0 — तुम्हारें स्कूल के पते से चिट्ठी लिखूंगा।

ज्ञानू0 — (रोते-रोते) मुझे न जाने क्यों तुम्हारी बड़ी मुहब्बत लगती है!

सत्य0 — मैं तुम्हें सदैव याद रखूंगा।

यह कहकर उसने फिर भाई को गले से लगाया और घर से निकल पड़ा। पास एक कौड़ी भी न थी और वह कलकत्ते जा रहा था।

7

सत्यप्रकाश कलकत्ते क्योंकर पहुंचा, इसका वृत्तांत लिखना व्यर्थ है। युवकों में दुस्साहस की मात्रा अधिक होती है। वे हवा में किले बना सकते हैं, धरती पर नाव चला सकते हैं। कठिनाइयों की उन्हें कुछ परवा नहीं होती। अपने ऊपर असीम विश्वास होता है। कलकत्ते पहुंचना ऐसा कष्ट-साध्य न था। सत्यप्रकाश चतुर युवक था। पहिले ही उसने निश्चय कर लिया था कि कलकत्ते में क्या करूंगा, कहां रहूंगा, उसके बैग में लिखने की सामग्री मौजूद थी। बड़े शहर में जीविका का प्रश्न कठिन भी है और सरल भी है। सरल है उनके लिए, जो हाथ से काम कर सकते हैं, कठिन है उनके लिए, जो कलम से काम करते हैं। सत्यप्रकाश मज़दूरी करना नीच काम समझता था। उसने एक धर्मशाला में असबाब रखा। बाद में शहर के मुख्य स्थानों का निरीक्षण करके एक डाकघर के सामने लिखने का सामान लेकर बैठ गया और अनपढ़ मज़दूरों की चिटिठ्या, मनीऑर्डर आदि लिखने का व्यवसाय करने लगा। पहले कई दिन तो उसको इतने पैसे भी न मिले कि भर-पेट भोजन करता; लेकिन धीरे-धीरे आमदनी बढ़ने लगी। वह मज़दूरों से इतने विनय के साथ बातें करता और उनके समाचार इतने विस्तार से लिखता कि बस वे पत्र को सुनकर बहुत प्रसन्न होते। अशिक्षित लोग एक ही बात को दो-दो, तीन-तीन बार लिखते हैं। उनकी दशा ठीक रोगियों की-सी होती है, जो वैद्य से अपनी व्यथा और वेदना का वृत्तांत कहते नहीं थकते। सत्यप्रकाश सूत्र को व्याख्या का रूप देकर मज़दूरों को मुग्ध कर देता था। एक संतुष्ट होकर जाता, तो अपने कई अन्य भाइयों को खोज लाता। एक ही महीने में उसे 1 रुपया रोज मिलने लगा। उसने धर्मशाला से निकलकर शहर से बाहर 5 रुपए महीने पर एक छोटी-सी कोठरी ले ली। एक जून खाता। बर्तन अपने हाथों से धोता। ज़मीन पर सोता। उसे अपने निर्वासन पर ज़रा भी खेद और दुःख न था। घर के लोगों की कभी याद न आती। वह अपनी दशा पर संतुष्ट था। केवल ज्ञानप्रकाश की प्रेमयुक्त बातें न भूलतीं। अंधकार में यही एक प्रकाश था। विदाई का अंतिम दृश्य आंखों के सामने फिरा करता। जीविका से निश्चिंत होकर उसने ज्ञान प्रकाश को एक पत्र लिखा। उत्तर आया तो उसके आनंद की सीमा न रही। ज्ञान मुझे याद करके रोता है, मेरे पास आना चाहता है, स्वास्थ्य भी अच्छा नहीं है। प्यासे को पानी से जो तृप्ति होती है वही तृप्ति इस पत्र से सत्यप्रकाश को हुई। मैं अकेला नहीं हूं, कोई मुझे भी चाहता है — मुझे भी याद करता है।

उसी दिन से सत्यप्रकाश को यह चिंता हुई कि ज्ञान के लिए कोई उपहार भेजूं। युवकों को मित्र बहुत जल्द मिल जाते हैं। सत्यप्रकाश की भी कई युवकों से मित्रता हो गयी थी। उनके साथ कई बार सिनेमा देखने गया। कई बार बूटी-भंग शराब-कबाब की भी ठहरी। आईना, तेल, कंघी का शौक़ भी पैदा हुआ, जो कुछ पाता, उड़ा देता। बड़े वेग से नैतिक पतन और शारीरिक विनाश की ओर दौड़ा चला जाता था। इस प्रेम-पत्र ने उसके पैर पकड़ लिए। उपहार

के प्रयास ने दस दुर्व्यसनों को तिरोहित करना शुरू किया। सिनेमा का चसका छूटा, मित्रों को हील-हवाले करके टालने लगा। भोजन भी रूखा-सूखा करने लगा। धन-संचय की चिंता ने सारी इच्छाओं को परास्त कर दिया। उसने निश्चय किया कि अच्छी-सी घड़ी भेजूं। उसका दाम कम-से-कम 40 रुपये होगा। अगर तीन महीने तक एक कौड़ी का भी अपव्यय न करूं, तो घड़ी मिल सकती है। ज्ञानू घड़ी देखकर कैसा खुश होगा! अम्मां और बाबूजी भी देखेंगे। उन्हें मालूम हो जायेगा कि मैं भूखों नहीं मर रहा हूं। किफ़ायत की धुन में वह बहुधा दिया-बत्ती न करता। बड़े सवेरे काम करने चला जाता और सारे दिन दो-चार पैसे की मिठाई खाकर काम करता रहता। उसके ग्राहकों की संख्या दिन-दूनी होती जाती थी। चिट्ठी-पत्री के अतिरिक्त अब उसने तार लिखने का भी अभ्यास कर लिया था। दो ही महीने में उसके पास 50 रुपये एकत्र हो गए और जब घड़ी के साथ सुनहेरी चेन का पार्सल बना ज्ञानू के नाम भेज दिया, तो उसका चित्त इतना उत्साहित था मानो किसी निस्संतान पुरुष के बालक हुआ हो।

8

'घर' कितनी कोमल, पवित्र, मनोहर स्मृतियों को जागृत कर देता है! यह प्रेम का निवास-स्थान है। प्रेम ने बहुत तपस्या करके यह वरदान पाया है।

किशोरावस्था में 'घर' माता-पिता, भाई-बहन, सखी-सहेली के प्रेम की याद दिलाता है, प्रौढ़ावस्था में गृहिणी और बाल-बच्चों के प्रेम की। यही वह लहर है जो मानव-जीवन को स्थिर रखता है, उसे समुद्र की वेगवती लहरों में बहने और चट्टानों से टकराने से बचाता है। यही वह मंडप है, जो जीवन को समस्त-बाधाओं से सुरक्षित रखता है।

सत्यप्रकाश का 'घर' कहां था? वह कौन-सी शक्ति थी, जो कलकत्ते के विराट् प्रलोभनों से उसकी रक्षा करती थी? — माता का प्रेम, पिता का स्नेह, बाल-बच्चों की चिंता? — नहीं, उसका रक्षक, उद्धारक उसका परितोषक केवल ज्ञानप्रकाश का स्नेह था। उसी के निमित्त वह एक-एक पैसे की किफ़ायत करता था, उसी के लिए वह कठिन परिश्रम करता था और धनोपार्जन के नये-नये उपाय सोचता था। उसे ज्ञानप्रकाश के पत्रों से मालूम हुआ था कि इन दिनों देवप्रकाश की आर्थिक स्थिति अच्छी नहीं है। वे एक घर बना रहे हैं जिसमें व्यय अनुमान से अधिक हो जाने के कारण ऋण लेना पड़ा है, इसलिए अब ज्ञानप्रकाश को पढ़ाने के लिए घर पर मास्टर नहीं आता। तब से सत्यप्रकाश प्रतिमास ज्ञानू के पास कुछ-न-कुछ अवश्य भेज देता था। वह अब केवल पत्र-लेखक न था, लिखने के सामान की एक छोटी-सी दुकान भी उसने खोल ली थी। इससे अच्छी आमदनी हो जाती थी। इस तरह पांच वर्ष बीत गये। रसिक मित्रों ने जब देखा कि अब वह हत्थे नहीं चढ़ता, तो उसके पास आना-जाना छोड़ दिया।

9

संध्या का समय था। देवप्रकाश अपने मकान में बैठे देवप्रिया से ज्ञान प्रकाश के विवाह के संबंध में बातें कर रहे थे। ज्ञानू अब 17 वर्ष का सुंदर युवक था। बाल-विवाह के विरोधी होने पर भी देवप्रकाश अब इस शुभमुहूर्त को न टाल सकते थे। विशेषतः जब कोई महाशय 5,000 रुपया दहेज देने को प्रस्तुत हों।

दवप्रकाश — मैं तो तैयार हूं, लेकिन तुम्हारा लड़का भी तैयार हो!

देवप्रिया — तुम बातचीत पक्की कर लो, वह तैयार हो ही जायेगा। सभी लड़के पहले 'नहीं' करते हैं।

देव0 — ज्ञानू का इन्कार केवल संकोच का इन्कार नहीं है, वह सिद्घांत का इन्कार है। वह साफ-साफ कह रहा है कि जब तक भैया का विवाह न होगा, मैं अपना विवाह करने पर राजी नहीं हूं।

देवप्रिया — उसकी कौन चलावे, वहां कोई रखेली ली होगी, विवाह क्यों करेगा? वहां कोई देखने जाता है?

देव0 — (झुंझला कर) रखेली रख ली होती तो तुम्हारे लड़के को 40 रुपये महीने न भेजता और न वे चीजें ही देता, जो पहले महीने से अब तक बराबर देता चला आता है। न जाने क्यों तुम्हारा मन उसकी ओर से इतना मैला हो गया है! चाहे वह जान निकालकर भी दे दे, लेकिन तुम न पसीजोगी। देवप्रिया नाराज़ होकर चली गयी। देवप्रकाश उससे यही कहलाना चाहते थे कि पहले सत्यप्रकाश का विवाह करना उचित है; किंतु वह कभी इस प्रसंग को आने ही न देती थी। स्वयं देवप्रकाश की यह हार्दिक इच्छा थी कि पहिले बड़े लड़के का विवाह करे, पर उन्होंने भी आज तक सत्यप्रकाश को कोई पत्र नहीं लिखा। पहिले इतने दिनों तक चुपचाप रहने के लिए क्षमा मांगी, तब उसे एक बार घर आने का प्रेमाग्रह किया। लिखा, अब मैं कुछ ही दिनों का मेहमान हूं। मेरी अभिलाषा है कि तुम्हारा और तुम्हारे छोटे भाई का विवाह देख लूं। मुझे बहुत दुःख होगा, यदि तुम मेरी विनय स्वीकार न करोगे। ज्ञानप्रकाश के असमंजस की बात भी लिखी, अन्त में इस बात पर ज़ोर दिया कि किसी और विचार से नहीं, तो ज्ञानू के प्रेम के नाते ही तुम्हें इस बंधन में पड़ना होगा।

सत्यप्रकाश को यह पत्र मिला, तो उसे बहुत खेद हुआ। मेरे भ्रातृ स्नेह का यह परिणाम होगा, मुझे न मालूम था। इसके साथ ही उसे यह ईर्ष्यामय आनन्द हुआ कि अम्मा और दादा को अब तो कुछ मानसिक पीड़ा होगी। मेरी उन्हें क्या चिंता थी? मैं तो मर भी जाऊं तो भी उनकी आंखों में आंसू न आयें। 7 वर्ष हो गये, कभी भूलकर भी पत्र न लिखा कि मरा है या जीता है। अब कुछ चेतावनी मिलेगी। ज्ञान प्रकाश अंत में विवाह करने पर राजी तो हो ही जायेगा, लेकिन सहज में नहीं। कुछ न हो तो मुझे तो एक बार अपने इन्कार के कारण

लिखने का अवसर मिला। ज्ञानू को मुझसे प्रेम है, लेकिन उसके कारण मैं पारिवारिक अन्याय का दोषी न बनूंगा। हमारा पारिवारिक जीवन सम्पूर्णतः अन्यायमय है। यह कुमति और वैमनस्य, क्रूरता और नृशंसता का बीजारोपण करता है। इसी माया में फंसकर मनुष्य अपनी संतान का शत्रु हो जाता है। न, मैं आंखों देखकर यह मक्खी न निगलूंगा। मैं ज्ञानू को समझाऊंगा अवश्य। मेरे पास जो कुछ ज़मा है; वह सब उसके विवाह के निमित्त अर्पण भी कर दूंगा। बस, इससे ज्यादा मैं और कुछ नहीं कर सकता। अगर ज्ञानू भी अविवाहित रहे, तो संसार कौन सूना हो जायेगा? ऐसे पिता का पुत्र क्या वंश-परम्परा का पालन न करेगा? क्या उसके जीवन में फिर वहीं अभिमान न दुहराया जायेगा, जिसने मेरा सर्वनाश कर दिया?

दूसरे दिन सत्यप्रकाश ने 500 रुपये पिता के पास भेजे और पत्र लिखा कि मेरा अहोभाग्य जो आपने मुझे याद किया। ज्ञानू का विवाह निश्चित हो गया, इसकी बधाई! इन रुपयों से नववधू के लिए आभूषण बनवा दीजिएगा। रही मेरे विवाह की बात। मैंने अपनी आंखों से जो कुछ देखा है और मेरे सिर पर जो कुछ बीता है, उस पर ध्यान देते हुए यदि मैं कुटुम्ब-पाश में फंसू तो मुझसे बड़ा उल्लू इस संसार में न होगा। मुझे आशा है, आप मुझे क्षमा करेंगे। विवाह की चर्चा ही से मेरे ह्दय को आघात पहुंचता है।

दूसरा पत्र ज्ञान प्रकाश को लिखा है कि माता-पिता की आज्ञा को शिरोधार्य करो। मैं अनपढ़, मूर्ख, बुद्धिहीन आदमी हूं; मुझे विवाह करने का कोई अधिकार नहीं है। मैं तुम्हारें विवाह के शुभोत्सव में सम्मिलित न हो सकूंगा, लेकिन मेरे लिए इससे बढ़कर आनन्द और संतोष का विषय नहीं हो सकता।

10

देवप्रकाश यह पढ़कर अवाक् रह गये। फिर आग्रह करने का साहस न हुआ। देवप्रिया ने नाक सिकोड़कर कहा — यह लौंडा देखने ही को सीधा है, है ज़हर का बुझाया हुआ! कैसा सौ कौस से बैठा हुआ बरछियों से छेद रहा है।

किंतु ज्ञानप्रकाश ने वह पत्र पढ़ा, तो उसे मर्माघात पहुंचा। दादा और अम्मा के अन्याय ने ही उन्हें यह भीषण व्रत धारण करने पर बाध्य किया है। इन्हीं ने उन्हें निर्वासित किया है, और शायद सदा के लिए। न जाने अम्मां को उनसे क्यों इतनी जलन हुई। मुझे तो अब याद आता है कि किशोरवस्था ही से बड़े आज्ञाकारी, विनयशीन और गम्भीर थे। अम्मा की बातों का उन्हें जंवाब देते नहीं सुना। मैं अच्छे-से-अच्छा खाता था, फिर भी उनके तीवर मैले न हुए, हांलाकि उन्हें जलना चाहिए था। ऐसी देशा में अगर उन्हें गार्हस्थ्य-जीवन से घृणा हो गयी, तो आश्चर्य हीं क्या? फिर मैं ही क्यों इस विपत्ति में फंसू? कौन जाने मुझे भी ऐसी ही परिस्थिति का सामना करना पड़े। भैया ने बहुत सोच-समझकर यह धारणा की है।

संध्या समय जब उसके माता-पिता बैठे हुए इसी समस्या पर विचार कर रहे थे। ज्ञानप्रकाश

ने आकर कहा — मैं कल भैया से मिलने जाऊंगा।

देवप्रिया — क्या कलकत्ते जाओगे?

ज्ञान0 — जी हां।

देवप्रिया — उन्हीं को क्यों नहीं बुलाते?

ज्ञान0 — उन्हें कौन मुंह लेकर बुलाऊं? आप लोगों ने तो पहिले ही मेरे मुंह पर कालिख लगा दी है। ऐसा देव-पुरुष आप लोगों के कारण विदेश में ठोकर खा रहा है और मैं इतना निर्लज्ज हो जाऊं कि...

देवप्रिया — अच्छा चुप रह, नहीं ब्याह करना है, न कर, जले पर नोन मत छिड़क! माता-पिता का धर्म है इसलिए कहती हूं, नहीं तो यहां ठेंगे की परवाह नहीं है। तू चाहे ब्याह कर, चाहे क्वांरा रह, पर मेरी आंखों से दूर हो जा।

ज्ञान0 — क्या मेरी सूरत से भी घृणा हो गयी?

देवप्रिया — जब तू हमारे कहने में नहीं, जो जहां चाहे, रह। हम भी समझ लेंगे कि भगवान ने लड़का ही नहीं दिया।

देव0 — क्यों व्यर्थ में ऐसे कटु वचन बोलती हो?

ज्ञान0 — अगर आप लोगों की यही इच्छा है, तो यही होगा। देवप्रकाश ने देखा कि बात का बतंगड़ हुआ चाहता है, तो ज्ञान प्रकाश को इशारे से टाल दिया और पत्नी के क्रोध को शांत करने की चेष्टा करने लगे। मगर देवप्रिया फूट-फूटकर रो रही थी और बार-बार कहती थी, मैं इसकी सूरत न देखूंगी। अंत में देवप्रकाश ने चिढ़कर कहा — तो तुम्ही ने तो कटु वचन कहकर उसको उत्तेजित कर दिया।

देवप्रिया — यह सब विष उसी चांडाल ने बोया है, जो यहां से सात समुंदर पार बैठा मुझे मिट्टी में मिलाने का उपाय कर रहा है। मेरे बेटे को मुझसे छीनने ही के लिए उसने यह प्रेम का स्वांग भरा है। मैं उसकी नस-नस पहिचानती हूं। उसका यह मंत्र मेरी जान लेकर छोड़ेगा; नहीं तो मेरा ज्ञानू, जिसने कभी मेरी बात का जवाब नहीं दिया, यों मुझे न जलाता!

देव — अरे; तो क्या विवाह ही न करेगा! अभी गुस्से में अनाप-सनाप बक गया है। ज़रा शांत हो जायेगा तो मैं समझा कर राजी कर दूंगा।

देवप्रिया — मेरे हाथ से निकल गया।

देवप्रिया की आशंका सत्य निकली। देवप्रकाश ने बेटे को बहुत समझाया। कहा — तुम्हारी माता इस शोक से मर जायेगी, किन्तु कुछ असर न हुआ। उसने एक बार 'नहीं' करके 'हां' न की। निदान पिता भी निराश होकर बैठ रहे।

तीन साल तक प्रतिवर्ष विवाह के दिनों में यह प्रश्न उठता रहा, पर ज्ञान प्रकाश अपनी प्रतिज्ञा पर अटल रहा। माता का रोना-धोना निष्फल हुआ। हां उसने माता की एक बात मान ली, वह भाई से मिलने कलकत्ते न गया।

तीन साल में घर में बड़ा परिवर्तन हो गया। देवप्रिया की तीनों कन्याओं का विवाह हो गया। अब घर में उसके सिवा कोई स्त्री न थी। सूना घर उसे फाड़े खाता था। जब वह नैराश्य

और क्रोध से पागल हो जाती, तो सत्यप्रकाश को खूब जी भर कोसती! मगर दोनों भाईयों में पत्र-व्यवहार बराबर होता रहता था।

देवप्रकाश के स्वभाव में एक विचित्र उदासीनता प्रकट होने लगी। उन्होंने पेंशन ले ली थी और प्रायः धर्मग्रन्थों का अध्ययन किया करते थे। ज्ञानप्रकाश ने भी 'आचार्य की उपाधि प्राप्त कर ली थी और एक विद्यालय में अध्यापक हो गये थे। देवप्रिया अब संसार में अकेली थी।

देवप्रिया अपने पुत्र को गृहस्थी की ओर खींचने के लिए नित्य टोने टोटके किया करती। बिरादरी में कौन-सी कन्या सुन्दरी है, गुणवती है, सुशिक्षिता है — उसका बखान किया करती, पर ज्ञानप्रकाश को इन बातों के सुनने की भी फुर्सत न थी।

मोहल्ले के और घरों में नित्य ही विवाह होते रहते थे। बहुएं आती थी, उनकी गोद में बच्चे खेलने लगते थे, घर गुलज़ार हो जाता था। कहीं बिदाई होती थी, कहीं बधाइयां आती थी। कहीं गाना-बजाना होता था, कहीं बाजे बजते थे। यह चहल-पहल देखकर देवप्रिया का चिंत चंचल हो जाता। उसे मालूम होता, मैं ही संसार में सबसे अभागिनी हूं। मेरे ही भाग्य में यह सुख भोगना नहीं बदा है। भगवान् ऐसा भी कोई दिन आएगा कि मैं अपनी बहू का मुखचंद्र देखूंगी, उसके बालकों को गोद में खिलाऊंगी। वह भी कोई दिन होगा कि मेरे घर में भी आनन्दोत्स्व मधुर गान की तानें उठेंगी! रात-दिन ये ही बातें सोचते-सोचते देवप्रिया की दशा उन्मादिनी की-सी हो गयी। आप-ही-आप सत्यप्रकाश को कोसने लगी। वही मेरे प्राणों का घातक है। तल्लीनता उन्माद का प्रधान गुण है। तल्लीनता अत्यन्त रचनाशील होती है। वह आकाश में देवताओं के विमान उड़ाने लगती है। अगर भोजन में नमक तेज़ हो गया, तो यह शत्रु ने कोई रोड़ा रख दिया होगा। देवप्रिया को अब कभी-कभी धोखा हो जाता कि सत्यप्रकाश घर में आ गया है, वह मुझे मारना चाहता है, ज्ञानप्रकाश को विष खिलाये देता है। एक दिन उसने सत्यप्रकाश के नाम पत्र लिखा और उसे जितना कोसते बना उतना कोसा। तू मेरे प्राणों का वैरी है, मेरे कुल का घातक है, हत्यारा है। वह कौन दिन आयेगा कि तेरी मिट्टी उठेगी। तूने मेरे लड़के पर वंशीकरण-मंत्र चलवा दिया है। दूसरे दिन फिर ऐसा ही एक पत्र लिखा। यहां तक कि यह उसका नित्य का कर्म हो गया। जब तक एक चिट्ठी में सत्यप्रकाश को गालियां न दे लेती, उसे चैन ही न आता था। इन पत्रों को वह कहारिन के हाथ डाकघर भिजवा दिया करती थी।

11

ज्ञानप्रकाश का अध्यापक होना सत्यप्रकाश के लिए घातक हो गया। परदेश में उसे यहीं संतोष था कि मैं संसार में निराधार नहीं हूं। अब वह अवलम्ब भी जाता रहा। ज्ञानप्रकाश ने ज़ोर देकर लिखा, अब आप मेरे हेतु कोई कष्ट न उठायें। मुझे अपनी गुजर करने के लिए काफ़ी से ज़्यादा मिलने लगा है।

यद्यपि सत्यप्रकाश की दुकान खूब चलती थी, लेकिन कलकत्ते जैसे शहर में एक छोटे-से दूकानदार का जीवन बहुत सुखी नहीं होता। 60-70 रुपये मासिक आमदनी होती ही क्या है? अब तक जो कुछ बचता था, वह वास्तव में बचत न थी, बल्कि त्याग था। एक वक़्त रुखा-सूखा खाकर, एक तंग आर्द्र-कोठरी में रह कर 25-30 रूपये बचे रहते थे। अब दोनों वक़्त भोजन करने लगा। कपड़े भी ज़रा साफ़ पहनने लगा। मगर थोड़े ही दिनों में उसके खर्च में औषधियों की एक मद बढ़ गई और फिर वही पहले की-सी दशा हो गयी। बरसों तक शुद्ध वायु प्रकाश और पुष्टिकर भोजन से वंचित रह कर अच्छे-से-अच्छा स्वास्थ्य भी नष्ट हो सकता है। सत्यप्रकाश को भी अरुचि, मंदाग्नि आदि रोगों ने आ घेरा। कभी-कभी ज्वर भी आ जाता। युवावस्था में आत्मविश्वास होता है, किसी अवलम्ब की परवा नहीं होती। वयोवृद्धि दूसरों का मुंह ताकती है, आश्रय ढूंढती। सत्यप्रकाश पहिले सोता, तो एक करवट में सवेरा हो जाता। कभी बाज़ार से पूरियां लेकर खा लेता, कभी मिठाइयों पर टाल देता। पर अब रात को अच्छी तरह नींद न आती, बाज़ारी भोजन से घृणा होती, रात को घर आता, तो थककर चूर-चूर हो जाता था। उस वक्त चूल्हा जलाना, भोजन पकाना बहुत अखरता। कभी-कभी वह अकेलेपन पर रोता। रात को जब किसी तरह नींद न आती, तो उसका मन किसी से बातें करने को लालायित होने लगता। पर वहां निशांधकार के सिवा और कौन था? दीवालों के कान चाहे हों, मुंह नहीं होता। इधर ज्ञानप्रकाश के पत्र भी अब भी न होता था; पर एक अध्यापक के लिए भावुकता कब शोभा देती है। शनैः-शनैः सत्यप्रकाश को भ्रम होने लगा कि ज्ञानप्रकाश भी मुझसे निष्ठुरता करने लगा, नहीं तों क्या मेरे पास-दो-चार दिन के लिए आना असम्भव था? मेरे लिये तो घर का द्वार बन्द है, पर उसे कौन-सी बाधा है। उस गरीब को क्या मालूम कि यहां ज्ञानप्रकाश ने माता से कलकत्ते न जाने की कसम खा ली है। इस भ्रम ने उसे और भी हताश कर दिया।

शहरों में मनुष्य बहुत होते हैं, पर मनुष्यता बिरले ही में होती है। सत्यप्रकाश उस बहुसंख्यक स्थान में भी अकेला था। उसके मन में अब एक नयी आकांक्षा अंकुरित हुई। क्यों न घर लौट चलूं? किसी संगिनी के प्रेम में क्यों न शरण लूं? वह सुख और शांति और कहां मिल सकती है? मेरे जीवन के निराशाधंकार को कौन ज्योति आलोकित कर सकती है? वह इस आवेश को अपनी सम्पूर्ण विचारशक्ति से रोकता, जिस भांति किसी बालक को घर में रखी हुई मिठाइयों की याद बार-बार खेल से घर खींच लाती है, उसी तरह उसका चित्त भी बार-बार उन्हीं मधुर चिंताओं में मग्न हो जाता था। वह सोचता — मुझे विधाता ने सब सुख से वंचित कर दिया है, नहीं तो मेरी दशा ऐसी हीन क्यों होती? मुझे ईश्वर ने बुद्धि न दी थी क्या? क्या मैं श्रम से जी चुराता था? अगर बालपन ही में मेरे उत्साह और अभिरुचि पर तुषार न पड़ गया होता, मेरी बुद्धि-शक्तियों का गला न घोंट दिया गया होता, तो मैं आज आदमी होता। पेट पालने के लिए इस विदेश में न पड़ा रहता। नहीं, मैं अपने ऊपर यह अत्याचार न करूंगा।

महीनों तक सत्यप्रकाश के मन और बुद्धि में यह संग्राम होता रहा। एक दिन वह दुकान

से आकर चूल्हा जलाने जा रहा था कि डाकियें ने पुकारा ज्ञान प्रकाश के सिवा उसके पास और किसी के पत्र न आते थे। आज ही उसका पत्र आ चुका था। यह दूसरा पत्र क्यों? किसी अनिष्ट की आशंका हुई। पत्र लेकर पढ़ने लगा। एक क्षण में पत्र उसके हाथ से छूट कर गिर पड़ा और वह सिर थामकर बैठ गया कि जमीन पर न गिर पड़े। यह देवप्रिया की विषयुक्त लेखनी से निकला हुआ ज़हर का प्याला था, जिसने एक पल में संज्ञाहीन कर दिया। उसकी सारी मर्मातक व्यथा — क्रोध, नैराश्य, कृतघ्नता, ग्लानि — केवल एक ठंडी सांस में समाप्त हो गयी।

वह जानकर चारपाई पर लेटा रहा। मानसिक व्यथा आग से पानी हो गयी। हां! यह सारा जीवन को मिट्टी में मिलाने के लिए ही प्रेम का स्वांग भर रहा हूं। भगवान! इसके तुम्ही साक्षी हो!

दूसरे दिन फिर देवप्रिया का पत्र पहुंचा। सत्यप्रकाश ने उसे लेकर फाड़ डाला, पढ़ने की हिम्मत न पड़ी।

एक दिन ही दिन पीछे तीसरा पत्र पहुंचा। उसका वही अन्त हुआ। फिर वह नित्य का क्रम हो गया। पत्र आता और फाड़ दिया जाता। किंतु देवप्रिया का अभिप्राय बिना पढ़े ही पूरा हो जाता था — सत्यप्रकाश के मर्मस्थान पर एक चोट और पड़ जाती थी।

एक महीने की भीषण हार्दिक वेदना के बाद सत्यप्रकाश को जीवन से घृणा हो गयी। उसने दुकान बन्द कर दी, बाहर आना-जाना छोड़ दिया। सारे दिन खाट पर पड़ा रहता। वे दिन याद आते जब माता पुचकारकर गोद में बिठा लेती और कहती, 'बेटा!' पिता भी संध्या समय दफ़्तर से आकर गोद में उठा लेते और कहते 'भैया!' माता की सजीव मूर्ति उसके सामने आ खड़ी होती; ठीक वैसी ही जब वह गंगा-स्नान करने गयी थी। उसकी प्यार भरी बातें कानों में आने लगतीं। फिर वह दृश्य सामने आ जाता, जब उसने नववधू माता को 'अम्मा' कहकर पुकारा था। तब उसके कठोर शब्द याद आ जाते, उसके क्रोध से भरे हुए विकराल नेत्र आंखों के सामने आ जाते। उसे अब अपना सिसक-सिसककर रोना याद आ जाता। फिर सोरगृह का दृश्य सामने आता। उसने कितने प्रेम से बच्चे को गोंद में लेना चाहा था! तब माता के वज्र के-सै शब्द कानों में गूंजने लगते। हाय! उसी वज्र ने मेरा सर्वनाश कर दिया! फिर ऐसी कितनी घटनाएं याद आतीं। अब बिना किसी अपराध में मां डांट बताती। पिता का निर्दय, निष्ठुर व्यवहार याद आने लगता। उनका बात-बात पर मिउरियां बदलना, माता के मिथ्यापवादों पर विश्वास करना — हाय! मेरा सारा जीवन नष्ट हो गया! तब वह करवट बदल लेता और फिर वही दृश्य आंखों में फिरने लगते। फिर करवट बदलता और चिल्लाकर कहता — इस जीवन का अन्त क्यों नहीं हो जाता?

इस भांति पड़े-पड़े उसे कई दिन हो गये। संध्या हो गयी थी कि सहसा उसे द्वार पर किसी के पुकारने की आवाज़ सुनायी पड़ी। उसने कान लगाकर सुना और चौंक पड़ा। किसी परिचित मनुष्य की आवाज थी। दौड़ द्वार पर आया, तो देखा ज्ञानप्रकाश खड़ा है। कितना रूपवान पुरुष था! वह उसके गले से लिपट गया। ज्ञानप्रकाश ने उसके पैरों को स्पर्श किया। दोनों भाई घर

में आये। अन्धकार छाया हुआ था। घर की यह दशा देखकर ज्ञान प्रकाश, जो अब तक अपने कंठ के आवेग को रोके हुए था, रो पड़ा। सत्यप्रकाश ने लालटेन जलायी। घर क्या था, भूत का डेरा था। सत्यप्रकाश ने जल्दी से एक कुरता गले में डाल लिया। ज्ञान प्रकाश भाई का जर्जर शरीर, पीला मुख, बुझी हुई आंख देखता था और रोता था।

सत्यप्रकाश ने कहा -- मैं आजकल बीमार हूं।

ज्ञानप्रकाश — वह तो देख ही रहा हूं।

सत्य — तुमने अपने आने की सूचना भी न दी, मकान का पता कैसे चला?

ज्ञान0 — सूचना तो दी थी, आपको पत्र न मिला होगा।

सत्य0 — अच्छा, हां दी होगी, पत्र दुकान म डाल गया होगा। मैं इधर कई दिनों से दूकान नहीं गया। घर पर सब कुशल है?

ज्ञान0 — माता जी का देहांत हो गया।

सत्य0 — अरे, क्या बीमार थीं?

ज्ञान0 — जी नहीं, मालूम नहीं क्या खा लिया। इधर उन्हें उन्माद-सा हो गया था। पिताजी ने कुछ कटुवचन कहे थे; शायद इसी पर कुछ खा लिया।

सत्य0 — पिता जी तो कुशल से हैं?

ज्ञान0 — हां, अभी मरे नहीं हैं।

सत्य0 — अरे, क्या बहुत बीमार हैं?

ज्ञान0 — माता ने विष खा लिया, तो वे उसका मुंह खोलकर दवा पिला रहे थे। माताजी ने ज़ोर से उनकी दो उंगलियां काट ली। वही विष उनके शरीर में पहुंच गया। तब से सारा शरीर सूज आया है। अस्पताल में पड़े हुए हैं, किसी को देखते हैं तो काटने दौड़ते हैं। बचने की आशा नहीं है।

सत्य0 — तब तो घर ही चौपट हो गया।

ज्ञान0 — ऐसे घर को अबसे बहुत पहले चौपट हो जाना चाहिए था।

तीसरे दिन दोनों भाई प्रातःकाल कलकत्ते से विदा होकर चल दिये।

❖❖❖

धोखा

सतीकुण्ड में खिले हुए कमल वसंत के धीमे-धीमे झोंको में लहरा रहे थे और प्रातःकाल की मंद-मंद किरणें उनसे मिल-मिलकर मुस्कुराती थी। राजकुमारी प्रभा कुण्ड के किनारे हरी-हरी घास पर खड़ी सुन्दर पक्षियों का कलरव सुन रही थी। उसका कनक-वर्ण तन इन्हीं फूलों की भांति दमक रहा था। मानो प्रभात की साक्षात् सौम्य मूर्ति है, जो भगवान अंशुमाली के किरणकरों द्वारा निर्मित हुई थी।

प्रभा ने मौलसिरी के वृक्ष पर बैठी हुए एक श्यामा की ओर देखकर कहा — मेरा जी चाहता है कि मैं भी एक चिड़िया होती।

उसकी सहेली उमा ने मुस्कुराकर पूछा — यह क्यों?

प्रभा ने कुण्ड की ओर ताकते हुए उत्तर दिया — वृक्ष की हरी-भरी डालियों पर बैठी हुई चहचहाती, मेरे कलरव से सारा बाग, गूंज उठता।

उमा ने छेड़कर कहा — नौगढ़ की रानी ऐसी कितनी ही पक्षियों का गाना जब चाहे, सुन सकती है।

प्रभा ने संकुचित होकर कहा — मुझे नौगढ़ की रानी बनने की अभिलाषा नहीं है। मेरे लिए किसी नदी का सुनसान किनारा चाहिए। एक वीणा और ऐसे ही सुन्दर सुहावने पक्षियों के संगीत की मधुर ध्वनि में मेरे लिए सारे संसार का ऐश्वर्य भरा हुआ है।

प्रभा का संगीत पर अपरिमित प्रेम था। बहुधा ऐसे ही सुख-स्वप्न देखा करती थी। उमा उत्तर देना ही चाहती थी कि इतने में बाहर से किसी के गाने की आवाज आया —

कर गये थोड़े दिन की प्रीति।

प्रभा ने एकाग्र मन होकर सुना और अधीर होकर कहा — बहन, इस वाणी में जादू

है। मुझसे अब बिना सुने नहीं रहा जाता, इसे भीतर बुला लाओ।

उस पर भी गीत का जादू असर कर रहा था। वह बोली — निःसंदेह ऐसा राग मैंने आज तक नहीं सुना, खिड़की खोलकर बुलाती हूँ।

थोड़ी देर में रागिया भीतर आया — सुन्दर, सजीले बदन का नौजवान था। नंगे पैर, नंगे सिर, कंधे पर एक मृगचर्म, शरीर पर एक गेरुआ वस्त्र, हाथों में एक सितार। मुखारविंद से एक तेज छिड़क रहा था। उसने दबी हुई दृष्टि से दोनों कोमलांगी रमणियों को देखा और सिर झुकाकर बैठ गया।

प्रभा ने झिझकती हुई आंखों से देखा ओर दृष्टि नीचे कर ली। उमा ने कहा — योगीजी, हमारे बड़े भाग्य थे कि आपके दर्शन हुए, हमको भी कोई पद सुनाकर कृतार्थ कीजिए।

योगी ने सिर झुकाकर उत्तर दिया — हम योगी लोग नारायण का भजन करते हैं। ऐसे दरबारो में हम भला क्या गा सकते हैं, पर आपकी इच्छा है तो सुनिए —

कर गये थोड़े दिन की प्रीति।
कहां वह प्रीति, कहां वह बिछरन, कहां मधुवन की रीति,
कर गये थोड़े दिन की प्रीति।

योगी का रसीला करुण स्वर, सितारा का सुमधुर निनाद, उस पर गीत का माधुर्य, प्रभा को बेसुध किये देता था। इसका रसज्ञ स्वभाव और उसका मधुर रसीला गान, अपूर्व संयोग था। जिस भांति सितार की ध्वनि की हिलोरे उठ रही थीं। वे भावनाएं, जो अब तक शांत थीं, जाग पड़ी। हृदय सुख स्वप्न देखने लगा। सतीकुण्ड के कमल तिलिस्म की परियां बन-बनकर मंडराते हुए भौंरों से कर जोड़ सजल नयन हो, कहते थे —

कर गये थोड़े दिन की प्रीति।

सुर्ख और हरी पत्तियों से लदी हुई डालियां सिर झुकाये चहकते हुए पक्षियों से रो-रोकर कहती थीं —

कर गयें थोड़े दिन की प्रीति।

और राजकुमारी प्रभा का हृदय भी सितार की मस्तानी तान के साथ गूंजता था —

कर गये थोड़े दिन की प्रीति।

2

प्रभा बघौली राव देवीचंद की इकलौती कन्या थी। राव पुराने विचारों के रईस थे। कृष्ण की उपासना में लवलीन रहते थे, इसलिए इनके दरबार में दूर-दूर के कलावंत और गवैये आया करते और इनाम-एकराम पाते थे। राव साहब को गाने से प्रेम था, वे स्वयं भी इस विद्या में निपुण थे। यद्यपि अब वृद्धावस्था के कारण यह शक्ति निःशेष हो चली थी, पर फिर भी विद्या के गूढ़ तत्वों के पूर्ण जानकार थे। प्रभा बाल्य-काल से ही इनकी सोहबतों में बैठने लगी। कुछ तो पूर्वजन्म का संस्कार और कुछ रात-दिन गाने की ही चर्चाओं ने उसे भी फन में अनुरक्त कर दिया था। इस समय उसके सौन्दर्य की खूब चर्चा थी। राव साहब ने नौगढ़ के नवयुवक और सुशील राज हरिशचन्द्र से उसकी शादी तज़बीज़ की थी। उभय-पक्ष में तैयारियां हो रही थीं। राजा हरिशचन्द्र मेयो कॉलिज, अजमेर के विद्यार्थी और नयी रोशनी के भक्त थे। उनकी आकांक्षा थी कि उन्हें एक बार राजकुमारी प्रभा से साक्षात्कार होने और प्रेमलाप करने का अवसर दिया जाये; किन्तु रावसाहब इस प्रथा को दूषित समझते थे।

प्रभा राजा हरिशचन्द्र के नवीन विचारों की चर्चा सुनकर इस संबंध से बहुत संतुष्ट न थी। पर जबसे उसने उस प्रेममय युवा योगी का गाना सुना था, तब से तो वह उसी के ध्यान में डूबी रहती। उमा उसकी सहेली थी। इस दोनों के बीच कोई परदा न था; परन्तु इस भेद को प्रभा ने उससे भी गुप्त रखा। उमा उसके स्वभाव से परिचित थी, ताड़ गयी। परन्तु उसने उपदेश करके इस अग्नि को भड़काना उचित न समझा। उसने सोचा कि थोड़े दिनों में यह अग्नि आप-से-आप शांत हो जायेगी। ऐसी लालसाओं का अन्त प्रायः इसी तरह हो जाया करता है; किंतु उसका अनुमान गलत सिद्ध हुआ। योगी की वह मोहिनी मूर्ति कभी प्रभा की आंखों से न उतरती, उसका मधुर राग प्रतिक्षण उसके कानों में गूंजा करता। उसी कुण्ड के किनारे वह सिर झुकायें सारे दिन बैठी रहती। कल्पना में वही मधुर हृदयग्राही राग सुनती और वही योगी की मनोहारिणी मूर्ति देखती। कभी-कभी उसे ऐसा भास होता कि बाहर से यह आवाज़ आ रही थी। वह चौंक पड़ती और तृष्णा से प्रेरित होकर वाटिका की चारदीवारी तक आ जाती और वहां से निराश होकर लौट आती। फिर आप ही विचार करती — यह मेरी क्या दशा है! मुझे यह क्या हो गया हैं! मैं हिन्दू कन्या हूं, माता-पिता जिसे सौंप दें, उसकी दासी बनकर रहना धर्म है। मुझे तन-मन से उसकी सेवा करनी चाहिए। किसी अन्य पुरुष का ध्यान तक मन में लाना मेरे लिए पाप है! आह! यह कलुषित हृदय लेकर मैं किस मुंह से पति के पास जाऊंगी! इन कानों से क्यों कर प्रणय की बातें सुन सकूंगी। जो मेरे लिए व्यंग्य से भी अधिक कर्ण-कटु होंगी! इन पापी नेत्रों से वह प्यारी-प्यारी चितवन कैसे देख सकूंगी जो मेरे लिए वज्र से भी हृदय-भेदी होगी! इस गले में वे मृदुल प्रेमबाहु पड़ेंगे जो लौह-दंड से भी अधिक भारी और कठोर होंगे। प्यारे, तुम मेरे हृदय-मंदिर से निकल जाओ। यह स्थान तुम्हारे योग्य नहीं।

मेरा वश होता तो तुम्हें हृदय की सेज पर सुलाती; परन्तु मैं धर्म की रस्सियों में बंधी हूं।

इस तरह एक महीना बीत गया। ब्याह के दिन निकट आते जाते थे और प्रभा का कमल-सा मुख कुम्हलाया जाता था। कभी-कभी विरह वेदना एवं विचार-विप्लव से व्याकुल होकर उसका चित्त चाहता कि सती-कुण्ड की गोद में शांति लूं, किन्तु रावसाहब इस शोक में जान ही दे देंगे यह विचार कर वह रुक जाती। सोचती, मैं उनकी जीवन सर्वस्व हूं, मुझ अभागिनी को किस लाड़-प्यार से पाला है; मैं ही उनके जीवन का आधार और अन्तकाल की आशा हूं। नहीं, यों प्राण देकर उनकी आशाओं की हत्या न करूंगी। मेरे हृदय पर चाहे जो बीते, उन्हें न कुढ़ाऊंगी! प्रभा का एक योगी गवैये के पीछे उन्मत हो जाना कुछ शोभा नहीं देता। योगी का गान तानसेन के गानों से भी अधिक मनोहर क्यों न हो, पर एक राजकुमारी का उसके हाथों बिक जाना हृदय की दुर्बलता प्रकट करता है; राव साहब के दरबार में विद्या की, शौर्य की और वीरता के प्राण हवन करने की चर्चा न थी। यहां तो रात-दिन राग-रंग की धू रहती थी। यहां इसी शास्त्र के आचार्य प्रतिष्ठा के मसनद पर विराजित थे और उन्हीं पर प्रशंसा के बहुमूल्य रत्न लुटाये जाते थे। प्रभा ने प्रारम्भ ही से इसी जलवायु का सेवन किया था और उस पर इनका गाढ़ा रंग चढ़ गया था। ऐसी अवस्था में उसकी गान-लिप्सा ने यदि भीषण रूप धारण कर लिया तो आश्चर्य ही क्या है।

3

शादी बड़ी धूमधाम से हुई। राव साहब ने प्रभा को गले से लगाकर बिदा किया। प्रभा बहुत रोयी। उमा को वह किसी तरह छोड़ती न थी।

नौगढ़ एक बड़ी रियासत थी और राजा हरिशचन्द्र के सुप्रबन्ध से उन्नति पर थी। प्रभा की सेवा के लिए दासियों की एक पूरी फ़ौज थी। उसके रहने के लिए वह आनन्द-भवन सजाया गया था, जिसको बनाने में शिल्प विशारदों ने अपूर्व कौशल का परिचय दिया था। शृंगार चतुराओं ने दुल्हन को खूब संवारा। रसीले राजा साहब अधरामृत के लिए विह्वल हो रहे थे। अन्तःपुर में गए। प्रभा ने हाथ जोड़कर, सिर झुकाकर, उनका अभिवादन किया। उनकी आंखों से आंसू की नदी बह रही थी। पति ने प्रेम के मद में मत्त होकर घूंघट हटा दिया, दीपक था, पर बुझा हुआ। फूल था, पर मुरझाया हुआ।

दूसरे दिन से राजा साहब की यह दशा हुई कि भौंरे की तरह प्रतिक्षण इस फूल पर मंडराया करते। न राजपाट की चिंता थी, न सैर और शिकार की परवाह। प्रभा की वाणी रसीला राग थी, उसकी चितवन सुख का सागर और उसका मुख चन्द्र आमोद का सुहावना कुंज। बस, प्रेम-मद में राजा साहब बिल्कुल मतवाले हो गये थे, उन्हें क्या मालूम था कि दूध में मक्खी है।

यह असम्भव था कि राजा साहब के हृदय-हारी और सरस व्यवहार का जिसमें सच्चा

अनुराग भरा हुआ था, प्रभा पर कोई प्रभाव न पड़ता। प्रेम का प्रकाश अंधेरे हृदय को भी चमका देता है। प्रभा मन में बहुत लज्जित होती। वह अपने को इस निर्मल और विशुद्ध प्रेम के योग्य न पाती थी, इस पवित्र प्रेम के बदले में उसे अपने कृत्रिम, रंगे हुए भाव प्रकट करते हुए मानसिक कष्ट होता था। जब तक कि राजा साहब उसके साथ रहते, वह उनके गले लता की भांति लिपटी हुई घंटों प्रेम की बातें किया करती। वह उनके गले में हाथ डालकर कहती — प्यारे, देखना ये फूल मुरझा न जायें, इन्हें सदा ताजा रखना। वह चांदनी रात में उनके साथ नाव पर बैठकर झील की सैर करती, और उन्हें प्रेम का राग सुनाती। यदि उन्हें बाहर से आने में जरा भी देर हो जाती, तो वह मीठा-मीठा उलाहना देती, उन्हें निर्दय तथा निष्ठुर कहती। उनके सामने वह स्वयं हंसती, उनकी आंखें हंसती और आंखो का काजल हंसता था। किन्तु आह! जब वह अकेली होती, उसका चचंल चित्त उड़कर उसी कुंड के तट पर जा पहुंचता; कुंड का वह नीला-पीला पानी, उस पर तैरते हुए कमल और मौलसरी की वृक्ष-पंक्तियों का सुन्दर दृश्य आंखों के सामने आ जाता। उमा मुस्कुराती और नज़ाकत से लचकती हुई आ पहुंचती, तब रसीले योगी की मोहिनी छवि आंखों में आ बैठती और सितार के शूलसित सुर गूंजने लगते —

कर गये थोड़े दिन की प्रीति

तब वह एक दीर्घ निःश्वास लेकर उठ बैठती और बाहर निकलकर पिंजरे में चमकते हुए पक्षियों के कलरव में शांति प्राप्त करती। इस भांति यह स्वप्न तिरोहित हो जाता।

4

इस तरह कई महीने बीत गए। एक दिन राजा हरिशचन्द्र प्रभा को अपनी चित्रशाला में ले गए। उसके प्रथम भाग में ऐतिहासिक चित्र थे। सामने ही शूरवीर महाराणा प्रतापसिंह का चित्र नज़र आया। मुखारिंवद से वीरता की ज्योति स्फुटित हो रही थी। तनिक और आगे बढ़कर दाहिनी ओर स्वाभाविक जगमल, वीरवर सांगा और दिलेर दुर्गादास विराजमान थे। बायीं और उदार भीमसिंह बैठे हुए थे। राणा प्रताप के सम्मुख महाराष्ट्र केसरी वीर शिवाजी का चित्र था। दूसरे भाग में कर्मयोगी कृष्ण और मर्यादा पुरुषोत्तम राम विराजते थे। चतुर चित्रकारों ने चित्र-निर्माण में, अपूर्व कौशल दिखलाया था। प्रभा ने प्रताप के पाद-पद्यों को चूमा और वह कृष्ण के सामने देर तक नेत्रों में प्रेम और श्रद्धा के आंसू भरे मस्तक झुकाए खड़ी रही। उसके हृदय पर इस समय कलुषित प्रेम का भय खटक रहा था। उसे मालूम होता था कि उन महापुरुषों के चित्र नहीं, उनकी पवित्र आत्माएं हैं। उन्हीं के चरित्र से भारतवर्ष का इतिहास गौरवन्वित है। वे भारत के बहुमूल्य जातीय रत्न, उच्चकोटि के जातीय स्मारक और गगनभेदी जातीय तुमुल ध्वनि हैं। ऐसी उच्च आत्माओं के सामने खड़े होते उसे संकोच होता था। आगे

बढ़ी, दूसरा भाग सामने आया। यहां ज्ञानमय बुद्ध योग-साधना में बैठे हुए देख पड़े। उनकी दाहिनी ओर शास्त्रज्ञ शंकर थे और दार्शनिक दयानन्द। एक ओर शांति-पथगामी कबीर और भक्त रामदास यथायोग्य खड़े थे। एक दीवार पर गुरू गोबिन्द अपने देश और जाति पर बलि चढ़ानेवाले दोनों बच्चों के साथ विराजमान थे। दूसरी दीवार पर वेदांत की ज्योति फैलाने वाले स्वामी रामतीर्थ और विवेकानन्द विराजमान थे। चित्रकारों की योग्यता एक-एक अवयव से टपकती थी। प्रभा ने इनके चरणों पर मस्तक टेका। वह उनके सामने सिर न उठा सकी। उसे अनुभव होता था कि उनकी दिव्य आंखें उसके दूषित हृदय में चुभी जाती हैं?

इसके बाद तीसरा भाग आया। वह प्रतिभाशाली कवियों की सभा थी। सर्वोत्तम स्थान पर आदिकवि वाल्मीकि और महार्षि वेदव्यास सुशोभित थे। दाहिने ओर शृंगार रस के अद्वितीय कवि कालिदास थे, बायीं तरफ़ गम्भीर भावों से पूर्ण भवभूति। निकट ही भूर्तहरि अपने संतोषाश्रम में बैठे हुए थे।

दक्षिण की दीवार पर राष्ट्रभाषा हिन्दी के कवियों का सम्मेलन था। सहृदय कवि सूर, तेजस्वी तुलसी, सुकवि केशव और रसिक बिहारी यथाक्रम विराजमान थे। सूरदास से प्रभा का अगाध प्रेम था। वह समीप जाकर उनके चरणों पर मस्तक रखना ही चाहती थी कि अकस्मात् उन्हीं चरणों के सम्मुख सिर झुकाए उसे एक छोटा-सा चित्र दीख पड़ा। प्रभा उसे देखकर चौंक पड़ी। यह वही चित्र था जो उसके हृदय पट-पर खिंचा हुआ था। वह खुलकर उसकी तरफ ताक न सकी। दबी हुई आंखों से देखने लगी। राजा हरिशचन्द्र ने मुस्कुराकर पूछा — इस व्यक्ति को तुमने कहीं देखा है?

इस प्रश्न से प्रभा का हृदय कांप उठा। जिस तरह मृग-शावक व्याध के सामने व्याकुल होकर इधर-उधर देखता है, उसी तरह प्रभा अपनी बड़ी-बड़ी आंखों से दीवार की ओर ताकने लगी। सोचने लगी — क्या उत्तर दूं? इसको कहीं देखा है, उन्होंने यह प्रश्न मुझसे क्यों किया? कहीं ताड़ तो नहीं गए? हे नारायण, मेरी पंगत तुम्हारे हाथ है, क्योंकर इन्कार करूं? मुंह पीला हो गया। सिर झुकाकर क्षीण स्वर में बोली 'हां, ध्यान आता है कि कहीं देखा है।'

हरिशचन्द्र ने कहा — कहां देखा है?

प्रभा के सिर में चक्कर-सा आने लगा। बोली — शायद एक बार यह गाता हुआ मेरी वाटिका के सामने जा रहा था। उमा ने बुलाकर इस का गाना सुना था।

हरिशचन्द्र ने कहा — कैसा गाना था?

प्रभा के होश उड़े हुए थे। सोचती थी, राजा ने इन सवालों में जरूर कोई बात है। देखूं, लाज रहती या नहीं। बोली — उसका गाना ऐसा बुरा न था।

हरिशचन्द्र ने मुस्कुराकर कहा — क्या गाना था ?

प्रभा ने सोचा, इस प्रश्न का उत्तर दे दूं, तो बाकी क्या रहता है। उसे विश्वास हो गया कि आज कुशल नहीं है। वह छत्त की और निरखती हुई बोली — सूरदास का कोई पद था।

हरिशचन्द्र ने कहा — यह तो नहीं —

कर गये थोड़े दिन की प्रीति

प्रभा की आंखों के सामने अंधेरा छा गया। सिर घूमने लगा, वह खड़ी न रह सकी, बैठ गई और हताश होकर बोली — हां, यही पद था। फिर उसने कलेजा मज़बूत करके पूछा आपको कैसे मालूम हुआ?

हरिशचन्द्र बोले — वह योगी मेरे यहां अक्सर आया-जाया करता है। मुझे भी उसका गाना पंसद है। उसी ने मुझे यह हाल बताया था, किन्तु वह तो कहता था कि राजकुमारी ने मेरे गानों को बहुत पसंद किया और पुनः आने के लिए आदेश किया।

प्रभा को अब सच्चा क्रोध दिखाने का अवसर मिल गया। वह बिगड़कर बोली — यह बिल्कुल झूठ है। मैंने उससे कुछ नहीं कहा।

हरिशचन्द्र बोले — यह तो मैं पहले ही समझ गया था कि यह उन महाशय की चालाकी है। डींग मारना गवैयों की आदत है; परन्तु इसमें तो तुम्हें इन्कार नहीं कि उसका गान बुरा न था?

प्रभा बोली — ना! अच्छी चीज़ को बुरा कौन कहेगा?

हरिशचन्द्र ने पूछा — फिर सुनना चाहो तो उसे बुलवाऊं। सिर के बल दौड़ा आयेगा।

क्या उनके दर्शन फिर होंगे? इस आशा से प्रभा का मुख मंडल विकसित हो गया। परन्तु इन कई महीनों की लगातार कोशिश से जिस बात को भुलाने में वह किंचित सफल हो चुकी थी, उसके फिर नवीन हो जाने का भय हुआ। बोली — इस समय गाना सुनने को मेरा जी नहीं चाहता।

राजा ने कहा — यह मैं न मानूंगा कि तुम, और गाना नहीं सुनना चाहतीं, मैं उसे अभी बुलाये लाता हूं।

यह कहकर राजा हरिशचंद्र तीर की तरह कमरे से बाहर निकल गये। प्रभा उन्हें रोक न सकी। वह बड़ी चिंता में डूबी खड़ी थी। ह्रदय में खुशी और रंज की लहरें बारी-बारी से उठती थी। मुश्किल से दस मिनट बीतें होंगे कि उसे सितार के मस्ताने सुर के साथ योगी की रसीली तान सुनाई दी —

कर गये थोड़े दिन की प्रीति

वही ह्रदय-ग्राही राग था, वही ह्रदय-भेदी प्रभाव, वही मनोहरता और वही सब कुछ, जो मन को मोह लेता है। एक क्षण में योगी की मोहिनी मूर्ति दिखाई दी। वहीं मस्तानापन, वही मतवाले नेत्र, वही नयनाभिराम देवताओं का-सा स्वरूप! मुखमंडल पर मंद-मंद मुस्कान थी।

प्रभा ने उसकी तरफ सहमी हुई आंखों से देखा! एकाएक उसका हृदय उछल पड़ा। उसकी आंखों के आगे से एक पर्दा हट गया। प्रेम-विह्वल, आंखों में आंसू-भरे वह अपने पति के चरणाविंदों पर गिर पड़ी और गद्‌गद् कंठ से बोली — प्यारे! प्रिय!

राजा हरिशचन्द्र को आज सच्ची विजय प्राप्त हुई। उन्होंने प्रभा को उठा कर छाती से लगा लिया। दोनों आज एक प्राण हो गये। राजा हरिशचन्द्र ने कहा — जानती हो, मैंने यह स्वांग क्यों रचा था! गाने का मुझे सदा के व्यसन है और सुना है तुम्हें भी इसका शौक है। तुम्हें अपना हृदय भेंट करने से प्रथम एक बार तुम्हारा दर्शन करना आवश्यक प्रतीत हुआ और उसके लिए सबसे सुगम उपाय यही सूझ पड़ा।

प्रभा ने अनुराग से देखकर कहा — योगी बनकर तुमने जो कुछ पा लिया, वह राजा रहकर कदापि न पा सके। अब तुम मेरे पति हो और प्रियतम भी हो; पर तुमने मुझे बड़ा धोखा दिया और मेरी आत्मा को कलंकित किया। इसका उत्तरदाता कौन होगा?

❖❖❖

लाग-डाँट

जोखू भगत और बेचन चौधरी में तीन पीढ़ियों से अदावत चली आती थी। कुछ डांड़-मेंड़ का झगड़ा था। उनके परदादों में कई बार खून-खच्चर हुआ। बापों के समय से मुकद्दमेंबाजी शुरू हुई। दोनों कई बार हाईकोर्ट तक गये। लड़कों के समय में संग्राम की भीषणगता और भी बढ़ी, यहां तक कि दोनों ही अशक्त हो गये। पहले दोनों इसी गांव में आधे-आधे के हिस्सेदार थे। अब उनके पास उस झगड़ने वाले खेत को छोड़कर एक अंगुल ज़मीन न थी। भूमि गयी, धन गया, मान-मर्यादा गयी लेकिन वह विवाद ज्यों-का-त्यों बना रहा। हाईकोर्ट के धुरंधर नितिज्ञ एक मामूली-सा झगड़ा तय न कर सके।

इन दोनों सज्जनों ने गांव को दो विरोधी दलों में विभक्त कर दिया था। एक दल की भंगी-बूटी चौधरी के द्वार पर छनती; तो दूसरे दल के चरस-गांजे के दम भगत के द्वार पर लगते थे। स्त्रियों और बालकों के भी दो दल हो गये थे। यहां तक कि दोनों सज्जनों के सामाजिक और धार्मिक विचारों में विभाजक रेखा खिंची हुइ थी। चौधरी कपड़े पहने सत्तू खा लेते और भगत को ढोंगी कहते। भगत बिना कपड़े उतारे पानी भी न पीते और चौधरी को भ्रष्ट बतलाते। भगत सनातमधर्मी बने तो चौधरी ने आर्य समाज का आश्रय लिया। जिस बजाज, पंसारी या कुजड़े से चौधरी सौदे लेते उसकी ओर भगतजी ताकना भी पाप समझते थे और भगतजी की हलवाई की मिठाइयां; उनके ग्वाले का दूध और तेली का तेल चौधरी के लिए त्याज्य थे। यहां तक कि उनके आरोग्यता के सिद्धांतों में भी विभिन्नता थी। भगतजी वैद्यक के कायल थे, चौधरी यूनानी प्रथा के मानने वाले। दोनों चाहे रोग से मर जाते, पर अपने सिद्धांतों को न तोड़ते।

2

जब देश में राजनीतिक आन्दोलन शुरू हुआ, तो उसकी भनक उस गांव में आ पहुंची। चौधरी ने आंदोलन का पक्ष लिया, भगत उसके विपक्षी हो गये। एक सज्जन ने आकर गांव

में किसान-सभा खोली। चौधरी उसमें शरीक हुए, भगत अलग रहे। जागृति और बढ़ी, स्वराज्य की चर्चा होने लगी। चौधरी स्वराज्यवादी हो गये, भगत ने राज-भक्ति का पक्ष लिया। चौधरी का घर स्वराज्यवादियों का अड्डा हो गया, भगत का घर राज-भक्तों का क्लब बन गया।

चौधरी जनता में स्वराज्यवाद का प्रचार करने लगेः

'मित्रों, स्वराज्य का अर्थ है अपना राज। अपने देश में अपना राज्य हो, वह अच्छा है कि किसी दूसरे का राज्य हो वह?'

जनता ने कहा — अपना राज हो, वह अच्छा है।

चौधरी — तो यह स्वराज्य कैसे मिलेगा? आत्मबल से, पुरुषार्थ से, मेल से, एक-दूसरे से द्वेष करना छोड़ दो। अपने झगड़े आप मिलकर निपटा लो।

एक शंका — आप तो नित्य अदालत में खड़े रहते हैं।

चौधरी — हां, पर आज से अदालत जाऊं तो मुझे गऊ हत्या का पाप लगे। तुम्हें चाहिए कि तुम अपनी गाढ़ी कमाई अपने बाल-बच्चों को खिलाओ, और बचे तो परोपकार में लगाओ, वकील-मुखतारों की जेब क्यों भरते हो, थानेदार को घूस क्यों दे हो, अमलों की चिरौरी क्यों करते हो? पहले हमारे लड़के अपने धर्म की शिक्षा पाते थे; वह सदाचारी, त्यागी, पुरुषार्थी बनते थे। अब वह विदेशी मदरसों में पढ़कर चाकरी करते हैं, घूस खाते हैं, शौक़ करते हैं, अपने देवताओं और पितरों की निंदा करते हैं, सिगरेट पीते हैं, साल बनाते हैं और हाकिमों की गोड़धरिया करते हैं। क्या यह हमारा कर्त्तव्य नहीं है कि हम अपने बालकों को धर्मानुसार शिक्षा दें?

जनता — चंदा करके पाठशाला खोलनी चाहिए।

चौधरी — हम पहले मदिरा का छूना पाप समझते थे। अब गांव-गांव और गली-गली में मदिरा की दूकाने हैं। हम अपनी गाढ़ी कमाई के करोड़ो रुपये गांजे-शराब में उड़ा देते हैं।

जनता — जो दारू-भांग पिये, उसे डांड़ लगाना चाहिए।

चौधरी — हमारे दादा-बाबा, छोटे-बड़े सब गाढ़ा-गंजी पहनते थे। हमारी दादियां-नानियां चरखा काता करती थी। सब धन देश में रहता था, हमारे जुलाहे भाई चैन की बंशी बजाते थे। अब हम विदेश के बने हुए महीन रंगीन कपड़ों पर जान देते हैं। इस तरह दूसरे देशवालें हमारा धन ढो ले जाते हैं, बेचारे जुलाहे कंगाल हो गये। क्या हमारा यही धर्म है कि अपने भाइयों की थाली छीनकर दूसरों के सामने रख दें।

जनता — गाढ़ा कहीं मिलता ही नहीं।

चौधरी — अपने घर का बना हुआ गाढ़ा पहनो, अदालतों को त्यागो, नशेबाजी छोड़ो, अपने लड़कों को धर्म-कर्म सिखाओ, मेल से रहे — बस यही स्वराज्य है। जो लोग कहते हैं कि स्वराज्य के लिए खून की नदी बहेगी, वे पागल है — उनकी बातों पर ध्यान मत दो।

जनता यह बातें चाव से सुनती थी। दिनों-दिन श्रोताओं की संख्या बढ़ती जाती थी। चौधरी के सब श्रद्धाभजन बन गये।

3

भगतजी भी राज-भक्ति का उपदेश करने लगे —

'भाइयो, राजा का काम राज करना और प्रजा का काम उसकी आज्ञा का पालन करना है। इसी को राज-भक्ति कहते हैं और हमारे धार्मिक-ग्रंथों में हमें इसी राज-भक्ति की शिक्षा दी गई है। राजा ईश्वर का प्रतिनिधि है, उसकी आज्ञा के विरुद्ध चलना महान पातक है। राजविमुख प्राणी नरक का भागी होता है।'

एक शंका — राजा को भी तो अपने धर्म का पालन करना चाहिए?

दूसरी शंका — हमारे राजा तो नाम के हैं, असली राजा तो विलायत के बनिये-महाजब हैं।

तीसरी शंका — बनिये धन कमाना जानते हैं, राज करना क्या जानें।

भगत — लोग तुम्हें शिक्षा देते हैं कि अदालतों में मत जाओ, पंचायतों में मुकद्दमें ले जाओ; लेकिन ऐसे पंच कहां हैं, जो सच्चा न्याय करें, दूध-का-दूध और पानी-का-पानी कर दें! यहां मुंह-देखी बातें होंगी। जिनका कुछ दबाब है, उनकी जीत होगी, जिनका कुछ दबाब नहीं है, वह बेचारे मारे जायेंगे। अदालतों में सब कार्यवाही कानून पर होती है, वहां छोटे-बड़े — सब बराबर हैं, शेर-बकरी एक घाट पर पानी पीते हैं।

दूसरी शंका — अदालतों का न्याय कहने ही को है, जिसके पास बने हुए गवाह और दांव-पेच खेले हुए वकील होते हैं, उसी की जीत होती हैं, झूठे-सच्चे की परख कौन करता है? हां, हैरानी अलबत्ता होती है।

भगत — कहा ज़ाता है कि विदेशी चीज़ों का व्यवहार मत करो। यह ग़रीबों के साथ घोर अन्याय है। हमको बाज़ार में जो चीज़ सस्ती और अच्छी मिले, वह लेनी चाहिए। चाहे स्वदेशी हो या विदेशी। हमारा पैसा सेंते में नहीं आता है कि उसे रद्दी-भद्दी स्वदेशी चीज़ों पर फेंकें।

एक शंका — अप़ने देश में तो रहता है, दूसरों के हाथ में तो नहीं जाता।

दूसरी शंका — अपने घर में अच्छा खाना न मिले तो क्या विजातियों के घर का अच्छा भोजन खाने लगेंगे?

भगत — लोग कहते हैं, लड़कों को सरकारी मदरसों में मत भेजो। सरकारी मदरसे में न पढ़ते तो आज हमारे भाई बड़ी-बड़ी नौकरियां कैसे पाते, बड़े-बड़े कारखाने कैसे बना लेते? बिना नयी विद्या पढ़े अब संसार में निबाह नहीं हो सकता, पुरानी विद्या पढ़कर पत्रा देखने और कथा बाचने के सिवाय और क्या आता है। राज-काज क्या पट्टी-पोथी बांचनेवाले लोग करेंगे?

एक शंका — हमें राज-काज न चाहिए। हम अपने खेती-बारी ही में मगन हैं, किसी के गुलाम तो नहीं।

दूसरी शंका — जो विद्या घमंडी बना दे, उससे मुरख ही अच्छा, यहीं नयी विद्या पढ़कर तो लोग सूट-बूट, घड़ी-छड़ी, हैट-कैट लगाने लगते हैं। और अपने शौक़ के पीछे देश का धन विदेशियों की जेब में भरते हैं। ये देश के द्रोही हैं।

भगत — गांजा-शराब की ओर आजकल लोगों की कड़ी निगाह है। नशा बुरी लत है, इसे सब जानते हैं। सरकार को नशे की दुकानों से करोड़ों रुपए साल की आमदनी होती है। अगर दुकानों में न जाने से लोगों की नशे की लत छूट जाये तो बड़ी अच्छी बात है। वह दुकान पर न जायेगा तो चोरी-छिपे किसी-न-किसी तरह दूने-चौगुने दाम देकर, सजा काटने पर तैयार हो कर, अपनी लत पूरी करेगा। तो ऐसा काम क्यों करो कि सरकार का नुकसान अलग हो, और गरीब रैयत का नुकसान अलग हो। और फिर किसी-किसी को नशा खाने से फ़ायदा होता है। मैं ही एक दिन अफ़ीम न खाऊं, तो गांठों में ददे होने लगे, दम उखड़ जाये और सर्दी पकड़ ले।

एक आवाज़ — शराब पीने से बदन में फुर्ती आ जाती है।

एक शंका — सरकार अधर्म से रुपया कमाती है। उसे यह उचित नहीं। अधर्मी के राज में रहकर प्रजा का कल्याण कैसे हो सकता है?

दूसरी शंका — पहले दारू पिलाकर पागल बना दिया। लत पड़ी तो पैसे की चाट हुई। इतनी मजूरी किसको मिलती है कि रोटी-कपड़ा भी चले और दारू-शराब भी उड़े? या तो बाल-बच्चों को भूखों मारो या चोरी करो, जुआ खेलो और बेईमानी करो। शराब की दुकान क्या है? हमारी गुलामी का अड्डा है।

4

चौधरी के उपदेश सुनने के लिए जनता टूटती थी। लोगों को खड़े होने को जगह न मिलती। दिनोंदिन चौधरी का मान बढ़ने लगा। उसके यहां नित्य पंचायतों की राष्ट्रोन्नति की चर्चा रहती, जनता को इन बातों में बड़ा आनन्द और उत्साह होता। उनके राजनीतिक ज्ञान की वृद्धि होती। यह अपना गौरव और महत्व समझने लगे, उन्हें अपनी सत्ता का अनुभव होने लगा। निरंकुशता और अन्याय पर अब उनकी तिउरियां चढ़ने लगीं। उन्हें स्वतन्त्रता का स्वाद मिला। घर की रूई, घर का सूत, घर का कपड़ा, घर का भोजन, घर की अदालत, न पुलिस का भय, न अमला की खुशामद, सुख और शांति से जीवन व्यतीत करने लगे। कितनों ही ने नशेबाजी छोड़ दी और सद्भावों की एक लहर-सी दौड़ने लगी।

लेकिन भगत जी इतने भाग्यशाली न थे। जनता को दिनोंदिन उनके उपदेशों से अरुचि होती जाती थी। यहां तक कि बहुधा उनके श्रोताओं में पटवारी, चौकीदार, मुदर्रिस और इन्हीं

कर्मचारियों के मित्रों के अतिरिक्त और कोई न होता था। कभी-कभी बड़े हाकिम भी आ निकलते और भगतजी के आंसू पूछ जाते; लेकिन क्षण भर का सम्मान आठों पहर के अपमान की बराबरी कैसे करता! जिधर निकल जाते, उधर ही उंगलियां उठने लगतीं। कोई कहता, खुफ़िया पुलिस का भेदी है। भगतजी अपने प्रतिद्वंद्वी की बड़ाई और अपनी लोकनिन्दा पर दांत पीस-पीसकर रह जाते थे। जीवन में यह पहला ही अवसर था कि उन्हें सबके सामने नीच देखना पड़ा। चिरकाल से जिस कुल-मर्यादा की रक्षा करते आये थे और जिस पर अपना सर्वस्व अर्पण कर चुके थे, वह धूल में मिल गयी। यह दाहमय चिंता उन्हें एक क्षण के लिए चैन न लेने देती। नित्य समस्या सामने रहती कि अपना खोया हुआ सम्मान क्योंकर पाऊं, अपने प्रतिपक्षी को क्योंकर पददलित करूं, कैसे उसका गरूर तोड़ूं।

अन्त में उन्होंने सिंह को उसी की मांद में ही पछाड़ने का निश्चय किया।

5

संध्या का समय था। चौधरी के द्वार पर एक बड़ी सभा हो रही थी। आसपास के गांवों के किसान भी आ गए, हज़ारों आदमियों की भीड़ थी। चौधरी उन्हें स्वराज्य-विषयक उपदेश दे रहे थे। बार-बार भारत माता की जय-जयकार की ध्वनि उठती थी। एक ओर स्त्रियों का जमाव था। चौधरी ने अपना उपदेश समाप्त किया और अपनी जगह पर बैठे। स्वयं सेवकों ने स्वराज्य फंडके लिए चंदा ज़मा करना शुरू किया कि इतने में भगतजी न ज़ाने किधर से लपके हुए आए और श्रोताओं के सामने खड़े होकर उच्च स्वर में बोले —

'भाइयो मुझे यहां देखकर अचरज़ मत करो, मैं स्वराज्य का विरोधी नहीं हूं। ऐसा पतित कौन प्राणी होगा जो स्वराज्य का निंदक हो; लेकिन इसको प्राप्त करने का वह उपाय नहीं है जो चौधरी ने बताया है और जिस पर तुम लोग लट्टू हो रहे हो। जब आपस में फूट और रार है, पंचायतों से क्या होगा? जब विलासिता का भूत सिर पर सवार है तो नशा कैसे छूटेगा, मदिरा की दुकानों का बाहिष्कार कैसे होगा? सिगरेट, साबुन, मोजे, बनियान, अद्धी, तंजेब से कैसे पिंड छूटेगा? जब रोब और हुकूमत की लालसा बनी हुई है तो सरकारी मदरसे कैसे छोड़ेंगे, विधर्मी शिक्षा की बेड़ी से कैसे मुक्त हो सकोगे? स्वराज्य लेने का केवल एक ही उपाय है, और वह आत्म-संयम है। यही महौषधि तुम्हारे समस्त रोगों को समूल नष्ट करेगी। आत्मा को बलवान बनाओ, इन्द्रिय को साधो, मन को वश में करो, तुममे भातृ-भाव पैदा होगा, तभी वैमनस्य मिटेगा, तभी ईर्ष्या और द्वेष का नाश होगा; तभी भोग-विलास से मन हटेगा। तभी नशेबाजी का दमन होगा। आत्मबल के बिना स्वराज्य कभी उपलब्ध न होगा। स्वयं-सेवा सब पापों का मूल है, यही तुम्हें अदालत में ले जाता है, यह तुम्हें विधर्मी-शिक्षा का दास बनाए हुए है। इस पिशाच को आत्मबल से मारो और तुम्हारी कामना पूरी हो जायेगी। सब जानते हैं, मैं 40 साल से अफ़ीम का सेवन करता हूं। आज से मैं अफ़ीम को गऊ का रक्त समझता

हूं। चौधरी से मेरी तीन पीढ़ियों की अदावत है। आज से चौधरी मेरे भाई है। आज से मुझे या मेरे घर के किसी प्राणी को घर के कते सूत से बने हुए कपड़े के सिवाय कुछ और पहनते देखो तो मुझे जो दंड चाहो, दो। बस, मुझे यही कहना है, परमात्मा हम सबकी इच्छा पूरी करे।'

यह कहकर भगतजी घर की ओर चले कि चौधरी दौड़कर उनके गले से लिपट गए। तीन पुश्तों की अदावत एक क्षण में शांत हो गयी।

उस दिन से चौधरी और भगत साथ-साथ स्वराज्य का उपदेश करने लगे। उनमें गाढ़ी मित्रता हो गयी और यह निश्चय करना कठिन था कि दोनों में जनता किसका अधिक सम्मान करती है।

प्रतिद्वंद्विता वह चिनगारी थी जिसने दोनों पुरुषों के हृदय-दीपक को प्रकाशित कर दिया था।

❖❖❖

अमावस्या की रात्रि

दीवाली की संध्या थी। श्रीनगर के घरों और खंड़हरों के भी भाग्य चमक उठे थे। कस्बे के लड़के और लड़कियां श्वेत थालियों में दीपक लिए मंदिर की ओर जा रही थीं। दीपों से उनके मुखारविंद प्रकाशमान थे। प्रत्येक गृह रोशनी से जगमगा रहा था। केवल पंडित देवदत्त का सतधारा भवन काली घटा के अन्धकार में गंभीर और भयंकर रूप में खड़ा था। गंभीर इसलिए कि उसे अपनी उन्नति के दिन भूले न थे, भयंकर इसलिए कि यह जगमगाहट मानो उसे चिढ़ा रही थी। एक समय वह था जब कि ईर्ष्या भी उसे देख-देखकर हाथ मलती थी और एक समय यह है कि घृणा भी उस पर कटाक्ष करती है। द्वार पर द्वारपाल की जगह अब मदार और एरंड के वृक्ष खड़े थे। दीवानखाने में एक मतंग सांड अकड़ता था। ऊपर के घरों में जहां सुन्दर रमणियां मनोहर संगीत गाती थीं, वहां आज जंगली कबूतरी के मधुर स्वर सुनायी देते थे। किसी अंग्रेजी मदरसे के विद्यार्थी के आचरण की भांति उसकी जड़ें हिल गयी थीं और उसकी दीवारें विधवा हृदय की भांति विदीर्ण हो रही थीं, पर समय को हम कुछ नहीं कह सकते। समय की निंदा व्यर्थ और भूल है, यह मूर्खता और अदूरदर्शिता का फल था।

अमावस्या की रात्रि थी। प्रकाश से पराजित होकर मानो अन्धकार ने उसी विशाल भवन में शरण ली थी। पंडित देवदत्त अपने अर्द्ध अंधकार वाले कमरे में मौन, परन्तु चिंता में निमग्न थे। आज एक महीने से उनकी पत्नी गिरजा की जिंदगी को निर्दय काल ने खिलवाड़ बना लिया है। पंडितजी दरिद्रता और दुःख को भुगताने के लिए तैयार थे। भाग्य का भरोसा उन्हें धैर्य बंधाता था; किंतु यह नयी विपत्ति सहन-शक्ति से बाहर थी। बिचारे दिन-के-दिन गिरजा के सिरहाने बैठे हुए उसके मुरझाये हुए मुख को देखकर कुढ़ते और रोते थे। गिरजा जब अपने जीवन से निराश होकर रोती तो वह उसे समझाते — गिरजा, रोओ मत, शीघ्र ही अच्छी हो जाओगी।

पंडित देवदत्त के पूर्वजों का कारोबार बहुत विस्तृत था। वे लेन-देन किया करते थे। अधिकतर उनके व्यवहार बड़े-बड़े चकलेदारों और रजवाड़ों के साथ थे। उस समय ईमान इतना सस्ता नहीं बिकता था। सादे पत्रों पर लाखों की बातें हो जाती थीं। मगर सन् 57 ईस्वी के

बलवे ने कितनी ही रियासतों और राज्यों को मिटा दिया और उनके साथ तिवारियों का अन्न-धनपूर्ण परिवार भी मिट्टी में मिल गया। खजाना लुट गया, बही-खाते पंसारियों के काम आये। ज़ब कुछ शांति हुई, रियासतें फिर संभलीं तो समय पलट चुका था। वचन लेख के अधीन हो रहा था, तथा लेख में भी सादे और रंगीन का भेद होने लगा था।

जब देवदत्त ने होश संभाला तब उनके पास इस खंडहर के अतिरिक्त और कोई सम्पत्ति न थी। अब निर्वाह के लिए कोई उपाय न था। कृषि में परिश्रम और कष्ट था। वाणिज्य के लिए धन और बुद्धि की आवश्यकता थी। विद्या भी ऐसी नहीं थी कि कहीं नौकरी करते, परिवार की प्रतिष्ठा दान लेने में बाधक थी। अस्तु साल में दो-तीन बार अपने पुराने व्यवहारियों के घर बिना बुलाए पाहुनों की भांति जाते और कुछ विदाई तथा मार्ग-व्यय पाते, उसी पर गुजारा करते। पैतृक-प्रतिष्ठा का चिन्ह यदि कुछ शेष था, तो वह पुरानी चिट्ठी-पत्रियों का ढेर तथा हुंडियों का पुलिंदा, जिनकी स्याही भी उनके मन्द भाग्य की भांति फीकी पड़ गयी थी। पंडित देवदत्त उन्हें प्राणों से भी अधिक प्रिय समझते। द्वितीया के दिन जब घर-घर लक्ष्मी की पूजा होती है, पंडित जी ठाट-बाट से इन पुलिंदों की पूजा करते। लक्ष्मी न सही, लक्ष्मी का स्मारक-चिन्ह ही सही। दूज का दिन पंडितजी की प्रतिष्ठा के श्रद्धा का दिन था। इसे चाहे विडंबना कहो, चाहे मूर्खता, परन्तु श्रीमान पंडित महाशय को उन पत्रों का बड़ा अभिमान था। जब गांव में कोई विवाद छिड़ जाता तो यह सड़े-गले कागज़ों की सेना ही बहुत काम कर जाती और प्रतिदिन शत्रु को हार माननी पड़ती। यदि सत्तर पीढ़ियों से शस्त्र की सूरत न देखने पर भी लोग क्षत्रिय होने का अभिमान करते हैं, तो पंडित देवदत्त का उन लेखों का अभिमान करना अनुचित नहीं कहा जा सकता, जिसमें सत्तर लाख रुपयों की रकम छिपी हुई थी।

2

वही अमावस्या की रात्रि थी किंतु दीपगालिका अपनी अल्प जीवनी समाप्त कर चुकी थी, चारों ओर जुआरियों के लिए यह शकुन की रात्रि थी, क्योंकि आज की हार साल-भर की हार होती है। लक्ष्मी के आगमन की धूम थी। कौड़ियों पर अशर्फ़ियां लूट रही थी। भटि्ठयों में शराब के बदले पानी बिक रहा था। पंडित देवदत्त के अतिरिक्त कस्बें में कोई ऐसा मनुष्य नहीं था, जो कि दूसरों की कमाई समेटने की धुन में न हो। आज भोर से ही गिरजा की अवस्था शोचनीय थी। विषम ज्वर उसे एक-एक क्षण में मूर्छित कर रहा था। एकाएक उसने चौंककर आंखें खोलीं और अत्यंत क्षीण स्वर में कहा — आज तो दीवाली है।

देवदत्त ऐसा निराश हो रहा था कि गिरजा को चैतन्य देखकर भी उसे आनंद नहीं हुआ। बोला — हां, आज दीवाली है।

गिरजा ने आंसू-भरी दृष्टि से इधर-उधर देखकर कहा — हमारे घर में क्या दीपक न जलेंगे?

देवदत्त फूट-फूटकर रोने लगा। गिरजा ने फिर उसी स्वर में कहा — देखो, आज बरस-भर के दिन भी घर अंधेरा रह गया। मुझे उठा दो, मैं भी अपने घर दिये जलाऊंगी।

ये बातें देवदत्त के हृदय में चुभी जाती थीं। मनुष्य की अन्तिम घड़ी लालसाओं और भावनाओं में व्यतीत होती है।

इस नगर में लाला शंकरदास अच्छे प्रसिद्ध वैद्य थे। अपने प्राणसंजीवन औषधालय में दवाओं के स्थान पर छापने का प्रेस रखे हुए थे। दवाइयां कम बनती थीं, इश्तहार अधिक प्रकाशित होते थे।

वे कहा करते थे कि बीमारी केवल रईसों का ढकोसला है और पोलिटिकल एकोनॉमी (राजनीतिक अर्थशास्त्र) के अनुसार इस विलास पदार्थ से जितना अधिक सम्भव हो, टैक्स लेना चाहिए। यदि कोई निर्धन है, तो हो। यदि कोई मरता है। तो मरे। उसे क्या अधिकार है कि बीमार पड़े और मुफ़्त में दवा कराये? भारतवर्ष की यह दशा अधिकतर मुफ़्त दवा कराने से हुई है। इतने मनुष्यों को असावधान और बलहीन बना दिया है। देवदत्त महीने-भर नित्य उनके निकट दवा लेने आता था; परन्तु वैद्यजी कभी उसकी ओर इतना ध्यान नहीं देते थे कि वह अपनी शोचनीय दशा प्रकट कर सके। वैद्यजी के हृदय के कोमल भाग तक पहुंचने के लिए देवदत्त ने बहुत-कुछ हाथ-पैर चलाये। वह आंखों में आंसू भरे आता, किन्तु वैद्यजी का हृदय ठोस था, उसमें कोमल भाव था ही नहीं।

वही अमावस्या की डरावनी रात थी। गगन-मंडल में तारे आधी रात के बीतने तक और भी अधिक प्रकाशित हो रहे थे। देवदत्त बेचैनी की दशा में गिरजा के सिरहाने से उठे और वैद्यजी के मकान की ओर चले। वे जानते थे कि लालाजी बिना फीस लिए कदापि नहीं आयेंगे, किंतु हताश होने पर भी आशा पीछा नहीं छोड़ती। देवदत कदम आगे बढ़ाते चले जाते थे।

3

हकीमजी उस समय अपने 'रामबाण बिंदु' का विज्ञापन लिखने में व्यस्त थे। उस विज्ञापन की भाव-प्रद भाषा तथा आकर्षण-शक्ति सोचकर कह नहीं सकते कि वैद्य शिरोमणि थे या सुलेखक विद्यावारिधि।

पाठ्क, आप उनके उर्दू विज्ञापन का साक्षात् दर्शन कर लें —

'नाज़रीन, आप जानते हैं कि मैं कौन हूं? आपका ज़र्द चेहरा, आपका तने लागिर, आपका ज़रा-सी मेहनत में बेदम हो जाना, आपका लज्जात दुनिया में महरूम रहना, आपका खाना तरीक़ी, यह सब इस सवाल का नफ़ी में जवाब देते हैं। सुनिए, मैं कौन हूं? मैं वह शख्स हूं, जिसने इम-राज इन्सानी को पर्दे दुनिया से ग़ायब कर देने का बीड़ा उठाया है, जिसने इश्तहारबाज, जो फ़रोश गंदुमनुमा बने हुए हकीमों को बेख़ब व बुन से खोदकर दुनिया को पाक कर देने का अज़्म-विल्-जज़्म कर लिया है। मैं वह हैरतअंगेज़ इनसान जईफ़-उल-बयान

हूं जो नाशाद को दिलशाद, नामुराद को बामुराद, भगोड़े को दिलेर, गीदड़ को शेर बनाता है और यह किसी जादू से नहीं, मन्त्र से नहीं, वह मेरी ईज़ाद करदा 'अमृतबिंदु' के अदना क़रिश्मे हैं। अमृतबिंदु क्या है, इसे कुछ मैं ही ज़ानता हूं। महर्षि अगस्त ने धन्वन्तरि के कानों में इसका नुस्खा बतलाया था। जिस वक़्त आप वी.पी. पार्सल खोलेंगे, आप पर उसकी हक़ीक़त रौशन हो जायेगी। यह आबेहयात है। यह मर्दानगी का ज़ौहर, फरजानगी का अक्सीर, अक्ल का मुरब्बा और जेहान का सकील है। अगर वर्षों की मुशायराबाजी ने भी आपको शायर नहीं बनाया, अगर शबे रोज़ के रटंत पर भी आप इम्तहान में कामयाब नहीं हो सके, अगर दल्लालों की खुशामद और मुवक्किलों की नाज़बर्दारी के बावजूद भी आप अहाते अदालत में भूखे कुत्ते की तरह चक्कर लगाते-फिरते हैं, अगर आप गला फाड़-फाड़कर चीखने, मेज़ पर हाथ-पैर पटकने पर भी अपनी तक़रीर से कोई असर पैदा नहीं कर सकते तो आप 'अमृतबिंदु' का इस्तेमाल कीजिए। इसका सबसे बड़ा फ़ायदा, जो पहले ही दिन मालूम हो जायेगा, यह है कि आपकी आंखें खुल जायेंगी और आप फिर कभी इश्तहारबाज हकीमों के दाम फरेब में न फसेंगे।'

वैधजी इस विज्ञापन को समाप्त कर उच्च स्वर में पढ़ रहे थे; उनके नेत्रों में उचित अभिमान और आशा झलक रही थी कि इतने में देवदत्त ने बाहर से आवाज दी। वैद्यजी बहुत खुश हुए। रात के समय उनकी फीस दुगनी थी। लालटेन के लिए बाहर निकले तो देवदत्त रोता हुआ उनके पैरों से लिपट गया और बोला — वैद्यजी, इस समय मुझ पर दया कीजिए। गिरजा अब कोई सायत की पाहुनी है। अब आप ही उसे बचा सकते हैं। यो तो मेरे भाग्य में जो लिखा है, वही होगा; किंतु इस समय तनिक चलकर आप देख लें तो मेरे दिल का दाह मिट जायेगा। मुझे धैर्य हो जायेगा कि उसके लिए मुझसे जो कुछ हो सकता था, मैंने किया। परमात्मा जानता है कि मैं इस योग्य नहीं हूं कि आपकी कुछ सेवा कर सकूं; किंतु जब तक जीऊंगा, आपका यश गाऊंगा और आपके इशारों का गुलाम बना रहूंगा।

हकीमजी की पहले कुछ तरस आया, किंतु वह जुगनू की चमक थी जो शीघ्र स्वार्थ के विशाल अंधकार में विलीन हो गयी।

4

वही अमावस्या की रात्रि थी। वृक्षों पर सन्नाटा छा गया था। जीतने वाले अपने बच्चों को नींद से जगाकर इनाम देते थे। हारने वाले अपनी रुष्ट और क्रोधित स्त्रियों से क्षमा के लिए प्रार्थना कर रहे थे। इतने में घंटी के लगातार शब्द वायु और अन्धकार को चीरते हुए कान में आने लगे। उनकी सुहावनी ध्वनि इस निस्तब्ध अवस्था में अत्यन्त भली प्रतीत होती थी। यह शब्द समीप हो गए और अन्त में पंडित देवदत्त के समीप आकर उस खंडहर में डूब गए। पंडितजी उस समय निराशा के अथाह समुद्र में गोते खा रहे थे। शोक में इस योग्य भी नहीं

थे कि प्राणों से भी अधिक प्यारी गिरजा की दवा-दरपन कर सकें। क्या करें? इस निष्ठुर वैद्य को यहां कैसे लायें? — जालिम, मैं सारी उमर तेरी गुलामी करता। तेरे इश्तहार छापता। तेरी दवाईया कूटता। आज पंडितजी को यह ज्ञात हुआ है कि सत्तर लाख की चिट्ठी-पत्रियां इतनी कौड़ियों के मोल भी नहीं। पैतृक प्रतिष्ठा का अहंकार अब आंखों से दूर हो गया। उन्होंने उस मखमली थैले को सन्दूक से बाहर निकाला और उन चिट्ठी-पत्रियों को, जो बाप-दादा की कमाई का शेषांश थीं और प्रतिष्ठा की भांति जिनकी रक्षा की जाती थी, एक-एक करके दीया को अर्पण करने लगे। जिस तरह सुख और आनन्द से पालित शरीर चिंता की भेंट हो जाता है, उसी प्रकार वह काग़ज़ी पुतलियां भी उस प्रज्जवलित दीया के धधकते मुंह का ग्रास बनती थीं। इतने में किसी ने बाहर से पंडितजी को पुकारा। उन्होंने चौंककर सिर उठाया। वे नींद से, अंधेरे में टटोलते हुए दरवाज़े तक आये। देखा कि कई आदमी हाथ में मशाल लिए हुए खड़े हैं और एक हाथी अपने सूंड से उन एरंड के वृक्षों को उखाड़ रहा है, जो द्वार पर द्वारपालों की भांति खड़े थे। हाथी पर एक सुन्दर युवक बैठा है जिसके सिर पर केसरिया रंग की रेशमी पाग है। माथे पर एक अर्धचद्रांकार चंदन, भाले की तरह तनी हुई नोकदार मूछें, मुखारबिंद से प्रभाव और प्रकाश टपकता हुआ, कोई सरदार मालूम पड़ता था। उसका कलीदार अंगरखा और चुनावदार पैजामा, कमर में लटकती हुई तलवार और गर्दन में सुनहरे कंठ और जंजीर उसके सजीले शरीर पर अत्यन्त शोभा पा रहे थे। पंडितजी को देखते ही उसने रकाब पर पैर रखा और नीचे उतरकर उनकी वंदना की। उसके विनीत भाव से कुछ लज्जित होकर पंडितजी बोले — आपका आगमन कहां से हुआ?

नवयुवक ने बड़े नम्र शब्दों में जवाब दिया। उसके चेहरे से भलमनसाहत बरसती थी — मैं आपका पुराना सेवक हूं। दास का घर राजनगर है। मैं वहां का जागीरदार हूं। मेरे पूर्वजों पर आपके पूर्वजों ने बड़े अनुग्रह किए हैं। मेरी इस समय जो कुछ प्रतिष्ठा तथा सम्पदा है, सब आपके पूर्वजों की कृपा और दया का परिणाम है। मैंने अपने अनेक स्वजनों से आपका नाम सुना था और मुझे बहुत दिनों से आपके दर्शनों की आकांक्षा थी। आज वह सुअवसर भी मिल गया। अब मेरा जन्म सफल हुआ।

पंडित देवदत्त की आंखों में आंसू भर आये। पैतृक प्रतिष्ठा का अभिमान उनके हृदय का कोमल भाग था।

वह दीनता, जो उनके मुख पर छाई हुई थी, थोड़ी देर के लिए विदा हो गयी। वे गम्भीर भाव धारण करके बोले — यह आपका अनुग्रह है जो ऐसा कहते हैं। नहीं तो मुझ जैसे कपूत में जो इतनी भी योग्यता नहीं है जो अपने को उन लोगों की संतति कह सकूं। इतने में नौकरों ने आंगन में फर्श बिछा दिया। दोनों आदमी उस पर बैठे और बातें होने लगीं, वे बातें जिनका प्रत्येक शब्द पंडितजी के मुख को इस तरह प्रफुल्लित कर रहा था जिस तरह प्रातःकाल की वायु फूलों को खिला देती हैं। पंडितजी के पितामह ने नवयुवक ठाकुर के पितामह को पच्चीस सहस्र रुपये कर्ज़ दिये थे। ठाकुर अब गया में जाकर अपने पूर्वजों का श्राद्ध करना चाहता था, इसलिए ज़रूरी था कि उसके जिम्मे जो कुछ ऋण हो उसकी एक-एक कौड़ी चुका दी जाये।

ठाकुर को पुराने बहीखाते में यह ऋण दिखाई दिया। पच्चीस के अब पचहत्तर हज़ार हो चुके थे। वही ऋण चुका देने के लिए ठाकुर आया था। धर्म ही वह शक्ति है जो अन्तःकरण में ओजस्वी विचारों को पैदा करती है। हां, इस विचार को कार्य में लाने के लिए पवित्र और बलवान् आत्मा की आवश्यकता है। नहीं तो वे ही विचार और पापमय हो जाते हैं। अन्त में ठाकुर ने कहा — आपके पास तो वे चिट्ठिया होंगी?

देवदत्त का दिल बैठ गया। वे संभलकर बोले — सम्भवतः हों। कुछ कह नहीं सकते।

ठाकुर ने लापरवाही से कहा — ढूंढ़िये, यदि मिल जायें तो हम लेते जायेंगे।

पंड़ित देवदत्त उठे, लेकिन हृदय ठंडा हो रहा था। शंका होने लगी कि कहीं भाग्य हरे बाग़ न दिखा रहा हो। कौन जाने, वे पुर्जा जलकर राख हो गया या नहीं। यदि न मिला तो रुपये कौन देता है। शोक कि दूध का प्याला सामने आकर हाथ से छूटा जाता है! हे भगवान्! वह पत्री मिल जाये। हमने अनेक कष्ट पाये हैं, अब हम पर दया करो। इस प्रकार आशा और निराशा की दशा में देवदत्त भीतर गये और दीया के टिमटिमाटे हुए प्रकाश में बचे हुए पत्रों को उलट-पलटकर देखने लगे। वे उछल पड़े और उमंग में भरे हुए पागलों की भांति आनन्द की अवस्था में दो-तीन बार कूदे। तब दौड़कर गिरजा को गले से लगा लिया और बोले प्यारी, यदि ईश्वर ने चाहा तो तू अब बच जायेगी। उन्मत्तता में उन्हें एकदम यह नहीं जान पड़ा कि 'गिरजा' अब नहीं है, केवल उसकी लोथ है।

देवदत्त ने पत्री को उठा लिया और द्वार तक वे इस तेज़ी से आये मानों पांवों में पर लग गये। परन्तु यहां उन्होंने अपने को रोका और हृदय में आनन्द की उमड़ती हुई तरंग को रोककर कहा — यह लीजिए, वह पत्री मिल गयी। संयोग की बात है, नहीं तो सत्तर लाख के काग़ज़ दीमकों के आहार बन गये! आकस्मिक सफलता में कभी-कभी संदेह बाधा डालता है। जब ठाकुर ने उस पत्री के लेने को हाथ बढ़ाया तो देवदत्त को संदेह हुआ कि कहीं वह उसे फाड़कर फेंक न दे। यद्यपि संदेह निरर्थक था, किंतु मनुष्य कमजोरियों का पुतला है। ठाकुर ने उनके मन के भाव को ताड़ लिया। उसने बेपरवाही से पत्री को लिया और मशाल के प्रकाश में देखकर कहा — अब मुझे विश्वास हुआ। यह लीजिएं, आपका रुपया आपके समक्ष है, आशीर्वाद दीजिए कि मेरे पूर्वजों की मुक्ति हो जाये।

यह कहकर उसने अपनी कमर से एक थैला निकाला और उसमें से एक-एक हज़ार के पचहत्तर नोट निकाल कर देवदत्त को दे दिये। पंडितजी का हृदय बड़े वेग से धड़क रहा था। नाड़ी तीव्र-गति से कूद रही थी। उन्होंने चारों ओर चौकन्नी दृष्टि से देखा कि कहीं कोई दूसरा तो नहीं खडा है और तब कांपते हुए हाथों से नोटों को ले लिया। अपनी उच्चता प्रकट करने की व्यर्थ चेष्टा में उन्होंने नोटों की गणना भी नहीं की। केवल उड़ती हुई दृष्टि से देखकर उन्हें समेटा और जेब में डाल लिया।

5

वही अमावस्या की रात्रि थी। स्वर्गीय दीपक भी धुंधले हो चले थे। उनकी यात्रा सूर्यनारायण के आने की सूचना दे रही थी। उदयाचल फ़िरोजी बाना पहन चुका था। अस्ताचल में भी हल्के श्वेत रंग की आभा दिखाई दे रही थी। पंडित देवदत्त ठाकुर को विदा करके घर चले। उस समय उनका हृदय उदारता ने निरर्गल प्रकाश से प्रकाशित हो रहा था। कोई प्रार्थी उस समय उनके घर से निराश नहीं जा सकता था। सत्यनारायण की कथा धूम-धाम से सुनने का निश्चय हो चुका था। गिरजा के लिए कपड़े और गहने के विचार ठीक हो गये। अन्तःपुर में ही उन्होंने शालिग्राम के सम्मुख मनसा-वाचा कर्मणा सिर झुकाया और तब शेष चिटठी-पत्रियों को समेटकर उसी मखमली थैले में रख दिया। किन्तु अब उनका यह विचार नहीं था कि संभवतः उन मुर्दों में भी कोई जीवित हो उठे। वरन् जीविका से निशिचित हो अब वे पैतृक प्रतिष्ठा पर अभिमान कर सकते थे। उस समय वे धैर्य और उत्साह के नशे में मस्त थे। बस, अब मुझे ज़िन्दगी में अधिक सम्पदा की ज़रूरत नहीं। ईश्वर ने मुझे इतना दे दिया है। इसमें मेरी और गिरजा की जिंदगी आनन्द से कट जायेगी। उन्हें क्या ख़बर थी कि गिरज़ा की ज़िंदगी पहले कट चुकी है। उनके दिल में यह विचार गुदगुदा रहा था कि जिस समय गिरजा इस आनन्द समाचार को सुनेगी उस समय अवश्य उठ बैठेगी। चिंता और कष्ट ने हो उसकी ऐसी दुर्गति बना दी है। जिसे भर पेट कभी रोटी नसीब न हुई, जो कभी नैराश्यमय धैर्य और निर्धनता के हृदय-विदारक बंधन से मुक्त न हुई, उसकी दशा इसके सिवा और हो ही क्या सकती है? यह सोचते हुए वे गिरजा के पास गये और आहिस्ता से हिलाकर बोले — गिरजा, आंखें खोलों। देखो ईश्वर ने तुम्हारी विनती सुन ली और हमारे ऊपर दया की। कैसी तबीयत है?

किंतु जब गिरजा तनिक भी न मिनकी तब उन्होंने चादर उठा दी और उसके मुंह की ओर देखा। हृदय से एक करुणात्मक ठंडी आह निकली। वे वहीं सिर थामकर बैठ गये। आंखों से शोषित की बूंदे-सी टपक पड़ी। आह! क्या वह सम्पदा इतने महगे मूल्य पर मिलती है? क्या परमात्मा के दरबार से मुझे इस प्यारी जान का मूल्य दिया गया है? ईश्वर, तुम खूब न्याय करते हो। मुझे गिरजा की आवश्यकता है, रुपयों की आवश्यकता नहीं। यह सौदा बड़ा महंगा है।

6

अमावस्या की अंधेरी रात गिरजा के अन्धकारमय जीवन की भांति समाप्त हो चुकी थी। खेतों में हल चलाने वाले किसान ऊंचे और सुहावने स्वर से गा रहे थे। सर्दी से कांपते हुए

बच्चे सूर्य-देवता से बाहर निकलने की प्रार्थना कर रहे थे। पनघट पर गांव की अलबेली स्त्रियां ज़मा हो गई थी। पानी भरने के लिए नहीं, हंसने के लिए। कोई घड़े को कुएं में डाले हुए अपनी पोपली सास की नकल कर रही थी, कोई खम्भों से चिपटी हुई अपनी सहेली से मुस्कुराकर प्रेम रहस्य की बातें करती थी। बूढ़ी स्त्रियां पोती को गोद में लिये अपनी बहुओं को कोस रही थी कि घंटे भर हुए अब तक कुएं से नहीं लौटीं। किन्तु राजवैद्य लाला शंकरदास अभी तक मीठी नींद ले रहे थे। खांसते हुए बच्चे और कराहते हुए बूढ़े उनके औषधालय के द्वार पर जमा हो चले थे। इस भीड़-भब्भड़ से कुछ दूर पर दो-तीन सुन्दर किन्तु मुर्झाए हुए नवयुवक टहल रहे थे और वैद्यजी से एकांत में कुछ बातें किया चाहते थे। इतने में पंडित देवदत्त नंगे सिर, नंगे बदन, लाल आंखें, डरावनी सूरत, कागज़ का एक पुलिंदा लिये दौड़ते हुए आये और औषधालय के द्वार पर इतने ज़ोर से हांक लगाने लगे कि वैद्यजी चौंक पड़े और कहार को पुकारकर बोले कि दरवाज़ा खोल दे। कहार महात्मा बड़ी रात गये किसी बिरादरी की पंचायत से लौटे थे। उन्हें दीर्घ-निद्रा का रोग था जो वैद्यजी के लगातार भाषण और फट्कार की औषधियों से भी कम न होता था। आप ऐंठते हुए और किवाड़ खोलकर हुक्का-चिलम की चिन्ता में आग ढूंढने चले गये। हकीमजी उठने की चेष्टा कर रहे थे कि सहसा देवदत्त उनके सम्मुख जाकर खड़े हो गये और नोटों का पुलिन्दा उनके आगे पटकर बोले — वैद्यजी, ये पचहत्तर हज़ार के नोट है। यह आपका पुरस्कार और आपकी फीस है। आप चलकर गिरजा को देख लीजिए और ऐसा कुछ कीजिए कि वह केवल एक बार आंखें खोल दे। यह उसकी एक दृष्टि पर न्यौछादर है — केवल एक दृष्टि पर। आपको रुपये मनुष्य की जान से प्यारे हैं। वे आपके समक्ष हैं। मुझे गिरजा की एक चितवन इन रूपयों से कई गुनी प्यारी है।

वैद्यजी ने लज्जामय सहानुभूति से देवदत्त की ओर देखा और केवल इतना कहा — मुझे अत्यन्त शोक है, सदैव के लिए तुम्हारा अपराधी हूं। किंतु तुमने मुझे शिक्षा दे दी। ईश्वर ने चाहा तो ऐसी भूल कदापि न होगी। मुझे शोक है। सचमुच है!

ये बाते वैद्यजी के अन्तःकरण से निकली थी।

❖❖❖

चकमा

सेठ चंदूमल जब अपनी दुकान और गोदाम में भरे हुए माल को देखते तो मुंह से ठंडी सांस निकल जाती। यह माल कैसे बिकेगा? बैंक का सूद बढ़ रहा है, दुकान का किराया चढ़ रहा है, कर्मचारियों का वेतन बाकी पड़ता जाता है। ये सभी रकमें गांठ से देनी पड़ेंगी। अगर कुछ दिन यही हाल रहा तो दिवाले के सिवा और किसी तरह जान न बचेगी। जिस पर भी धरने वाले नित्य सिर पर शैतान की तरह सवार रहते हैं।

सेठ चंदूमल की दुकान चांदनी चौक, दिल्ली में थी। मुफ़स्सिल में भी कई दुकानें थीं। जब शहर कांग्रेस कमेटी ने उनसे विलायती कपड़े की खरीद और बिक्री के विषय में प्रतिज्ञा करानी चाही तो उन्होंने कुछ ध्यान न दिया। बाज़ार के कई आढ़तियों ने उनकी देखा-देखी प्रतिज्ञा-पत्र पर हस्ताक्षर करने से इन्कार कर दिया। चन्दूमल को जो नेतृत्व कभी नसीब न हुआ था, वह इस अवसर पर बिना हाथ-पैर हिलाये ही मिल गया। वे सरकार के खैरख्वाह थे। साहब बहादुरों को समय-समय पर डालियां नजर देते थे। पुलिस से भी घनिष्ठता थी। म्यूनिस्पैलिटी के सदस्य भी थे। कांग्रेस के व्यापारिक कार्य-क्रम का विरोध करके अमन सभा के कोषाध्यक्ष बन बैठे। यह इसी खैरख्वाही की बरकत थी। युवराज का स्वागत करने के लिए अधिकारियों ने उनसे 25 हज़ार के कपड़े खरीदे। ऐसा सामर्थी पुरुष कांग्रेस से क्यों डरे? कांग्रेस है किस खेत की मूली? पुलिसवासों ने भी बढ़ावा दिया — 'मुआहिदे पर हरगिज़ दस्तखत न कीजिएगा।' लालाजी के हौसले बंढ़े। उन्होंने कांग्रेस से लड़ने को ठान ली। उसी के फलस्वरूप तीन महीनों से उनकी दुकान पर प्रातःकाल से 9 बजे की रात तक पहरा रहता था। पुलिस दलों ने उनकी दुकान पर वालंटियरों को कई बार गालियां दी, कई बार पीटा, खुद सेठजी ने भी कई बार उन पर वाण चलाये, किंतु पहरेवाले किसी तरह न टलते थे। बल्कि अत्याचारों के कारण चंदूमल का बाज़ार और भी गिरता जाता। मुफ़स्सिल की दुकानों से मुनीम लोग और भी दुराशाजनक समाचार भेजते रहते थे। कठिन समस्या थी। इस संकट से निकलने का कोई उपाय न था। वे देखते थे जिन लोगों ने प्रतिज्ञा-पत्र पर हस्ताक्षर कर दिये हैं वे चोरी-छिपे कुछ-न-कुछ विदेशी माल बेच लेते हैं। उनकी दुकानों पर पहरा नहीं बैठता। यह सारी

विपत्ति मेरे ही सिर पर है।

उन्होंने सोचा, पुलिस और हाकिमों की दोस्ती से मेरा भला क्या हुआ? उनके हटाये ये पहरे नहीं हटते। सिपाहियों की प्रेरणा से ग्राहक नहीं आते! किसी तरह पहरे बन्द हो जाते तो सारा खेल बन जाता।

इतने में मुनीमजी ने कहा — लालाजी, यह देखिये, कई व्यापारी हमारी तरफ़ आ रहे थे। पहरेवालों ने उनको न जाने क्या मन्त्र पढ़ा दिया, सब चले आ रहे हैं।

चंदूमल — अगर इन पापियों को कोई गोली मार देता तो मैं बहुत खुश होता। यह सब मेरा सर्वनाश करके दम लेंगे।

मुनीम — कुछ हेठी तो होगी, यदि आप प्रतिज्ञा पर हस्ताक्षर कर देते तो यह पहरा उठ जाता। तब हम भी यह माल किसी-न-किसी तरह खपा देते।

चंदूमल — मन में तो मेरे भी यही बात आती है, पर सोचो, अपमान कितना होगा? कितना होगा? इतनी हेकड़ी दिखाने के बाद फिर झुका नहीं जाता। फिर हाकिमों की निग़ाहों में गिर जाऊंगा। और लोग भी ताने देंगे कि चले थे बचा कांग्रेस से लड़ने! ऐसी मुंह की खायी कि होश ठिकाने आ गये। जिन लोगों को पीटा और पिटवाया, जिनको गालियां दी, जिनकी हंसी उड़ाई, अब उनकी शरण कौन मुंह लेकर जाऊं? मगर एक उपाय सूझ रहा है। अगर चकमा चल गया तो पौ बारह है। बात तो तब है जब सांप को मारूं, मगर लाठी बचाकर। पहरा उठा दूं, पर बिना किसी की खुशामद किये।

2

नौ बजे रहे थे। सेठ चंदूमल गंगा-स्नान करके लौट आए थे और मसनद पर बैठकर चिट्ठिया पढ़ रहे थे। अन्य दुकानों के मुनीमों ने अपनी विपत्ति-कथा सुनायी थी। एक-एक पत्र को पढ़कर सेठजी का क्रोध बढ़ता जाता था। इतने में दो वालंटियर झंडियां लिये हुए उनकी दुकान के सामने आकर खड़े हो गये!

सेठजी ने डांटकर कहा — हट जाओ हमारी दुकान के सामने से।

एक वालंटियर ने उत्तर दिया — महाराज, हम तो सड़क पर हैं। क्या यहां से भी चले जायें?

सेठजी — मैं तुम्हारी सूरत देखना नहीं चाहता।

वालंटियर — तो आप कांग्रेस कमेटी को लिखिये। हमको तो वहां से यहां खड़े रहकर पहरा देने का हुक्म मिला है।

एक कान्सटेबिल ने आकर कहा — क्या है सेठजी, यह लौंडा क्या टर्राता है।

चंदूमल बोले — मैं कहता हूं कि दुकान के सामने से हट जाओ, पर यह कहता है कि न हटेगे, न हटेंगे। ज़रा इसकी ज़बरदस्ती देखो।

कान्सटेबिल — (वालंटियर से) तुम दोनों यहां से जाते हो कि आकर गरदन नापूं?

वालंटियर — हम सड़क पर खड़े है, दुकान पर नहीं।

कान्सटेबिल का अभीष्ट अपनी कारगुजारी दिखाना था। यह सेठजी को खुश करके कुछ इनाम-इकराम भी लेना चाहता था। उसने वालंटियरों को अपशब्द कहे और जब उन्होंने उसकी कुछ परवा न की तो एक वालंटियर को इतने ज़ोर से धक्का दिया कि वह बेचारा मुंह के बल ज़मीन पर गिर पड़ा। कई वालंटियर इधर-उधर से आकर ज़मा हो गये। कई सिपाही भी आ पहुंचे। दर्शकवृन्द को ऐसी घटनाओं में मजा आता ही है। उनकी भीड़ लग गई। किसी ने हांक लगाई। 'महात्मा गांधी की जय'। औरों ने भी उसके सुर-में-सुर मिलाया, देखते-देखते एक जनसमूह एकत्रित हो गया।

एक दर्शक ने कहा — क्या है लाला चंदूमल? अपनी दुकान के सामने इन गरीबों की यह दुर्गति करा रहे हो और तुम्हें ज़रा भी लज्जा नहीं आती? कुछ भगवान का भी डर है या नहीं?

सेठजी ने कहा — मुझसे कसम ले लो जो मैंने किसी सिपाही से कुछ कहा हो। ये लोग अनायास बेचारों के पीछे पड़ गये। मुझे सेंत में बदनाम करते हैं।

एक सिपाही — लालाजी, आप ही ने तो कहा था कि दोनों वालंटियर मेरे ग्राहकों को छेड़ रहे हैं। अब आप निकले जाते हैं?

चंदूमल — बिल्कुल झूठ, सरासर झूठ, सोलह आना झूठ। तुम लोग अपनी कारगुजारी की धुन में इनसे उलझ पड़े। यह बेचारे तो दुकान से बहुत दूर खड़े थे। न किसी से बोलते थे, न चालते थे। तुमने ज़बरदस्ती ही इन्हें गरदनी देनी शुरू की। मुझे अपना सौदा बेचना है कि किसी से लड़ना है।

दूसरा सिपाही — लालाजी, हो बड़े होशयार। हमसे आग लगवाकर आप अलग हो गये। तुम न कहते तो हमें क्या पड़ी थी कि इन लोगों को धक्के देते? दारोग़ाजी ने भी हमको ताक़ीद कर दी थी कि सेठ चंदूमल की दूकान का विशेष ध्यान रखना। वहां कोई वालंटियर न आये। तब हम लोग आये थे। तुम फरियाद न करते, तो दारोग़ाजी हमारी तैनाती ही क्यों करते?

चंदूमल — दारोग़ाजी को अपनी कारगुजारी दिखानी होगी। मैं उनके पास क्यों फ़रियाद करने जाता? सभी लोग कांग्रेस के दुश्मन हो रहे हैं। थाने वाले तो उनके नाम से ही जलते हैं। क्या मैं शिकायत करता तभी तुम्हारी तैनाती करते?

इतने में किसी ने थाने में इत्तिला दी कि चंदूमल की दुकान पर कान्सटेबलों और वालंटियरों में मारपीट हो गई। कांग्रेस के दफ़्तर में भी खबर पहुंची। ज़रा देर में सशस्त्र पुलिस के थानेदार और इन्सपेक्टर साहब आ पहुंचे। उधर कांग्रेस के कर्मचारी भी दल-बल सहित दौड़े। समूह और बढ़ा। बार-बार जयकार की ध्वनि उठने लगी। कांग्रेस और पुलिस के नेताओं में वाद विवाद होने लगा। परिणाम यह हुआ कि पुलिसवालों ने दोनों को हिरासत में लिया और थाने की ओर चले।

पुलिस अधिकारियों के चले जाने के बाद सेठजी ने कांग्रेस के प्रधान से कहा — आज मुझे मालूम हुआ कि ये लोग वालंटियरों पर इतना घोर अत्याचार करते हैं।

प्रधान — तब तो दो वालंटियरों का फंसना व्यर्थ नहीं हुआ। इस विषय में अब तो आपकी कोई शंका नहीं है? हम कितने लड़ाकू, कितने द्रोही, कितने शांतिभंगकारी हैं, यह तो आपको खूब मालूम हो गया होगा।

चंदूमल — जी हां, खूब मालूम हो गया।

प्रधान — आपकी शहादत तो अवश्य ही होगी।

चंदूमल — होगी तो मैं भी साफ़-साफ़ कह दूंगा; चाहे बने या बिगड़े। पुलिस की सख़्ती अब नहीं देखी जाती। मैं भी भ्रम में पड़ा हुआ था।

मंत्री — पुलिसवाले आपको दबायेंगे बहुत।

चंदूमल — एक नहीं, सौ दबाव पड़ें, मैं झूठ कभी न बोलूंगा। सरकार उस दरबार में साथ न जायेगी।

मंत्री — अब हमारी लाज आपके हाथ में है।

चंदूमल — मुझे आप देश का द्रोही न पायेंगे।

यहां से प्रधान और मंत्री तथा अन्य पदाधिकारी चले तो मंत्रीजी ने कहा — आदमी सच्चा जान पड़ता है।

प्रधान — (संदिग्धभाव से) कल तक आप ही सिद्ध हो जायेगा।

3

शाम को इन्सपेक्टर-पुलिस ने लाला चंदूमल को थाने में बुलाया और कहा आपको शहादत देनी होगी। हम आपकी तरफ़ से बेफ़िक्र हैं।

चंदूमल बोले — हाज़िर हूं।

इन्स० — वालंटियरों ने कान्सटेबिलों को गालियां दी?

चंदू० — मैंने नहीं सुनी।

इन्स० — सुनी या न सुनी, यह बहस नहीं है। आपको यह कहना होगा वह सब ख़रीदारों को धक्के देकर हटा रहे थे, हाथा-पाई करते थे, मारने की धमकी देते थे, ये सभी बातें कहनी होगी। दारोग़ाजी, वह बयान लाइए जो मैंने सेठजी के लिए लिखवाया है।

चंदू० — मुझसे भरी अदालत में झूठ न बोला जायेगा। अपने हज़ारों जानने वाले अदालत में होंगे। किस-किस से मुंह छिपाऊं? कहीं निकलने को जगह भी चाहिए।

इन्स० — यह सब बातें निज के मुआमलों के लिए हैं। पोलिटिकल मुआमलों में झूठ-सच, शर्म और हया, किसी का भी ख़याल नहीं किया जाता।

चंदू० — मुंह में कालिख लग जायेगी।

इन्स0 — सरकार की निग़ाह में इज्जत चौगुनी हो जायेगी।

चंदू0 — (सोचकर) जी नहीं, गवाही न दे सकूंगा। कोई और गवाह बना लीजिए।

इन्स0 — याद रखिए, यह इज्जत ख़ाक में मिल जायेगी।

चंदू0 — मिल जाये; मजबूरी है।

इन्स0 — अमन-सभा के कोषाध्यक्ष का पद छिन जायेगा।

चंदू0 — उससे कौन रोटियां चलती हैं?

इन्स0 — बंदूक का लाइसेंस छिन जायेगा।

चंदू0 — छिन जाये; बला से!

इन्स0 — इन्कमटैक्स की जांच फिर से होगी।

चंदू0 — ज़रूर कराइए। यह तो मेरे मन की बात हुई।

इन्स0 — बैठने को कुरसी न मिलेगी।

चंदू — कुरसी लेकरी चाटूं? दिवाला तो निकला जा रहा है।

इन्स0 — अच्छी बात है। तशरीफ़ ले जाइए। कभी तो आप पंजे में आएंगे।

4

दूसरे दिन इसी समय कांग्रेस के दफ़्तर में कल के लिए कार्यक्रम निश्चित किया जा रहा था। प्रधान ने कहा — सेठ चंदूमल की दुकान पर धरना देने के लिए दो स्वयंसेवक भेजिए।

मेरे विचार में वहां अब धरना देने की कोई ज़रूरत नहीं।

प्रधान — क्यों? उन्होंने अभी प्रतिज्ञा-पत्र पर हस्ताक्षर तो नहीं किये?

मंत्री — हस्ताक्षर नहीं किये, पर हमारे मित्र अवश्य हो गये। पुलिस की तरफ़ से गवाही न देना यही सिद्ध करता है। अधिकारियों का कितना दबाव पड़ा होगा, इसका अनुमान किया जा सकता है। यह नैतिक साहस में परिवर्तन हुए बिना नहीं आ सकता।

प्रधान — हां, कुछ परिवर्तन तो अवश्य हुआ है।

मंत्री — कुछ नहीं महाशय। पूरी क्रान्ति कहना चाहिए। आप जानते हैं, ऐसे मुआमलों में अधिकारियों की अवहेलना करने का क्या अर्थ है। यह राज-विद्रोह की घोषणा के समान है! त्याग में सन्यास से इसका महत्त्व कम नहीं है। आज ज़िले के सारे हाकिम उनके ख़ून के प्यासे हो रहे हैं। आश्चर्य नहीं कि गर्वनर महोदय को भी इसकी सूचना दी गयी हो।

प्रधान — और कुछ नहीं तो उन्हें नियम का पालन करने के ही लिए प्रतिज्ञा-पत्र पर हस्ताक्षर कर देना चाहिए था। किसी तरह उन्हें यहां बुलाए। अपनी बात तो रह जाये।

मंत्री — आप नाहक इतना शक करते हैं।

नौ बजे चंदूमल अपनी दुकान पर आये तो वहां एक भी वालंटियर न था। मुख पर मुस्कुराहट की झलक आई। मुनीम से बोले — कौड़ी चित्त पड़ी।

मुनीम — मालूम तो होता है। एक महाशय भी नहीं आये।

चंदूमल — न आये और न आएंगे। बाजी अपने हाथ रही। कैसा दांव खेला — चारों खाने चित्त।

चंदू0 — आप भी बातें करते हैं? इन्हें दोस्त बनाते कितनी देर लगती है। कहिए, अभी बुलाकर जूतियां सीधी करवाऊं। टके के गुलाम हैं, न किसी के दोस्त, न किसी के दुश्मन। सच कहिए, कैसा चकमा दिया है?

मुनीम — बस, यही जी चाहता है कि आपके हाथ चूम लें। सांप भी मरा और लाठी भी न टूटी। मगर कांग्रेस वाले भी टोह में होंगे।

चंदूमल — तो मैं भी तो मौजूद हूं। वह डाल-डाल चलेंगे, तो मैं पात-पात चलूंगा। विलायती कपड़े की गांठ निकलवाइये और व्यापारियों को देना शुरू कीजिये। एक अठवारे में बेड़ा पार है।

❖❖❖

पछतावा

पंडित दुर्गानाथ ज़ब कॉलेज से निकले तो उन्हें जीवन-निर्वाह की चिंता उपस्थित हुई। वे दयालु और धार्मिक थे। इच्छा थी कि ऐसा काम करना चाहिए जिससे अपना ज़ीवन साधारणतः सुख पूर्वक व्यतीत हो और दूसरों के साथ भलाई और सदाचरण का भी अवसर मिले। वे सोचने लगे यदि इसी कार्यालय में क्लर्क बन जाऊं तो अपना निर्वाह हो सकता है; किन्तु सर्वसाधारण से कुछ भी संबंध न रहेगा। वकालत में प्रविष्ट हो जाऊं तो दोनों बातें सम्भव हैं, किंतु अनेकानेक यत्न करने पर भी अपने कों पवित्र रखना कठिन होगा। पुलिस विभाग में दीन-पालन और परोपकार के लिए बहुत से अवसर मिलते रहते हैं, किंतु एक स्वतंत्र और सद्विचार-प्रिय मनुष्य के लिए वहां की हवा हानिप्रद है। शासन-विभाग में नियम और नीतियों की भरमार रहती है। कितना ही चाहो, पर वहां कड़ाई और डांट-डपट से बचे रहना असम्भव है। इसी प्रकार बहुत सोच-विचार के पश्चात उन्होंने निश्चय किया कि किसी ज़मींदार के यहां 'मुख्तारआम' बन जाना चाहिए। वेतन तो अवश्य कम मिलेगा; किंतु दीन-खेतिहारों से रात-दिन संबंध रहेगा, उनके साथ सद्व्यवहार का अवसर मिलेगा। साधारण जीवन निर्वाह होगा और विचार दृढ़ होंगे।

कुंवर विशालसिंह जी एक सम्पत्तिशाली ज़मींदार थे। पं. दुर्गानाथ ने उनके पास जाकर प्रार्थना की कि मुझे भी अपनी सेवा में रख कर कृतार्थ कीजिए। कुंवर साहब ने इन्हें सिर से पैर तक देखा और कहा — पंडितजी, आपको अपने यहां रखने में मुझे बड़ी प्रसन्नता होती, किंतु आपके योग्य मेरे यहां कोई स्थान नहीं देख पड़ता।

दुर्गानाथ ने कहा — मेरे लिए किसी विशेष स्थान की आवश्यकता नहीं है। मैं हर एक काम कर सकता हूं। वेतन आप जो कुछ प्रसन्नतापूर्वक देंगे, मैं स्वीकार करूंगा। मैंने तो यह संकल्प कर लिया है कि सिवा किसी रईस के और किसी की नौकरी न करूंगा। कुंवर विशालसिंह ने अभिमान से कहा — रईस की नौकरी नौकरी नहीं, राज्य है। मैं अपने चपरासियों को दो रुपया महावार देता हूं ओर वे तंजेब के अंगरखे पहनकर निकलते हैं। उनके दरवाज़ों पर घोड़े बंधे हुए हैं। मेरे कारिंदे पांच रूपये से अधिक नहीं पाते; किंतु शादी-विवाह

वकीलों के यहां करते हैं। न जाने उनकी कमाई में क्या बरकत होती है। बरसों तनख्वाह का हिसाब नहीं करते। कितने ऐसे हैं कि बिना तनख्वाह के कारिंदगी या चपरासगीरी को तैयार बैठे हैं। परन्तु अपना यह नियम नहीं। समझ लीजिए; मुख्तार-आम अपने इलाके में एक बड़े ज़मींदार से अधिक रोब रखता है। उसका ठाट-बाट और उसकी हुकूमत छोटे-छोटे राजाओं से कम नहीं। जिसे इस नौकरी का चसका लग गया है, उसके सामने तहसीलदारी झूठी है।

पंडित दुर्गानाथ ने कुंवर साहब की बातों का समर्थन किया, जैसा कि करना उनकी सभ्यतानुसार उचित था। वे दुनियादारी में अभी कच्चे थे, बोले — मुझे अभी तक किसी रईस की नौकरी का चस्का नहीं लगा है। मैं तो अभी कॉलेज से निकला आता हूं। और न मैं इन कारणों से नौकरी करना चाहता हूं जिनका कि आपने वर्णन किया। किंतु इतने कम वेतन में मेरा निर्वाह न होगा। आपके और नौकर असामियों का गला दबाते होंगे। मुझसे मरते समय तक ऐसे कार्य न होंगे। यदि सच्चे नौकर का सम्मान होना निश्चय है, तो मुझे विश्वास है कि बहुत शीघ्र आप मुझसे प्रसन्न हो जायेंगे।

कुंवर साहब ने बड़ी दृढ़ता से कहा — हां, यह तो निश्चय है कि सत्यवादी मनुष्य का आदर सब कही होता है, किंतु मेरे यहां तनख्वाह अधिक नहीं दी जाती। ज़मींदार के इस प्रतिष्ठा-शून्य उत्तर को सुनकर पंडितजी कुछ खिन्न हृदय से बोले — तो फिर मजबूरी है। मेरे द्वारा इस समय कुछ कष्ट आपको हो तो क्षमा कीजिएगा। किंतु मैं आपसे कह सकता हूं कि ईमानदार आदमी आपको सस्ता न मिलेगा।

कुंवर साहब ने मन में सोचा कि मेरे यहां सदा अदालती-कचहरी लगी रहती है, सैंकड़ों रुपये तो डिगरी और तज़वीज़ों और-और अंग्रेजी अनुवाद में लग जाते हैं। एक अंग्रेजी का पूर्ण पंडित सहज ही में मिल रहा है। सो भी अधिक तनख्वाह नहीं देनी पड़ेगी। इसे रख लेना ही उचित है। लेकिन पंडितजी की बात का उत्तर देना आवश्यक था, अतः कहा — महाशय, सत्यवादी मनुष्य को कितना ही कम वेतन दिया जाये, वह सत्य को न छोड़ेगा, और न अधिक वेतन पाने से बेईमान सच्चा बन सकता है। सच्चाई का रुपये से कुछ सम्बन्ध नहीं। मैंने ईमानदार कुली देखे हैं और बेईमान बड़े-बड़े धनाढ्य पुरुष। परन्तु अच्छा, आप एक सज्जन पुरुष हैं। आप मेरे यहां प्रसन्नतापूर्वक रहिए। मैं आपको एक इलाके का अधिकारी बना दूंगा और आपका काम देख कर तरक्की भी कर दूंगा।

दुर्गानाथ जी ने 20 रुपये मासिक पर रहना स्वीकार कर लिया। यहां कोई ढाई मील पर कोई गांव का एक इलाका चांदपार के नाम से विख्यात था। पंडितजी इस इलाके के कारिंदे नियत हुए।

2

पंडितजी दुर्गानाथ ने चांदपार के इलाके में पहुंचकर अपने निवास स्थान को देखा तो उन्होंने कुंवर साहब के कथन को बिल्कुल सत्य पाया। यथार्थ में रियासत की नौकरी सुख-सम्पत्ति का

घर है। रहने के लिए सुन्दर बंगला है, जिसमें बहुमूल्य बिछौना बिछा हुआ था, सैकड़ों बीघे की सीर, कई नौकर-चाकर, कितने ही चपरासी, सवारी के लिए एक सुन्दर टांगन, सुख, ठाट-बाट के सारे समान उपस्थित। किंतु इस प्रकार की सजावट और विलास की सामग्री देखकर उन्हें उतनी प्रसन्नता न हुई। क्योंकि इसी सजे हुए बंगले के चारों ओर किसानों के झोपड़े थे। फूस के घरों में मिट्टी के बर्तनों के सिवा और सामान ही क्या था! वहां के लोगों में वह बंगला कोट के नाम से विख्यात था। लड़के उसे भय की दृष्टि से देखते। उसके चबूतरे पर पैर रखने का उन्हें साहस न पड़ता। इस दीनता के बीच इतना बड़ा ऐश्वर्ययुक्त दृश्य उनके लिए अत्यन्त हृदय-विदारक था, किसानों की यह दशा थी कि सामने आते हुए थरथर कांपते थे। चपरासी लोग उनसे ऐसा बर्ताव करते थे कि पशुओं के साथ भी वैसा नहीं होता।

पहले ही दिन कई सौ किसानों ने पंडितजी को अनेक प्रकार के पदार्थ भेंट के रूप में उपस्थित किये, किंतु जब वे सब लौटा दिए गए तो उन्हें बहुत आश्चर्य हुआ। किसान प्रसन्न हुए, किन्तु चपरासियों का रक्त उबलने लगा। नाई और कहार ख़िदमत को आए, किंतु लौटा दिए गए। अहीरों के घर से दूध से भरा हुआ मटका आया, वह भी वापस हुआ। तमोली एक ढोली पान लाया, किंतु वह भी स्वीकार न हुआ। असामी आपस में कहने लगे कि कोई धर्मात्मा पुरुष आए हैं। परन्तु चपरासियों को तो ये नयी बातें असह्य हो ग़यी। उन्होंने कहा — हुज़ूर, अगर आपको ये चीज़े पसन्द न हो तो ऩ लें, मगर रस्म तो न मिटायें। अगर कोई दूसरा आदमी यहां आयेगा, उसे नये सिरे से यह रस्म बांधने में कितनी दिक्कत होगी? यह सब सुनकर पंडितजी ने केवल यही उत्तर दिया — जिसके सिर पर पड़ेगा, वह भुगत लेगा। मुझे इसकी चिंता करने की क्या आवश्यकता? एक चपरासी ने साहस बांधकर कहा — इन असामियों को आप जितना ग़रीब समझते हैं, उतने ग़रीब ये नहीं है। इनका ढंग ही ऐसा है। भेष बनाये रहते हैं। देखने में ऐसे सीधे-सादे मानो बेसींग की गाय हैं, लेकिन सच मानिए, इनमें का एक-एक आदमी हाईकोर्ट का वकील है।

चपरासियों के इस वाद-विवाद का प्रभाव पंडितजी पर कुछ न हुआ। उन्होंने प्रत्येक गृहस्थ से दयालुता और भाईचारे का आचरण करना आरम्भ किया। सबेरे से आठ बजे तक तो ग़रीबों को बिना दाम औषधियां देते, फिर हिसाब-किताब का काम देखते। उनके सदाचरण ने असामियों को मोह लिया। मालगुजारी का रुपया जिसके लिए प्रति वर्ष कुरकी तथा नीलामी की आवश्यकता होती थी, इस वर्ष एक इशारे पर वसूल हो गया। किसानों ने अपने भाग सराहे और वे मानने लगे कि हमारे सरकार की दिनोंदिन बढ़ती हो।

3

कुंवर विशालसिंह अपनी प्रजा के पालन-पोषण पर बहुत ध्यान रखते थे। वे बीज के लिए अनाज देते और मजूरी तथा बैलों के लिए रुपये। फ़सल काटने पर एक का डेढ़ वसूल कर

लेते! चांद पार के कितने ही असामी इनके ऋणी थे। चैत का महीना था। फ़सल कट-कटकर खलियानों में आ रही थी। खलियान में से कुछ अनाज घर में आने लगा था। इसी अवसर पर कुंवर साहब ने चांद पार वालों को बुलाया और कहा — हमारा अनाज और रुपया बेबाक कर दो। यह चैत का महीना है। जब तक कड़ाई न की जाय, तुम लोग डकार नहीं लेते। इस तरह काम नहीं चलेगा। बूढ़े मलूका ने कहा — सरकार; भला असामी कभी अपने मालिक से बेबाक हो सकता है! कुछ अभी ले लिया जाये, कुछ फिर दे देंगे। हमारी गर्दन तो सरकार की मुट्ठी में है।

कुंवर साहब — आज कौड़ी-कौड़ी चुकाकर यहां से उठने पाओगे। बुम लोग हमेशा इसी तरह हीला-हवाला किया करते हो।

मलूका (विनय के साथ) — हमारा पेट है, सरकार की रोटियां हैं, हमको और क्या चाहिए? जो कुछ उपज है वह सब सरकार ही की है।

कुंवर साहब से मलूका की यह वाचलता सही न गयी। उन्हें इस पर क्रोध आ गया; राजा-रईस ठहरे। उन्होंने बहुत कुछ खरी-खोटी सुनायी और कहा — कोई है? ज़रा इस बुड्ढे का कान तो गरम करो, यह बहुत बढ़-चढ़कर बातें करता है। उन्होने तो कदाचित धमकाने की इच्छा से कहा, किन्तु चपरासी कादिर खां ने लपककर बूढ़े की गर्दन पकड़ी और ऐसा धक्का दिया कि बेचारा ज़मीन पर जा गिरा। मलूका के दो जवान बेटे यहां चुपचाप खड़े थे। बाप की ऐसी दशा देखकर उनका रक्त गरम हो उठा। वे दोनों झपटे और कादिर खां पर टूट पड़े। धामधाम शब्द सुनाई पड़ने लगे। खां साहब का पानी उतर गया, साफ़ा अलग जा गिरा। अचकन के टुकड़े-टुकड़े हो गये। किन्तु जबान चलती रही।

मलूका ने देखा, बात बिगड़ गई। वह उठा और कादिर खां को छुड़ा कर अपने लड़कों को गालियां देने लगा। जब लड़कों ने उसी को डांटा तब दौड़कर कुंवर साहब के चरणों पर गिर पड़ा। पर बात यथार्थ में बिगड़ गयी थी। बूढ़े के इस विनीत भाव का कुछ प्रभाव न हुआ। कुंवर साहब की आंखों से मानों आग के अंगारे निकल रहे थे। वे बोलें — बेईमान, आंखों के सामने से दूर हो जा। नहीं तो तेरा खून पी जाऊंगा।

बूढ़े के शरीर में रक्त तो अब वैसा न रहा था, किन्तु कुछ गर्मी अवश्य थी। समझता था कि ये कुछ न्याय करेंगे, परंतु यह फटकार सुनकर बोला — सरकार, बुढ़ापे में आपके दरवाज़े पर पानी उतर गया और तिस पर सरकार हमी को डांटते हैं। कुंवर साहब ने कहा — तुम्हारी इज्जत अभी क्या उतरी है, अब उतरेगी।

दोनों लड़के सरोष बोले — सरकार अपना रुपया लेंगे कि किसी की इज्जत लेंगे?

कुंवर साहब (ऐंठकर) — रुपया पीछे लेंगे, पहले देखेंगे कि तुम्हारी इज़्जत कितनी है!

4

चांद पार के किसान अपने गांव पर पहुंचकर दुर्गानाथ से अपनी राम कहानी सुना ही

रहे थे कि कुंवर साहब का दूत पहुंचा और ख़बर दी कि सरकार ने आपको अभी-अभी बुलाया है।

दुर्गानाथ ने असामियों को परितोष दिया और आप घोड़े पर सवार होकर दरबार में हाज़िर हुए।

कुंवर साहब की आंखें लाल थीं। मुख की आकृति भयंकर हो रही थी। कई मुख्तार और चपरासी बैठे हुए आग पर तेल डाल रहे थे। पंडितजी को देखते ही कुंवर साहब बोले — चांद पारवालों की हरकत आपने देखी?

पंडितजी ने नम्र भाव से कहा — जी हां, सुनकर बहुत शोक हुआ। ये तो ऐसे सरकश न थे।

कुंवर साहब — यह सब आप ही के आगमन का फल है। आप अभी स्कूल के लड़के हैं। आप क्या जानें कि संसार में कैसे रहना होता है। यदि आपका बर्ताव असामियों के साथ ऐसा ही रहा हो तो फिर मैं ज़मींदारी कर चुका। यह सब आपकी करनी है। मैंने इसी दरवाज़े पर असामियों को बांध-बांधकर उलटे लटका दिया है और किसी ने चूं तक न की। आज उनका यह साहस, मेरे ही आदमी पर हाथ चलाएं।

दुर्गानाथ (कुछ दबते हुए) — महाशय, इसमें मेरा क्या अपराध? मैंने तो जबसे सुना है तभी से स्वयं सोच पड़ा में हूं।

कुंवर साहब — आपका अपराध नहीं तो किसका है? आप ही ने तो इनको सिर चढ़ाया। बेगार बन्द कर दी, आप ही उनके साथ भाईचारे का बर्ताव करते हैं, उनके साथ हंसी-मज़ाक करते हैं। ये छोटे आदमी इस बर्त्ताव की कदर क्या जाने, किताबी बातें स्कूलों ही के लिए हैं। दुनिया के व्यवहार का कानून दूसरा है। अच्छा, जो कुछ सो हुआ। अब मैं चाहता हूं कि इन बदमाशों को इस सरकशी का मजा चखाया जाये। असामियों की रसीदें तो नहीं हैं।

दुर्गानाथ (कुछ डरते हुए) — जी नहीं, रसीदें तैयार हैं, लेकिन आपके हस्ताक्षरों की देर है।

कुंवर साहब (कुछ संतुष्ट होकर) यह बहुत अच्छा हुआ। शकुन अच्छे हैं। अब आप इन रसीदों को चिरागअली के सपुर्द कीजिए। इन लोगों पर बकाया लगान की नालिश की जायेगी, फ़सल नीलाम कर लूंगा। जब भूखे मरेंगे तब सूझेगी। जो रुपया अब तक वसूल हो चुका हैं, वह बीज और ऋण के खाते में चढ़ा लीजिए। आपको केवल यह गवाही देनी होगी कि यह रुपया मालगुजारी के मद में नहीं, क़र्ज के मद में वसूल हुआ है। बस!

दुर्गानाथ चिंतित हो गये। सोचने लगे कि क्या यहां भी उसी आपत्ति का सामना करना पड़ेगा, जिससे बचने के लिए इतने सोच-विचार के बाद, इस शांति-कुटीर को ग्रहण किया था? क्या जान-बूझकर इन ग़रीबों की गर्दन पर छुरी फेरूं, इसलिए कि मेरी नौकरी बनी रहे? नहीं, यह मुझसे न होगा। बोले — क्या मेरी शहादत बिना काम न चलेगा?

कुंवर साहब — (क्रोध से) क्या इतना कहने में भी आपको कोई उज्र हैं?

दुर्गानाथ — (द्विविधा में पड़े हुए) — जी, यों तो मैंने आपका नमक खाया है। आपकी

प्रत्येक आज्ञा का पालन करना मुझे उचित है, किंतु न्यायालय में मैंने गवाही नहीं दी है। संभव है कि यह कार्य मुझसे न हो सके, अतः मुझे तो क्षमा ही कर दिया जाये।

कुवर साहब (शासक के ढंग से) — यह काम आपको करना पड़ेगा, इसमें 'हां-नहीं' की कोई आवश्यकता नहीं है। आग आपने लगायी है बुझायेगा कौन?

दुर्गानाथ (दृढ़ता के साथ) — मैं झूठ कदापि नहीं बोल सकता, और न इस प्रकार की शहादत दे सकता हूं!

कुंवर साहब (कोमल शब्दों में) — कृपानिधान, यह झूठ नहीं है। मैंने झूठ का व्यापार नहीं किया है। मैं यह नहीं कहता कि आप रुपये का वसूल होना अस्वीकार कर दीजिए। अब असामी मेरे ऋणी हैं, तो मुझे अधिकार है कि चाहे रुपया ऋण की मद में वसूल करूं या मालगुजारी की मद में। यदि इतनी-सी बात को आप झूठ समझते हैं तो आपकी ज़बरदस्ती है। अभी आपने संसार देखा नहीं। ऐसी सच्चाई के लिए संसार में स्थान नहीं। आप मेरे यहां नौकरी कर रहे हैं। इस सेवक-धर्म पर विचार कीजिए। आप शिक्षित और होनहार पुरुष है। अभी आपको संसार में बहुत दिन तक रहना है और बहुत काम करना है। अभी से आप यह धर्म और सत्यता धारण करेंगे तो अपने जीवन में आपको आपत्ति और निराशा के सिवा और कुछ प्राप्त न होगा। सत्यप्रियता अवश्य उत्तम वस्तु है, किंतु उसकी भी सीमा है, 'अति सर्वत्र वर्जयेत्!' अब अधिक सोच-विचार की आवश्यकता नहीं। यह अवसर ऐसा ही है।

कुंवर साहब पुराने खुर्राट थे। इस फेंके से युवक खिलाड़ी हार गया।

5

इस घटना के तीसरे दिन चांदपार के असामिया पर बकाया लगान की नालिश हुई। समन आये। घर-घर उदासी छा गयी। समन क्या थे, यम के दूत थे। देवी-देवताओं की मिन्नते होने लगीं। स्त्रियां अपने घरवालों को कोसने लगीं और पुरुष अपने भाग्य कों। नियत तारीख के दिन गांव के गंवार कंधे पर लोट-डोर रखे और अंगोछे में चबेना बांधे कचहरी को चले। सैंकड़ों स्त्रिया और बालक रोते हुए उसके पीछे-पीछे जाते थे। मानो अब वे फिर उनसे न मिलेंगे।

पंडित दुर्गानाथ के लिए तीन दिन कठिन परीक्षा के थे। एक ओर कुंवर साहब की प्रभावशाली बातें, दूसरी ओर किसानों की हाय-हाय; परन्तु विचार-सागर में तीन दिन निमग्न रहने के पश्चात उन्हें धरती का सहारा मिल गया। उनकी आत्मा ने कहा — यह पहली परीक्षा है। यदि इसमें अनुत्तीण रहे तो फिर आत्मिक दुर्बलता ही हाथ रह जायेगी। निदान, निश्चय हो गया कि मैं अपने लाभ के लिए इतने ग़रीबों को हानि न पहुंचाऊंगा।

दस बजे दिन का समय था। न्यायालय के सामने मेला-सा लगा हुआ था। जहां-तहां श्याम वस्त्राच्छादित देवताओं की पूजा हो रही थी। चांदपार के किसान झुंड-के-झुंड एक पेड़ के नीचे

आकर बैठे। उनसे कुछ दूर पर कुंवर साहब के मुख्तारआम, सिपाहियों और गवाहों की भीड़ थी। ये लोग अत्यंत विनोद में थे। जिस प्रकार मछलियां पानी में पहुंचकर किलोले करती हैं, उसी भांति ये लोग भी आनंद में चूर थे। कोई पान खा रहा था। कोई हलवाई की दुकान से पूरियों की पत्तल लिये चला आता था। उधर बेचारे किसान पेड़ के नीचे चुपचाप उदास बैठे थे कि आज न जाने क्या होगा, कौन आफ़त आयेगी! भगवान का भरोसा है। मुकद्दमे की पेशी हुई। कुंवर साहब की ओर के गवाह गवाही देने लगे कि आसामी बड़े सरकश हैं। जब लगान मांगा ज़ाता है तो लड़ाई-झगड़े पर तैयार हो जाते हैं। अबकी इन्होंने एक कौड़ी भी नहीं दी।

कादिर खां ने रोकर अपने सिर की चोट दिखाई। सबसे पीछे पंडित दुर्गानाथ की पुकार हुई। उन्हीं के बयान पर निबटारा होना था। वकील साहब ने उन्हें खूब तोते की भांति पढ़ा रखा था, किंतु उनके मुख से पहला वाक्य निकला ही था कि मैजिस्ट्रैट ने उनकी ओर तीव्र दृष्टि से देखा। अहलमद-पेशकार आदि सब-के-सब उनकी ओर आश्चर्य की दृष्टि से देखने लगे।

न्यायधीश ने तीव्र स्वर से कहा — तुम जानते हो, मजिस्ट्रेट के सामने खड़े हो?

दुर्गानाथ (दृढ़तापूर्वक) — जी हां, भली-भांति जानता हूं।

न्यायधीश — तुम्हारे ऊपर असत्य भाषण का अभियोग लगाया जा सकता है।

दुर्गानाथ — अवश्य, यदि मेरा कथन झूठा हो।

वकील ने कहा — जान पड़ता है, किसानो के दूध, घी भेंट आदि ने यह कायापलट कर दी है और न्यायधीश की ओर सार्थक दृष्टि से देखा।

दुर्गानाथ आपको इन वस्तुओं का अधिक तजुर्बा होगा। मुझे तो अपनी रुखी रोटियां ही अधिक प्यारी हैं।

न्यायधीश — तो इन असामियों ने सब रुपया बेबाक कर दिया है?

दुर्गनाथ — जी हां, इनके जिम्मे लगान की एक कौड़ी भी बाकी नहीं हैं।

न्यायधीश — रसीदें क्यों नहीं दी?

दुर्गानाथ — मेरे मालिक की आज्ञा।

6

मजिस्ट्रेट ने नालिशें डिसमिस कर दी। कुंवर साहब को ज्यों ही इस पराजय की खबर मिली, उनके कोप की मात्रा सीमा से बाहर हो गयी। उन्होंने पंडित दुर्गानाथ को सैकड़ों कुवाक्य कहे नमकहराम, विश्वासघाती, दुष्ट। मैंने उसका कितना आदर किया। किंतु कुत्ते की पूंछ कहीं सीधी हो सकती है। अन्त में विश्वासघात कर ही गया। यह अच्छा कि पं. दुर्गानाथ मजिस्ट्रेट का फैसला सुनते ही मुख़्तारआम को कुंजियों और कागज़-पत्र सुपुर्द कर चलते हुए। नहीं तो

उन्हें इस कार्य के फल में कुछ दिन हल्दी और गुड़ पीने की आवश्यकता पड़ती।

कुंवर साहब का लेन-देन विशेष अधिक था। चांदपार बहुत बड़ा इलाका था। वहां के असामियों पर कई सौ रुपये बाकी थे। उन्हें विश्वास हो गया कि अब रुपया डूब जायेगा। वसूल होने की कोई आशा नहीं। इस पंडित ने असामियों को बिल्कुल बिगाड़ दिया। अब उन्हें मेरा क्या डर? अपने कारिंदों और मंत्रियों से सम्मति ली। उन्होंने भी यही कहा, अब वसूल होने की कोई सूरत नहीं। कागज़ात न्यायालय में पेश किये जायें तो इन्कम टैक्स लग जायेगा। किंतु रुपया वसूल होना कठिन है। उजरदारियां होगी। कहीं हिसाब में कोई भूल निकल आयी तो रही-सही भी जाती रहेगी और दूसरे इलाकों का रुपया भी मारा जायेगा।

दूसरे दिन कुंवर साहब पूजा-पाठ से निश्चिंत हो अपने चौपाल में बैठे, तो क्या देखते हैं कि चांदपार के आसामी झुंड-के-झुंड चले आ रहे हैं। उन्हें यह देखकर भय हुआ कि कहीं ये सब कुछ उपद्रव तो न करेंगे, किन्तु किसी के हाथ में एक छड़ी तक न थी। मलूका आगे-आगे आता था। उसने दूर से झुककर वंदना की। ठाकुर साहब को ऐसा आश्चर्य हुआ, मानों वे कोई स्वप्न देख रहे हों।

7

मलूका ने सामने आकर विनयपूर्वक कहा — सरकार, हम लोगों से जो कुछ भूल-चूक हुई हो उसे क्षमा किया जाये। हम लोग सब हुजूर के चक्कर हैं; सरकार ने हमको पाला-पोसा है। अब भी हमारे ऊपर यही निग़ाह रहे।

कुंवर साहब का उत्साह बढ़ा। समझे कि पंडित के चले जाने से इन सबों के होश ठिकाने हुए हैं। आज किसका सहारा लेंगे। उसी खुरटि ने इन सबों को बहका दिया था। कड़ककर बोले — वे तुम्हारे सहायक पंडित कहां गये? वे आ जाते तो ज़रा उनकी खबर ली जाती।

यह सुनकर मलूका की आंखों में आंसू भर आये। वह बोला — सरकार उनको कुछ न कहें। वे आदमी नहीं देवता थे। जवानी की सौगंध है, जो उन्होंने आपकी कोई निन्दा की हो। वे बेचारे तो हम लोगों को बार-बार समझाते थे कि देखो मालिक से बिगाड़ करना अच्छी बात नहीं। हमसे कभी एक लोटा पानी के रवादार नहीं हुए। चलते-चलते हमसे कह गये कि मालिक का जो कुछ तुम्हारे जिम्मे निकले, चुका देना। आप हमारे मालिक हैं। हमने आपका बहुत खाया-पिया है। अब हमारी यही विनती सरकार से है कि हमारा हिसाब किताब देखकर जो कुछ हमारे ऊपर निकले बताया जाये। हम एक-एक कौड़ी चुका देंगे, तब पानी पियेंगे।

कुंवर साहब प्रसन्न हो गये। इन्हीं रुपयों के लिए कई बार खेत कटवाने पड़े थे। कितनी बार घरों में आग लगवायी। अनेक बार मार-पीट की। कैसे-कैसे दंड दिये और आज ये सब आप-से-आप सारा हिसाब-किताब साफ़ करने आये हैं। यह क्या जादू है।

मुख़्तारआम साहब ने काग़ज़ात खोले और असामियों ने अपनी-अपनी पोटलियां। जिसके

जिम्मे जितना निकला, बे-कान-पूंछ हिलाये उतना द्रव्य सामने रख दिया। देखते-देखते सामने रुपयों को ढेर लग गया। छः सौ रुपये बात-की-बात में वसूल हो गया। किसी के जिम्मे कुछ बाक़ी न रहा। यह सत्यता और न्याय की विजय थी। कठोरता और निर्दयता से जो काम अभी न हुआ, वह धर्म और न्याय ने पूरा कर दिखाया।

जब से ये लोग मुकद्दमा जीत आये, तभी से उनको रुपया चुकाने की धुन सवार थी। पंडितजी को वे यथार्थ देवता समझते थे। रुपया चुका देने के लिए उनकी विशेष आज्ञा थी। किसी ने बैल, किसी ने गहने बंधक रखे। यह सब कुछ सहन किया, परंतु पंडितजी की बात न टाली। कुंवर साहब के मन में पंडितजी के प्रति जो बुरे विचार थे, सब मिट गये। उन्होंने सदा से कठोरता से काम लेना सीखा था। उन्हीं नियमों पर वे चलते थे। न्याय तथा सत्यता पर उनका विश्वास न था। किन्तु आज उन्हें प्रत्यक्ष देख पड़ा कि सत्यता और कोमलता में बहुत बड़ी शक्ति है।

ये असामी मेरे हाथ से निकल गये थे। मैं इनका क्या बिगाड़ सकता था? अवश्य वह पंडित सच्चा और धर्मात्मा पुरुष था। उसमें दूरदर्शिता न हो, काल-ज्ञान न हो, किंतु इसमें संदेह नहीं कि वह निस्पृह और सच्चा पुरुष था।

8

कैसी ही अच्छी वस्तु क्यों न हो, जब तक हमको उसकी आवश्यकता नहीं होती तब तक हमारी दृष्टि में उसका गौरव नहीं होता, हरी दूब भी किसी समय अशर्फ़ियों के मोल बिक जाती है। कुंवर साहब का काम एक निस्पृह मनुष्य बिना नहीं रुक सकता था। अतएव पंडितजी के इस सर्वोत्तम कार्य की प्रशंसा किसी कवि की कविता से अधिक न हुई। चांदपार के असामियों ने अपने मालिक को कभी किसी प्रकार का कष्ट न पहुंचाया, किंतु अन्य इलाक़े वाले असामी उसी पुराने ढंग से चलते थे। उन इलाकों में रगड़-झगड़ सदैव मची रहती थी। अदालत, मार-पीट, डांट-डपट सदा लगी रहती थी। किंतु ये सब तो ज़मींदार के शृंगार हैं। बिना इन सब बातों के ज़मींदारी कैसी? क्या दिन भर बैठे-बैठे वे मक्खियां मारें?

कुंवर साहब इसी प्रकार पुराने ढंग से अपना प्रबंध संभालते जाते थे। कई वर्ष व्यतीत हो गये। कुंवर साहब का कारोबार दिनों-दिन चमकता ही गया। यद्यपि उन्होंने पांच लड़कियों के विवाह बड़ी धूम-धाम के साथ किये, परंतु तिस पर भी उनकी बढ़ती में किस प्रकार की कमी न हुई। हां, शारीरिक शक्तिंया अवश्य कुछ-कुछ ढीली पड़ती गयीं। बड़ी भारी चिंता यहीं थी कि इतनी बड़ी सम्पत्ति और ऐश्वर्य का भोगने वाला कोई उत्पन्न न हुआ। भानजे, भतीजे और नवासे इस रियासत पर दांत लगाये हुये थे।

कुंवर साहब का मन अब इन सांसरिक झगड़ों से फिरता जाता था। आखिर यह रोना-धोना किसके लिए? अब उनके जीवन-नियम में एक परिवर्तन हुआ। द्वार पर

कभी-कभी साधु-संत धूनी रमाये हुए देख पड़ते। स्वयं भगवद्गीता और विष्णु सहस्रनाम पढ़ते थे। पारलौकिक चिंता अब नित्य रहने लगी। परमात्मा की कृपा और साधु-संतो के आशीर्वाद से बुढ़ापे में उनको एक लड़का पैदा हुआ। जीवन की आशाएं सफल हुई; पर दुर्भाग्यवश पुत्र के जन्म ही से कुंवर साहब शारीरिक व्यवाधियों से ग्रस्त रहने लगे। सदा वैद्यों और डॉक्टरों का तांता लगा रहता था; लेकिन दवाओं का उलटा प्रभाव पड़ता। ज्यों-त्यों करके उन्होंने ढाई वर्ष बिताये। अन्त में उनकी शक्तियों ने जवाब दे दिया। उन्हें मालूम हो गया कि अब संसार से नाता टूट जायेगा। अब चिंता ने और घर दबाया, यह सारा माल-असबाब, इतनी बड़ी सम्पत्ति किस पर छोड़ जाऊं? मन की इच्छाएं मन-ही-मन रह गयीं। लड़के का विवाह भी न देख सका। उसकी तोतली बातें सुनने का भी सौभाग्य न हुआ। हाय, अब इस कलेजे के टुकड़े को किसे सौंपूं, जो इसे अपना पुत्र समझे। लड़के की मां स्त्री-जाति, न कुछ जाने, न समझे। उससें कारोबार संभालना कठिन है। मुख्तारआम, गुमाश्ते, कारिंदे कितने हैं, परन्तु सब-के-सब स्वार्थी विश्वासघाती। एक भी ऐसा पुरुष नहीं जिस पर मेरा विश्वास जमे! कोर्ट ऑफ लार्डस के सुपुर्द करूं तो वहां भी वे ही सब आपत्तियां। कोई इधर दबायेगा, कोई उधर। अनाथ बालक की कौन पूछेगा? हाय, मैंने आदमी नहीं पहचाना। मुझे हीरा मिल गया था, मैंने उसे ठीकरा समझा! कैसा सच्चा, कैसा वीर, दृढ़प्रतिज्ञ पुरुष था! यदि वह कहीं मिल जाये तो इस अनाथ बालक के दिन फिर जायें। उसके हृदय में करुणा है, दया है। वह अनाथ बालक पर तरस खायेगा। हाय! क्या मुझे उसके दर्शन मिलेंगे? मैं उस देवता के चरण धोकर माथे पर चढ़ाता। आसुंओं से उसके चरण धोता। वही यदि हाथ लगाये तो यह मेरी डूबती नाव पार लगे।

9

ठाकुर साहब की दशा दिन-पर-दिन बिगड़ती गयी। अब अंतराल आ पहुंचा। उन्हें पंडित दुर्गानाथ की रट लगी हुइ थी। बच्चे का मुंह देखते और कलेजे से एक आह निकल जाती। बार-बार पछताते और हाथ मलते। हाय! उस देवता को कहां पाऊं? जो कोई उसके दर्शन करा दे, आधी जायदाद उसके न्योछावर कर दूं। प्यारे पंडित! मेरे अपराध क्षमा करो। मैं अन्धा था, अज्ञान था। अब मेरी बांह पकड़ो। मुझे डूबने से बचाओ। इस अनाथ बालक पर तरस खाओ।

हितार्थी और संबंधियों का समूह सामने खड़ा था। कुंवर साहब ने उनकी ओर अधखुली आंखों से देखा। सच्चा हितैषी कहीं देखकर न पड़ा। सबके चेहरे पर स्वार्थ की झलक थी। निराशा से आंखें मूंद लीं। उनकी स्त्री फूट-फूटकर रो रही थी। निदान उसे लज्जा त्यागनी पड़ी। वह रोती हुई पास जा कर बोली — प्राणनाथ, मुझे और इस असहाय बालक को किस पर छोड़ जाते हो?

कुंवर साहब ने धीरे से कहा — पंडित दुर्गानाथ पर। वे जल्द आयेंगे। उनसे कह देना कि मैंने सब कुछ उनको भेंट कर दिया। यह अन्तिम वसीयत है।

आप-बीती

प्रायः अधिकांश साहित्य-सेवियों के जीवन में एक ऐसा समय आता है, जब पाठकगण उनके पास श्रद्धा-पूर्ण पत्र भेजने लगते हैं। कोई उनकी रचना-शैली की प्रशंसा करता है, कोई उनके सद्विचारों पर मुग्ध हो जाता है। लेखक को भी कुछ दिनों से यह सौभाग्य प्राप्त है। ऐसे पत्रों को पढ़कर उसका हृदय कितना गद्गद हो जाता है, इसे किसी साहित्य-सेवी ही से पूछना चाहिए। अपने फटे कंबल पर बैठा हुआ वह गर्व और आत्मगौरव की लहरों में डूब जाता है। भूल जाता है कि रात को गीली लकड़ी से भोजन पकाने के कारण सिर में कितना दर्द हो रहा था, खटमलों और मच्छरों ने रात भर कैसे नींद हराम कर दी थी। 'मैं भी कुछ हूं' यह अहंकार उसे एक क्षण के लिए उन्मत्त बना देता है। पिछले साल सावन के महीने में मुझे एक ऐसा ही पत्र मिला। उसमें मेरी क्षुद्र रचनाओं की दिल खोलकर दाद दी गयी थी।

पत्र-प्रेषक महोदय स्वयं एक अच्छे कवि थे। मैं उनकी कविताएं पत्रिकाओं में अक्सर देखा करता था। यह पत्र पढ़कर फूला न समाया। उसी वक्त ज़वाब लिखने बैठा। उस तरंग में जो कुछ लिख गया, इस समय याद नहीं। इतना जरूर याद है कि पत्र आदि से अन्त तक प्रेम के उद्गारों से भरा हुआ था। मैंने कभी कविता नहीं की और न कोई गद्य-काव्य ही लिखा; पर भाषा को जितना संवार सकता था, उतना संवारा। यहां तक कि जब पत्र समाप्त करके दुबारा पढ़ा तो कविता का आनंद आया। सारा पत्र भाव-लालित्य से पूरिपूर्ण था। पांचवे दिन कवि महोदय का दूसरा पत्र आ पहुंचा। वह पहले पत्र से भी कहीं अधिक मर्मस्पशी था। 'प्यारे भैया!' कहकर मुझे सम्बोधित किया गया था; मेरी रचनाओं की सूची और प्रकाशकों के नाम-ठिकाने पूछे गये थे। अन्त में यह शुभ समाचार कि 'मेरी पत्नीजी को आपके ऊपर बड़ी श्रद्धा है। वह बड़े प्रेम से आपकी रचनाओं को पढ़ती है। वही पूछ रही है कि आपका विवाह कहां हुआ है। आपको संताने कितनीं हैं तथा आपका कोई फोटो भी है? हो तो कृपया भेज दीजिए। मेरी जन्म-भूमि और वंशावली का पता भी पूछ गया था। इस पत्र, विशेषतः उसके अन्तिम समाचार ने मुझे पुलकित कर दिया।

यह पहला ही अवसर था कि मुझे किसी महिला के मुख से, चाहे वह प्रतिनिधि द्वारा

ही क्यों न हो, अपनी प्रशंसा सुनने का सौभाग्य प्राप्त हुआ। गरूर का नशा छा गया। धन्य है भगवान! अब रमणियां भी मेरे कृत्य की सराहना करने लगी। मैंने तुरंत उत्तर लिखा। जितने कर्णप्रिय शब्द मेरी स्मृति के कोष में थे, सब खर्च कर दिए। मैत्री और बंधुत्व से सारा पत्र भरा हुआ था। अपनी वंशावली का वर्णन किया। कदाचित मेरे पूर्वजों का ऐसा कीर्ति-गान किसी भाट ने भी न किया होगा। मेरे दादा एक ज़मींदार के कारिंदे थे, मैंने उन्हें एक बड़ी रियासत का मैंनेजर बतलाया। अपने पिता को, जो एक दफ़्तर में क्लर्क थे, उस दफ़्तर का प्रधानाध्यक्ष बना दिया। और काश्तकारी को ज़मींदारी बना देना तो साधारण बात थी। अपनी रचनाओं की संख्या तो न बढ़ा सका, पर उनके महत्व, आदर और प्रचार का उल्लेख ऐसे शब्दों में किया, जो नम्रता की ओट में अपने गर्व से छिपाते हैं। कौन नहीं जानता कि बहुधा 'तुच्छ' का अर्थ उससे विपरीत होता है, और 'दीन' के माने कुछ और ही समझे जाते हैं। स्पष्ट से अपनी बड़ाई करना उच्चश्रृंखलता है; मगर सांकेतिक शब्दों से आप इसी काम को बड़ी आसानी से पूरा कर सकते हैं। खैर, मेरा पत्र समाप्त हो गया और तत्क्षण लेटरबक्स के पेट में पहुंच गया।

इसके बाद दो सप्ताह तक कोई पत्र न आया। मैंने उस पत्र में अपनी गृहिणी की ओर से भी-दो-चार समयोचित बातें लिख दी थीं। आशा थी, घनिष्ठता और भी घनिष्ठ होगी। कहीं कविता में मेरी प्रशंसा हो जाये, तो क्या पूछना! फिर तो साहित्य-संसार में ही नज़र आऊं! इस चुप्पी से कुछ निराशा होने लगी; लेकिन इस डर से कि कहीं कवि जी मुझे मतलबी अथवा सेंटिमैंटल न समझ ले, कोई पत्र न लिख सका।

आश्विन का महीना था, और तीसरा पहर। रामलीला की धूम मची हुई थी। मैं अपने एक मित्र के घर चला गया था। ताश की बाजी हो रही थी। सहसा एक महाशय मेरा नाम पूछते हुए आये और मेरे पास की कुरसी पर बैठ गये और मेरा उनसे कभी का परिचय न था। सोच रहा था, वह कौन आदमी और यहां कैसे आया? यार लोग उन महाशय की ओर देखकर आपस में इशारेबाजियां कर रहे थे। उनके आकार-प्रकार में कुछ नवीनता अवश्य थी। श्यामवर्ण, नाटा डील, मुख पर चेचक के दाग, नंगा सिर, बाल संवारे हुए, सिर्फ सादी कमीज, गले में फूलों की एक माला, पैर में फुट-बूट और हाथ में एक मोटी-सी पुस्तक।

मैंने विस्मित होकर नाम पूछा।

उत्तर मिला — मुझे उमापतिनारायण कहते हैं।

मैं उठकर उनके गले से लिपट गया। यह वही कवि महोदय थे, जिनके कई प्रेम-पत्र मुझे मिल चुके थे। कुशल-समाचार पूछा। पान-इलायची से खातिर की।

फिर पूछा — आपका आना कैसे हुआ।

उन्होंने कहा — मकान पर चलिए, तो सब वृत्तांत कहूंगा। मैं आपके घर गया था। वहां मालूम हुआ, आप यहां हैं। पूछता हुआ चला आया।

मैं उमापतिजी के साथ घर चलने को उठ खड़ा हुआ! जब वह कमरे के बाहर निकल गए, तो मेरे मित्र ने पूछा — यह कौन साहब है?

मैं — मेरे एक नए दोस्त है।

मित्र — ज़रा इनसे होशियार रहिएगा। मुझे तो उचक्के से मालूम होते हैं।

मैं — आपका अनुमान ग़लत है। आप हमेशा आदमी को उसकी सजधज से परखा करते हैं। पर मनुष्य कपड़ों में नहीं, हृदय में रहता है।

मित्र — ख़ैर, ये रहस्य की बातें तो आप जानें; मैं आपको आगाह किये देता हूं।

मैंने इसका कुछ जवाब नहीं दिया। उमापतिजी के साथ घर पर आया। बाज़ार से भोजन मंगवाया। फिर बातें होने लगी। उन्होंने मुझे अपनी कई कविताएं सुनायीं। स्वर बहुत सरस और मधुर था।

कविताएं तो मेरी समझ में खाक न आयीं, पर मैंने तारीफों के पुल बांध दिये। झूम-झूमकर वाह-वाह करने लगा; जैसे मुझसे बढ़कर कोई काव्य रसिक संसार में न होगा। संध्या को हम रामलीला देखने गये। लौटकर उन्हें फिर भोजन कराया। अब उन्होंने अपना वृत्तांत सुनाना शुरू किया। इस समय वह अपनी पत्नी लेने के लिए कानपुर जा रहे हैं। उसका मकान कानपुर में ही है। उनका विचार है कि एक मासिक पत्रिका निकाले। उनकी कविताओं के लिए एक प्रकाशक 1,000 रु0 देता है; पर उनकी इच्छा तो यह है कि उन्हें पहले पत्रिका में क्रमशः निकालकर फिर अपनी ही लागत से पुस्तके छपवायें, कानपुर में उनकी ज़मींदारी भी है; पर वह साहित्यिक जीवन व्यतीत करना चाहते हैं। ज़मींदारी से उन्हें घृणा है। उनकी स्त्री एक कन्या-विद्यालय में प्रधानध्यापिका है। आधी रात तक बातें होती रही। अब उनमें से अधिकांश याद नहीं हैं। हां! इतना याद है कि हम दोनों में मिलकर अपने भावी जीवन का एक कार्यक्रम तैयार कर लिया था। मैं अपने भाग्य को सराहता था कि भगवान ने बैठे-बैठाये ऐसा सच्चा मित्र भेज दिया। आधी रात बीत गयी; तो सोये। उन्हें दूसरे दिन 8 बजे की गाड़ी से जाना था। मैं जब सोकर उठा, तब 7 बज चुके थे। उमापतिजी हाथ मुंह धोये तैयार बैठे थे। बोले — अब आज्ञा दीजिए; लौटते समय इधर ही से जाऊंगा। इस समय आपको कुछ कष्ट दे रहा हूं। क्षमा कीजियेगा। मैं कल चला, तो प्रातःकाल के 4 बजे थे। दो बजे रात से पड़ा जाग रहा था कि कहीं नींद न आ जाये। बल्कि यों समझिए कि सारी रात जागना पड़ा; क्योंकि चलने की चिंता लगी हुई थी। गाड़ी में बैठा तो झपकियां आने लगीं। कोट उतारकर रख दिया और लेट गया, तुरन्त नींद आ गयी। मुगलसराय में नीद खुली। कोट ग़ायब! नीचे-ऊपर चारों तरफ़ देखा, कहीं पता नहीं। समझ गया, किसी महाशय ने उड़ा दिया। सोने की सजा मिल गयी। कोट में पचास रूपये खर्च के लिए थे; वे भी उसके साथ उड़ गये। आप मुझे पचास रुपये दें। पत्नी को मैके से लाना है; कुछ कपड़े वगैरह ले जाने पड़ेंगे। फिर ससुराल में सैंकड़ों तरह के नेग-जोग लगने हैं। कदम-कदम पर रुपये खर्च होते हैं। न खर्च कीजिए तो हंसी हो। मैं इधर से लौटूंगा तो देता जाऊंगा।

मैं बड़े संकोच में पड़ गया। एक बार पहले भी धोखा खा चुका था। तुरंत भ्रम हुआ, कहीं अबकी बार फिर वह दशा न हो। लेकिन शीघ्र ही मन के इस अविश्वास पर लज्जित हुआ। संसार में सभी मनुष्य एक से नहीं होते। यह बेचारे इतने सज्जन है। इस समय संकट में पड़ गये हैं और मिथ्या संदेह में पड़ा हुआ हूं। घर में आकर पत्नी से कहा — तुम्हारे

पास कुछ रुपये तो नहीं है?

स्त्री — क्या करोगे?

मैं — मेरे मित्र जो कल आये हैं, उनके रूपये किसी ने गाड़ी में चुरा लिये। उन्हें बीवी को विदा कराने ससुराल जाना है। लौट्ते बार देते जायेंगे।

पत्नी ने व्यंग्य करके कहा — तुम्हारें यहां जितने मित्र आते हैं, सब तुम्हें ठगने ही आते हैं, सभी संकट में पड़े रहते हैं। मेरे पास रूपये नहीं है।

मैंने खुशामद करते हुए कहा — लाओ दे दो। बेचारे तैयार खड़े हैं। गाड़ी छूट जायेगी।

स्त्री — कह दो, इस समय घर में रूपये नहीं हैं।

मैं — यह कह देना आसान नहीं हैं। इसका अर्थ तो यह है कि मैं दरिद्र ही नहीं, मित्र-हीन भी हूं; तो क्या मेरे लिए पचास रुपये का भी इंतजाम न हो सकता। उमापति को कभी विश्वास न आयेगा कि मेरे पास रुपये नहीं हैं। इससे तो कहीं अच्छा हो कि साफ़-साफ़ यह कह दिया जाए कि 'हमको आप पर भरोसा नहीं है, हम आपको रूपये नहीं दे सकते।' कम-से-कम अपना पर्दा तो ढका रह जायेगा।

श्रीमती ने झुंझलाकर सन्दूक की कुंजी मेरे आगे फेंक दी और कहा — तुम्हें जितना बहस करना आता है, उतना कहीं आदमियों को परखना आता, तो अब तक आदमी हो गये होते! ले जाओ, दे दो। किसी तरह तुम्हारी मरजाद तो बनी रहे। लेकिन उधार समझकर मत दो, यह समझ लो कि पानी में फेंक देते हैं।

मुझे आम खाने से काम था, पेड़ गिनने से नहीं। चुपके से रुपये निकालें और लाकर उमापति को दे दिये। फिर लौटती बार आकर रूपये दे जाने का आश्वासन देकर वह चल दिये।

सातवें दिन शाम को वह घर से लौट आये। उनकी पत्नी और पुत्री भी साथ थीं। मेरी पत्नी ने शक्कर और दही खिलाकर उनका स्वागत किया। मुंह-दिखायी के 20 रु० दिये। उनकी पुत्री को भी मिठाई खाने को 2 रु० दिये। मैंने समझा था, उमापति आते ही मेरे रुपये गिनने लगेंगे; लेकिन उन्होंने पहररात गये तक रूपयों का नाम भी नहीं लिया। जब मैं घर में सोने गया, तो बीवी से कहा — इन्होंने तो रुपये नहीं दिये जी!

पत्नी ने व्यंग्य से हंसकर कहा — तो क्या सचमुच तुम्हें आशा थी कि वह आते ही तुम्हारे हाथ में रुपये रख देंगे? मैंने तो तुमसे पहले ही कह दिया था कि फिर पाने की आशा से रुपये मत दो; यही समझ लो कि किसी मित्र की, सहायतार्थ दे दिया। लेकिन तुम भी विचित्र आदमी हो।

मैं लज्जित और चुप हो रहा। उमापतिजी दो दिन रहे। मेरी पत्नी उनका यथोचित आदर-सत्कार करती रही। लेकिन मुझे उतना संतोष न था। मैं समझता था, इन्होंने मुझे धोखा दिया।

तीसरे दिन प्रातःकाल वह चलने को तैयार हुए। मुझे अब भी आशा थी कि वह रूपये देकर जायेंगे। लेकिन जब उनकी नयी रामकहानी सुनी, तो सन्नाटे में आ गया। वह अपना बिस्तर बांधते हुए बोले — बड़ा ही खेद है कि मैं अबकी बार आपके रूपये न दे सका। बात

यह है कि मकान पर पिता जी से भेंट ही नहीं हुई। वह तहसील-वसूल करने गांव चले गए थे। और मुझे इतना अवकाश न था कि गांव तक जाता। रेल का रास्ता नहीं है। बैल-गाड़ियों में जाना पड़ता है। इसीलिए मैं एक दिन मकान पर रहकर ससुराल चला गया। वहां सब रुपये खर्च हो गये। बिदाई के रुपये न मिल जाते, तो यहां तक आना कठिन था। अब मेरे पास रेल का किराया तक नहीं है। आप मुझे 25 रुपया दे दें। मैं वहां जाते ही भेज दूंगा। मेरे पास इक्के तक का किराया नहीं है।

जी में तो आया कि टका-सा ज़वाब दे दूं; पर इतनी अशिष्टता न हो सकी। फिर पत्नी के पास गया और रुपये मांगे। अबकी उन्होंने बिना कुछ कहे-सुने रुपये निकालकर मेरे हवाले कर दिये। मैंने उदासीन भाव से रुपये उमापतिजी को दे दिये। जब उनकी पुत्री और अर्धांगिनी जीने से उतर गयीं, तो उन्होंने बिस्तर उठाया और मुझे प्रणाम किया। मैंने बैठे-बैठे सर हिलाकर ज़वाब दिया। उन्हें सड़क तक पहुंचाने भी न गया।

एक सप्ताह के बाद उमापति जी ने लिखा — मैं कार्यवश बरार जा रहा हूं। लौटकर रुपये भेजूंगा।

15 दिन के बाद एक पत्र लिखकर कुशल समाचार पूछे। कोई उत्तर न आया। 15 दिन के बाद फिर रुपयों का तकाज़ा किया। उसका भी कुछ ज़वाब न मिला। एक महीने के बाद फिर तकाज़ा किया। उसका भी यही हाल! एक रजिस्टरी पत्र भेजा। वह पहुंच गया, इसमें संदेह नहीं; लेकिन ज़वाब उसका भी न आया। समझ गया, समझदार जोरू ने जो कुछ कहा था, वह अक्षरशः सत्य था! निराश होकर चुप हो रहा।

इन पत्रों की मैंने पत्नी से चर्चा भी नहीं की और न उसी ने कुछ इस बारे में पूछा।

2

इस कपट-व्यवहार का मुझ पर वही असर पड़ा, जो साधारणतः स्वाभाविक रूप से पड़ना चाहिए। कोई ऊंची और पवित्र आत्मा इस छल पर भी अटल रह सकती थी। उसे यह समझकर संतोष हो सकता था कि मैंने अपने कर्तव्य को पूरा कर दिया। यदि ऋणी ने ऋण नहीं चुकाया, तो मेरा क्या अपराध। पर मैं इतना उदार नहीं हूं। यहां तो महीनों सिर खपाता हूं, कलम घिसता हूं, तब जाकर नगद-नारायण के दर्शन होते हैं।

इसी महीने की बात है। मेरे यंत्रालय में एक नया कंपोज़ीटर बिहार प्रांत से आया। काम में चतुर जान पड़ता था। मैंने उसे 15 रु० मासिक पर नौकर रख लिया। पहले किसी अंग्रेजी स्कूल में पढ़ता था। असहयोग के कारण पढ़ना छोड़ बैठा था। घरवालों ने किसी प्रकार की सहायता देनें से इन्कार किया। विवश होकर उसने जीविका के लिए यह पेशा अख़्तियार कर लिया। कोई 17-18 वर्ष उम्र थी। स्वभाव में गंभीरता थी। बात-चीत बहुत सलीके के करता था। यहां आजे के तीसरे दिन बुखार आने लगा। दो-चार दिन तो ज्यों-त्यों करके काटे, लेकिन

जब बुख़ार न छूटा, तो घबरा गया। घर की याद आयी। और कुछ न सही, घरवाले क्या दवा-दरपन भी न करेंगे। मेरे पास आकर बोला — महाशय, मैं बीमार हो गया हूं। आप कुछ रुपये दे दें तो घर चला जाऊं। वहां जाते ही रुपयों का प्रबंध करके भेज दूंगा। वह वास्तव में बीमार था। मैं उससे भलीभांति परिचित था। यह भी जानता था कि यहां रहकर वह कभी स्वास्थ्य-लाभ नहीं कर सकता। उसे सचमुच सहायता की ज़रूरत थी। पर मुझे शंका हुई कि कहीं यह भी रूपये हज़म न कर जाये। जब एक विचारशील, सुयोग्य, विद्वान पुरुष धोखा दे सकता है, तो एक अर्द्धशिक्षित नवयुवक से कैसे यह आशा की जाये कि वह अपने वचन का पालन करेगा?

मैं कई मिनट तक घोर संकट में पड़ा रहा। अंत में बोला — भई मुझे तुम्हारी दशा पर बहुत दुःख है। मगर मैं इस समय कुछ न कर सकूंगा। बिल्कुल खाली हाथ हूं। खेद है।

यह कोरा ज़वाब सुनकर उसकी आंखों से आंसू गिरने लगे। वह बोला — आप चाहें तो कुछ-न-कुछ प्रबन्ध कर सकते हैं। मैं जाते ही आपके रुपये भेज दूंगा।

मैंने दिल में कहा — यहां तुम्हारी नीयत साफ़ है, लेकिन घर पहुंचकर भी यही नीयत रहेगी, इसका क्या प्रमाण है? नीयत साफ़ रहने पर भी मेरे रूपये दे सकोगे या नहीं, यह कौन जाने? कम-से-कम तुमसे वसूल करने का मेरे पास कोई साधन नहीं है। प्रकट में कहा — इसमें मुझे कोई संदेह नहीं है, लेकिन खेद है कि मेरे पास रूपये नहीं हैं। हां, तुम्हारी जितनी तनख्वाह निकलती हो, वह ले सकते हो।

उसने कुछ ज़वाब नहीं दिया, किंकर्तव्यविमूढ़ की तरह एक बार आकाश की ओर देखा और चला गया। मेरे हृदय में कठिन वेदना हुई। अपनी स्वार्थपरता पर ग्लानि हुई। पर अन्त को मैंने जो निश्चय किया था उसी पर स्थिर रहा। इस विचार से मन को संतोष हो गया कि मैं ऐसा कहां का धनी हूं, जो यों रूपये पानी में फेंकता फिरूं।

यह है उस कपट का परिणाम, जो मेरे कवि मित्र ने मेरे साथ किया।

मालूम नहीं, आगे चलकर इस निर्बलता का क्या कुफल निकलता, पर सौभाग्य से उसकी नौबत न आयी। ईश्वर को मुझे इस अपयश से बचाना मंजूर था। जब वह आंखों से आंसू भरे मेरे पास से चला, तो कार्यालय के एक क्लर्क, पं0 पृथ्वीराज से उसकी भेंट हो गयी। पंडितजी ने उससे हाल पूछा। पूरा वृत्तांत सुन लेने पर बिना किसी आगे पीछे के उन्होंने पंद्रह रूपये निकालकर उसे दे दिये। ये रूपये उन्हें कार्यालय के मुनीम से उधार लेने पड़े। मझे वह हाल मालूम हुआ, तो हृदय के ऊपर से एक बोझ-सा उतर गया। अब वह बेचारा मजे से अपने घर पहुंच जायेगा। यह संतोष मुफ़्त में ही प्राप्त हो गया। कुछ अपनी नीचता पर लज्जा भी आयी। मैं लम्बे-लम्बे लेखों में दया, मनुष्यता और सद्व्यवहार का उपदेश किया करता था; पर अवसर पड़ने पर साफ़ जान बचाकर निकल गया! और यह बेचारा क्लर्क, जो मेरे लेखों का भक्त था, इतना उदार और दयाशील निकला! गुरु गुड़ ही रहे, पर चेला शक्कर हो गये। ख़ैर, उसमें भी एक व्यंग्य-पूर्ण संतोष था कि मेरे उपदेशों का असर मुझ पर न हुआ; न सही; दूसरों पर तो हुआ! चिराग़ के तले अंधेरा रहा तो क्या हुआ, उसका प्रकाश तो फैल रहा है!

पर कहीं बचा को रुपये न मिले (और शायद ही मिलें, इसकी बहुत कम आशा है) तो खूब छकेंगे। हज़रत को आड़े हाथों लूंगा। किंतु मेरी यह अभिलाषा न पूरी हुई। पांचवे दिन रुपये आ गये। ऐसी और आंखें खोल देने वाली यातना मुझे और कभी नहीं मिली थी। खैरियत यही थी कि मैंने इस घटना की चर्चा स्त्री से नहीं की थी; नहीं तो मुझे घर में रहना भी मुश्किल हो जाता।

3

उपर्युक्त वृत्तांत लिखकर मैंने एक पत्रिका में भेज दिया। मेरा उद्देश्य केवल यह था कि जनता के सामने कपट-व्यवहार के कुपरिणाम का एक दृश्य रखूं। मुझे स्वप्न में भी आशा न थी कोई प्रत्यक्ष फल निकलेगा। इसी से जब चौथे दिन अनायास मेरे पास 75 रु0 का मनीआर्डर पहुंचा, तो मेरे आनंद की सीमा न रही। प्रेषक वही महाशय थे उमापति। कूपन पर केवल 'क्षमा' लिखा हुआ था। मैंने रुपये ले जाकर पत्नी के हाथों में रख दिये और कूपन दिखलाया।

उसने अनमने भाव से कहा — इन्हें ले जाकर यत्न से अपने सन्दूक में रखो। तुम ऐसे लोभी प्रकृति के मनुष्य हो, यह मुझे आज ज्ञात हुआ। थोड़े से रुपये के लिए किसी के पीछे पंजे झाड़कर पड़ जाना सज्जनता नहीं है। जब कोई शिक्षित और विचारशील मनुष्य अपने वचन का पालन न करे, तो यह समझना चाहिए कि वह विवश हैं। विवश मनुष्य को बार-बार तकाज़ों से लज्जित करना भलमनसी नहीं है। कोई मनुष्य, जिसका सर्वथा नैतिक पतन नहीं हो गया है, यथाशक्ति किसी को धोखा नहीं देता। इन रुपयों को मैं तब तक अपने पास नही रखूंगी जब तक उमापति का कोई पत्र न आ जायेगा कि क्यों रूपयें भेजने में इतना विलम्ब हुआ।

पर इस समय मैं ऐसी उदार बातें सुनने को तैयार न था। डूबा हुआ धन मिल गया, इसकी खुशी से फूला नहीं समाता था।

❖❖❖

राज्य-भक्ति

संध्या का समय था। लखनऊ के बादशाह नासीरुद्दीन अपने मुसाहबों और दरबारियों के साथ बाग़ की सैर कर रहे थे। उनके सिर पर रत्नजटित मुकुट की जगह अंग्रेजी टोपी थी। वस्त्र भी अंग्रेजी ही थे। मुसाहबों में पांच अंग्रेज़ थे। उनमें से एक के कंधे पर सिर रखकर बादशाह चल रहे थे। तीन-चार हिन्दुस्तानी भी थे। उनमें एक राजा बख़्तावरसिंह थे। वह बादशाही सेना के अध्यक्ष थे। उन्हें सब लोग 'जेनरल' कहा करते थे। वह अधेड़ आदमी थे। शरीर खूब गठा हुआ था। लखनवी पहनावा उन पर बहुत सजता था। मुख से विचारशीलता झलक रही थी। दूसरे महाशय का नाम रोशनुद्दौला था। यह राज्य के प्रधान मंत्री थे। बड़ी-बड़ी मूछें और नाटा डील था, जिसे ऊंचा करने के लिए वह तनकर चलते थे। नेत्रों से गर्व टपक रहा था। शेष लोगों में एक कोतवाल था और दो बादशाह के रक्षक। यद्यपि अभी 19वीं शताब्दी का आरम्भ ही था, पर बादशाह ने अंग्रेज़ी रहन-सहन अख़्तियार कर लिया था। भोजन भी प्रायः अंग्रेजी ही करते थे। अंग्रेजो पर उनका असीम विश्वास था। वह सदैव उनका पक्ष लिया करते थे। मज़ाल न थी कि कोई बड़े-से-बड़ा राजकर्मचारी किसी अंग्रेजो से बराबरी करने का साहस कर सके।

अगर किसी में यह हिम्मत थी, तो वह राजा बख़्तावरसिंह थे। उनसे कंपनी का बढ़ता हुआ अधिकार न देखा जाता था; कंपनी की उस सेना की संख्या जो उसने अवध के राज्य की रक्षा के लिए लखनऊ में नियुक्त की थी, दिन-दिन बढ़ती जाती थी। उसी परिणाम से सेना का व्यय भी बढ़ रहा था। राज-दरबार उसे चुका न सकने के कारण कंपनी का ऋणी होता जाता था। बादशाही सेना की दशा हीन से हीनतर होती जाती थी। उसमें न संगठन था, न बल। बरसों तक सिपाहियों को वेतन न मिलता था। शस्त्र सभी पुराने थे। वर्दी फटी हुई। क़वायद का नाम नहीं। कोई उनका पूछने वाला न था। अगर राजा बख़्तावरसिंह वेतन-वृद्धि या नए शास्त्रों के संबंध में कोई प्रयत्न करते तो कम्पनी का रेजीडेंट उसका घोर विरोध और राज्य पर विद्रोहात्मक शक्ति-संचार का दोषारोपण करता था। उधर से डांट पड़ती तो बादशाह अपना गुस्सा राजासाहब पर उतारते। बादशाह के सभी अंग्रेज मुसाहब राजा साहब से शंकित रहते और उनकी

जड़ खोदने का प्रयास किया करते थे। पर वह राज्य का सेवक एक और अवहेलना और दूसरी ओर से घोर विनाश सहते हुए भी अपने कर्तव्य का पालन करता जाता था। मज़ा यह कि सेना भी उनसे संतुष्ट न थी। सेना में अधिकांश लखनऊ के शोहदे और गुंडे भरे हुए थे। राजा साहब जब उन्हें हटाकर अच्छे-अच्छे जवानों की भर्ती करने की चेष्टा करते, तो सारी सेना में हाहाकर मच जाता। लोगों को शंका होती कि यह राजपूतों की सेना बनाकर कहीं राज्य ही पर तो हाथ नहीं बढ़ाना चाहते? इसलिए मुसलमान भी उनसे बदगुमान रहते थे। राजा साहब के मन में बार-बार प्रेरणा होती कि इस पद को त्याग कर चले जायें; पर यह भय उन्हें रोकता था, कि मेरे हटते ही अंग्रेज़ों की बन आयेगी और बादशाह उनके हाथों में कठपुतली बन जायेंगे, रही-सही सेना के हाथ अवध-राज्य का अस्तित्व भी मिट जायेगा। अतएव इतनी कठिनाइयों के होते हुए, चारों ओर वैर-विरोध से घिरे होने पर भी वह अपने पद से हटने का निश्चय न कर सकते थे। सबसे कठिन समस्या यह थी कि रोशनुद्धौला भी राजा साहब से खार खाता था। उसे सदैव शंका रहती कि यह मराठो से मैत्री करके अवध-राज्य को मिटाना चाहते हैं। इसलिए वह राजा साहब के प्रत्येक कार्य में बाधा डालता रहता था। उसे अब भी आशा थी कि अवध का मुसलमानी राज्य अगर जीवित रह सकता है, तो अंग्रेज़ों के संरक्षण में; अन्यथा वह अवश्य हिन्दुओं की बढ़ती हुई शक्ति का ग्रास बन जायेगा।

वास्तव में बख़्तावरसिंह की दशा अत्यन्त करूण थी। वह अपनी चतुराई से जिह्वा की भांति दांतो के बीच में पड़े हुए अपना काम किये जाते थे। यों तो वह स्वभाव के अक्खड़ थे, अपना काम निकालने के लिए मधुरता और मृदुलता, शील और विनय का आवाहन करते रहते थे। इससे उनके व्यवहार में कृत्रिमता आ जाती थी और वह शत्रुओ को उनकी ओर से और भी संशक बना देती थी।

बादशाह ने एक अंग्रेज-मुसाहब से पूछा तुमको मालूम है, मैं तुम्हारी कितनी खातिर करता हूं? मेरी सल्तनत में किसी को मज़ाल नहीं कि वह किसी अंग्रेज को कड़ी निग़ाह से देख सके।

अंग्रेज मुसाहब ने सिर झुकाकर कर कहा — हम हुजूर की इस मिहरबानी को कभी नहीं भूल सकते।

बा0 — इमामहुसैन की कसम, अगर यहां कोई आदमी तुम्हें तकलीफ़ दे, तो मैं उसे फ़ौरन ज़िंदा दीवार में चुनवा दूं।

बादशाह को आदत थी कि वह बहुधा अपने अंग्रेजी टोपी हाथ में लेकर उसे उंगली पर नचाने लगते थे। रोज़-रोज़ नचाते-नचाते टोपी में उंगली का घर हो गया था। इस समय जो उन्होंने टोपी उठाकर उंगली पर रखी तो टोपी में छेद हो गया। बादशाह का ध्यान अंग्रेज़ों की तरफ था। बख़्तावरसिंह बादशाह के मुंह से ऐसी बात सुनकर कबाब हुए जाते थे। उक्त कथन में कितनी खुशामद, कितनी नीचता और अवध की प्रजा तथा राजों का कितना अपमान था! और लोग तो टोपी का छिद्र देखकर हंसने लगे, पर राजा बख़्तावरसिंह के मुंह से अनायास निकल गया — हुजूर, ताज में सुराख हो गया।

राजा साहब के शत्रुओं ने तुरंत कानों पर उंगलियां रख लीं। बादशाह को भी ऐसा मालूम हुआ कि राजा ने मुझ पर व्यंग्य किया। उनके तेवर बदल गये। अंग्रेजों और अन्य सभासदों ने इस प्रकार काना-फूसी शुरू की, जैसे कोई महान् अनर्थ हो गया। संभव है, उन्होंने जान-बूझकर व्यंग्य न किया हो, उनके दुःखी हृदय ने साधारण चेतावनी को यह तीव्र रूप दे दिया; पर बात बिगड़ ज़रूर गयी थी। अब उनके शत्रु उन्हें कुचलने के ऐसे सुन्दर अवसर को हाथ से क्यों जाने देते?

राजा साहब ने सभा का यह रंग देखा, तो खून सर्द हो गया। समझ गये, आज शत्रुओं के पंजे में फंस गया और ऐसा बुरा फंसा कि भगवान ही निकाले, तो निकल सकता हूं।

बादशाह को सहसा 'जेनरल' पर हाथ बढ़ाने की हिम्मत न पड़ी। रोशनुद्दौला ने उससे इशारे से कहा — खड़े सोचते क्या हो, पकड़ लो, नहीं तो तुम भी इसे आग में जल जाओगे।

तब कोतवाल ने आगे बढ़कर बख़्तावरसिंह को गिरफ्तार कर लिया। एक क्षण में उनकी मुश्कें कस दी गयीं। उन्हें चारों ओर से घेरकर कत्ल करने ले चले।

बादशाह ने मुसाहबों से कहा — मैं भी वहीं चलता हूं। ज़रा देखूंगा कि नमक-हरामों की लाश क्योंकर तड़पती है।

कितनी घोर पशुता थी! यही प्राणी ज़रा देर पहले बादशाह का विश्वासपात्र था!

एकाएक बादशाह ने कहा — पहले इस नमकहराम की ख़िलअत उतार लो। मैं नहीं चाहता कि मेरी ख़िलअत की बेइज्जती हो।

किसकी मज़ाल थी, जो ज़रा भी ज़बान हिला सके। सिपाहियों ने राजासाहब के वस्त्र उतारने शुरू किये। दुर्भाग्यवश उनके एक जेब से पिस्तौल निकल आयी। उसकी दोनों नालियां भरी हुई थीं। पिस्तौल देखते ही बादशाह की आंखों से चिनगारियां निकलने लगीं। बोले — कसम है इमामहुसैन की, अब इसकी जांबख़्शी नहीं करूंगा। मेरे साथ भरी हुई पिस्तौल की क्या ज़रूरत! ज़रूर इसकी नीयत में फितूर था। अब मैं इसे कुत्तों से नुचवाऊंगा। (मुसाहबों की तरफ देखकर) देखा, तुम लोगों ने इसकी नीयत! मैं अपनी आस्तीन में सांप पाले हुए था। आप लोगों के ख्याल में इसके पास भरी हुई पिस्तौल का निकलना क्या माने रखता है। अंग्रेजों को केवल राजा साहब को नीचा दिखाना मंजूर था। वे उन्हें अपना मित्र बनाकर जितना काम निकाल सकते थे उतना उनके मारे जाने से नहीं। इसी के एक अंग्रेज-मुसाहब ने कहा — मुझे तो इसमें कोई ग़ैरमुनासिब बात नहीं मालूम होती। जेनरल आपका बाडीगार्ड (रक्षक) है। उसे हमेशा हथियार-बन्द रहना चाहिए। खासकर जब आपकी ख़िदमत में हो। नहीं मालूम, किस वक़्त इसकी ज़रूरत आ पड़े।

दूसरे मुसाहबों ने भी इस विचार की पुष्टि की। बादशाह के क्रोध की ज्वाला कुछ शांत हुई। अगर ये ही बातें किसी हिन्दुस्तानी मुसाहब की ज़बान से निकली होतीं, तो उसकी जान की ख़ैरियत न थी। कदाचित अंग्रेजों को अपनी न्याय-परता का नमूना दिखाने ही के लिए उन्होंने यह प्रश्न किया था। बोले — कसम हजरत इमाम की, तुम सब-के-सब शेर के मुंह से उसका शिकार छीनना चाहते हो! पर मैं एक न मानूंगा, बुलाओ कप्तान साहब को। मैं

उनसे यही सवाल करता हूं। अगर उनकी राय इसके खिलाफ़ हुई, तो इस मक्कार को इसी वक़्त जहन्नुम भेज दूंगा। मगर ख़बरदार, कोई उनकी तरफ किसी तरह का इशारा न करे। वर्ना मैं ज़रा भी रू-रिआयत न करूंगा। सब-के-सब सिर झुकाये बैठे रहे।

कप्तान साहब थे तो राजा साहब के आउरदे, पर इन दिनों बादशाह की उन पर विशेष कृपा थी। वह उन सच्चे राज-भक्तों में थे, जो अपने को राजा का नहीं, राज्य का सेवक समझते हैं। वह दरबार से अलग रहते थे। बादशाह उनके कामों से बहुत संतुष्ट थे। एक आदमी तुरंत कप्तान साहब को बुला लाया। राजा साहब की जान उनकी मुट्ठी में थी। रोशनुद्धौला को छोड़कर ऐसा शायद एक व्यक्ति भी न था, जिसका हृदय आशा और निराशा में न धड़क रहा हो। सब मन में भगवान से यही प्रार्थना कर रहे थे कि कप्तान साहब किसी तरह इस समस्या को समझ जायें। कप्तान साहब आये, और उड़ती हुई दृष्टि से सभा की ओर देखा। सभी की आंखें नीचे झुकी हुई थीं। वह कुछ अनिश्चित भाव से सिर झुकाकर खड़े हो गये।

बादशाह ने पूछा — मेरे मुसाहबों को अपनी जेब में भरी हुई पिस्तौल रखना मुनासिब है या नहीं ?

दरबारियों की नीरवता, उनके आशंकित चेहरे और उनकी चिंतायुक्त अधीरता देखकर कप्तान साहब को वर्तमान समस्या की कुछ टोह मिल गयी। वह निर्भीक भाव से बोले — हुज़ूर, मेरे ख्याल में तो यह उनका फ़र्ज है। बादशाह के दोस्त-दुश्मन सभी होते हैं। अगर मुसाहब लोग उनकी रक्षा का भार न लेंगे, तो कौन लेगा ? उन्हें सिर्फ पिस्तौल ही नहीं, और भी छिपे हुए हथियारों से लैस रहना चाहिए। न जाने कब हथियारों की ज़रूरत आ पड़े, नहीं तो वह ऐन वक़्त पर कहां दौड़ते फिरेंगे।

राजा साहब के जीवन के दिन बाकी थे। बादशाह ने निराश होकर कहा — रोशन, इसे क़त्ल मत करना, काल कोठरी में कैद कर दो। मुझसे पूछे बग़ैर इसे दाना-पानी कुछ न दिया जाये। जाकर इसके घर का सारा माल-असबाब ज़ब्त कर लो और सारे ख़ानदान को जेल में बंद कर दो। इसके मकान की दीवारें ज़मीं-दोज़ करा देना। घर में एक फूटी हांडी भी न रहने पाये।

इससे तो यही कहीं अच्छा था कि राजा साहब ही की जान जाती। खानदान की बेइज्जती तो न होती, महिलाओं का अपमान तो न होता, दरिद्रता की चोटें तो न सहनी पड़ती। विकार को निकलने का मार्ग नहीं मिलता, तो वह सारे शरीर में फैल जाता है। राजा के प्राण तो बचे, पर सारे खानदान को विपत्ति में डालकर!

रोशनुद्दौला को मुंह मांगी मुराद मिली। उसकी ईर्ष्या कभी इतनी संतुष्ट न हुई थी। वह मग्न था कि आज वह कांटा निकल गया, जो बरसों से हृदय में चुभा हुआ था। आज हिन्दू-राज्य का अंत हुआ। अब मेरा सिक्का चलेगा। अब मैं समस्त राज्य का विधाता होऊंगा। संध्या से पहले ही राजा साहब की सारी स्थावर और जंगम संपत्ति कुर्क हो गयी। वृद्ध माता-पिता, सुकोमल रमणियां, छोटे-छोटे बालक, सब-के-सब जेल में क़ैद कर दिये गए। कितनी करुण दशा थी। वे महिलाएं, जिन पर कभी देवताओं की भी निगाह न पड़ी थी, खुले

मुंह, नंगे पैर, पांव घसीटती, शहर की भरी हुई सड़कों और गलियों से होती हुई, सिर झुकाये, शोक-चित्रों की भांति जेल की तरफ चली जाती थीं। सशस्त्र सिपाहियों का एक बड़ा दल साथ था। जिस पुरुष के एक इशारे पर कई घंटे पहले सारे शहर में हलचल मच जाती, उसी के खानदान की यह दुर्दशा!

2

राजा बख़्तावरसिंह को बंदी-गृह में रहते हुए एक मास बीत गया। वहां उन्हें सभी प्रकार के कष्ट दिए जाते थे। यहां तक भोजन भी यथासमय न मिलता था। उनके परिवार को भी असह्य यातनाएं दी जाती थी। लेकिन राजा साहब को बंदी-गृह में एक प्रकार की शांति का अनुभव होता था। वहां प्रति-क्षण यह खटका तो न रहता था कि बादशाह मेरी किसी बात से नाराज़ न हो जायें; मुसाहब लोग कहीं मेरी शिकायत तो नहीं कर रहे हैं। शारीरिक कष्टों का सहना उतना कठिन नहीं, जितना कि मानसिक कष्टों का। यहां सब तकलीफें थीं, पर सिर पर तलवार तो नहीं लटक रही थी। उन्होंने मन में निश्चय किया कि अब चाहे बादशाह मुझे मुक्त भी कर दें, मगर मैं राज-काज से अलग ही रहूंगा। इस राज्य का सूर्य अस्त होने वाला है; कोई मानवी-शक्ति उसे विनाश-दिशा में लीन होने से नहीं रोक सकती। ये उसी पतन के लक्षण हैं। नहीं तो क्या मेरी राज-भक्ति का यही पुरस्कार मिलना चाहिए था? मैंने अब तक कितनी कठिनाइयों से राज्य की रक्षा की है, यह भगवान ही जानते हैं। एक ओर तो, बादशाह की निरंकुशता, दूसरी ओर बलवान् और युक्ति-संपन्न शत्रुओं की कुटनीति — इस शिला और भंवर के बीच में राज्य की नौका को चलाते रहना कितना कष्टसाध्य था! शायद ही ऐसा कोई दिन गुज़रा होगा, जिस दिन मेरा चित्त-प्राण शंका से आंदोलित न हुआ हो। इस सेवा, भक्ति और तल्लीनता का यह पुरस्कार है! मेरे मुख से व्यंग्य-शब्द अवश्य निकले, लेकिन उनके लिए इतना कठोर दंड? इससे तो यह कहीं अच्छा था कि मैं कत्ल कर दिया गया होता, अपनी आंखों से अपनी परिवार की यह दुर्गति तो न देखता? सुनता हूं पिताजी को सोने के लिए चटाई नहीं दी गई है! न जाने स्त्रियों पर कैसे-कैसे अत्याचार हो रहे होंगे। लेकिन इतना जानता हूं कि प्यारी सुखदा अंत तक अपने सतीत्व की रक्षा करेगी; अन्यथा प्राण त्याग देगी। मुझे बेड़ियों की परवाह नहीं। पर सुनता हूं लड़कों के पैरों में भी बेड़ियां डाली गयी है। यह सब इसी कुटिल रोशनुद्दौला की शरारत है। जिसका जी चाहे, इस समय सता ले, कुचल ले, मुझे किसी से कोई शिकायत नहीं। भगवान से यही प्रार्थना है कि अब संसार से उठा ले। मुझे अपने जीवन में जो कुछ करना था, कर चुका, और उसका खूब फल पा चुका। मेरे जैसे आदमी के लिए संसार में स्थान नहीं है।

राजा इन्हीं विचारों में डूबे थे। सहसा उन्हें अपनी काल-कोठरी की ओर किसी के आने की आहट मिली। रात बहुत जा चुकी थी। चारों ओर सन्नाटा छाया हुआ था, और उस

अंधकारमय सन्नाटे में किसी के पैरों की चाप स्पष्ट सुनायी देती थी। कोई बहुत पांव दबा-दबाकर चला आ रहा था। राजा साहब का कलेजा धक-धक करने लगा। वह उठकर खड़े हो गये। हम निःशस्त्र और प्रतिकार के लिए असमर्थ होने पर भी बैठे-बैठे वारों का निशाना नहीं बनना चाहते। खड़े हो जाना आत्म-रक्षा का अंतिम प्रयत्न है। कोठरी में ऐसी कोई वस्तु न थी, जिससे वह अपनी रक्षा कर सकते। समझ गये अंतिम समय आ गया। शत्रुओं ने इस तरह मेरे प्राण लेने की ठानी है। अच्छा है, जीवन के साथ इस विपत्ति का भी अंत हो जायेगा।

एक क्षण में उनके सम्मुख एक आदमी आकर खड़ा हो गया। राजा साहब ने पूछा — कौन है?

उत्तर मिला — मैं हूं, आपका सेवक।

राजा — ओहो, तुम हो कप्तान! मैं शंका में पड़ा हुआ था कि कहीं शत्रुओं ने मेरा वध करने के लिए कोई दूत न भेजा हो!

कप्तान — शत्रुओं ने कुछ और ही ठानी है। आज बादशाह-सलामत की जान बचती नहीं नज़र आती।

राजा — अरे! यह क्योंकर!

कप्तान — जब से आपको यहां नज़रबंद किया गया है, सारे राज्य में हाहाकार मचा हुआ है। स्वार्थी कर्मचारियों ने लूट मचा रखी है। अंग्रेज़ों की खुदाई फिर रही है। जो जी में आता है, करते हैं; किसी को मज़ाल नहीं कि चूं कर सकें। इस एक महीने में शहर के सैंकड़ों रईस मिट गये। रोशनुद्दौला की बादशाही है। बाज़ारों का भाव चढ़ता जाता है। बाहर के व्यापारी लोग डर के मारे कोई चीज़ ही नहीं लाते। दुकानदारों से मनमानी रकमें महसूल के नाम पर वसूल की जा रही हैं। गल्ले का भाव इतना चढ़ गया है कि कितने ही घरों में चूल्हा जलने की नौबत नहीं आती। सिपाहियों को अभी तक तनख्वाह नहीं मिली। वे जाकर दुकानदारों को लूटते हैं। सारे राज्य में बदअमली हो रही है। मैंने कई बार यह कैफ़ियत बादशाह-सलामत के कानों तक पहुंचाने की कोशिश की; मगर वह यह तो कह देते हैं कि मैं इसकी तहक़ीक़ात करूंगा, और फिर बेख़बर हो जाते हैं। आज शहर के बहुत-से-दुकानदार फ़रियाद लेकर आये थे कि हमारे हाल पर निग़ाह न की गयी, तो हम शहर छोड़ कहीं और चले जायेंगे। क्रिस्तानों ने उसको सख्त कहा, धमकाया, लेकिन उन्होंने जब तक अपनी सारी मुसीबत न बयान कर ली, वहां से न हटे। आखिर बादशाह-सलामत ने उनको दिलासा दिया, तो चले गये।

राजा — बादशाह पर इतना असर हुआ, मुझे तो यही तज्जुब है।

कप्तान — असर-वसर कुछ नहीं हुआ। यह भी उनकी एक दिल्लगी है। शाम को खास मुसाहबों को बुलाकर हुक्म दिया है कि आज मैं भेष बदल कर शहर की गश्त करूंगा; तुम लोग भी भेष बदले हुए मेरे साथ रहना। मैं देखना चाहता हूं कि रिआया क्यों इतनी घबरायी हुई है। सब लोग मुझसे दूर रहे; किसी को न मालूम हो कि मैं कौन हूं। रोशनुद्धौला और पांचों अंग्रेज़-मुसाहब साथ रहेंगे।

राजा — तुम्हें क्योंकर यह बात मालूम हो गयी?

कप्तान — मैंने उसी अंग्रेज हज्ज़ाम को मिला रखा है। दरबार में जो कुछ होता है, उसका पता मुझे मिल जाता है। उसी की सिफ़ारिश से आपकी ख़िदमत में हाज़िर होने का मौका मिला। (घड़ियाल में 10 बजते हैं) ग्यारह बज़े चलने की तैयारी है। बारह बजते-बजते लखनऊ का तख्त खाली हो जाएगा।

राजा (घबराकर) — क्या इन सबों ने उन्हें क़त्ल की भी शाजिश कर रखी है?

कप्तान — जी नहीं; कत्ल करने से उनकी मंशा न पूरी होगी। बादशाह को बाज़ार की सैर कराते हुए गोमती की तरफ़ ले जायेंगे। वहां अंग्रेज़ सिपाहियों का एक दस्ता तैयार रहेगा। वह बादशाह को फ़ौरन एक गाड़ी पर बिठाकर रेजिडेंसी में ले जायेगा। वहां रेजिडेंट साहब बादशाह-सलामत को सल्तनत से इस्तीफा देने पर मज़बूर करेंगे। उसी वक़्त उनसे इस्तीफ़ा लिखा लिया जायेगा और इसके बाद रातो-रात उन्हें कलकत्ते भेज दिया जाएगा।

राजा — बड़ा गजब हो गया। अब तो वक़्त बहुत कम है; बादशाह सलामत निकल पड़े होंगे?

कप्तान — ग़जब क्या हो गया? इनकी जात से किसे आराम था? दूसरी हुकूमत चाहे कितनी ही ख़राब हो, इससे अच्छी ही होगी।

राजा — अंग्रेजों की हुकूमत होगी?

कप्तान — अंग्रेज इनसे कहीं बेहतर इंतज़ाम करेंगे।

राजा — (करुण स्वर से) — कप्तान! ईश्वर के लिए ऐसी बातें न करो। तुमने मुझसे ज़रा देर पहले क्यों न यह कैफ़ियत बयान की?

कप्तान (आश्चर्य से) — आपके साथ तो बादशाह ने कोई अच्छा सलूक नहीं किया?

राजा — मेरे साथ कितना ही बुरा सलूक किया हो, लेकिन एक राज्य की क़ीमत एक आदमी या एक खानदान की जान से कहीं ज़्यादा होती है। तुम पैरों की बेड़ियां खुलवा सकते हो?

कप्तान — सारे अवध-राज्य में एक भी ऐसा आदमी न निकलेगा, जो बादशाह को सच्चे दिल से दुआ देता हो। दुनिया उनके जुल्म से तंग आ गयी है।

राजा — मैं अपनो के जुल्म को ग़ैरों की बंदग़ी से कहीं बेहतर खयाल करता हूं। बादशाह की यह हालत ग़ैरों के भरोसे पर हुई है। वह इसलिए किसी की परवाह नहीं करते कि उन्हें अंग्रेजों की मदद का यकीन है। मैं इन फिरंगियों की चालों को गौर से देखता आया हूं। बादशाह के मिज़ाज़ को उन्होंने बिगाड़ा है। उनकी मंशा यही थी, जो हुआ। रिआया के दिल से बादशाह की इज्जत और मुहब्बत उठ गयी। आज सारा मुल्क बगावत करने पर आमादा है। ये लोग इसी मौक़े का इंतजार कर रहे थे। वह जानते हैं कि बादशाह की माजूली (गद्दी से हटाये जाने) पर एक आदमी भी आंसू न बहावेगा। लेकिन मैं जताये देता हूं कि अगर इस वक़्त तुमने बादशाह को दुश्मनों के हाथों से न बचाया, तो तुम हमेशा के लिए अपने ही वतन में गुलामी की जंज़ीरों में बंध जाओगे। किसी गैर क़ौम के चाकर बनकर अगर तुम्हें आफ़ियत (शांति)

भी मिली, तो वह आफ़ियत न होगी, मौत होगी। ग़ैरों के बेरहम पैरों के नीचे पड़कर तुम हाथ भी न हिला सकोगे, और यह उम्मीद कि कभी हमारे मुल्क में आईनी सल्तनत (वैध शासन) क़ायम होगी, हसरत का दाग़ बनकर रह जायेगी। नहीं, मुझमें अभी मुल्क की मुहब्बत बाकी है। मैं अभी इतना बेजान नहीं हुआ हूं। मैं इतनी आसानी से सल्तनत को हाथ से न जाने दूंगा। अपने को इतने सस्ते दामों ग़ैर के हाथों न बेचूंगा, मुल्क की इज्जत को न मिटने दूंगा, चाहे इस कोशिश में मेरी जान ही क्यों न जाये। कुछ और नहीं कर सकता, तो अपनी जान तो दे ही सकता हूं। मेरी बेड़ियां खोल दो।

कप्तान — मैं आपका ख़ादिम हूं, मगर मुझे यह मजाज़ नहीं है।

राज — (जोश में आकर) — जालिम, यह इन बातों का वक़्त नहीं है। एक-एक पल हमें तबाही की तरफ़ लिए जा रहा है। खोल दे ये बेडियां। जिस घर में आग लगी है, उसके आदमी ख़ुदा को नहीं याद करते, कुंए की तरफ़ दौड़ते हैं।

कप्तान — आप मेरे मुहसिन हैं। आपके हुक्म से मुंह नहीं मोड़ सकता। लेकिन —

राजा — जल्दी करो, जल्दी करो। अपनी तलवार मुझे दे दो। अब इन तकल्लुफ़ की बातों का मौक़ा नहीं है।

कप्तान साहब निरुत्तर हो गये। सजीव उत्साह में बड़ी संक्रामक शक्ति होती है। यद्यपि राजा साहब के नीति-पूर्ण वार्तालाप ने उन्हें माकूल नहीं किया, तथापि वह अनिवार्य रूप से उनकी बेड़ियां खोलने पर तत्पर हो गये। उसी वक़्त जेल के दारोग़ा को बुलाकर कहा — साहब ने हुक्म दिया है कि राजा साहब को फौरन आज़ाद कर दिया जाये। इसमें एक पल की भी तारीख़ (विलंब) हुई, तो तुम्हारें हक में अच्छा न होगा।

दारोग़ा को मालूम था कि कप्तान साहब और मि0 — में गाढ़ी मैत्री है। अगर साहब नाराज़ हो जायेंगे, तो रोशनुद्दौला की कोई सिफ़ारिश मेरी रक्षा न कर सकेगी। उसने राजा साहब की बेड़िया खोल दी।

राजा साहब जब तलवार हाथ में लेकर जेल से निकले, तो उनका हृदय राज्य-भक्ति की तरंगों से आंदोलित हो रहा था। उसी वक़्त घड़ियाल ने 11 बजाये।

3

आधी रात का समय था। मगर लखनऊ की तंग गलियों में खूब चहल-पहल थी। ऐसा मालूम होता था कि अभी 9 बजे होंगे। सर्राफे में सबसे ज़्यादा रौनक थी। मगर आश्चर्य यह था कि किसी दुकान पर जवाहरात या गहने नहीं दिखायी देते थे। केवल आदमियों के आने जाने की भीड़ थी। जिसे देखो, पांचो शस्त्रों से सुसज्जित, मूछें खड़ी किये, ऐंठता हुआ चला जाता था। बाज़ार के मामूली दुकानदार भी निःशस्त्र न थे।

सहसा एक आदमी भारी साफा बांध, पैर की घुटनियों तक नीची कबा पहने, कमर में

पटका बांध, आकर एक सर्राफ की दुकान पर खड़ा हो गया। जान पड़ता था, कोई ईरानी सौदागर है। उन दिनों ईरान के व्यापारी लखनऊ में बहुत आते-जाते थे। इस समय ऐसे आदमी का आ जाना असाधारण बात न थी।

सर्राफ का नाम माधेदास था। बोला — कहिए मीर साहब, कुछ दिखाऊं?

सौदागर — सोने का क्या निर्ख है?

माधो — (सौदागर के कान के पास मुंह ले जाकर) निर्ख की कुछ न पूछिए। आज क़रीब एक महीना से बाज़ार का निर्ख बिगड़ा हुआ है। माल बाज़ार में आता ही नहीं। लोग दबाये हुए हैं। बाज़ार में खौफ के मारे नहीं लाते। अगर आपको ज्यादा माल दरकार हो, तो मेरे साथ ग़रीबखाने तक तकलीफ़ कीजिए। जैसा माल चाहिए, लीजिए। निर्ख मुनासिब ही होगा। इसका इत्मीमान रखिए।

सौदागर — आजकल बाज़ार का निर्ख क्यों बिगड़ा हुआ है?

माधो — क्या आप हाल ही में वारिद हुए हैं?

सौदागर — हां, मैं आज ही आया हूं। कहीं पहले की-सी रौनक़ नहीं नज़र आती। कपड़े का बाज़ार भी सुस्त था। ढाक का एक क़ीमती थान बहुत तलाश करने पर भी न मिला।

माधो — इसके बड़े किस्से है; कुछ ऐसा ही मुआमला है।

सौदागर — डाकुओं का ज़ोर तो नहीं है? पहले तो यहां इस किस्म की वारदातें न होती थीं।

माधो — अब वह कैफ़ियत नहीं है। दिन-दहाड़े डाके पड़ते हैं। उन्हें कोतवाल क्या, बादशाह-सलामत भी गिरफ्तार नहीं कर सकते। अब और क्या कहूं। दीवार के भी कान होते हैं। कहीं कोई सुन ले तो लेने के देने पड़ जायें।

सौदागर — सेठजी, आप तो पहेलियां बुझवाने लगे। मैं परदेसी आदमी हूं। यहां किससे कहने जाऊंगा। आखिर बात क्या है? बाज़ार क्यों इतना बिगड़ा हुआ है? नाज की मंडी की तरफ़ गया था। सन्नाटा छाया हुआ है। मोटी जिंस भी दूने दामों पर बिक रही थी।

माधो (इधर-उधर चौकन्नी आंखों से देखकर) — एक महीना हुआ; रोशनुद्दौला के हाथ में सियाह-सफ़ेद का अख्तियार आ गया है। यह सब उन्हीं की बदइंतज़ामी का फल है। उनके पहले राजा बख़्तावर सिंह हमारे मालिक थे। उनके वक़्त में किसी की मज़ाल न थी कि व्यापारियों को टेढ़ी आंख से देख सके। उनका रोब सभी पर छाया हुआ था। फिरंगियों पर उनकी कड़ी निगाह रहती थी। हुक्म था कि कोई फिरंगी बाज़ार में आये, तो थाने का सिपाही उसकी देख-भाल करता रहे।

इसी वजह से फिरंगी उनसे जला करते थे। आखिर सबों ने रोशनुद्दौला को मिलाकर बख़्तावर सिंह को बेकसूर क़ैद करा दिया। बस, तबसे बाज़ार में लूट मची हुई है। सरकारी अमले अलग लूटते हैं। फिरंगी अलग नोचते-खसोटते हैं। जो चीज़ चाहते है, उठा ले जाते हैं। दाम मांगों तो धमकियाँ देते हैं। शाही दरबार में फ़रियाद करो, तो उलटे सजा होती है। अभी हाल ही में हम-सब मिलकर बादशाह-सलामत की खिदमत में हाजिर हुए थे। पहले तो वह बहुत

नाराज़ हुए, पर आखिर रहम आ गया। बादशाहों का मिज़ाज़ ही तो है। हमारी सब शिकायतें सुनीं, और तसकीन दी कि हम तहकीक़ात करेंगे। मगर अभी तक तो वही लूट-खसोट लूट-खसोट जारी है।

इतने में तीन आदमी राजपूतों ढंग की मिर्जई पहने आकर दुकान के सामने खड़े हो गये। माधोदास उनका रंग-ढंग देखकर चौंका। शाही फ़ौज के सिपाही बहुधा इस सज-धज से निकलते थे। तीनों आदमी सौदागर को देख कर ठिठके; पर उसने उन्हें कुछ ऐसी निग़ाहों से देखा कि तीनों आगे चले गये। तब सौदागर ने माधोदास ने पूछा — इन्हें देखकर तुम क्यों चौंके?

माधोदास ने कहा — ये फ़ौज के सिपाही हैं। जब से राजा बख़्तावरसिंह नज़रबंद हुए हैं, इन पर किसी की दाब ही नहीं रही। खुले सांड की तरह बाज़ारों में चक्कर लगाया करते थे। सरकार से तलब मिलने का कुछ ठीक तो है नहीं। बस, नोच-खसोट करके गुज़र करते हैं। — हां तो फिर अगर मरज़ी हो, तो मेरे साथ मेरे घर तक चलिए, आपको माल दिखाऊं।

सौदागर — नहीं भाई, इस वक़्त नहीं। सुबह आऊंगा। देर हो गयी है, और मुझे भी यहां की हालत देखकर खौफ़ मालूम होने लगा है।

यह कहकर सौदागर उसी तरफ चला गया, जिधर वे तीनों राजपूत गये थे। थोड़ी देर में तीन आदमी और सर्राफ में आए। एक तो पंडितों की तरह नीची चपकन पहने हुए था, सिर पर गोल पगिया थी और कंधे पर जरी के काम का शाल। उसके दोनों साथी खिदमतगारों के से कपड़े पहने हुए थे। तीनों इस तरह इधर-उधर ताक रहे थे, मानों किसी को खोज रहे हों। यों ताकते हुए तीनों आगे चले गये। ईरानी सौदागर तीव्र नेत्रों से इधर-उधर देखता हुआ एक मील चला गया। वहां एक छोटा-सा बाग़ था। एक पुरानी मस्जिद भी थी। सौदागर वहां ठहर गया। एकाएक तीनों राजपूत मसजिद से बाहर निकल आये और बोले — हुजूर तो बहुत देर तक सर्राफ की दूकान पर बैठे रहे। क्या बातें हुई।

सौदागर ने अभी कुछ ज़वाब न दिया था कि पीछे से पंडित और उनके दोनों खिदमतगार भी आ पहुंचे। सौदागर ने पंडित को देखते ही भर्त्सनापूर्ण शब्दों में कहा — मियां रोशनुद्दौला, मुझे इस वक़्त तुम्हारे ऊपर इतना गुस्सा आ रहा है? मुझे आज मालूम हुआ कि तूने क्यों राजा बख़्तावर सिंह को कैद कराया। मेरी अक्ल पर न जाने क्यों पत्थर पड़ गये थे कि मैं तेरी चिकनी-चुपड़ी बातों में आ गया। इस नमकहरामी की तुझे वह सजा दूंगा कि देखने वालों को भी इबरत (शिक्षा) हो।

रोशनुद्दौला ने निर्भीकता से उत्तर दिया आप — मेरे बादशाह हैं, इसलिए आपका अदब करता हूं, वर्ना इसी वक़्त इस बद-जवानी का मज़ा चखा देता। खुद आप तो महल में हसीनों के साथ ऐश किया करते हैं, दूसरों को क्या गरज़ पड़ी है, कि सल्तनत की फ़िक्र से दुबले हों? खूब हम अपना खून जलायें और आप जश्न मनायें! ऐसे अहमक कहीं और रहते होंगे।

बादशाह (क्रोध से कांपते हुए) — मि0... मैं तुम्हें हुक्म देता हूं कि इस नमकराम को अभी गोली मार दो। मैं इसकी सूरत नहीं देखना चाहता। और, इसी वक़्त जाकर इसकी सारी जायदाद जब्त कर लो। इसके खानदान का एक बच्चा भी ज़िंदा न रहने पाये।

रोशन0 — मि... मैं तुमको हुक्म देता हूं कि इस मुल्क और क़ौम के दुश्मन, रैयत के कातिल और बदकार आदमी को फौरन गिरफ़्तार कर लो। यह इस क़ाबिल नहीं कि ताज और तख़्त का मालिक बने।

इतना सुनते ही पांचों अंग्रेज-मुसाहबों ने, जो भेष बदले हुए साथ थे, बादशाह के दोनों हाथ पकड़ लिए और खीचते हुए गोमती नदी की तरफ ले चले। तब बादशाह की आंखें खुली। समझ गए कि पहले ही से यह षड्यंत्र रचा गया था। इधर-उधर देखा, कोई आदमी नहीं। शोर मचाना व्यर्थ था। बादशाही का नशा उतर गया। दुरावस्था की वह परीक्षाग्नि है, जो मुलम्में और रोगन को उतारकर मनुष्य का यथार्थ रूप दिखा देती है। ऐसे ही अवसरों पर विदित होता है कि मानव-हृदय पर कृत्रिम भावों का कितना गहरा रंग चढ़ा होता है। एक क्षण में बादशाह की उद्दंडता और घमंड ने दीनता और विनयशीलता का आश्रय लिया। बोले — मैंने तो आप लोगों की मरज़ी के खिलाफ़ ऐसा कोई काम नहीं क़िया, जिसकी यह सजा मिले। मैंने आप लोगों को हमेशा अपना दोस्त समझा है।

रोशन — तो हम लोग जो कुछ कर रहे हैं, वह भी आपके फायदे ही के लिए कर रहे हैं। हम आपके सिर से सल्तनत का बोझ उतारकर आपको आज़ाद कर देंगे। तब आपके ऐश में खलल न पड़ेगा। आप बेफ़िक्र होकर हसीनों के साथ ज़िदगी की बहार लूटिएगा।

बादशाह — तो क्या आप लोग मुझे तख़्त से उतारना चाहते हैं?

रोशन — नहीं, आपको बादशाही की जिम्मेदारीयों से आज़ाद कर देना चाहते है।

बादशाह — हज़रत इमाम की कसम, मैं यह जिल्लत न बर्दाश्त करूंगा। मैं बपने बुजुर्गो का नाम न डुबाऊंगा।

रोशन — आपके बुज़ुर्गों के नाम की फ़िक्र हमें आपसे ज़्यादा है। आपकी ऐसे-परस्ती बुज़ुर्गों का नाम रोशन नहीं कर रही है।

बादशाह (दीनता से) — वादा करता हूं कि आईंदा से आप लोगों को शिकायत का कोई मौक़ा न दूंगा।

रोशन — नशेबाजों के वादों पर कोई दीवाना ही यक़ीन कर सकता है।

बादशाह — तुम मुझे ज़बरदस्ती तख्त से नहीं उतार सकते।

रोशन — इन धमकियों की ज़रूरत नहीं! चुपचाप चले चलिए; आगे आपकी सेज-गाड़ी मिल जायेगी। हम आपको इज्जत के साथ रुखसत करेंगे।

बादशाह — आप जानते हैं! रिआया पर इसका क्या असर होगा?

रोशन — खूब जानता हूं! आपकी हिमायत में एक उंगली भी नहीं उठेगी। कल सारी सल्तनत में घी के चिराग़ जलेंगे।

इतनी देर में सब लोग उस स्थान पर आ पहुंचे, जहां बादशाह को ले जाने के लिए स्वारी तैयार खड़ी थी। लगभग 25 सशस्त्र गोरे सिपाही भी खड़े थे। बादशाह सेजगाड़ी को देखकर मचल गये। उनके रुधिर की गति तीव्र हो गयी, भोग और विलास के नीचे दबी हुई मर्यादा सजग हो गयी। उन्होंने ज़ोर से झटका देकर अपना हाथ छुड़ा लिया और नैराशपूर्ण दुस्साहस

के साथ, परिणाम-भय को त्यागकर, उच्च स्वर से बोले — ऐ लखनऊ के बसने वालो! तुम्हारा बादशाह यहां दुश्मनों के हाथों क़त्ल किया जा रहा है। उसे इसके हाथ से बचाओ, दौड़ो, वर्ना पछताओगे!

यह आर्त पुकार आकाश की नीरवता को चीरती हुई गोमती की लहरों में विलीन नहीं हई बल्कि लखनऊ वालों के हृदयों में जा पहुंची। राजा बख़्तावरसिंह-बंदी-गृह से निकलकर नगर-निवासियों को उत्तेजित करते और प्रतिक्षण रक्षाकारियों के दल को बढ़ाते, बड़े वेग से दौड़े चले आ रहे थे। एकपल का विलंब भी षडयंत्रकारियों के घातक विरोध को सफल कर सकता था। देखते-देखते उनके साथ दो-तीन हज़ार सशस्त्र मनुष्यों का दल हो गया था। समय सब कुछ था। बादशाह गोरी सेना के पंजे में फंस गये, तो फिर समस्त लखनऊ भी उन्हें मुक्त न करा सकता था। राजा साहब ज्यों-ज्यों आगे बढ़ते जाते थे, नैराश्य से दिल बैठा जाता था। विफल मनोरथ होने की शंका से उत्साह भंग हुआ जाता था। अब तक कहीं उन लोगों का पता नहीं! अवश्य हम देर में पहुंचे। विद्रोहियों ने अपना काम पूरा कर लिया। लखनऊ राज्य की स्वाधीनता सदा के लिए विसर्जित हो गयी!

ये लोग निराश होकर लौटना ही चाहते थे कि अचानक बादशाह का आर्तनाद सुनायी दिया। कई हज़ार कंठों से आकाश-भेदी ध्वनि निकली हुजूर को खुदा सलामत रखे। हम फ़िदा होने को आ पहुंचे!

समस्त दल एक ही प्रबल इच्छा से प्रेरित होकर, वेगवती जलधारा की भांति, घटनास्थल की ओर दौड़ा। अशक्त लोग भी सशक्त हो गये। पिछड़े हुए लोग आगे निकल जाना चाहते थे। आगे के लोग चाहते थे कि उड़कर जा पहुंचे!

इन आदमियों की आहट पाते ही गोरो ने बंदूके भरीं और 25 बंदूकों का बाढ़ सर हो गयी। रक्षाधिकारियों में कितने ही लोग गिर पड़े; मगर कदम पीछे न हटे। वीर-मद ने और भी मतवाला कर दिया। एक क्षण में दूसरी बाढ़ आयी; कुछ लोग वीर-गति को प्राप्त हुए लेकिन कदम आगे बढ़ते ही गए। तीसरी बाढ़ छूटने ही वाली थी कि लोगों ने विद्रोहियों को जा लिया। गोरे भागे।

जब लोग बादशाह के पास पहुंचे, तो अदभुत दृश्य देखा। बादशाह रोशनुद्दौला की छाती पर सवार थे! जब गोरे जान लेकर भागे, तो बादशाह ने इस नरपिशाच को पकड़ लिया और उसे बल-पूर्वक भूमि पर गिराकर उसकी छाती पर बैठ गए। अगर उनके हाथों में हथियार होता, तो इस वक्त रोशन की लाश फड़कती हुई दिखायी देती।

राजा बख़्तावरसिंह आगे बढ़कर बादशाह को आदाब बजा लाये। लोगों की जय-ध्वनि से आकाश हिल उठा। कोई बादशाह के पैरों को चूमता था, कोई उन्हें आशीर्वाद देता था, और रोशनुद्दौला का शरीर तो लातों और घूंसों का लक्ष्य बना हुआ था। कुछ बिगड़े दिल ऐसे भी थे, जो उसके मुंह पर थूकने में भी संकोच न करते थे।

4

प्रातःकाल था। लखनऊ में आनंदोत्सव मनाया जा रहा था। बादशाही महल के सामने लाखों आदमी जमा थे। सब लोग बादशाह को यथायोग्य नज़र देने आए थे। जगह-जगह गरीबों को भोजन कराया जा रहा था। शाही नौबतखाने में नौबत झड़ रही थी।

दरबार सजा। बादशाह हीरे और जवाहर से जगमगाते, रत्नजटित आभूषणो से सजे हुए सिंहासन पर विराजे। रईसों और अमीरों से नज़रें गुजारी। कविजनों ने कसीदे पढ़े। एकाएक बादशाह ने पूछा — राजा बख़्तावरसिंह कहां हैं? कप्तान ने ज़वाब दिया — कैद खाने में।

बादशाह ने उसी वक़्त कई कर्मचारियों को भेजा कि राजा साहब को जेलखाने से इज्जत के साथ लाये। जब थोड़ी देर के बाद राजा ने आकर बादशाह को सलाम किया, तो वे तख्त से उतरकर उनसे गले मिले और उन्हें अपनी दाहिनी ओर सिहासन पर बैठाया। फिर दरबार में खड़े होकर उनकी सुकीर्ति और राज-भक्ति की प्रशंसा करने के उपरांत अपने ही हाथों से उन्हें खिलअत पहनायी। राजा साहब के कुटुम्ब के प्राणी आदर और सम्मान के साथ विदा किए गए।

अंत को जब दोपहर के समय दरबार बर्खास्त होने लगा तो बादशाह ने राजा से कहा— आपने मुझ पर और मेरी सल्तनत पर जो एहसान किया है, उसका सिला (पुरस्कार) देना मेरे इमकान से बाहर है। मेरी आपसे यही इल्तिजा (अनुरोध) है कि आप वज़ारत का क़लमदान अपने हाथ में लीजिए और सल्तनत का, जिस तरह मुनासिब समझिए, इंतजाम कीजिए। मैं आपके किसी काम में दखल न दूंगा। मुझे एक गोशे में पड़ा रहने दीजिए। नमकहराम रोशन को भी मैं आपके सुपुर्द किए देता हूं। आप इसे जो सजा चाहें, दें। मैं इसे कब का जहन्नुम भेज चुका होता; पर यह समझ कर कि यह आपका शिकार है, इसे छोड़े हुए हूं।

लेकिन बख़्तावरसिंह बादशाह के उच्चश्रृंखल स्वभाव से भली-भांति परिचित थे, वह जानते थे, बादशाह की ये सदिच्छांए थोड़े ही दिनों की मेहमान हैं। मानव-चरित्र में आकस्मिक परिवर्तन बहुत कम हुआ करते हैं। दो-चार महीने में दरबार का फिर वही रंग हो जायेगा, इसलिए मेरा तटस्थ रहना ही मैं दरबार से अलग रहकर निष्कामभाव से जितनी सेवा कर सकता हूं, उतनी दरबार में रहकर कदापि नहीं कर सकता। हितैषी मित्र का जितना सम्मान होता है, स्वामिभक्त सेवक का उतना नहीं हो सकता।

वह विनीत भाव से बोले — हुज़ूर, मुझे इस ओहदे से मुआफ़ रखें। मैं यों ही आपका ख़ादिम हूं। इस मंसब पर किसी लायक आदमी को माशूर फ़रमाइए (नियुक्त कीजिए)। मैं अक्खड़ राजपूत हूं। मुल्की इंतज़ाम करना क्या जानूं।

बादशाह — मुझे तो आपसे ज्यादा लायक और वफ़ादार आदमी नज़र नहीं आता।

मगर राजा साहब उनकी बातों में न आए। आखिर मज़बूर होकर बादशाह ने उन्हें ज़्यादा

न दबाया। क्षण भर बाद जब रोशनुद्दौला को सजा देने का प्रश्न उठा, तब दोनों आदमियों में इतना मतभेद हुआ कि वाद-विवाद की नौबत आ गयी। बादशाह आग्रह करते थे कि इसे कुत्तों से नुचवा दिया जाये। राजा साहब इस बात पर अड़े हुए थे कि इस जान से न मारा जाय, केवल नजरबंद कर दिया जाये ! अंत में बादशाह ने क्रुद्ध होकर कहा — यह एक दिन आपको ज़रूर दग़ा देगा!

राजा — इस ख़ौफ़ से मैं उसकी जान न लूंगा।

बादशाह — तो जनाब, आप चाहे इसे मुआफ कर दें, मैं क़भी मुआफ़ नहीं कर सकता।

राजा — आपने तो इसे मेरे सुपुर्द कर दिया था। दी हुई चीज़ को आप वापस कैसे लेंगे?

बादशाह ने कहा — तुमने मेरे निकलने का कहीं रास्ता ही नहीं रखा।

रोशनुद्दौला की जान बच गयी। वज़ारत का पद कप्तान साहब को मिला। मगर सबसे विचित्र बात यह थी कि रेजिडेंट ने इस षड्यंत्र से पूर्ण अनभिज्ञता प्रकट की और साफ़ लिख दिया कि बादशाह-सलामत अपने अंग्रेज मुसाहबों को जो सजा चाहे दें; मुझे कोई पांचों महानुभावों में से एक का भी पता न चला। शायद वे सब-के-सब रातों-रात कलकत्ते भाग गए। इतिहास में उक्त घटना का कही उल्लेख नहीं किया गया, लेकिन किवदंतियां, जो इतिहास से अधिक विश्वसनीय हैं, उसकी सत्यता की साक्षी हैं।

❖❖❖

अधिकार-चिन्ता

टॉमी यों देखने में तो बहुत तगड़ा था। भौंकता तो सुननेवालों के कानों के परदे फट जाते। डील-डौल भी ऐसा कि अंधेरी रात में उस पर गधे का भ्रम हो जाता। लेकिन उसकी श्वानोचित वीरता किसी संग्रामक्षेत्र में प्रमाणित न होती थी। दो चार दफ़े जब बाज़ार के लेंडियों ने उसे चुनौती दी, तो वह उनका गर्व-मर्दन करने के लिए मैदान में आया; और देखने वालों का कहना है कि जब लड़ा, जीवट से लड़ा, नखों और दांतों से ज्यादा चोंटे उसकी दुम ने की। निश्चित रूप से नहीं जा सकता कि मैदान किसके हाथ रहा, किंतु जब उस दल को कुमक मंगानी पड़ी, तो रण-शास्त्र के नियमों के अनुसार विजय का श्रेय टॉमी ही को देना उचित न्यायनुकूल जान पड़ता है। टॉमी ने उस अवसर पर कौशल से काम लिया और दांत निकाल दिए; जैसे संधि की याचना थी। किन्तु तब से अपने ऐसे सन्नीति-विहीन प्रतिद्वंद्वियों के मुंह लगना उचित न समझा।

इतना शांति-प्रिय होने पर भी टॉमी के शत्रुओं की संख्या दिनों-दिन बढ़ती जाती थी। उसके बराबर वाले उससे इसलिए जलते कि वह इतना मोटा-ताजा होकर इतना भीरू क्यों है। बाज़ारी दल इसलिए जलता कि टॉमी के मारे घूरों पर ही हड्डियां भी न बचने पाती थीं। वह घड़ी-रात रहे उठता और हलवाइयों की दूकानों के सामने दोने और पत्तल, कसाईखाने के सामने की हड्डिया और छीछड़े चबा डालता। अतएव इतने शत्रुओं के बीच में रहकर टॉमी का जीवन संकटमय होता जाता था। महीनों बीत जाते और पेट भर भोजन न मिलता। दो-तीन बार उसने मनमाने भोजन करने की चेष्टा की; पर जब परिणाम आशा के प्रतिकूल हुआ और स्वादिष्ट पदार्थों के बदले अरुचिकर दुर्गाह्य वस्तुएं भरपेट खाने को मिलीं — जिससे पेट के बदले कई दिन तक पीठ में विषम वेंदना होती रही — तो उसने विवश होकर फिर सन्मार्ग का आश्रय लिया। पर डंडों से पेट चाहे भर गया हो, वह उत्कंठा शांत न हुई। वह किसी ऐसी जगह जाना चाहता था, जहां खूब शिकार मिले; खरगोश, हिरन, भेड़ों के बच्चे मैदानों में विचर रहे हो, और उनका कोई मालिक न हो, जहां किसी प्रतिद्वंद्वी की गंध तक न हो; आराम करने को सघन वृक्षों की छाया हो, पीने को नदी का पवित्र जल। वहां मनमाना शिकार करूं, खाऊं और

मीठी नींद सोऊं। वहां चारों ओर मेरी धाक बैठ जाय; सब पर ऐसा रोब छा जाये कि मुझी को अपना राजा समझने लगें और धीरे-धीरे मेरा ऐसा सिक्का बैठे जाये कि किसी द्वेषी को वहां पैर रखने का साहस ही न हो।

संयोगवश एक दिन वह इन्हीं कल्पनाओं के सुख स्वप्न देखता हुआ सिर झुकायें सड़क छोड़कर गलियों से चला जा रहा था कि सहसा एक सज्जन से उसकी मुठभेड़ हो गई। टॉमी ने चाहा कि बचकर निकल जाऊं, पर वह दुष्ट इतना शांतिप्रिय न था। उसने तुरन्त झपटकर टॉमी का टेंटुआ पकड़ लिया। टॉमी ने बहुत अनुनय-विनय की, गिड़गिड़ाकर कहा — ईश्वर के लिए मुझे यहां से चले जाने दो; कसम ले लो, जो इधर पैर रखूं। मेरी शामत आयी थी कि तुम्हारे अधिकार क्षेत्र में चला आया। पर उस मदांध और निर्दय प्राणी ने ज़रा भी रिआयत न की। अन्त में हारकर टॉमी ने गर्दभ स्वर में फरियाद करनी शुरू की। यह कोलाहल सुनकर मोहल्ले के दो-चार नेता लोग एकत्र हो गये; पर उन्होंने भी दीन पर दया करने के बदले उलटे उसी पर दंत प्रहार करना शुरू किया। इस अन्यायपूर्ण व्यवहार ने टॉमी का दिल तोड़ दिया। वह जान छुड़ाकर भागा। उन अत्याचारी पशुओं ने बहुत दूर तक उसका पीछा किया, यहां तक कि मार्ग में एक नदी पड़ गयी और टॉमी ने उसमें कूदकर अपनी जान बचायी।

कहते हैं, एक दिन सबके दिन फिरते हैं। टॉमी के दिन भी नदी में कूदते ही फिर गये। कूदा था जान बचाने के लिए, हाथ लग गए मोती। तैरता हुआ उस पार पहुंचा, तो वहां उसकी चिर-संचित अभिलाषाएं मूर्तिमती हो रही थी।

2

यह एक विस्तृत मैदान था। जहां तक निग़ाह जाती थी, हरियाली की छटा दिखायी देती थी। कहीं नालों का मधुर कलरव था, कहीं झरनों का मन्द गान; कहीं वृक्षों के सुखद पुंज थे, कहीं रेत के सपाट मैदान। बड़ा सुरम्य मनोहर दृश्य था।

यहां बड़े तेज़ नखों-वाले पशु थे, जिनकी सूरत देखकर टॉमी का कलेजा दहल उठता था, पर उन्होंने टॉमी की कुछ परवा न की। वे आपस में नित्य लड़ा करते थे; नित्य खून की नदी बहा करती थी। टॉमी ने देखा, यहां इन भयंकर जंतुओं से न पेश पा सकूंगा। उसके कौशल से काम लेना शुरू किया। जब दो लड़ने वाले पशओं में एक घायल और मुर्दा होकर गिर पड़ता, तो टॉमी लपककर मांस का कोई टुकड़ा ले भागता और एकांत में बैठकर खाता। विजयी पशु विजय के उन्माद में उसे तुच्छ समझकर कुछ न बोलता।

अब क्या था, टॉमी के पौ-बारह हो गये। सदा दीवाली रहने लगी। न गुड़ की कमी थी, न गेहूं की। नित्य नये पदार्थ उड़ाता और वृक्षों के नीचे आनन्द से सोता। उनसे ऐसे सुख स्वर्ग की कल्पना भी न की थी। वह मरकर नहीं, जीते जी स्वर्ग पा गया।

थोड़े ही दिनों में पौष्टिक पदार्थों के सेवन से टॉमी की चेष्टा ही कुछ और हो गयी। उसका

शरीर तेजस्वी और सुसंगठित हो गया। अब वह छोटे-मोटे जीवों पर स्वयं हाथ साफ़ करने लगा। जंगल के जंतु अब चौंके और उसे वहां से भगा देने का यत्न करने लगे। टॉमी ने एक नयी चाल चली। वह कभी किसी पशु से कहता, तुम्हारा फलां शत्रु तुम्हें मार डालने की तैयारी कर रहा है; किसी से कहता, फलां तुमको गाली देता था। जंगल में जन्तु उसके चकमे में आकर आपस में लड़ जाते और टॉमी की चांदी हो जाती। अन्त में यहां तक नौबत पहुंची कि बड़े-बड़े जन्तुओं का नाश हो गया। छोटे-मोटे पशुओं का उनसे मुकाबला करने का साहस न होता था। उसकी उन्नति और शक्ति देखकर उन्हें ऐसा प्रतीत होने लगा, मानो यह विचित्र जीवन आकाश से हमारे ऊपर शासन करने के लिए भेजा गया है। टॉमी भी अब शिकारबाजी के जौहर दिखाकर उनकी इस भ्रांति को पुष्ट किया करता था। बड़े गर्व से कहता — 'परमात्मा ने मुझे तुम्हारे ऊपर राज्य करने के लिए भेजा है। यह ईश्वर की इच्छा है। तुम आराम से अपने घर पड़े रहो। मैं तुमसे 'कुछ न बोलूंगा, केवल तुम्हारी सेवा करने के पुरस्कार स्वरूप तुममें से एकाध का शिकार कर लिया करूंगा। आखिर मेरे भी तो पेट है; बिना आहार के कैसे जीवित रहूंगा और कैसे तुम्हारी रक्षा करूंगा?' वह अब बड़ी शान से जंगल में चारों और गौरवान्वित दृष्टि से ताकता हुआ बिचरा करता।

टॉमी को अब कोई चिंता थी तो यह कि इस देश में मेरा कोई मुद्दई न उठ खड़ा हो। वह नित्य सजग और सशस्त्र रहने लगा। ज्यों-ज्यों उसकी चिंता भी बढ़ती जाती थी। बस, अब बहुधा रात को चौंक पड़ता और किसी अज्ञात शत्रु के पीछे दौड़ता। अक्सर 'अन्धा कूकुर बतासे मूंके' वाली लोकोक्ति को चरितार्थ करता। वन के पशुओं से कहता — ईश्वर न करे कि तुम किसी दूसरे शासक के पंजे में फंस जाओ। वह तुम्हें पीस डालेगा। मैं तुम्हारा हितैषी हूं; सदैव तुम्हारी शुभ-कामना में मग्न रहता हूं। किसी दूसरे से यह आशा मत रखो।'

आखिरकार यह हुआ कि टॉमी को क्षण-भर भी शांति से बैठना दुर्लभ हो गया। वह रात-भर, दिन-दिन भर नदी के किनारे इधर से उधर चक्कर लगाया करता। दौड़ते-दौड़ते हांफने लगता, बेदम हो जाता; मगर चित्त को शांति न मिली। कहीं कोई शत्रु न घुस आये।

लेकिन क्वार का महीना आया तो टॉमी का चित्त एक बार फिर अपने पुराने सहचरी से मिलने के लिए लालायित होने लगा। वह अपने मन को किसी भांति रोक न सका। वह दिन याद आया जब वह दो-चार मित्रों के साथ किसी प्रेमिका के पीछे गली-गली और कूचे-कूचे में चक्कर लगाता था। दो-चार दिन तो उसने सब्र किया, पर अन्त में आवेग इतना प्रबल हुआ कि वह तक़दीर ठोंककर खड़ा हुआ। उसे अब अपने तेज़ और बल पर अभिमान भी था। दो-चार को तो वही मज़ा चखा सकता था।

किन्तु नदी के इस पार आते ही उसका आत्मविश्वास प्रातःकाल के तम के समान फटने लगा। उसकी चाल मंद पड़ गयी, आप-ही-आप सिर झुक गया, दुम सिकुड़ गयी। मगर एक प्रेमिका को आते देखकर वह विह्वल हो उठा; उसके पीछे हो लिया। प्रेमिका को उसकी वह कुचेष्टा अप्रिय लगी। उसने तीव्र स्वर से उसकी अवहेलना की। उसकी आवाज सुनते ही उसके कई प्रेमी भी पहुंचे और टॉमी को वहां देखते ही जामें से बाहर हो गये। टॉमी सिटपिटा गया। अभी

निश्चय न कर सका था कि क्या करूं कि चारों ओर से उस पर दांतों और नखों की वर्षा होने लगी। भागते ही न बन पड़ा। देह लहूलुहान हो गयी। भागा भी, तो शैतानों का एक दल पीछे था।

उस दिन से उसके दिल में शंका-सी समा गयी। हर घड़ी यह भय लगा रहता कि आक्रमणकारियों का दल मेरे सुख और शांति में बाधा डालने के लिए मेरे स्वर्ग को विध्वंस करने के लिए आ रहा है। यह शंका पहले भी कम न थी; अब और भी बढ़ गयी।

एक दिन उसका चित्त भय से इतना व्याकुल हो गया कि उसे जान पड़ा, शत्रुदल आ पहुंचा। वह बड़े वेग से नदी के किनारे आया और इधर-से-उधर दौड़ने लगा।

दिन बीत गया, रात बीत गयी; पर उसने विश्राम न लिया। दूसरा दिन आया और गया; पर टॉमी निराहार, निर्जल नदी के किनारे चक्कर लगाता रहा।

इस तरह पांच दिन बीत गये। टॉमी के पैर लड़खड़ाने लगे, आंखों-तले अंधेरा छाने लगा। क्षुधा से व्याकुल होकर गिर-गिर पड़ता, पर वह शंका किसी भांति शांत न हुई।

अन्त में सातवें दिन अभागा टॉमी अधिकार-चिन्ता से ग्रस्त, जर्जर और शिथिल होकर परलोक सिधारा। वन का कोई पशु उसके निकट न था। किसी ने उसकी चर्चा तक न की; किसी ने उसकी लाश पर आंसू तक न बहाये। कई दिनों तक उस पर गिद्ध और कौए मंडराते रहे; अन्त में अस्थिपंजरों के सिवा और कुछ न रह गया।

❖❖❖

दुराशा

(प्रहसन)

पात्र

दयाशंकर — कार्यालय के एक साधारण लेखक।

आनंमोहन — कॉलेज का एक विद्यार्थी तथा दयाशंकर का मित्र।

ज्योतिस्वरूप — दयाशंकर का एक सुदूर-संबंधी।

सेवती — दयाशंकर की पत्नी

(होली का दिन)

(समय — 9 बजे रात्रि, आनंदमोहन तथा दयाशंकर वार्तालाप करते जा रहे हैं।)

आ0 — हम लोगों को देर तो न हुई। अभी तो नौ बजे होंगे!

द0 — नहीं, अभी क्या देर होगी!

आ0 — वहां बहुत इन्तज़ार न कराना। क्योंकि एक तो दिन-भर गली-गली घूमने के पश्चात मुझमें इन्तज़ार करने की शक्ति ही नहीं, दूसरे ठीक ग्यारह बजे बोर्डिंग हाउस का दरवाज़ा बन्द हो जाता है।

द0 — अजी, चलते-चलते थाली सामने आयेगी। मैंने तो सेवती से पहले ही कह दिया है कि नौ बजे तक सामान तैयार रखना।

आ0 — तुम्हारा घर तो अभी दूर है। यहां मेरे पैरों में चलने की शक्ति ही नहीं। आओ, कुछ बात-चीत करते चलें। भला यह तो बताओ कि परदे के संबंध में तुम्हारा क्या विचार है? भाभीजी मेरे सामने आयेगी या नहीं, क्या मैं उनके चंद्रमुख का दर्शन कर सकूंगा? सच कहो।

द0 — तुम्हारे और मेरे बीच में तो भाईचारें का संबंध है। यदि सेवती मुंह खोले हुए भी तुम्हारें सम्मुख आ जाये तो मुझे कोई म्लान नहीं। किंतु साधारणतः मैं परदे की प्रथा का सहायक और समर्थक हूं। क्योंकि हम लोगों की सामाजिक नीति इतनी पवित्र नहीं है कि कोई स्त्री अपने लज्जाभाव को चोट पहुंचाये बिना अपने घर से बाहर निकले।

आ० — मेरे विचार में तो पर्दा ही कुचेष्टाओं का मूल कारण है। पर्दे से स्वभावतः पुरुषों के चित्त में उत्सुकता उत्पन्न होती है और वह भाव कभी तो बोली-ठोली में प्रकट होता है और कभी नेत्रों के कटाक्षों में।

द० — जब तक हम लोग इतने दृढ़प्रतिज्ञ न हो जायें कि सतीत्व-रक्षा के पीछे प्राण भी बलिदान कर दें तब तक परदे की प्रथा को तोड़ना समाज के मार्ग में विष बोना है।

अ० — आपके विचार से तो सिद्ध होता है कि यूरोप में सतीत्व-रक्षा के लिए रात-दिन रुधिर की नदियां बहा करती हैं।

द० — वहां इसी बेपर्दगी ने तो सतीत्व-धर्म का निर्मूल कर दिया है। अभी मैंने किसी समाचारपत्र में पढ़ा था कि एक स्त्री ने किसी पुरुष पर इस प्रकार का अभियोग चलाया था कि उसने मुझे निर्भीकतापूर्वक कुदृष्टि से घूरा था, किन्तु विचारक ने उस स्त्री को नख-शिख से देखकर यह कहकर मुकद्दमा ख़ारिज कर दिया कि प्रत्येक मनुष्य को अधिकार है कि हाट-बाट में नौजवान स्त्री को घूर कर देखे। मुझे तो वह अभियोग और यह फैसला सर्वथा हास्यास्पद जान पड़ते हैं और किसी भी समाज को निंदित करने वाले हैं।

आ० — इस विषय को छोड़ो। यह तो बताओ कि इस समय क्या-क्या खिलाओगे? मित्र नहीं तो मित्र की चर्चा ही हो।

दा० — यह तो सेवती की पाक-कला-कुशलता पर निर्भर है। पूरियां और कचौरियां तो होंगी ही। यथासंभव खूब-खरी भी होंगी। यथाशक्ति खस्ते और समोसे भी आयेंगे। खीर आदि के बारे में भविष्यवाणी की जा सकती है। आलू और गोभी की शोरबेदार तरकारी और मटर, दालमोट भी मिलेंगे। फीरिनी के लिये भी कह आया था। गूलर के कोफ़्ते और आलू के कबाब, यह दोनों सेवती खूब पकाती है। हां, शायद किशमिश का रायता भी मिले जिसमें केसर की सुगन्ध उड़ती होगी।

आ० — मित्र, मेरे मुंह में तो पानी भर आया। तुम्हारी बातों ने तो मेरे पैरों में जान डाल दी। शायद पर होता तो उड़कर पहुंच जाता।

द० — लो, अब आ ही जाते हैं। यह तम्बाकू वाले की दुकान है, इसके बाद चौथा मकान मेरा ही है।

आ० — मेरे साथ बैठकर एक ही थाली में खाना। कहीं ऐसा न हो कि अधिक खाने के लिए मुझे भी भाभीजी के सामने लज्जित होना पड़े।

द० — इससे तुम निरशंक रहो। उन्हें मितहारी आदमी से चिढ़ है। वह कहती हैं — 'जो खायेगा ही नहीं वहीं वह दुनिया में काम क्या करेगा?' आज शायद तुम्हारी बदौलत मुझे भी काम करने वालों की पंक्ति में स्थान मिल जाये। कम-से-कम कोशिश तो ऐसी ही करना।

आ० — भई, यथाशक्ति चेष्टा करूंगा। शायद तुम्हें प्रधानपद मिल जाये।

द० — यह लो, आ गये, देखना सीढ़ियों पर अंधेरा है। शायद चिराग़ जलाना भूल गयी।

आ० — कोई हर्ज़ नहीं। तिमिरलोक ही में तो सिकन्दर को अमृत मिला था।

द0 — अन्तर इतना ही है कि तिमिरलोक में पैर फिसले तो पानी में गिरोगे और यहां फिसला तो पथरीली सड़क पर।

(ज्योतिस्वरूप आते हैं।)

ज्योति0 — सेवक भी उपस्थित हो गया। देर तो नहीं हुई? डबल मार्च करता आया हूं।

द0 — नहीं, अभी तो देर नहीं हुई। शायद आपकी भोजनाभिलाषा आपको समय से पहले खींच लायी।

आ0 — आपका परिचय कराइए। मुझे आपसे देखा-देखी नहीं है।

द0 — (अंग्रेजी में) मेरे सुदूर के संबंध में साले होते हैं। एक वकील के मुहर्रिर है। जबरदस्ती नाता जोड़ रहे हैं। सेवती ने निमन्त्रण दिया होगा। मुझे कुछ भी ज्ञात नहीं। ये अंग्रेजी नहीं जानते।

आ0 — इतना तो अच्छा है। अंग्रेजी में ही बातें करेंगे।

द0 — सारा मज़ा किरकिरा हो गया। कुमानुषों के साथ बैठकर खाना फोड़े के ऑप्रेशन के बराबर है।

आ0 — किसी उपाय से इन्हें विदा कर देना चाहिए।

द0 — मुझे तो चिन्ता यह है कि अब संसार के कार्यकर्ताओं में हमारी और तुम्हारी गणना ही न होगी। पाला इसके हाथ रहेगा।

आ0 — खैर, ऊपर चलो। आनन्द तो जब आवे कि इन महाशय को आधे पेट ही उठना पड़े।

(तीनों आदमी ऊपर जाते हैं।)

द0 — अरे! कमरे में भी रोशनी नहीं, घुप अंधेरा है। लाला ज्योति स्वरूप देखिएगा, कहीं ठोकर खाकर न गिर पड़िएगा।

आ0 — अरे गज़ब... (अलमारी से टकराकर धम से गिर पड़ता है)।

द0 — लाला ज्योतिस्वरूप, क्या आप गिरे? चोट तो नहीं आयी?

आ0 — अजी, मैं गिर पड़ा। कमर टूट गयी। तुमने अच्छी दावत की।

द0 — भले आदमी, सैकड़ों बार तो आये हो। मालूम नहीं था कि सामने आलमारी रखी हुई है? क्या ज्यादा चोट लगी?

आ0 — भीतर आओ। थालियां लाओ और भाभीजी से कह देना कि थोड़ा सा तेल गर्म कर लें। मालिश कर लूंगा।

ज्योति0 — महाशय, यह आपने क्या रख छोड़ा है। ज़मीन पर गिर पड़ा।

द0 — उगालदान तो नहीं लुढ़का दिया? हां, वही तो है। सारा फ़र्श खराब हो गया।

आ0 — बन्धुवर, जाकर लालटेन जला लाओ। कहां लाकर काल-कोठरी में डाल दिया!

द० — (घर में जाकर) अरे! यहां भी अंधेरा है! चिराग़ तक नहीं। सेवती कहां हो?

से० — बैठी तो हूं।

द० — यह बात क्या है? चिराग़ क्यों नहीं जले! तबीयत तो अच्छी है?

से० — बहुत अच्छी है। बारे, तुम आ तो गये! मैंने समझा था कि आज आपका दर्शन ही न होगा।

द० — ज्वर है क्या? कब से आया है?

से० — नहीं, ज्वर-स्वर कुछ नहीं, चैन से बैठी हूं।

द० — तुम्हारा पुराना बायगोला तो नहीं उभर आया?

से० — (व्यंग्य से) हां, बायगोला ही तो है। लाओ, कोई दवा है?

द० — अभी डॉक्टर के यहां से मंगवाता हूं।

से० — कुछ मुफ़्त की रकम हाथ आ गई है क्या? लाओ, मुझे दे दो, अच्छी हो जाऊं।

द० — तुम तो हंसी कर रही हो। साफ़-साफ़ कोई बात नहीं कहती। क्या मेरे देर से आने का यही दंड है? मैंने नौ बजे आने का वचन दिया था। शायद दो-चार मिनट अधिक हुए हों। सब चीज़ें तैयार हैं न?

से० — हां, बहुत ही ख़स्ता आधो-आध मक्खन डाला था।

द० — आनंदमोहन से मैंने तुम्हारी खूब प्रशंसा की है।

से० — ईश्वर ने चाहा तो वे भी प्रशंसा ही करेंगे। पानी रख आओ, हाथ-वाथ तो धोयें।

द० — चटनियां भी बनवा ली हैं न? आनन्द मोहन को चटनियों से बहुत प्रेम है।

से० — खूब चटनी खिलाओ। सेरों बना रखी है।

द० — पानी में केवड़ा डाल दिया है?

से० — हां, ले जाकर पानी रख आओ। पानी आरम्भ करें, प्यास लगी होगी।

आ० — (बाहर से) मित्र, शीघ्र आओ। अब इन्तज़ार करने की शक्ति नहीं है।

द० — जल्दी मचा रहा है। लाओ, थालियां परोसो।

से० — पहले चटनी और पानी तो रख आओ।

द० — (रसोई में जाकर) अरे! यहां तो चूल्हा बिल्कुल ठंडा पड़ गया है महरी आज सवेरे ही काम कर गयी क्या?

से० — हां, खाना पकने से पहले ही आ गयी थी।

द० — बर्तन सब मंजे हुए रखे हैं। क्या कुछ पकाया ही नहीं?

से० — भूत-प्रेत आकर खा गये होंगे।

द० — क्या-चूल्हा ही नहीं जलाया? ग़ज़ब कर दिया।

से० — ग़जब मैंने कर दिया या तुमने?

द० — मैंने तो सब सामान लाकर रख दिया था। तुमसे बार-बार पूछ लिया था कि किसी चीज़ की कमी हो तो बतलाओ। फिर खाना क्यों न पका? क्या विचित्र रहस्य है! भला मैं इन दोनों को क्या मुंह दिखाऊंगा।

आ० — मित्र, क्या तुम अकेले ही सब सामग्री चट कर रह हो? इधर भी लोग आशा लगाये बैठे हैं। इन्तजार दम तोड़ रहा है।

से० — यदि सब सामग्री लाकर रख ही देते तो मुझे बनाने में क्या आपत्ति थी?

द० — अच्छा, यदि दो-एक वस्तुओं की कमी ही रह गई थी; तो इसका क्या अभिप्राय कि चूल्हा ही न जले? यह तो किसी अपराध का दंड दिया है। आज होली का दिन और यहां आग ही न जली?

से० — जब तक ऐसे चरके न खाओगे, तुम्हारी आंखें न खुलेंगी।

द० — तुम तो पहेलियों से बातें कर रही हो। आखिर किस बात पर अप्रसन्न हो? मैंने कौन-सा अपराध किया? जब मैं यहां से जाने लगा था, तुम प्रसन्नमुख थीं और इसके पहले भी मैंने तुम्हीं दुखी नहीं देखा था। तो मेरी अनुपस्थिति में कौन ऐसी बात हो गई कि तुम इतनी रूठ गयीं?

से० — घर में स्त्रियों को क़ैद करने का यह दंड है।

द० — अच्छा, तो यह इस अपराध का दंड है? मगर तुमने मुझसे परदे की निन्दा नहीं की। बल्कि इस विषय पर जब कोई बात छिड़ती थी तो तुम मेरे विचारों से सहमत ही रहती थीं। मुझे आज ही ज्ञात हुआ कि तुम्हें परदे से कितनी घृणा है! क्या दोनों अतिथियों से यह कह दूं कि परदे की सहायता के दंड में मेरे यहां अनशन व्रत है, आप लोग ठंडी-ठंडी हवा खायें?

से० — जो चीज़ें तैयार हैं वह जाकर खिलाओ और जो नहीं हैं, उसके लिए क्षमा मांगो।

द० — मैं तो कोई चीज़ तैयार नहीं देखता?

से० — हैं क्यों नहीं, चटनी बना ही डाली है और पानी भी पहले से तैयार है।

द० — यह दिल्लगी तो हो चुकी। सचमुच बताओ, खाना क्यों नहीं पकाया? क्या तबीयत खराब हो गयी थी, अथवा किसी कुत्ते ने रसोई में आकर अपवित्र कर दी थी?

आ० — बाहर क्यों नहीं आते हो, भाई भीतर-ही-भीतर क्या मिसकोट कर रहे हो? अगर सब चीज़े तैयार नहीं हैं, नहीं सही, जो कुछ तैयार हो वही लाओ। इस समय तो सादी पूरियां भी खस्ते से अधिक स्वादिष्ट जान पड़ेंगी। कुछ लाओ, भला श्रीगणेश तो हो। मुझसे उत्सुक मेरे मित्र मुंशी ज्योति स्वरूप हैं।

से० — भैया ने दावत के इन्तज़ार में आज दोपहर को भी खाना न खाया होगा।

द० — बात क्यों टालती हो, मेरी बातों का ज़वाब क्यों नहीं देतीं?

से० — नहीं ज़वाब देती, क्या कुछ आपका कर्ज़ खाया है या रसोई बनाने के लिए लौड़ी हूं?

द० — यदि मैं घर का काम करके अपने को दास नहीं समझता तो तुम घर का काम करके अपने को दासी क्यों समझती हो!

से० — मैं नहीं समझती; तुम समझते हो।

द० — क्रोध मुझे आना चाहिए, उलटी तुम बिगड़ रही हो।

से0 — तुम्हें क्यों मुझ पर क्रोध आना चाहिए? इसलिए कि तुम पुरुष हो?

द0 — नहीं, इसलिए कि तुमने आज मुझे मेरे मित्रों तथा संबंधियों के सम्मुख नीचा दिखाया।

से0 — नीचा दिखाया तुमने मुझे कि मैंने तुम्हें? तुम तो किसी प्रकार क्षमा करा लोगे, किन्तु कालिमा तो मेरे मुख लगेगी।

आ0 — अई, अपराध क्षमा हो, मैं भी वहीं आता हूं। यहां तो किसी पदार्थ की सुगन्ध तक नहीं आती।

द0 — क्षमा क्या करा लूंगा, लाचार होकर बहाना करना पड़ेगा।

से0 — चटनी खिलाकर पानी पिलाओ। इतना सत्कार बहुत है। होली का दिन है, यह भी एक प्रहसन रहेगा।

द0 — प्रहसन क्या रहेगा, कहीं मुख दिखाने योग्य न रहूंगा। आखिर तुम्हें यह क्या शरारत सूझी?

से0 — फिर वही बात! शरारत क्यों सूझती! क्या तुमसे और तुम्हारे मित्रों से कोई बदला लेना था? लेकिन जब लाचार हो गयी तो क्या करती? तुम तो दस मिनट पछताकर और मुझ पर क्रोध मिटाकर आनन्द से सोओगे। यहां तो मैं तीन बजे से बैठी झींक रही हूं। और यह सब तुम्हारी करतूत है।

द0 — यही तो पूछता हूं कि मैंने क्या किया?

से0 — तुमने मुझे पिंजरे में बंद कर दिया, पर काट दिये! मेरे सामने दाना रख दो तो खाऊं, मुधिया में पानी ढाल दो तो पीऊं, यह किसका कसूर है?

द0 — भाई छिपी-छिपी बातें न करो। साफ़-साफ़ क्यों नहीं कहती!

आ0 — विदा होता हूं मौज उड़ाइए। नहीं, बाज़ार की दूकानें भी बन्द हो जायेंगी। खूब चकमा दिए मित्र, फिर समझेंगे। लाला ज्योति स्वरूप तो बैठे-बैठे अपनी निराशा को खुर्राटों में भुला रहे हैं। मुझे यह संतोष कहां! तारे भी नहीं है कि बैठकर उन्हें ही गिनूं। इस समय तो स्वादिष्ट पदार्थों को स्मरण कर रहा हूं।

द0 — बंधुवर, दो मिनट और संतोष करो, आया। हां! लाला ज्योति स्वरूप से कह दो कि किसी हलवाई की दुकान से पूरिया ले आये। यहां कम पड़ गयी हैं। आज दोपहर ही से इनकी तबीयत खराब हो गयी है। मेरे मेज़ की दराज़ में रुपये रखे हैं।

से0 — साफ़-साफ़ तो यही है कि तुम्हारे परदे ने मुझे पंगु बना दिया है। कोई मेरा गला भी घोंट जाये तो फ़रियाद नहीं कर सकती।

द0 — फिर वहीं अन्योक्ति! इस विषय का अन्त भी होगा या नहीं?

से0 — दियासलाई तो थी ही नहीं, फिर आग कैसे जलाती!

द0 — अहा! मैंने जाते समय दियासलाई की डिबिया जेब में रख ली थी ज़रा सी बात का तुमने बतंगड़ बना दिया। शायद मुझे तंग करने के लिए अवसर ढूंढ रही थी। कम-से-कम मुझे तो ऐसा ही जान पड़ता है।

से0 — यह तुम्हारी ज़्यादती है। ज्योंही तुम सीढ़ी से उतरे, मेरी दृष्टि डिबिया की तरफ़ गई, किंतु वह लापता थी। ताड़ गयी कि तुम ले गये। तुम मुश्किल से दरवाज़े तक पहुंचे होगे। अगर ज़ोर से पुकारती तो तुम सुन लेते। लेकिन नीचे दुकानदारों के कान में भी आवाज़ जाती तो सुनकर तुम न जाने मेरी कौन-कौन दुर्दशा करते। हाथ मलकर रह गयी। उसी समय से बहुत व्याकुल हो रही हूं कि किसी प्रकार की दियासलाई मिल जाती तो अच्छा होता। मगर कोई वश न चलता था। अन्त में लाचार होकर बैठ रही।

द0 — यह कहो कि तुम मुझे तंग करना चाहती थी। नहीं तो क्या आग या दियासलाई न मिल जाती?

से0 — अच्छा, तुम मरी जगह होते तो क्या करते? नीचे सब-के-सब दुकानदार हैं। और तुम्हारी जान-पहचान के हैं। घर के एक और पंडितजी रहते हैं। इनके घर में कोई स्त्री नहीं। सारे दिन फाग हुई है। बाहर के सैकड़ों आदमी जमा थे। दूसरी ओर बंगाली बाबू रहते हैं। उनके घर की स्त्रियां क़िसी संबंधी से मिलने गयी हैं और अब तक नहीं आयीं। इन दोनों से भी बिना छज्जे पर आए चीज़ न मिल सकती थी। लेकिन शायद तुम इतनी बेपर्दगी को क्षमा न करते और कौन ऐसा था जिससे कहती कि कहां से आग ला दो। महरी तुम्हारे सामने ही चौका-बर्तन करके चली गयी थी। रह-रहकर तुम्हारे ही ऊपर क्रोध आता था।

द0 — तुम्हारी लाचारी का कुछ अनुमान कर सकता हूं, पर मुझे अब भी यह मानने में आपत्ति हैं कि दियासलाई का न होना चूल्हा न जलने का वास्तविक कारण हो सकता है।

से0 — तुम्हीं से पूछती हूं कि बतलाओ, क्या करती?

द0 — मेरा मन इस समय स्थिर नहीं, किन्तु मुझे विश्वास है कि यदि मैं तुम्हारे स्थान पर होता तो होली के दिन और खासकर ज़ब अतिथि भी उपस्थित हों, चूल्हा ठंडा न रहता। कोई-न-कोई उपाय अवश्य ही निकालता।

से0 — जैसे?

से0 — एक रूक्का लिखकर किसी दुकानदार के सामने फेंक देता।

से0 — यदि मैं ऐसा करती तो शायद तुम आंख मिलाने का मुझ पर कलंक लगाते।

द0 — अंधेरा हो जाने पर सिर से पैर तक चादर ओढ़कर बाहर निकल जाता और दियासलाई ले आता। घंटे दो घंटे में अवश्य ही कुछ-न-कुछ तैयार हो जाता। ऐसा उपवास तो न पड़ता।

से0 — बाजार जाने से मुझे तुम गली-गली घूमने वाली कहते और गला काटने पर उतारू हो जाते। तुमने मुझे कभी इतनी स्वतंत्रता नहीं दी। यदि कभी स्नान करने जाती हूं, तो गाड़ी का पट बन्द रहता है।

द0 — अच्छा, तुम जीती और मैं हारा। सदैव के लिए उपदेश मिल गया कि ऐसे आत्यावश्यक समय पर तुम्हें घर से बाहर निकले की स्वतन्त्रता है।

से0 — मैं तो इसे आकस्मिक समय नहीं कहती। आकस्मिक समय तो वह है कि दैवात घर में कोई बीमार हो जाये और उसे डॉक्टर के यहां ले जाना आवश्यक है।

द० — निस्संदेह वह समय आकस्मिक है। इस दशा में तुम्हारे जाने में कोई हस्तक्षेप नहीं।

से० — और भी आकस्मिक समय गिनाऊं?

द० — नहीं भाई, इसका फैसला तुम्हारी बुद्धि पर निर्भर है।

आ० — मित्र, संतोष की सीमा तो अन्त हो गयी। अब प्राण-पीड़ा हो रही है। ईश्वर करे, घर आबाद रहे, बिदा होता हूं।

द० — बस, एक मिनट और। उपस्थित हुआ।

से० — चटनी और पानी लेते जाओ और पूरियां बाज़ार से मंगवा लो। इसके सिवा इस समय हो ही क्या सकता है।

द० — (मरदाने कमरे में आकर) पानी लाया हूं, प्यालियों में चटनी है। आप लोग जब तक भोग लगावें। मैं अभी आता हूं।

आ० — धन्य है ईश्वर! भला तुम बाहर तो निकले! मैंने तो समझा था कि एकांतवास करने लगे। मगर निकले भी तो चटनियां लेकर। वह स्वादिष्ट वस्तुएं क्या हुई जिनका आपने वादा किया था और जिनका स्मरण मैं प्रेमानुरक्त भाव से कर रहा हूं?

द० — ज्योतिस्वरूप कहां गये?

आ० — ऊर्ध्व संसार में भ्रमण कर रहे हैं। बड़ा ही अद्‌भुत उदासीन मनुष्य है कि आते-ही-आते सो गया और अभी तक नहीं चौंका।

द० — मेरे यहां एक दुर्घटना हो गयी। उसे और क्या कहूं। सब सामान मौजूद और चूल्हें से आग न जली।

आ० — खूब! यह एक ही रही। लकड़ियां न रही होंगी।

द० — घर में तो लकड़ियों का पहाड़ लगा है। अभी थोड़ी ही दिन हुए कि गांव से एक गाड़ी लकड़ी आ गयी थी। दियासलाई न थी।

आ० — (अट्टहास कर) वाह! यह अच्छा प्रहसन हुआ। थोड़ी-सी भूल ने सारा स्वप्न ही नष्ट कर दिया। कम-से-कम मेरी तो बधिया बैठ गयी।

द० — क्या कहूं मित्र, अत्यन्त लज्जित हूं। तुमसे सत्य कहता हूं, आज से मैं परदे का शत्रु हो गया। इस निगोड़ी प्रथा के बंधन ने ठीक होली के दिन ऐसा विश्वासघात किया कि जिसकी कभी भी संभावना न थी। अच्छा अब बतलाओ, बाज़ार से लाऊं पूरियां? अभी तो ताज़ी मिल जायेंगी।

आ० — बाज़ार का रास्ता तो मैंने विचार में तो इन्हें छेड़ना ठीक नहीं। पड़े-पड़े खरटि लेने दो। प्रातःकाल चौंकेगे तो घर का मार्ग पकड़ेंगे।

द० — तुम्हारा यों वापस जाना मुझे खल रहा है। क्या सोचा था, क्या हुआ! मज़े ले लेकर समोसे और कोफ्ते खाते और गपड़चौथ मचाते। सभी आशाएं मिट्टी में मिल गयीं। ईश्वर ने चाहा तो शीघ्र ही इसका प्रायश्चित करूंगा।

आ० — मुझे तो इस बात की प्रसन्नता है कि तुम्हारा सिद्धांत टूट गया। अब इतनी

आज्ञा दो कि भाभी जी को धन्यवाद दे आऊं।

द0 — शौक से जाओ।

आ0 — (भीतर जाकर) भाभीजी को साष्टांग प्रणाम कर रहा हूं। यद्यपि आज के आकाशी भोज से मुझे दुराशा तो अवश्य हुई, किन्तु वह उस आनन्द के सामने शून्य है, जो भाई साहब के विचार-परिवर्तन से हुआ है। आज एक दियासलाई ने जो शिक्षा प्रदान की है वह लाखों प्रामणिक प्रमाणों से भी सम्भव नहीं है। इसके लिए मैं आपको सहर्ष धन्यवाद देता हूं। अब से बंधुवर परदे के पक्षपाती न होंगे, यह मेरा अटल विश्वास है।

(पटापेक्ष)

❖❖❖